LA MYTHOLOGIE DANS L'ŒUVRE POÉTIQUE DE CHARLES BAUDELAIRE

Currents in Comparative Romance Languages and Literatures

Tamara Alvarez-Detrell and Michael G. Paulson
General Editors

Vol. 234

This book is a volume in a Peter Lang monograph series.
Every title is peer reviewed and meets
the highest quality standards for content and production.

PETER LANG
New York • Bern • Frankfurt • Berlin
Brussels • Vienna • Oxford • Warsaw

Maya Hadeh

LA MYTHOLOGIE
DANS L'ŒUVRE POÉTIQUE
DE CHARLES BAUDELAIRE

PETER LANG
New York • Bern • Frankfurt • Berlin
Brussels • Vienna • Oxford • Warsaw

Library of Congress Cataloging-in-Publication Data
Hadeh, Maya.
La mythologie dans l'œuvre poétique de Charles Baudelaire / Maya Hadeh.
pages cm. — (Currents in comparative Romance languages and literatures; vol. 234)
Includes bibliographical references and index.
1. Baudelaire, Charles, 1821–1867—Criticism and interpretation.
2. Mythology in literature. I. Title.
PQ2191.Z5H28   841'.8—dc23   2014038419
ISBN 978-1-4331-2725-0 (hardcover)
ISBN 978-1-4539-1412-0 (e-book)
ISSN 0893-5963

Bibliographic information published by **Die Deutsche Nationalbibliothek.**
Die Deutsche Nationalbibliothek lists this publication in the "Deutsche
Nationalbibliografie"; detailed bibliographic data are available
on the Internet at http://dnb.d-nb.de/.

The paper in this book meets the guidelines for permanence and durability
of the Committee on Production Guidelines for Book Longevity
of the Council of Library Resources.

© 2015 Peter Lang Publishing, Inc., New York
29 Broadway, 18th floor, New York, NY 10006
www.peterlang.com

Printed in Germany

Incipe, parve puer, risu cognoscere matrem
(matri longa decem tulerunt fastidia menses) ;
incipe, parve puer : cui non risere parentes,
Nec deus hunc mensa, dea nec dignata cubili est.

—VIRGILE, *BUCOLIQUES* IV, v. 60–63.

Commence, petit enfant à connaître ta mère à son sourire
(à ta mère, dix mois ont apporté de long dégoûts),
Commence toi-même, petit enfant !
Celui qui n'a pas vu ses parents lui sourire,
Aucun dieu ne le jugera digne de sa table,
ni aucune déesse de sa couche.

—(TRADUCTION D'EUGÈNE DE SAINT-DENIS)

Table des Matières

Remerciements

Cette étude est née de plusieurs années de recherche sur la littérature et la poésie du XIXe siècle et d'une thèse de doctorat en littérature française soutenue le 29 septembre 2012 à l'Université Blaise Pascal-Clermont Ferrand II.

Ma pensée reconnaissante va à tous ceux et celles qui m'ont soutenue, encouragée et aidée pendant ce long parcours : à Madame le Professeur Pascale Auraix-Jonchière qui a dirigé ma thèse et a suivi mes recherches avec son indulgente attention ; à Mmes et MM. les Professeurs Liana Nissim (Université de Milan), Brigitte Diaz (Université de Caen), Philippe Antoine (Université Blaise Pascal) et Michel Brix (Université de Namur) pour leur remarques fécondes et leurs encouragements lors de la soutenance, à la direction du CROUS de Clermont-Ferrand et tout particulièrement à Madame Marie-Claire Comte-Rome, Responsable du Service d'Accueil et de Gestion des étudiants internationaux, pour une bourse de recherche qui m'a permis de mener mes études dans de bonnes conditions.

La bibliographie de cette étude doit beaucoup aux compétences, à la générosité et à la patience de Nicole Drouin et Michèle Chanudet, Responsables de la Bibliothèque de la Maison des Sciences de l'Homme de Clermont-Ferrand. Qu'elles en soient chaleureusement remerciées.

Je veux également remercier tous mes amis et collègues à la Maison des Sciences de l'Homme de l'Université Blaise-Pascal : Siham Olivier, Béatrice Du Plantier, Marie-Cécile Levet, Claude Tardif, Céline Bricault, Joanna Augustyn et Nathanaël Loubove pour la constance de leur soutien et leur amitié.

Mes dettes les plus intimes vont particulièrement à ma mère Hiam, ma Béatrice et ma Panacée, à mon père Adnan, mon exemple de sagacité et d'*Homo sapiens* et à mon frère Anas, mon Virgile aux Enfers. Mes remerciements vont aussi à Bérengère Moulin, à Françoise Laurençon et Irèna Litwin pour leurs encouragements et leur soutien indéfectible et à tous mes amis dont l'aide et l'appui m'ont été infiniment précieux.

Liste des abréviations

OC   Charles Baudelaire, *Œuvres Complètes*, textes établis, présentés et
      annotés par Claude Pichois, Paris, éditions Gallimard, Bibliothèque
      la Pléiade, 1975–1976, tome I et II.

FM   *Les Fleurs du Mal*

PPP   *Petits Poèmes en Prose*

Cr. Litt   *Critique Littéraire*

Jr. Int   Journaux intimes

Corr.   Correspondance

Introduction

Une voix ne peut emporter la langue et
les lèvres qui lui ont donné des ailes.
Elle doit s'élancer, seule, dans l'éther.
—GIBRAN KHALIL GIBRAN, *LE PROPHÈTE*.

Faisant partie d'un siècle où la littérature est riche en efflorescences mythiques, comme le prouvent les récits et poèmes de Nerval, Hugo, Mallarmé, Barbey d'Aurevilly ou Théophile Gautier, la poésie de Baudelaire révèle une évidente familiarité avec le domaine gréco-latin[1] et le domaine biblique. Ces deux sources sont réunies, par exemple, dans un seul poème comme dans « Les Phares » :

[…] [O]*ù l'on voit des Hercules*
se mêler à des Christs, […] (Baudelaire, « Les Phares », *FM*, 13)

ou même dans un seul vers :

De Satan ou de Dieu, qu'importe ? Ange ou Sirène,
Qu'importe, […] (Baudelaire, « Hymne à la Beauté », *FM*, 25)

---

1   Voir Charles Baudelaire, « La Voix », *Les Fleurs du Mal*, tome I, p. 170 où dans la biblio-thèque de l'écrivain « […] *la cendre latine et la poussière grecque, / se mêlaient* ».

Or pour mener à bien une étude du corpus mythique qui structure *les Fleurs du Mal* et *Le Spleen de Paris*, il est indispensable de se baser sur une définition du mythe qui englobe ses différents aspects et fonctions dans le texte et qui vise à être un outil de travail.

Qu'est ce qu'un mythe ? La question pourrait sembler banale vue l'abondance et la variété des définitions fournies par les mythologues, anthropologues, sociologues, philosophes ou même des linguistes comme Eliade, Durand, Dumézil, Albouy et Barthes.[2] Considérer le mythe en tant que « poème primitif » souligne l'idée de l'antériorité du mythe par rapport au texte littéraire et rejoint, en quelque sorte, la notion de *l'Illo Tempore* chère à Mircea Eliade : « le mythe raconte une histoire sacrée, un événement qui a eu lieu dans le temps primordial, le temps fabuleux des "commencements" ».[3]

Et de fait dans sa critique d'art, l'écrivain met l'accent sur le caractère universel et énigmatique du mythe : « la mythologie est un dictionnaire d'hiéroglyphes vivants, hiéroglyphes connus de tout le monde ».[4] C'est justement ce sens énigmatique qui confère au mythe sa richesse et son ambivalence et l'apparente au symbole.[5] En effet, l'écriture baudelairienne est une écriture symbolique et mythique à la fois. Le réseau symbolique y est omniprésent et constitue un axe principal dans la théorie de correspondances. Cette « *forêt de symboles* »,[6] source de mystère et d'énigme, est capable de créer une atmosphère favorable au surgissement du mythe puisqu'« il [le mythe] est fait de la prégnance des symboles qu'il met en récit : archétypes ou symboles profonds, ou bien simples synthèmes anecdotiques ».[7] Ainsi nous constatons que la sacralité, l'ambiguïté et l'universalité du mythe ainsi que l'irruption du temps primordial dans la trame temporelle du récit sont des matériaux qui peuvent faire

---

2   Voir André Siganos, « Définitions du mythe » in *Questions de Mythocritique,* sous la direction de Danièle Chauvin, André Siganos et Philippe Walter, Paris, Editions Imago, 2005, p. 88.

3   Mircea Eliade, *Aspect du mythe,* Paris, Editions Gallimard, 1963, p. 16.

4   Charles Baudelaire, « Sur mes contemporains : Théodore de Banville », Critique littéraire, tome II, p. 165.

5   « Aussi bien que le symbole est-il, plus que l'allégorie, proche du mythe, […]. Le symbole, en supprimant la distinction entre l'image et la notion, rend plus difficile et plus incertain le raisonnement qui permet de traduire la signification de l'emblème ; il se révèle susceptible d'interprétations variées et tend à être plurivoque. C'est ce que pleinement le mythe, […], le mythe se veut difficile et, moins encore que le symbole, se laisse réduire à une explication unique. En outre, au cours des âges, il se montre capable de porter des significations très diverses. Pierre Albouy *Mythes et mythologies dans la littérature française, op.cit.,* p. 10.

6   Charles Baudelaire, « Correspondances », *Les Fleurs du Mal,* tome I, p. 11.

7   Gilbert Durand, *Figures mythiques et visages de l'œuvre : de la mythocritique à la mythanalyse,* Paris, Editions Dunod, 1992, p. 25.

advenir le mythe et attester sa présence dans la poésie de Baudelaire. Mais, plus concrètement, le récit fondateur et symbolique qu'est le mythe est tributaire de la présence de figures mythiques. Une lecture des deux recueils de Baudelaire montre que dans bien des poèmes émergent des figures bibliques comme le Christ dans « Le Mauvais moine »[8] ou Satan dans « Les Tentations »,[9] des figures gréco-latines telles que Sisyphe dans « Le Guignon »[10] ou Vénus dans « Le Fou et la Vénus ».[11] S'y ajoutent aussi les héros de ce que Philippe Sellier appelle « mythes littéraires » ou « mythes nouveau-nés »[12] comme Don Juan[13] ou le Vampire[14] ainsi que la présence d'un personnel issu de la mythologie égyptienne comme le Chat dans « l'Horloge »[15] et le cycle des poèmes en vers[16] dédiés à la figure animale. Ces exemples montrent bien que l'œuvre poétique de Baudelaire est riche en occurrences nominales renvoyant de façon claire à des mythes répertoriés. Le nom est considéré comme un élément efficace et essentiel pour suggérer l'immanence d'un mythe :

> Le nom mythologique en effet jouit d'un pouvoir spécifique, qui est précisément de contenir un récit à l'état latent : prononcer le nom de Narcisse, ou celui d'Isis par exemple, revient à évoquer des canevas spécifiques, dont étapes et dénouement sont connus du lecteur compétent. De la sorte, le nom n'est plus seulement associé à une notion, où à une valeur ; il n'est plus étroitement allégorique et univoque, mais renvoie à un drame, à un sens en devenir [...].[17]

Mais la référence explicite n'est que la voie la plus simple pour accéder au mythe. Il peut y avoir des avatars qui redoublent ces noms, c'est -à- dire, des figures poétiques qui, greffées sur un archétype référentiel et ancrées dans un décor mythique,

---

8 Charles Baudelaire, « Le Mauvais Moine », *Les Fleurs du Mal*, tome I, p. 16 : « *En ces temps où du Christ florissaient les semailles* ».

9 Charles Baudelaire, « Les Tentations ou Éros, Plutus et la Gloire », *Petits Poèmes en prose*, tome I, p. 309.

10 Charles Baudelaire, « Le Guignon », *Les Fleurs du Mal*, tome I, p. 17.

11 Charles Baudelaire, « Le Fou et la Vénus », *Petits Poèmes en prose*, tome I, p. 283.

12 Philippe Sellier, « Qu'est-ce qu'un mythe littéraire ? » in *Littérature : La Farcissure intertextualités au XVIᵉ siècle*, Octobre 1984.

13 Charles Baudelaire, « Don Juan aux Enfers », *Les Fleurs du Mal*, tome I, p. 19.

14 Charles Baudelaire, « Le Vampire », *Les Fleurs du Mal*, tome I, p. 33.

15 Charles Baudelaire, « L'Horloge », *Petits Poèmes en prose*, tome I, p. 299.

16 Trois poèmes des *Fleurs du Mal* sont dédiés au chat, nous les citons ici respectivement selon leur classement dans l'édition de la Pléiade, *Les Fleurs du Mal*, tome I : « Le Chat », p. 35, « Le Chat », pp. 50–51 et « Les Chats » p. 66.

17 Pascale Auraix-Jonchière, « Allusion mythologique et poésie : le sphinx dans la poésie baudelairienne » in *L'Allusion en poésie*, études réunies par Jacques Lajarrige et Christian Moncelet, Clermont-Ferrand, Presses de l'Université Blaise-Pascal, 2002, p. 249.

jouent le même rôle que la figure fondatrice par le simple fait de « l'imitation » et de la « répétition ». Mircea Eliade rapporte que « l'imitation d'un modèle transhumain, [...] constitu[e] [une des] notes essentielles du comportement mythique ». Selon l'anthropologue, « on est toujours contemporain d'un mythe, dès lors qu'on le récite ou qu'on imite les gestes des personnages mythiques ».[18] En d'autres termes, c'est « lorsqu'un événement historique ou l'attitude d'un grand personnage apparaît en rupture avec la trame du temps ou la normalité des comportements humains, lorsqu'une zone d'ombre et d'incompréhension les envahit tout d'un coup et les fait échapper aux prises de la science et de la pure intelligence, l'imagination d'un groupe d'hommes ou d'un peuple, défiant les lois du quotidien, trouve naturellement le moyen d'imposer ses couleurs et ses métamorphoses, ses déformations et ses amplifications »[19] puisque la plasticité et la polysémie du personnage font partie du processus de mythification. Mais c'est surtout l'ancrage de la figure poétique dans un récit sacré qui lui accorde le dynamisme et la flexibilité propres au mythe, si l'on en croit Gilbert Durand : « nous entendrons par mythe un système dynamique de symboles, d'archétypes et de schèmes, système dynamique qui, sous l'impulsion d'un schème, tend à se composer en récit ».[20] Cette assertion confère donc à la figure poétique son dynamisme et assure son passage de la conscience individuelle à l'imaginaire collectif afin de devenir une des composantes du mythe. À cette étape de notre analyse, nous pouvons prendre comme point de départ la définition suivante :

> Le mythe est un récit symbolique [...]. [Il] apparaît d'abord comme un discours qui met nommément en scène des personnages, des situations et des décors plus ou moins naturels, [puisque] c'est toujours du côté du non naturel ou du non profane que se situe le discours mythique.[21]

Envisager l'écriture mythique à partir de cette définition exige l'examen de différents éléments constitutifs du récit de référence ainsi que de leur diffusion dans le texte. Ainsi, nous ne nous limiterons pas à observer l'épiphanie de telle ou telle figure, ou l'émergence de tel ou tel mythe. Les occurrences textuelles seront, bien sûr, un fil conducteur pour notre travail. Mais il s'agira plutôt de voir comment les différentes figures, qu'elles soient bibliques ou païennes, se mêlent et se complètent dans l'espace poétique dans un parfait syncrétisme, comment elles tissent avec les

---

18 Mircea Eliade, *Mythes, rêves et mystères*, Paris, Editions Gallimard, 1957, p. 30.
19 Nicole Ferrier-Caverivière, « Figures historiques et figures mythiques » in *Dictionnaire des Mythes Littéraires* sous la direction Pierre Brunel, Paris, Editions du Rocher, 1988, p. 598.
20 Gilbert Durand, *Les Structures anthropologiques de l'imaginaire*, Paris, Dunod, 1992, p. 42.
21 Danièle Chauvin, *Champs de l'imaginaire, Gilbert Durand*, Grenoble, Editions ELLUG, Grenoble, 1996, p. 36.

autres éléments épars dans le texte poétique des liens à partir des différents schèmes archétypaux pour constituer un canevas mythique.

Pour cerner les différents aspects du mythe ainsi que l'affleurement de ses constantes majeures, il serait essentiel de s'appuyer sur l'étude du rêve et de l'imaginaire[22] puisque c'est dans l'imaginaire que « le mythe puise son arsenal symbolique ».[23] Dans sa critique littéraire, le poète des *Fleurs du Mal* met l'accent sur le rôle primordial de l'imagination et du rêve. Selon lui, « l'Imagination est une faculté quasi divine qui perçoit tout d'abord, en dehors des méthodes philosophiques, les rapports intimes et secrets des choses, les correspondances et les analogies ».[24] Le poète, alors, fait appel au mythe par le biais du monde onirique puisque celui-ci surgit « à partir du moment où l'on construit un imaginaire qui est une forme de divinisation ».[25] Aussi pouvons-nous remarquer que c'est dans le champ formé par l'union du rêve et du mythe que Baudelaire tâche de résoudre des contradictions qui, dans le champ du réel, seraient sans issue, si l'on en croit l'analyse de Pierre Albouy :

> On donne encore souvent au mythe, un sens voisin de celui de l'idéal à atteindre ; le mythe est une sorte de rêve stimulant ou consolant, qui embellit de ses mirages, non plus le passé, mais l'avenir ou l'ailleurs ; ainsi en est-il de ces mythes que sont les utopies.[26]

Les recherches pertinentes et fructueuses de Charles D. Herrison, Yoshio Abé, Marc Eigeldinger, Robert Kopp, Pierre Brunel et Pascale Auraix-Jonchière[27]

---

22   Voir Pierre Albouy, *Mythes et mythologies dans la poésie française, op.cit.*, p. 13 : « l'étude du mythe est, en fait, inséparable de celle de l'imagination et de l'imaginaire ».

23   Gilbert Durand, *Figures mythiques et visages de l'œuvre : de la mythocritique à la mythanalyse, op.cit.*, p. 32.

24   Charles Baudelaire, « Etudes sur Poe », *Critique littéraire*, tome II, p. 329.

25   Nicole Ferrier-Caverivière, « Figures historiques et figures mythiques » in *Dictionnaire des mythes littéraires, op.cit.*, p. 600.

26   Pierre Albouy, *Mythes et mythologies dans la poésie française op.cit.*, p. 13.

27   Voir Charles D. Herisson, « L'imagerie antique dans *Les Fleurs du Mal* » in *Actes du Colloque de Nice (25–27 mai 1967)*, Gérald Antoine, Lloyd James Austin, W. T. Bandy, Richard Beilharz, (dir.), Paris, Minard, 1968, pp. 99–112. Yoshio Abé, « Baudelaire et la mythologie », *French Studies*, N° XXV, 1971, pp. 281–294, Marc Eigeldinger, « l'intertextualité mythique dans les *Fleurs du Mal* » in *Lumières du mythe*, Paris, PUF, 1983, pp. 49–71, Robert Kopp, « Mythe, mode et modernité », *Baudelaire, Le Magazine Littéraire*, (numéro spécial), n° 273, janvier 1990, pp. 44–46, Pierre Brunel, *Charles Baudelaire, Les Fleurs du Mal, entre « fleurir » et « défleurir »*, Paris, Éditions du Temps, 1998, pp. 170–177 et aussi *Baudelaire antique et moderne*, Paris, Presses de l'Université Paris-Sorbonne, 2007, Pascale Auraix-Jonchière, « Allusion mythologique et poésie : le sphinx dans la poésie baudelairienne » in *L'Allusion en poésie, op.cit.*, pp. 247–259 et « Baudelaire et les déités de l'ombre » in *Lire Les Fleurs du Mal*, cahier textuel n° 25, Université Paris VII, 2002, pp. 163–173.

constituent la base de notre étude puisqu'ils nous ont révélé l'existence d'une mythologie baudelairienne. Notre corpus sera constitué pour l'essentiel de deux recueils poétiques de Baudelaire *Les Fleurs du Mal* et *le Spleen de Paris* dont nous
proposons une approche basée sur une lecture mythocritique visant à dégager des
figures, des archétypes et des schèmes qui constituent tout un réseau mythique
dans le texte poétique. Aussi, l'identité générique de notre corpus composé de
poèmes en vers et en prose constitue un point important puisqu'elle nous invite
à explorer l'évolution du mythe ainsi que le remodelage générique du texte qui le
contient. Véronique Gély note dans son importante étude sur les mythes et genres
poétiques qu'« en étudiant un mythe particulier, le comparatiste observe donc les
mutations qu'il subit en passant d'un genre à l'autre. Mais il observe aussi les mutations que le mythe fait subir au genre qui l'accueille ».[28]

Nous avons choisi l'édition de la Pléiade étudiée et annotée par Claude Pichois
comme édition de référence pour la richesse de ses notes et variantes ainsi que son
apport critique. Il faut aussi rendre hommage à l'ouvrage riche et substantiel de cet
éminent critique composé de quatre tomes édités chez Honoré Champion.[29] Cette
édition diplomatique des *Fleurs du Mal* est incontournable pour les éclaircissements
philologiques qu'elle rapporte sur les poèmes des trois grandes éditions originales des
Fleurs du Mal à savoir celle de 1857, de 1861 et celle posthume de 1868. Les écrits
critiques et intimes, ainsi que la correspondance qui entretient avec la poésie des liens
étroits, offriront des notes et des explications supplémentaires capables d'enrichir
notre analyse et la comparaison avec d'autres textes d'autres écrivains en particulier
ceux du XIXe siècle constituent un instrument de travail indispensable surtout pour
l'étude de l'évolution du mythe et son exploitation par des différents écrivains.

Pour aborder progressivement la mythologie baudelairienne, nous partirons de
l'étude de l'univers dans la poésie de Baudelaire. L'espace, lieu de l'action et de la
création mythique puisque sacré est d'une nature ambivalente : clos, il sera un espace nostalgique et traduira une douce et un désir d'intimité. Ouvert, il se présentera
comme un espace désiré reflétant une rêverie d'ascension et d'expansion. S'oppose à
cet espace sacré et recherché, un espace damné et rejeté incarnant la faute, la hantise
et représentant les lieux maléfiques et redoutés. C'est cette sacralité/profanation

---

28   Véronique Gély, « Mythes et genres littéraires : de la poétique à l'esthétique des mythes »,
      Le Comparatisme aujourd'hui, édité par Sylvie Ballestra-Puech et Jean-Marc Moura, Lille,
      Edition du Conseil Scientifique de l'Université Charles-de-Gaulle-Lille 3, 1999, p. 41. Voir
      aussi à ce sujet son article « Les sexes de la mythologie : mythes, littérature et gender »,
      Poétiques Comparatistes, Littérature et identités sexuelles, Anne Tomiche et Pierre Zobermann
      (dir.), 2007 p. 47–90.
29   Claude Pichois, *L'Atelier de Baudelaire :* « Les Fleurs du Mal », édition diplomatique, tome I,
      II, III et IV, Paris, Editions Honoré Champion, 2005.

de l'espace que nous voulons montrer en établissant une comparaison entre espace sacré/espace profane et en montrant les spécificités de ces deux modalités spatiales. Paris acquiert dans le texte une dimension mythique : dynamisé par des habitants qui sont des avatars infernaux, elle redouble l'enfer dantesque et le labyrinthe crétois et subit, donc, une mythification.

Or, l'étude de l'espace est inséparable de celle du temps. La superposition du régime diurne et du régime nocturne[30] définis par Gilbert Durand confine un aspect mythologique à la temporalité. Le temps perçu comme un élément maléfique est l'un des composants du Spleen baudelairien. Historique, c'est un temps ravageur et destructeur, un temps contaminant et mutilant. Le poète tente d'y échapper par l'instauration d'un temps sacré qui tranchera la durée et débouchera sur l'*Illud Tempus* car « la création poétique implique l'abolition du temps, […] et tend vers le recouvrement de la situation paradisiaque ».[31] Mais cet espace-temps mythique n'est pas désertique. Il est hanté et habité par des figures mythologiques qui forment des archétypes sous-jacents à l'écriture baudelairienne. La figure du poète se montre ambivalente : figure double et dédoublée. Elle est considérée comme l'alternative morale du bon et du mauvais, attachée à une dimension métaphysique et mythique. La rencontre avec le double symbolise le désir d'une rencontre avec l'autre, un désir d'une recomposition du moi à travers cet autre. Mais, la figure du double traduit, aussi, une façon de pénétrer en soi-même. Ainsi, le moi est confronté à une monstruosité sous-jacente qui réside dans les opacités abyssales de l'être.

Reste un denier point qui permet d'envisager la poésie de Baudelaire sous l'angle du mythe c'est la notion de métaphysique. Mythologie et Métaphysique se situent sur le même plan : faute et châtiment, vie et Mort. La thématique métaphysique se complète à travers la mythologie biblique. Dans son « récit poétique », Jean-Yves Tadié rapporte que « les récits poétiques sont aussi, des récits mythiques. Non pas seulement parce qu'ils ressuscitent les mythes grecs […]. Mais parce que les récits poétiques de notre temps veulent rendre compte du monde par des systèmes de symboles ».[32] Dans un tel contexte, il est important de s'interroger sur les rapports que l'écriture entretient avec le mythe chez un écrivain comme Baudelaire.

Comment le mythe fonctionne -t- il dans le texte ? Quelles sont ses manifestations ? et comment le texte réagit-il à l'émergence du mythe en lui ? Nous aimerions dans notre analyse fournir des réponses en montrant comment Baudelaire procède par la palingénésie des mythes anciens à la création d'un univers mythique qui, s'alimentant à une culture d'époque, lui est propre.

---

30   Nous fournissons les définitions dans notre chapitre consacré à la mythologie du temps.

31   Mircea Eliade, *Mythes, rêves et mystères, op.cit.,* p. 36.

32   Jean Yves Tadié, *Le Récit poétique*, Paris, Editions Gallimard, 1997, p. 145.

PREMIÈRE PARTIE

Mythologie de L'Univers

Mythologie de l'espace

Bienheureux pays des Grecs ! toi maison de tous les Célestes.
—FRIEDRICH HÖLDERLIN, « LE DIEU DU VIN »

La présence d'une géographie mythique dans la poésie de Baudelaire est incontestable. Le poète situe son texte soit dans une géographie d'inspiration biblique (Enfers,[1] Paradis,[2] etc), soit dans des lieux issus de la mythologie gréco-latine (Icarie[3] ou Styx[4]) par exemple. D'autres espaces viennent s'ajouter à cette

---

1 Les références renvoient à l'Edition des *Œuvres Complètes*, textes établis, présentés et annotés par Claude Pichois, Paris, éditions Gallimard, Bibliothèque la Pléiade, 1975–1976, tome I et II.
   « A voir les enfers dont le monde est peuplé, que voulez-vous que je pense de votre joli enfer, », Charles Baudelaire, « La Femme sauvage et la petite maîtresse », *Petits Poèmes en prose*, tome I, p. 290.

2 « Fancioulle me prouvait, […], que le génie peut jouer la comédie au bord de la tombe avec une joie qui l'empêche de voir la tombe, perdu, comme il est, dans un paradis excluant toute idée de tombe et de destruction », Charles Baudelaire, « Une mort héroïque », *Petits Poèmes en prose,* tome I, p. 321.

3 « Notre âme est un trois-mâts cherchant son Icarie ». Voir Charles Baudelaire, « Le Voyage », *Les Fleurs du Mal*, tome I, p. 130.

4 « […] dans un Styx bourbeux et plombé […] ». Voir Charles Baudelaire, « L'Irrémédiable », *Les Fleurs du Mal,* tome I, p. 79.

topologie mythique : il s'agit ici des espaces qui structurent le texte de Baudelaire et qui, affectés d'un accent particulier, participent à une configuration mythique. Notre travail vise à étudier la représentation de l'univers mythique dans l'œuvre poétique de Baudelaire et à voir en quoi certains lieux sont considérés en tant qu'espaces mythiques ainsi que les formes que ces espaces peuvent revêtir.

Nous proposons ici une analyse de cet espace en évoquant ces différents aspects et en nous interrogeant sur ce que traduit la présence de tel ou tel lieu dans le texte. Nous pouvons prendre comme constat de départ la formule d'Ernst Cassirer : « L'espace mythique occupe une position intermédiaire entre l'espace sensible de la perception et l'espace de la connaissance pure, l'espace de l'intuition géométrique ».[5]

Espace perçu ou espace intuitif, ambivalent ou de nature équivoque, l'espace mythique dessine une géographie spécifique, clairement définie, mais il se présente aussi comme un espace issu de la rêverie du poète et retravaillé par son imagination. C'est la réécriture de cet espace modelé par l'imaginaire du poète qui va contribuer à sa mythification tout en lui conférant d'autres significations. En effet, la palingénésie du mythe puise ses fondements dans l'imagination car « tout processus imaginaire, même s'il se teinte, comme le mythe, de velléités du discours, se résorbe en dernier ressort dans une topologie fantastique dont les grands schèmes et archétypes constitutifs des structures forment les points cardinaux. Toute mythologie, comme toute étude de l'imagination vient buter tôt ou tard sur une « géographie » légendaire eschatologique ou infernale ».[6]

Or la géographie baudelairienne présente un premier caractère que les spécialistes ont reconnu à la topologie mythique. C'est une géographie orientée. Dans *Les Fleurs du Mal* et *Les Petits Poèmes en Prose*, le poète évolue dans un espace vectorisé. Deux axes se croisent : l'un, vertical, mène vers le Ciel ou les Enfers et l'autre, horizontal, a le foyer, l'île et l'infini maritime comme pôles.

Cette antinomie (horizontalité et verticalité) qui caractérise la première représentation d'une géographie affective et mythique chez Baudelaire est rendue plus frappante par l'apparition d'une autre dichotomie qui sous-tend l'œuvre en général et l'espace mythique en particulier. Il s'agit en effet d'une géographie structurée par le binôme sacré/profane. Cette dichotomie ébranle « [...] l'homogénéité qui règne dans l'espace conceptuel de la géométrie, [puisque] chaque lieu et chaque direction est affecté dans l'espace intuitif du mythe d'un accent particulier, qui renvoie

---

5   Ernst Cassirer, *La Philosophie des formes symboliques*, Paris, éditions de minuit, 1972, tome II, *la pensée mythique*, traduction de l'allemand et index par Jean Lacoste, p. 109.
6   Gilbert Durand, *Les Structures anthropologiques de l'imaginaire, op.cit.*, p. 480.

lui-même à l'accentuation fondamentale propre au mythe, à la distinction du sacré et du profane ».[7]

Espace sacré et espace profane constitueront donc l'axe selon lequel nous effectuerons notre recherche. Cet espace duel revêt des formes fort diverses en fonction justement de la nature de ces lieux. Sacré, il se montre en tant qu'espace recherché fondé sur la dialectique bachelardienne du dehors et du dedans,[8] reflétant à la fois un désir d'intimité et une rêverie d'ascension. Profane, il est un espace redoutable et effrayant car il traduit un sentiment du péché et une hantise du gouffre et de l'ensevelissement. Enfin, l'espace citadin s'avère être aussi une composante de cette topologie mythique puisque la ville redouble l'espace labyrinthique et constitue avec ses habitants une zone infernale.

Sacralisation de l'espace

Dans *La Philosophie des formes symboliques*, Ernst Cassirer montre que « la distinction spatiale primaire, celle qu'on ne cesse de retrouver de plus en plus sublime dans les créations les plus complexes du mythe est la distinction entre les deux provinces de l'être : une province de l'habituel, du toujours accessible, et une région sacrée, qu'on a dégagée et séparée de ce qui l'entoure, qu'on a clôturée et qu'on a protégée du monde extérieur ».[9] L'espace sacré donc, est un espace circonscrit qui a été fortement protégé et qui traduit une rêverie de la sécurité. Dans la poésie de Baudelaire, la chambre et le foyer ont ainsi valeur de *téménos*.[10]

Espace clos de l'intimité : « templum »

La notion d'espace sacré renvoie normalement à l'image des temples et des églises. Notre conscience collective associe la sacralité et la sainteté à ces deux endroits. Les propos de Mircea Eliade dans *Le Sacré et le profane*, confirment par ailleurs

---

7   Ernst Cassirer, *La Philosophie des formes symboliques*, tome II, *op.cit.*, p. 111. Voir aussi Mircea Eliade, *Le Sacré et le profane*, Paris, éditions Gallimard, 1982, pp. 25–26 : « Lorsque le sacré se manifeste par une hiérophanie quelconque, il n'y a pas seulement rupture dans l'homogénéité de l'espace, mais aussi révélation d'une réalité absolue, qui s'oppose à la non-réalité de l'immense étendue environnante ».

8   Voir Gaston Bachelard, *La Poétique de l'espace*, Paris, Quadrige, PUF, 2004, chapitre IX, pp. 191–207.

9   Ernst Cassirer, *La Philosophie des formes symboliques*, tome II, *op.cit.*, p. 111.

10 Nous entendons ici par ce terme l'enceinte sacrée comme l'explique Pierre Larousse dans son *Grand Dictionnaire Universel du XIXᵉ siècle*, tome XIV, Genève -Paris, éditions Slatkine, 1982, p. 1572.

cette acception.[11] Pourtant, chez Baudelaire, l'espace du temple est loin d'être un espace saint et serein. Il arrive que son image soit même bouleversée. Le temple de Vénus à Cythère en constitue un exemple flagrant : débarquant sur cette île placée sous le signe de la beauté grâce au lieu d'adoration de Vénus, le poète ne cache pas sa déception. Le temple de la Déesse, construit pour la vénérer et exalter sa beauté, perd ses atouts premiers et se voit subvertie :

> *Ce n'était pas un temple aux ombres bocagères,*
> *Où la jeune prêtresse, amoureuse des fleurs,*
> *Allait, le corps brûlé de secrètes chaleurs,*
> *Entrebâillant sa robe aux brises passagères*
> (Baudelaire, « Un voyage à Cythère », *FM*, 118)

Le processus de renversement se rencontre dans « Le Reniement de saint-Pierre ». Dans ce texte, l'écrivain omet l'entrée solennelle de Jésus à Jérusalem, mais désigne pourtant en filigrane la scène des vendeurs du temple, peut-être pour mettre l'accent sur la profanation de cette *imago mundi*[12] :

> *Rêvais-tu de ces jours si brillants et si beaux*
> *[...]*
> *Où, le cœur tout gonflé d'espoir et de vaillance,*
> *Tu fouetterais tous ces vils marchands à tour de bras,*
> (Baudelaire, « Le Reniement de saint Pierre », *FM*, 121–122)

Ces vendeurs, qui font intrusion dans le temple, rappellent le personnage d'Héliodore que Baudelaire cite dans son *Salon de 1846*.[13] Ce chef d'armée, chargé par le roi de Syrie Séleucus de s'emparer du trésor conservé à l'intérieur du temple de Jérusalem, a été chassé par un cavalier et deux jeunes hommes envoyés par Dieu.[14]

Par conséquent, nous remarquons que toute tentation qui vise à redonner au temple sa sacralité et son caractère divin est vouée à l'échec : l'opium[15] capable de

---

11   Voir Mircea Eliade, *Le Sacré et le profane, op.cit.,* p. 57 « C'est grâce au temple que le monde est resanctifié dans sa totalité. Quel qu'en soit le degré d'impureté, le monde est continuellement purifié par la sainteté des sanctuaires ».

12   Mircea Eliade, *Le Sacré et le profane, op.cit.,* p. 57.

13   Charles Baudelaire, « L'Œuvre et la vie de Delacroix », *Critique d'art*, tome II, p. 751.

14   « Deux autres jeunes hommes lui apparurent en même temps, d'une force remarquable, [...] le flagellaient sans relâche, lui portant une grêle de coups. Héliodore soudain tombé à terre fut environné d'épaisses ténèbres. » Voir II Macabées 3/26–28, in *La Sainte Bible, Les livres des Maccabées,* Paris, éditions du Cerf, 1954, p. 117.

15   Sur le pouvoir de l'opium voir Charles Baudelaire, « Le Poison », *Les Fleurs du Mal*, tome I, p. 49 : « *L'opium agrandit ce qui n'a pas de bornes / Allonge l'illimité* ».

bâtir « des temples qui dépassent en splendeur Babylone[16] et Hékatompyolos »[17] n'offre qu'une solution temporaire qui relève de l'imaginaire et des « Paradis artificiels ». Les éléments qui contaminent l'espace et dégagent l'inquiétude et le désarroi continuent à persister. Ces notions menaçantes, ne seront-elles pas présentées ironiquement par « les célèbres moutons [qui] absorbent Jésus- Christ » dans le tableau de Jouvenet que l'auteur cite dans son *Salon de 1846* [18] ? Même les cloîtres définis comme « partie d'un monastère ou attenance d'une église »[19] n'échappent pas à ce renversement de plan. « *Ces cloîtres anciens* [...] / [qui] *étaient en tableaux la sainte Vérité* »[20] se transforment en « *cloître*[s] *odieux* », lieux morbides qui abritent « Le Mauvais Moine ».[21] Le temple et le cloître s'avèrent donc dégradés et n'occupent qu'une place toute marginale dans la géographie sacrée baudelairienne, ils cèdent la place à des lieux plus intimes : la chambre et le foyer.

La chambre et le foyer sont deux espaces qui se répondent et qui dégagent toutes les vertus bénéfiques de l'intimité et de la sacralité. Chez Baudelaire, ces deux habitacles se déclinent d'ailleurs selon diverses modalités.

La chambre est une enclave idéale, espace de l'intimité, « lieu propice [aux] figurations du moi »,[22] c'est l'espace des retrouvailles avec soi-même. Un lieu saint puisque fermé, protégé d'un dehors aliénant ou profanateur. L'écrivain lui attribue

---

16   « La ville interne possédait quarante-trois temples principaux, dont le plus grand nombre, dédiés aux divinités majeures et archaïques du panthéon mésopotamien, se répartissaient dans le vieux centre historique, [...] », Béatrice-André Salvini, *Babylone*, Paris, Presses universitaires de France, collection « Que sais-je ? » 2001, p. 67.

17   Charles Baudelaire, « Un Mangeur d'Opium », *Les Paradis artificiels*, tome I, p. 442. Voir à ce propos Pierre Briant, *Histoire de l'empire perse, de Cyrus à Alexandre*, Paris, éditions Fayard, 1996, p. 199. « Hekatompylos était la capitale des Parthes (-250–227) » et en évoquant la vie de luxe des rois perses : « Les rois Parthes, de la même manière, vivent au printemps à Rhagai [Médie], mais ils hivernent à Babylone et passent le reste du temps à Hékatompylos [Parthie] ».

18   Voir Charles Baudelaire, « Salon de 1846 », *Critique d'art*, tome II, p. 472 où Baudelaire fait référence au tableau de Jouvenet « Les vendeurs du Temple ». Voir également la note p. 1313 : « [...] Jean Baptiste Jouvenet peignit pour l'église Saint- Martin- des- Champs. Il est maintenant au musée de Lyon ; le Louvre en a une copie ».

19   Pierre Larousse, *Grand Dictionnaire Universel du XIX*ᵉ *siècle*, tome IV, *op.cit.*, p. 464.

20   Charles Baudelaire, « Le Mauvais Moine », *Les Fleurs du Mal*, tome I, p. 15.

21   Charles Baudelaire, « Le Mauvais Moine », *Les Fleurs du Mal*, tome I, p. 15.

22   Pascale Auraix-Jonchière, « Les espaces de l'intimité dans *Indiana* et *Valentine* de George Sand » in *Écriture de la personne*, Mélanges offerts à Daniel Madelénat, études réunies et présentées par Simone Bernard Griffiths, Véronique Gély et Anne Tomiche, Clermont-Ferrand, presses universitaires Blaise Pascal, 2003, p. 73.

tous les aspects positifs d'un lieu privilégié. Dans « La Chambre double », poème en prose, la chambre est considérée comme une « *chambre paradisiaque* »[23] et dans un des poèmes de *Fleurs du Mal*, elle se montre comme un espace du non habituel, un lieu saint :

> *C'est ici la case sacrée*
> [...]
> *C'est la chambre de Dorothée.*
> (Baudelaire, « Bien loin d'ici », *FM*, 281)

Il s'agit ici de la chambre de Dorothée, jeune fille désignant un souvenir du voyage que Baudelaire a effectué en 1841 à l'île Bourbon, actuellement connue comme l'île de la Réunion. Or, ce logis bascule vers le sacré par le simple fait d'être habité car « habiter un espace, c'est réitérer la cosmogonie, et donc imiter l'œuvre des dieux ».[24] Recréer son petit monde est à l'origine un acte des dieux et en reproduisant cet acte, Dorothée s'assimile à ces divinités et sanctifie sa chambre puisque « l'homme est l'ouvrier du profane mais les dieux sont les ouvriers du sacré ».[25]

A cette première représentation d'un espace sacré dans l'œuvre s'en ajoute une autre, purement onirique, qui inscrit la chambre dans le registre du monde féerique. Dans « L'Invitation au voyage », l'ornementation de la chambre est placée sous les auspices d'un monde fantastique, la chambre est dotée d'une décoration particulière. Cet espace circonscrit offre la richesse d'un espace ouvert :

> *Des meubles luisants,*
> *Polis par les ans,*
> *Décoreraient notre chambre ;*
> [...]
> *Les riches plafonds,*
> *les miroirs profonds,*
> *La splendeur orientale,*
> *Tout y parlerait*
> *à l'âme en secret*
> *Sa douce langue natale*
> (Baudelaire, « L'Invitation au voyage », *FM*, 53)

---

23 Charles Baudelaire, « La Chambre double », *Petits Poèmes en prose,* tome I, p. 281.
24 Mircea Eliade, *Le Sacré et le profane, op.cit.,* p. 62.
25 Benjamin Fondane, *Baudelaire et l'expérience du gouffre*, Bruxelles, éditions complexes, 1994, p. 188.

Le foisonnement des éléments décoratifs, la surabondance des jouissances visuelles, les « *meubles luisants polis par les ans* », font glisser la représentation de la
chambre dans le domaine du merveilleux et font surgir le surnaturel qui selon la
définition de Baudelaire dans ses *Journaux intimes* comprend « [...] [l']intensité,
[la] sonorité, [la] limpidité, [la] vibrativité, [la] profondeur et [le] retentissement
dans l'espace et dans le temps ».[26] Le charme de ces meubles et de ses riches
plafonds reflète la splendeur orientale et confère à la chambre le même aspect
que la demeure de Psyché et Cupidon, où « les plafonds, aux caissons de thuya
et d'ivoire, sculptés avec un extrême raffinement, sont soutenus par des colonnes
d'or [...] ; [et] les murs sont d'or massif et resplendissent de leur propre éclat,
si bien que la demeure produirait elle-même sa lumière si le soleil refusait de
dispenser la sienne [...].[27] Tous ces éléments se superposent pour conférer à la
chambre une décoration particulière, permettant de la classer parmi les lieux
divins et sacrés. De plus, ce petit monde, ce microcosme reflète le macrocosme
humain. La chambre est donc homologuée à l'univers, car elle est peuplée par
[...] les « *meubles luisants/polis par les ans* », meubles qui, à force d'usage sont de-
venus pleinement humains, meubles qui raniment l'activité du souvenir [et par
lesquels] le monde extérieur se conjoint immédiatement à l'intériorité [...] ».[28]
Ainsi, nous remarquons que le poète des *Fleurs du Mal* est influencé par Edgar
Allan Poe puisqu'il partage avec lui « ce goût immodéré pour [...] les milieux
ornés et les somptuosités orientales ».[29] Le passage de « The Philosophy of Composition »[30] de Poe cité dans sa critique d'art souligne l'importance de ce principe
esthétique :

> Et je ne placerai pas, le héros de mon poème dans un milieu pauvre, parce que la
> pauvreté est triviale et contraire à l'idée de beauté. Sa mélancolie aura pour gîte une
> chambre magnifiquement et poétiquement meublée.
> (Baudelaire, « Notes nouvelles sur Edgar Poe », *Cr. Litt.*, OC II, 335)

Dans « Une martyre », des jouissances visuelles, tactiles, olfactives sont présentées en
surabondance dans cet endroit clos, or l'épiphanie du sacré est due à l'atmosphère

26 Charles Baudelaire, « Fusées », *Journaux intimes,* tome I, p. 658.
27 Apulée, *Eros et Psyché*, traduit du latin par Nicolas Waquet, préface de Carlo Ossola, Paris,
    éditions Payot &Rivages, 2006, p. 59 et p. 61.
28 Jean-Pierre Giusto, *Charles Baudelaire, Les Fleurs du Mal*, Paris, PUF, 1984, p. 87.
29 Charles Baudelaire, « Notes nouvelles sur Edgar Poe », *Critique littéraire*, tome II,
    p. 335.
30 *Ibid.*, Note n° 1, p. 1243.

« *dangereu*[se] *et fatal*[e] » puisque « sous sa forme élémentaire, le sacré représente avant tout une énergie dangereuse, incompréhensible »[31] :

> *Au milieu des flacons, des étoffes lamées*
> *Et des meubles voluptueux,*
> *Des marbres, des tableaux, des robes parfumées*
> *Qui traînent à plis somptueux,*
> *Dans une chambre tiède où, comme en une serre,*
> *L'air est dangereux et fatal,*
> (Baudelaire, « Une martyre », *FM*, 111–112)

Nous remarquons que la forme close du poème contribue à mettre à l'écart ces lieux clos, érigés en tableaux. Ces lumières et senteurs, cette douce chaleur évoquée par l'adjectif « *tiède* », viennent converger vers cet espace et le rendent propice à la méditation et au rêve.[32] Lieu coupé du monde extérieur et protégé de toute intrusion profane, la chambre « *véritablement spirituelle* »[33] où « *les meubles ont l'air de rêver* »[34] se transforme dans ce contexte en véritable *templum*, si l'on en croit l'analyse d'Ernst Cassirer :

> La sacralisation commence lorsqu'on dégage, de la totalité de l'espace, une région particulière, qui est distinguée des autres, qui est entourée et pour ainsi dire clôturée par le sentiment religieux. Cette notion de sacralisation religieuse, qui se présente aussi comme une division de l'espace, s'est concrétisée linguistiquement dans l'expression *templum*. *Templum*, en effet (en grec, *téménos*) remonte à la racine tem-, couper et ne signifie donc rien d'autre que ce qui est découpé, ce qui est délimité. En ce sens, il désigne d'abord le domaine consacré, qui appartient au dieu pour ensuite s'appliquer à n'importe quelle parcelle délimitée de terre […].[35]

Il existe un autre espace qui représente l'enceinte sacrée chez le poète et qui constitue l'un des thèmes récurrents dans ses textes. Il s'agit du foyer, de l'âtre où il fait

---

31   Roger Caillois, *L'Homme et le sacré*, édition augmentée de trois appendices sur le sexe, le jeu, la guerre dans leurs rapports avec le sacré, les essais XLV, Paris, éditions Gallimard, 1950, p. 27.

32   Voir Gaston Bachelard, *La Terre et les rêveries du repos*, Paris, éditions José Corti, 1ère éd 1948, éd. 2004, p. 63 : « l'intérieur rêvé est chaud, jamais brûlant. La chaleur rêvée est toujours douce, constante, régulière. Par la chaleur, tout est profond, la chaleur est le signe d'une profondeur, le sens d'une profondeur. »

33   Charles Baudelaire, « La Chambre double », *Petits Poèmes en prose*, tome I, p. 281.

34   *Ibid.*

35   Ernst Cassirer, *La Philosophie des formes symboliques*, tome II, *op.cit.*, p. 127.

bon se reposer. C'est l'espace du recueillement, de la méditation, de la contemplation intérieure, un refuge, un havre de salut qui dégage la paix et la sérénité. On assiste à une des meilleures représentations du foyer dans « Le Balcon ».[36] « *La beauté des caresses/la douceur du foyer et le charme des soirs* »[37] sont indissolublement liées et forment un décor favorable à la rêverie. Cette rêverie retrouve la valorisation primitive du feu si bien décrite par Bachelard. « *L'ardeur du charbon* »[38] (v. 6) assure au foyer sa douceur intime et paisible. Pour bien marquer la sacralité de cet espace et cerner toutes ses vertus pures et intimes, Baudelaire puise dans la mythologie et dans l'Histoire : la référence à Capoue dans « Le Voyage » met en relief le motif du séjour délicieux puisque dans l'Histoire romaine, le général carthaginois Hannibal, au lieu de marcher à Rome, préféra rester à Capoue, ville mythique qui « […] tir[e] son nom d'un héros éponyme, *Capys*, que les mythographes identifièrent tantôt avec le père d'Anchise, tantôt avec un cousin d'Enée, tantôt avec l'un des rois Albains […] ».[39] D'autre part, l'évocation de Capoue montre bien qu'il s'agit d'un refuge recherché placé sous les auspices de la sainteté :

> *Tel, le vieux vagabond, piétinant dans la boue,*
> *Rêve, le nez en l'air de brillants paradis ;*
> *Son œil ensorcelé découvre une Capoue*
> *Partout où la chandelle illumine un taudis.*[40]
> (Baudelaire, « Le Voyage », *FM*, 131)

Dans « L'Invitation au voyage », poème en prose, la valeur affective et positive de la maison est accentuée par la comparaison avec le pays de Cocagne, contrée chimérique qui marque de ses richesses l'espace circonscrit du foyer : « […] *Un vrai pays de Cocagne, […] où tout est riche, propre et luisant […] comme une splendide orfèvrerie […] Les trésors du monde y affluent, comme dans la maison d'un homme laborieux et qui a bien mérité du monde entier.* »[41]

Nombreuses sont les structures que Baudelaire emploie pour valoriser cet espace et lui rendre tous ses atouts. Il en va de même en ce qui concerne le registre du châtiment et de la récompense : ce sont les élus qui ont accès à cet espace chaleureux tandis que les exclus en sont privés. À la place de l'habitacle sacré et voluptueux,

---

36   Charles Baudelaire, « Le Balcon », *Les Fleurs du Mal*, tome I, p. 36.
37   *Ibid.*
38   *Ibid*, p. 37.
39   Jacques Heurgon, *Recherches sur l'Histoire, La religion et la civilisation de Capoue Pré-romaine des origines à la deuxième guerre punique*, Paris, éditions E. DE Boccard, 1ère édition en 1942, 1970, p. 136.
40   *Les Fleurs du Mal*, tome I, p. 131.
41   Charles Baudelaire, « L'Invitation au voyage », *Petits Poèmes en prose*, tome I, p. 302.

ils ont droit à un antre froid et ténébreux. Tel est le cas du poème intitulé « Abel et Caïn » où chacun des deux frères subit les conséquences de ses actes :

> *Race d'Abel, chauffe ton ventre*
> *A ton foyer patriarcal ;*
> *Race de Caïn, dans ton antre*
> *Tremble de froid, pauvre chacal.*
> (Baudelaire, « Abel et Caïn », *FM*, 122–123)

Ajoutons que dans sa poésie, la maison est le centre du monde pour son habitant, un lieu de paix, de réflexion, de sécurité associé à l'enfance, au feu du foyer, au giron maternel, qui éveille le souvenir. Elle fait partie d'une topologie mythique puisque « il y a un espace mythique où les directions et les positions sont déterminées par la résidence de grandes entités affectives ».[42] Pour Baudelaire, le « […] *foyer saint des rayons primitifs* »[43] est lié à l'image de la maison blanche de Neuilly. Cette maison se rapporte à l'enfance du poète évoquant l'année qu'il a passée avec sa mère avant son remariage avec le général Aupick, la « *blanche maison* »[44] de Neuilly est agrémentée d'une décoration douce et intime qui en fait un véritable refuge gravé dans la mémoire du poète. La simplicité de ce bonheur s'accompagne d'une grande effusion affective :

> *Je n'ai pas oublié, voisine de la ville*
> *Notre blanche maison, petite mais tranquille ;*
> *Sa Pomone de plâtre et sa vieille Vénus*
> *un bouquet chétif cachant leurs membres nus,*
> *Et le soleil, le soir, ruisselant et superbe,*
> *Qui, derrière la vitre où se brisait sa gerbe,*
> *Semblait, grand œil ouvert dans le ciel curieux,*
> *Contempler nos dîners longs et silencieux,*
> *Répandant largement ses beaux reflets de cierge*
> *Sur la nappe frugale et les rideaux de serge.*
> (Baudelaire, « *Je n'ai pas oublié, voisine de la ville* », *FM*, 99)

---

42 Maurice Merleau-Ponty, *Phénoménologie de la perception*, Paris, Gallimard, 1945, p. 337.

43 Charles Baudelaire, « Bénédiction », *Les Fleurs du Mal*, tome I, p. 9.

44 Voir Charles Baudelaire, *Correspondance*, tome I, lettre à Mme Aupick datée du 11 janvier 1858, p. 445 : « Vous n'avez donc pas remarqué qu'il y avait dans *Les Fleurs du Mal* deux pièces vous concernant, ou du moins allusionnelles à des détails intimes de notre ancienne vie, […] l'une : Je n'ai pas oublié, voisine de la ville … (Neuilly), et l'autre qui suit : la servante au grand cœur dont vous étiez jalouse … (Mariette) ? J'ai laissé ces pièces sans titres et sans indications claires parce que j'ai horreur de prostituer les choses intimes de famille ». Voir aussi lettre du 6 mai 1861, tome II, p. 153 : « Il y a eu dans mon enfance une époque d'amour passionné pour toi ; […] La place Saint- André- des-Arcs et Neuilly. De longues promenades, des tendresses perpétuelles ».

Le cierge désigné dans le vers 8 dessine le tableau d'une cérémonie rituelle où les objets ont valeur de symboles et où la mère et le fils sont unis par un amour moins maternel et filial que mystique. Une autre composante renforce le caractère sacré de la maison : le surgissement de deux figures issues de la mythologie gréco-romaine, à savoir : Vénus la déesse de beauté, et Pomone nymphe de la fécondité de la terre. Mais l'épiphanie de ces deux figures mythiques est contrebalancée par la dégradation qui les frappe. Dans la légende, Pomone, la nymphe de fécondité qui veillait sur les fruits, possédait un bois sacré ; le Pomonal.[45] Or dans ce poème, l'espace est perverti, le bois est étroitement limité et métamorphosé en « *bosquet chétif* ». Même Vénus n'échappe pas à cette dégradation : Déesse éblouissante d'une beauté parfaite,[46] elle est frappée par la vieillesse et la perte de son pouvoir de séduction d'autrefois puisqu'elle cache ici ses « *membres nus* ». Ces notations inquiétantes ébranlent le cadre calme et serein de cette habitation. S'y ajoute aussi l'image distante du père suggérée par l'astre solaire (v. 5)[47] qui laisse aussi des traces obscures.

Dans une lettre adressée à sa mère, Baudelaire montre que la sensation de protection et d'intimité est liée aussi à la présence des êtres chers, comme si la personne imposait sa présence au décor, à l'espace qui l'entoure. C'est en séjournant avec sa mère que Baudelaire a savouré les moments les plus paisibles et délicieux puisqu'il sentait « la chaleur d'une présence charnelle [qui] [...] rayonne, et tout, la blancheur de la nappe, les rideaux embrasés par la lumière du couchant, les murs, le jardin, tout baigne dans la réalité de cette présence tutélaire. D'où une impression de sécurité, une sensation de bien être, jointes à une sensualité inconsciente et diffuse ».[48] Or, cette douce image est menacée dans « La Servante au grand cœur dont vous étiez jalouse ». Là, on assiste à un changement de registre : le cadre, le décor, l'ambiance tranquille sont remplacés par l'image effrayante de la mort, le vide et l'absence. La figure de la mère est évanescente. La représentation de l'hiver met en scène la douleur des morts et la mesquinerie des vivants, ce qui accentue

---

45   « Pomone est la nymphe romaine qui [...] avait un bois sacré, le Pomonal, sur la route de Rome à Ostie », Pierre Grimal, *Dictionnaire de la Mythologie grecque et romaine*, Paris, PUF, 1ère éd. 1951, 2005, p. 389.

46   La Beauté chez Baudelaire est souvent immortelle, impitoyable et invincible. Voir à ce sujet « Hymne à la Beauté », « La Beauté » et « Le fou et la Vénus ».

47   Voir Jean-Claude Le Boulay, « je n'ai pas oublié ... de Baudelaire » in *Littératures*, N° 28, Toulouse, Presses Universitaires du Mirail-Toulouse, 1993, p. 91. Il voit dans le soleil une évocation symbolique du père, surtout l'expression « semblait au fond du ciel », « en témoin curieux ».

48   Charles Baudelaire, *Correspondance*, tome I, lettre à Mme Aupick datée du 11 janvier 1858, p. 445.

le reproche que Baudelaire adresse à sa mère. Il dénonce son ingratitude à l'égard d'une servante aimante :

> *Si, par une nuit bleue et froide de décembre,*
> *Je la trouvais tapie en un coin de ma chambre,*
> *Grave, et venant du fond de son lit éternel*
> *Couver l'enfant grandi de son œil maternel,*
> *Que pourrais-je répondre à cette âme pieuse,*
> *Voyant tomber des pleurs de sa paupière creuse ?*
> (Baudelaire, « La Servante au grand cœur dont vous étiez jalouse », *FM*, 100)

Il nous semble évident que la sensation de sécurité est due à la présence maternelle : « l'intimité de la maison bien fermée, bien protégée appelle tout naturellement les intimités les plus grandes, en particulier l'intimité d'abord du giron maternel, ensuite du sein maternel ».[49] Cependant l'absence de la mère désaffecte la demeure intime. Elle crée une atmosphère vide et angoissante où l'incommunicabilité est patente puisque « *les bonnes causeries* » ont disparu.

Mais ces éléments de la perte et de la disparition s'organisent en un système qui fait de la maison ambivalente de Baudelaire non seulement une maison désirée, mais une région sacrée au caractère double, divin et démoniaque, qui s'inscrit dans une représentation géographique mythique de l'univers car comme le souligne Roger Caillois, il peut y avoir une « opposition des deux pôles du sacré ».[50] « l'un attire, l'autre repousse ; l'un est noble, l'autre ignoble ; l'un provoque le respect, l'amour, la reconnaissance, l'autre le dégoût, l'horreur et l'effroi ».[51] Il serait peut-être intéressant de montrer que ce poème en rappelle un autre de Rimbaud qui montre avec plus d'insistance les conséquences néfastes que peut subir la demeure intime, en rapport avec à la disparition de la mère :

> [...] La chambre est glacée ... on voit traîner à terre
> Épars autour des lits, des vêtements de deuil :
> L'âpre bise d'hiver qui se lamente au seuil
> Souffle dans le logis son haleine morose !
> On sent, dans tout cela, qu'il manque quelque chose ...
> Il n'est donc point de mère à ces petits enfants,
> De mère au frais sourire, aux regards triomphants ?

---

49 Gaston Bachelard, *La Terre et les rêveries du repos, op.cit.*, p. 139.
50 Nous citons ici le titre du chapitre « la polarité du sacré », Roger Caillois, *L'Homme et le sacré, op.cit.*, p. 49.
51 *Ibid.*

[...]
- Et là, - c'est comme un nid [52] sans plumes, sans chaleur,
- Où les petits ont froid, ne dorment pas, ont peur ;[53]

Ces exemples révèlent bien ce phénomène de subversion du foyer marqué par l'absence et le manque. La chambre et la maison changent de nature première, nature protectrice et intimiste. L'espace sombre dans le froid et la morosité.

Or, la perturbation du cadre idéal du foyer et de la chambre n'est pas seulement due à l'absence. D'autres éléments peuvent pervertir la notion de refuge de laquelle ce cadre semblait être indissociable. L'intrusion de l'huissier, l'infâme concubine et le directeur du journal dans « La Chambre double » fait changer l'atmosphère sacrée de la chambre engendrant une conséquence néfaste. Ces êtres participent à l'effondrement du rêve et laissent le poète face à la réalité angoissante de son logis. La contamination est d'autant plus frappante dans « L'Irréparable » qu'il s'agit de l'intervention du diable cette fois-ci :

> *L'Espérance qui brille aux carreaux de l'Auberge*
> *Est soufflée, est morte à jamais !*
> [...]
> *Le Diable a tout éteint aux carreaux de l'Auberge.*
> (Baudelaire, « L'Irréparable », *FM*, 55)

Pour échapper à ces profanations, une autre composante de la rêverie spatiale de Baudelaire qui se développe avec plus d'insistance dans ce contexte fait son apparition. Il s'agit de l'espace défenseur qui éloigne le poète du dehors aliénant. Dans « Les Femmes damnées », ce sont les rideaux qui assurent cette fonction sacrée : « *Que nos rideaux fermés nous séparent du monde, /Et que la lassitude amène le repos*[54] ». Le rideau en tant que seuil indique la distance entre l'espace profane de l'extérieur et l'espace sacré de l'intérieur en s'assimilant à la barre ou à la frontière. Dans le

---

52 L'emploi du mot « nid » évoque une atmosphère sereine et calme. Bachelard montre que « le nid comme toute image de repos de tranquillité, s'associe immédiatement à l'image de la maison simple. » Gaston Bachelard, *Poétique de l'espace, op.cit.*, p. 98 et « si on revient dans la vieille maison comme on retourne au nid, c'est que les souvenirs sont des songes, c'est que la maison du passé est devenue une grande image, la grande image des intimités perdues. » *Ibid,* p. 100.

53 Arthur Rimbaud, « Les étrennes des orphelins », *Œuvres Complètes,* édition établie, présentée et annotée par Antoine Adam, Paris, éditions Gallimard, Bibliothèque de la Pléiade, 1972, pp. 3–4.

54 Charles Baudelaire, « Femmes damnées (Delphine et Hippolyte) », *Les Fleurs du Mal,* tome I, p. 154.

même registre, la fenêtre constitue un seuil qui protège l'espace clos de toute intrusion profane, mais ce seuil cumule avec son rôle protecteur, une autre fonction.
C'est un seuil magique qui, fermé, donne accès à l'espace sacré :

> *Celui qui regarde au dehors à travers une fenêtre ouverte, ne voit jamais autant de choses que*
> *celui qui regarde une fenêtre fermée. Il n'est pas d'objet plus profond, plus mystérieux, plus*
> *fécond, plus ténébreux, plus éblouissant qu'une fenêtre éclairée d'une chandelle. Ce qu'on peut*
> *voir au soleil est toujours moins intéressant que ce qui se passe derrière une vitre. Dans ce trou*
> *noir ou lumineux vit la vie, rêve la vie, souffre la vie.*
> (Baudelaire, « Les Fenêtres », *PPP*, 339)

Or le champ de la fenêtre ne se limite pas à la maison sacrée, il dépasse les fron-
tières de cet espace pour donner accès à l'infini, au ciel lointain, à la mer, à ces
espaces ouverts et divins qui structurent à leur tour la géographie mythique de la
poésie baudelairienne.

Espace ouvert de la bénédiction

« De ma cellule, je vois un beau ciel, des rayons de soleil ; eh bien tout cela on
me l'a ôté »[55]. Ces propos de Baudelaire adressés à sa mère à l'âge de seize ans
soulignent le goût précoce et immodéré du poète pour les « *voûtes azurées* ».[56]
En effet, la géographie baudelairienne est perçue en premier lieu comme une
région de l'azur, de l'infini, en raison de la topographie maritime et céleste qui
domine le texte. Les schèmes de l'élévation et l'image dynamique de l'ascension
marquent la quête de l'écrivain vers cet espace sublime et sacré et montrent bien
que « Baudelaire est […] un affamé du bel azur »,[57] azur du ciel et de la mer.
Or, la présence de cet espace ouvert ne se réduit pas à un simple décor, ou à une
image archétypale servant de support à l'expression du sacré. Ces deux pôles
de l'infini baudelairien sécrètent et génèrent le sacré puisqu'ils transcendent la
condition humaine et sont les marques de la présence divine dans la nature :[58]

---

55 Lettre à sa mère, datée du 7 novembre 1837, Charles Baudelaire, *Lettres inédites aux siens*,
   présentées et annotées par Philippe Auserve, Paris, éditions Bernard Grasset, Les cahiers
   rouges, 1966, p. 128.
56 Charles Baudelaire, « La Muse vénale », *Les Fleurs du Mal*, tome I, p. 15.
57 Georges Blin, *Baudelaire*, Paris, Gallimard, 1939, p. 83.
58 Voir Chateaubriand, *Génie du christianisme*, « De l'existence de Dieu prouvée par les
   merveilles de la nature », chap.XII, deux perspectives de la nature, p. 590 : « Dieu des
   chrétiens ! C'est surtout dans les eaux de l'abîme et dans les profondeurs des cieux, que tu
   as gravé bien fortement les traits de ta toute puissance ».

c'est dans le ciel que l'enfant des « Vocations » aperçoit Dieu « *assis sur* [un] *petit nuage isolé* ».[59]

La rêverie de l'ascension hante l'imagination de nombreux écrivains. C'est un mouvement purificateur puisqu'il permet une fusion avec le sacré. On trouve un exemple frappant qui illustre bien cette idée chez Dante où le poète rêve qu'un aigle l'emporte et l'amène à la porte du Purgatoire :

> par songe il me semblait voir suspendue
> emmi le ciel une aigle à pennes d'or,
> l'aile éployée, et sur moi prête à fondre ;
> [...]
> Et mon seigneur me dit : « Qu'as-tu à craindre ?
> [...]
> Tu as atteint ormais le purgatoire[60]

A l'instar de Dante, accéder au ciel et quitter le monde d'ici-bas pour aller vers un « [...] *infini que* [*le poète*] *aime et n'*[*a*] *jamais connu* »[61] est un objectif constant dans la poésie baudelairienne. Car en atteignant le ciel, l'homme quitte le rang des humains, il s'identifie au divin, se purifie et s'immortalise. L'opium, le haschich et le vin s'offrent à Baudelaire pour réaliser sa rêverie verticale, ils sont capables de créer l'idéal artificiel et d'assurer « *une élévation constante du désir, une tension des forces spirituelles vers le ciel* ».[62] Le départ aérien des deux amants vers les mirages d'un ciel bleu, afin d'assouvir leurs sensations et leurs désirs de l'infini, s'effectue par le moyen du vin, poétisé et dynamisé dans ce contexte : *Partons à Cheval sur le vin / Pour un ciel féerique et divin* ».[63] Ce cheval trouve son double mythique dans la figure de l'Hippogriffe du poème « Les Petites Vieilles ». Cet animal légendaire, moitié cheval, moitié homme, assurera le salut de ces figures souffrantes dans le monde terrestre en les conduisant vers le ciel :

> [...] *mais parmi ces êtres frêles*
> *Il en est qui, faisant de la douleur un miel,*
> *Ont dit au Dévouement qui leur prêtait ses ailes :*
> *Hippogriffe puissant, mène –moi jusqu'au ciel !*
> (Baudelaire, « Les Petites Vieilles », *FM*, 90)

---

59   Charles Baudelaire, « Les Vocations », *Petits Poèmes en prose,* tome I, p. 332.

60   Voir *La Divine Comédie,* Purgatoire, chant IX, in Dante, *Œuvres complètes,* traduction et commentaires par André Pezard, Paris, Gallimard, collection « la Pléiade », 1965, pp. 1178–1179.

61   Charles Baudelaire, « Hymne à la Beauté », *Les Fleurs du Mal,* tome I, p. 25.

62   Charles Baudelaire, « Le poème du Hachisch, le goût de l'infini », *Les Paradis artificiels,* tome I, p. 401.

63   Charles Baudelaire, « Le Vin des amants », *Les Fleurs du Mal,* tome I, p. 109.

D'autre part, en contemplant le ciel, Baudelaire obtient la révélation d'un espace infini et puissant. Le ciel symbolise la force, l'immutabilité et l'extrême puissance. Ainsi l'écrivain cherche-t- il sa place parmi les âmes des justes qui s'élèvent vers le ciel :

> Vers le Ciel, où son œil voit un trône splendide,
> Le Poète serein lève ses bras pieux,
> Et les vastes éclairs de son esprit lucide
> Lui dérobent l'aspect des peuples furieux :
> [...]
> « Je sais que vous gardez une place au Poète
> Dans les rangs bienheureux des saintes Légions,
> Et que vous l'invitez à l'éternelle fête
> Des Trônes, des Vertus, des Dominations.
> (Baudelaire, « Bénédiction », FM, 8–9)

Dans « Les Aveugles », les aveugles parodient le geste du poète de « Bénédiction »[64]. Les yeux éteints se lèvent tout d'abord, puis en un second mouvement se fixent encore plus haut au ciel. Et ce double mouvement d'un regard absent est l'indice, non seulement du désir de la clarté, mais d'un appel plus intime de l'esprit de déchiffrer le destin. En effet, « la simple contemplation de la voûte céleste provoque dans la conscience primitive une expérience religieuse ».[65] Ajoutons que le fait de se lever vers le ciel exprime la petitesse de l'être humain devant la grandeur du divin. Il prie et vénère la divinité pour obtenir son salut comme le cygne, qui, en imitant « l'homme d'Ovide », cherche son évasion à travers le ciel :

> Vers le ciel quelquefois, comme l'homme d'Ovide,
> Vers le ciel ironique et cruellement bleu,
> Sur son cou convulsif tendant sa tête avide,
> Comme s'il adressait des reproches à Dieu !
> (Baudelaire, « Le Cygne », FM, 86)

On retrouve ici une hésitation en ce qui concerne l'interprétation du geste pieux du port de tête et par conséquent l'aspect ambivalent du ciel. Car, en commentant le regard d'Ovide, Pierre Brunel montre qu'il s'agit d'une reconnaissance et de l'admiration vis-à-vis de l'œuvre du divin.[66] Or, ici, la posture est renversée : le

---

64 « Je dis : Que cherchent-ils au Ciel, tous ces aveugles ? » Charles Baudelaire, « Les Aveugles », Les Fleurs du Mal, p. 92.
65 Mircea Eliade, Traité d'histoire et des religions, Paris, éditions Payot, 1949 p. 59.
66 Voir Pierre Brunel, « Baudelaire et l'Homme d'Ovide » in Lire Les Fleurs du Mal, cahier textuel n° 25, Université Paris VII, 2002, pp. 195–196.

cygne lance des reproches au lieu de contempler la voûte céleste. Le ciel n'est plus le réceptacle secret de l'âme et de ses prières. On est face à un ciel monstrueux où la couleur azur a perdu sa valeur apaisante, « *un ciel ironique et cruellement bleu* ».

Mais la rêverie de Baudelaire ne se limite pas au champ de la vision ou au désir d'une fusion avec l'infini du ciel. Il s'agit plutôt d'une quête du sacré qui dépasse cet effort de perception holistique du monde conçu comme cosmos et porteur de sens. La hauteur et la voûte azurée se caractérisent donc par le fait qu'elles se placent non seulement en position intermédiaire mais en objet de quête. Pour atteindre ce « haut », dimension inaccessible à l'homme, car réservé aux divinités, le poète a recours au rêve et à l'imaginaire. À ce stade, la verticalité spirituelle révèle ainsi son côté platonisant pour une dépréciation du bas et l'idéalisation d'une lumière ou d'une chaleur empyréenne :

> *Au-dessus des étangs, au-dessus des vallées,*
> *Des montagnes, des bois, des nuages, des mers,*
> *Par-delà le soleil, par-delà les éthers,*
> *Par-delà les confins des sphères étoilées,*
>
> *Mon esprit, tu te meus avec agilité,*
> *Et, comme un bon nageur qui se pâme dans l'onde,*
> *Tu sillonnes gaiement l'immensité profonde*
> *Avec une indicible et mâle volupté.*
>
> *Envole-toi bien loin de ces miasmes morbides ;*
> *Va te purifier dans l'air supérieur,*
> *Et bois, comme une pure et divine liqueur,*
> *Le feu clair qui remplit les espaces limpides.*
> (Baudelaire, « Élévation » *FM*, 10)

Ce poème, comme son titre l'indique, traduit la rêverie de l'ascension de Baudelaire. Par son onirisme dynamique, le poète dans son envol superbe, dépasse les lieux élevés de la terre. Tel un nouvel Icare, il s'élève et ses ailes ne se rompent pas. Il parcourt les étoiles, arrive à l'empyrée où se diffuse le feu purificateur et bénéficie de cet atout divin.

A travers ces vers, le lecteur décèle des schèmes de l'élévation et des images dynamiques de l'ascension qui allègent l'âme du poète, déjà alourdie par les soucis du monde d'ici-bas, et créent un cadre propice à son évasion. L'« *aile vigoureuse* » citée au vers 15 qui constitue « l'outil ascensionnel par excellence »,[67] ainsi que les images mobiles : « *tu te meus / tu sillonnes* », ne sont pas sans évoquer l'atmosphère

---

67   Gilbert Durand, *Les Structures anthropologiques de l'imaginaire, op.cit.*, p. 144.

du poème « Le Gâteau » dans lequel Baudelaire se sent en « *parfaite béatitude* [...] *dans son total oubli du mal terrestre* »,[68] protégé de « l'amour profane » et de tout sentiment corrupteur, et où le champ lexical de l'allègement et les métaphores de la hauteur symbolisent les désirs voluptueux de l'envol :[69]

> *Mes pensées voltigeaient avec une légèreté égale à celle de l'atmosphère ; les passions vulgaires, telles que la haine et l'amour profane,*[70] *m'apparaissaient maintenant aussi éloignées que les nuées qui défilaient au fond des abîmes sous mes pieds ; mon âme me semblait aussi vaste et aussi pure que la coupole du ciel* [...]. (Baudelaire, « Le Gâteau », *PPP*, 297)

Si le ciel est l'objet de la quête de l'idéal,[71] ce mouvement d'ascension n'est pas sans rappeler la montagne. L'image ascensionnelle reflète une transcendance humaine et une pénétration dans des niveaux cosmiques supérieurs qui, implicitement, évoquent cet espace de la hauteur. Conçue comme « le domaine [...] des hiérophanies atmosphériques et, comme telle, la demeure des dieux »,[72] la montagne ne se trouve pas au premier plan chez Baudelaire, cependant elle fait partie de la géographie verticale et permet une séparation avec le monde profane et un détachement de l'espace citadin, comme le montre déjà le poète dans ses écrits : *Le cœur content, je suis monté sur la montagne / D'où l'on peut contempler la ville en son ampleur* ».[73] La montagne marque bel et bien une rupture de niveau comme dans l'exemple précédent, mais elle est aussi un lieu euphorique où l'écrivain monte en

---

68 Charles Baudelaire, « Le Gâteau », *Petits Poèmes en prose*, tome I, p. 297.

69 Ce mouvement d'expansion et de lévitation cher à Baudelaire trouve son écho dans *La Fanfarlo* où Samuel Cramer exprime sa rêverie à Mme de Cosmelly : « *Figurez-vous qu'au moment où vous vous appuyez sur l'être de votre choix, et que vous lui dites : envolons-nous ensemble et cherchons le fond du ciel* ! », Charles Baudelaire, *La Fanfarlo*, tome I, p. 561.

70 On trouve le même contexte chez Rousseau dans ses rêveries : « Délivré de toutes les passions terrestres qu'engendre le tumulte de la vie sociale, mon âme s'élanceroit fréquemment au dessus de cet atmosphère », Jean-Jacques Rousseau, « Les Rêveries du promeneur solitaire », « cinquième promenade », *Œuvres Complètes*, tome I, *Les confessions et autres textes autobiographiques*, édition publiée sous la direction de Bernard Gagnebin et Marcel Raymond avec, pour ce volume, la collaboration de Robert Osmont, Paris, éditions Gallimard, collection « La Pléiade », 1959, pp. 1048–1049.

71 Voir Charles Baudelaire, « La Femme sauvage et la petite-maîtresse », *Petits Poèmes en prose*, tome I, p. 290 où la maîtresse pour échapper aux violences qu'elle subit s'adresse au ciel, l'image est évoquée ici sur un ton ironique : « *A vous voir ainsi, ma belle, délicate. Les pieds dans la fange et les yeux tournés, vaporeusement vers le ciel, comme pour lui demander un roi, on dirait vraisemblablement une jeune grenouille qui invoquerait l'idéal* ».

72 Mircea Eliade, *Traité d'histoire des religions*, Paris, éditions Payot, 1949, p. 112.

73 Charles Baudelaire, « Projets d'un épilogue pour l'édition de 1861», *Dossier des Fleurs du Mal*, tome I, p. 297.

ayant « *le cœur content* » et accède à une vue qui procure un sentiment agréable comme il est dit dans *Le Salon de 1846* où « [les] montagnes bleues […] font un horizon à souhait pour le plaisir des yeux ».[74] Qualifier les montagnes de « bleues » révèle un lien subtil entre le ciel, perçu comme la destinée de la rêverie verticale et du mouvement d'élévation, et la montagne, prise comme espace participant à la géographie de l'ascension. On trouve la même idée dans les poésies de jeunesse de Baudelaire à travers une image qui reflète la sacralité du ciel et de la montagne. Ce sont des espaces du recueillement, des réceptacles de tout ce qui relève de l'ordre du divin :

> *On dirait que le ciel, en cette solitude,*
> *Se contemple dans l'onde, et que ces monts, là-bas,*
> *Écoutent, recueillis, dans leur grave attitude,*
> *Un mystère divin que l'homme n'entend pas.*[75]
> (Baudelaire, « *Tout là-haut, tout là-haut, loin de la route sûre* », Poésie de Jeunesse, 199)

Il nous est clair que ce « *mystère divin* » ne se dévoile pas dans le monde d'ici-bas, sa propagation exige la présence d'une région sacrée comme le ciel « […] où plane le mystère avec la lumière, où le mystère scintille, où le mystère invite la rêverie curieuse ».[76] Ainsi, nous comprenons mieux l'attachement que l'étranger voue aux « *nuages, les merveilleuses nuages* »[77] qui dégagent charme et légèreté :

> *Les plus riches cités, les plus grands paysages,*
> *Jamais ne contenaient l'attrait mystérieux*
> *De ceux que le hasard fait avec les nuages.*
> (Baudelaire, « Le Voyage », FM, 131–132)

Un autre lieu fait partie avec le ciel de la topologie de l'azur baudelairienne et contient toutes les vertus de la sacralité. Il s'agit de la mer qui se révèle comme une représentation spatiale symbolique, affectivement marquée chez le poète, et qui correspond à la fois à la hantise et à l'attraction de l'infini.

En effet, la mer constitue un élément de la nature si puissant que devant elle l'homme a senti depuis les temps les plus reculés son néant et son impuissance, c'est pourquoi il fut amené à lui attribuer des qualités divines.[78] Dans la poésie

---

74   Charles Baudelaire, « Eugène Delacroix », *Critique d'art*, tome II, p. 438.
75   *Poésies de Jeunesse*, tome I, p. 199.
76   Charles Baudelaire, « Sur mes contemporains, Victor Hugo », *Critique littéraire*, tome II, p. 137.
77   Charles Baudelaire, « L'Étranger », *Petits Poèmes en prose*, tome I, p. 277.
78   Voir Psaume 95/5, en parlant du Seigneur « À lui la mer, c'est lui qui l'a faite ». *La Bible, L'ancien & le nouveau testament*, op.cit., p. 910.

romantique, nombreuses sont les images qui soulignent la valorisation de l'espace maritime. L'aspect transcendant de la mer trouve son ampleur dans ces vers de Victor Hugo :

> Que la mer a de grâce et le ciel de clarté !
> [...]
> Jamais si près de Dieu mon cœur n'a pénétré
> [...]
> La vaste mer me parle, et je me sens sacré[79]

Outre la contemplation du paysage marin, Hugo établit un rapport singulier avec la mer à travers ce dialogue qui lui permet de « se sentir sacré ». Dans « Déjà », Baudelaire est privé de ce privilège puisque son périple maritime ne dure que peu de temps. À la place de la sacralité, un sentiment de déréliction envahit son âme à la fin de son voyage maritime :

> « *Moi seul j'étais triste, inconcevablement triste. Semblable à un prêtre à qui on arracherait sa divinité, je ne pouvais, sans une navrante amertume, me détacher de cette mer si monstrueusement séduisante* ».
> (Baudelaire, « Déjà », *PPP*, 338)

D'autre part, la valeur affective et mythique de la mer peut être perçue à travers sa complémentarité avec le ciel. Dans « Femmes damnées », les « *pauvre sœurs* » « [...] *tournent leurs yeux vers l'horizon des mers* »[80] comme si elles cherchaient une certaine purification par la simple vision de la mer. Ce geste rappelle celui du cygne, ce n'est pourtant pas l'horizon céleste qui fait l'objet de la quête suprême cette fois-ci, mais c'est plutôt l'horizon maritime qui reflète le ciel. La mer, donc, est un ciel à l'envers, immense et profond et générateur de toutes les vertus.

Cependant, l'association de l'espace maritime[81] et du ciel dans notre corpus ne se limite pas au dédoublement, elle concerne aussi le mouvement d'accès à cet espace. Dans « Mœsta et errabunda », c'est le mouvement d'envol, acte qui normalement fait allusion au ciel, qui permettra au « *cœur d'Agathe* » d'atteindre la mer, destination désirée et sacrée :

> *Dis-moi, ton cœur parfois s'envole-t-il, Agathe,*
> *Loin du noir océan de l'immonde cité,*

---

79 Victor Hugo, « Promenades dans les rochers », 4ème promenade, dans les « quatre vents de l'esprit » in *Poésie I*, préface de Jean Gaulmier, Paris, éditions des Seuil, 1972, p. 762.

80 Charles Baudelaire, « Femmes damnées *(Comme un bétail pensif …)*», *Les Fleurs du Mal*, tome I, p. 113.

81 Nous désignons par espace maritime l'espace de la mer et de l'Océan. La différence entre ces deux espaces n'est pas à souligner chez Baudelaire.

Vers un autre océan où la splendeur éclate,
Bleu, clair, profond ainsi que la virginité ?
(Baudelaire, « Mœsta et errabunda », *FM*, 63)

L'opposition entre l'océan Noir de la cité et l'océan Bleu dans ces vers sous-tend une autre dichotomie, celle du pur et de l'impur. Le contraste des couleurs ainsi que la juxtaposition des syntagmes (*bleu/noir, immonde cité/virginité*) montrent bien que cette dichotomie est saisie, non seulement sur le plan phénoménologique, mais aussi sur le plan symbolique : pureté et impureté, sacralité et profanation sont superposées lexicologiquement et métaphoriquement dans ce passage. De surcroît, l'emploi du mot « *virginité* » à la rime fait allusion à l'aspect féminin de la mer et met l'accent sur son rôle protecteur. Cette féminisation de la mer chez Baudelaire se révèle, au premier abord, par ses interférences avec la chevelure féminine.

Inscrite dès la première appréhension maritime de sa poésie, la fusion ne fera que proliférer par la suite dans une sorte de variation sur le même thème.[82] Plusieurs vers de son œuvre illustrent bien cette osmose. Dans « Un hémisphère dans une chevelure », la mer se reflète dans la chevelure de l'amante et constitue ainsi le refuge privilégié des angoisses baudelairiennes. En s'adressant à sa bien-aimée, le poète l'assimile aux Néréides qui, selon la légende, sont des divinités marines « qui personnifient […] les vagues de la mer [et que] les poètes […] imaginent […] se jouant dans les vagues laissant flotter leur chevelure […] » :[83]

Tes cheveux contiennent tout un rêve, plein de voilures et de mâtures ; ils contiennent de grandes mers dont les moussons me portent vers de charmants climats, où l'espace est plus bleu et plus profond, […]. (Baudelaire, « Un Hémisphère dans une chevelure », *PPP*, 300)

Pour Baudelaire, la longue chevelure crépue de sa maîtresse apparaît comme une vaste mer qui recèle l'apaisement. Elle constitue une immensité azurée saturée de sacré : « […] la vision mythique du monde connaît aussi cette manière d'exposer, de projeter dans l'espace ce qui n'est pas de nature spatiale. »[84] La fusion est d'autant plus frappante que la réciprocité s'impose entre l'élément liquide et l'élément corporel : l'azur de la mer surgit de la noirceur de la chevelure car c'est « […] *dans la nuit de* [la] *chevelure,* [que l'écrivain] *voi*[t] *resplendir l'infini de l'azur*

---

82 Voir le poème « Allégorie » où la chevelure est liée à un autre liquide « *C'est une femme belle et de riche encolure / qui laisse dans son vin traîner sa chevelure* », Charles Baudelaire, *Les Fleurs du Mal*, tome I, p. 116.

83 Pierre Grimal, *Dictionnaire de la Mythologie grecque et romaine*, *op.cit.*, p. 314.

84 Ernst Cassirer, *La Philosophie des formes symboliques*, tome II, *op.cit.*, p. 112.

tropical [...] ».[85] De même sorte que la mer imprègne de sa couleur la chevelure de Dorothée et la rend « *presque bleue* ».[86]

Parfois encore, la chevelure s'apparente à l'espace maritime par sa dimension géographique. Comme la mer, elle constitue un espace où l'écrivain peut « *plong*[er] [sa] *tête amoureuse d'ivresse* »[87] dans les « *cheveux bleus, pavillon de ténèbres tendues* ». Victor Brombert fait remarquer que « le verbe plonger indique une immersion totale dans l'imagerie à la fois érotique et exotique » et que « l'adjectif noir qualifie la chevelure de la femme, mais il s'applique également à l'espace de l'intimité et à la descente dans les secrets du corps, qui devient par association le précieux réceptacle de la mémoire ».[88] Ainsi la chevelure s'avère un lieu insondable qui attire le lecteur et l'initie à la découverte de ses atouts particuliers. Elle participe, encore une fois, au paysage de la nature maritime dont « *nul ne connaît* « [l]es *richesses intimes* » et procure, si l'on en croit l'analyse de Michel Collot, « [ce] sentiment romantique de la nature [qui] s'accompagne d'un pressentiment religieux [et] qui ouvre l'âme non pas à l'évidence de Dieu, mais à son insondable obscurité ».[89]

Mais la chevelure s'affilie aussi à la mer par l'ondoiement. Par son agitation, elle exprime une sinuosité qui rappelle le flottement des vagues. Nous pouvons avancer avec Georges Poulet que « la magie du mouvement chez Baudelaire a pour particularité de se recomposer dans l'image verbale que le poète en donne, et d'en offrir ainsi au lecteur une version stylistique exactement équivalente [...] »[90] puisque cette ondulation se traduit par une variété métrique qui, variant entre l'octosyllabe et le pentasyllabe, crée un rythme propre à la modulation et confère une image dynamique propice à la rêverie du poète dans cet espace engendré par la « confusion métonymique » entre la chevelure et la mer :

> *Sur ta chevelure profonde*
> *Aux âcres parfums,*
> *Mer odorante et vagabonde*
> *Aux flots bleus et bruns,* (Baudelaire, « Le Serpent qui danse », FM, 29)

Mais la mer n'est pas toujours docile et féminine, elle fait se lever, dans d'autres lieux, l'image d'une mer méchante, rejoignant ainsi la vision grecque, celle d'un espace interdit à l'homme et lieu de la colère de Dieu. Elle n'est plus considérée

---

85   Charles Baudelaire, « Un Hémisphère dans une chevelure », *op.cit.*, p. 300.

86   Charles Baudelaire, « La Belle Dorothée », *Petits Poèmes en prose,* tome I, p. 316.

87   Charles Baudelaire, « La Chevelure », *Les Fleurs du Mal,* tome I, p. 26.

88   Victor Brombert, « La chevelure ou la volonté de l'extase » in *Dix études sur Baudelaire* réunies par Martine Bercot et André Guyaux, Paris, Honoré Champion, 1993, p. 61.

89   Michel Collot, *l'Horizon fabuleux*, Paris, José Corti, 1988, tome I, p. 53.

90   Georges Poulet, *La Poésie éclatée*, Paris, PUF, 1980, p. 43.

comme *Thalassa*, mais plutôt en tant que *Pontos*,[91] une mer masculine agitée et maléfique :

> *Je te hais, Océan ! tes bonds et tes tumultes,*
> *Mon esprit les retrouve en lui ; ce rire amer*
> *De l'homme vaincu, plein de sanglots et d'insultes,*
> *Je l'entends dans le rire énorme de la mer.* (Baudelaire, « Obsession », *FM*, 75)

Antoine Compagnon attire l'attention sur la présence d'une « mer mauvaise dans les *Fleurs du Mal*, une mer qui s'identifie au Mal […] »,[92] s'appuyant dans son analyse sur la superposition des rimes (*mer /amer*) qui, selon lui, introduit des notions inquiétantes et accentue le caractère repoussant de la mer. On trouve aussi la même rime dans « L'Albatros », mais dans ce poème, l'hostilité de la mer est d'autant plus frappante qu'elle a partie liée avec « *les gouffres amers* ». Et si ce « *gouffre amer* », espace effrayant, fait apparition dans d'autres poèmes des *Fleurs du Mal* comme « l'Homme et la mer », il nous est nécessaire de préciser qu'il ne s'agit pas là du gouffre abyssal ou vertigineux, mais plutôt d'un gouffre marin chargé d'une densité émotionnelle et affective qui, effrayant ou attirant, fascine la conscience humaine. « *Cette mer si monstrueusement séduisante* »[93] engendre parfois l'angoisse qui, loin d'être négative, contient la positivité d'une affirmation d'une trace de la transcendance divine.

Nous pouvons conclure que la mer, attirante et repoussante à la fois, incarnation spatiale de la colère justicière de Dieu mais surtout espace marqué par sa clémence, constitue pour Baudelaire un lieu privilégié de l'appréhension du sacré. C'est dans « l'Homme et la mer » que les deux aspects mer méchante/mer docile, si contraires en apparence, s'unissent avec une grande cohérence :

> *Homme libre, toujours tu chériras la mer !*
> *La mer est ton miroir ; tu contemples ton âme*
> *Dans le déroulement infini de sa lame,*
> *Et ton esprit n'est pas un gouffre moins amer.*
> [...]
> *Et cependant voilà des siècles innombrables*
> *Que vous vous combattez sans pitié ni remord,*
> *Tellement vous aimez le carnage et la mort,*
> *Ô lutteurs éternels, ô frères implacables !*
> (Baudelaire, « L'Homme et la mer », *FM* 19)

---

91   « La mer quand elle est furieuse, perd ses caractères féminins de tentation ondoyante et de béatitude somnolente et sa personnification mythique acquiert un profil masculin accentué » in Mircea Eliade, *Traité d'histoire et des religions, op.cit.*, p. 213.

92   Antoine Compagnon, *Baudelaire devant l'innombrable*, Paris, presses de l'Université de Paris-Sorbonne, 2003, p. 101.

93   Charles Baudelaire, « Déjà », *Petits Poèmes en prose*, tome I, p. 338.

Il existe chez Baudelaire une hantise de l'infini puisque cette notion apparaît dans plusieurs poèmes des *Fleurs du Mal* comme « Une gravure fantastique », « Le Voyage », et « La Chevelure » et dans Les *Petits Poèmes en prose* « Le *Confiteor* de l'artiste », « Un hémisphère dans une chevelure », et « L'Invitation au voyage ». Cependant, c'est dans Les *Paradis Artificiels* que le vocabulaire de l'infini est le plus dense.

L'aspiration vers l'infini est inhérente à la poésie de Baudelaire. L'infini fait partie de sa perspective esthétique comme il l'annonce dans son *Salon de 1846* : « *Qui dit romantisme dit art moderne, … Aspiration vers l'infini* ».[94] Et c'est à travers l'espace maritime et céleste que l'infini prend forme, faisant jaillir dans ce contexte le sentiment d'un grandissement de l'espace d'où émanent la transcendance et la sacralité :

> *Et l'aspect renaissant des horizons sans fin,*
> *Ramenassent ce cœur vers le songe divin.*
> (Baudelaire, « Poésie à Sainte-Beuve », *Poésies de jeunesse*, 207)

Mais parfois l'infini peut dévoiler des notions maléfiques qui ébranlent le cadre harmonieux et sacré. Telle est l'image plutôt d'un infini non-fini ou indéfini qui recèle l'angoisse laissant dégager « *les parfums corrompus* »[95] comme l'est la mer dans « Les Sept vieillards » :

> *Et mon âme dansait, dansait, vieille gabarre*
> *Sans mâts, sur une mer monstrueuse et sans bords !*
> (Baudelaire, « Les Sept Vieillards », *FM*, 88)

Or, pour remédier à cette corruption, Baudelaire semble proposer dans « Le Voyage » une technique qui est à la fois esthétique et métaphysique et qui consiste à traduire l'infini par des images finies :

> *Et nous allons, suivant le rythme de la lame,*
> *Berçant notre infini sur le fini des mers.*
> (Baudelaire, « Le Voyage », *FM*, 130)

La notion d'infini risque fort de rester inaccessible et donc d'engendrer le vertige, à moins qu'il ne se trouve une image qui la concrétise et la mette ainsi à la portée de l'esprit humain comme en témoigne l'image de la mer que nous avons montrée

---

94 Charles Baudelaire, « Salon 1846 », *Critique d'art*, tome II, p. 403
95 Charles Baudelaire, « Correspondances », *Les Fleurs du Mal*, tome I, p. 11.

précédemment. « L'infini diminutif » porte en lui la beauté plénière de « l'infini total » puisqu'il en est la seule image accessible à l'homme. Cette idée a été soulignée deux fois par l'écrivain : d'abord dans ses *Journaux Intimes* en parlant de l'espace maritime :

> Pourquoi le spectacle de la mer est-il si infiniment et si éternellement agréable ? Parce que la mer offre à la fois l'idée de l'immensité et du mouvement. Six ou sept lieues représentent pour l'homme le rayon de l'infini. Voilà un infini diminutif. Qu'importe s'il suffit à suggérer l'idée de l'infini total ?
> (Baudelaire, « Mon cœur mis à nu », *Jr.Int*, OC I, 696)

Ensuite dans une lettre adressée à Armand Fraisse datée de février 1860 et où est évoqué l'espace céleste :

> Avez-vous observé qu'un morceau de ciel, aperçu par un soupirail, ou entre deux cheminées, deux rochers, ou par une arcade, etc., donnait une idée plus profonde de l'infini que le grand panorama vu du haut d'une montagne ?
> (Baudelaire, *Corr.*, tome I, lettre à Armand Fraisse datée du 18 février 1860, 676)

Pierre Laforgue commente le souci de Baudelaire de voir son moi disparaître dans l'infini[96] en prenant l'exemple du poème en prose, « Le *Confiteor* de l'artiste », où le poète, après s'être plongé avec délices dans la contemplation de l'infini, éprouve soudain un vertige de perdition « *car dans la grandeur de la rêverie, le moi se perd vite !* ».[97] Le mouvement de la pièce bascule de la perception confiante de l'infini à l'appréhension incontrôlable de l'indéfini. Il transforme la réaction de Baudelaire face au paysage infini, provoque sa révolte, et surtout paralyse sa faculté créatrice. C'est pourquoi, il faut cadrer et maîtriser cet infini afin de le contenir et de donner forme à ce qui menace de sombrer dans l'informe. Le cadrage ne devant, bien sûr, pas être compris comme une réduction, mais plutôt comme une approche analogique de l'infini ayant pour but d'atteindre l'idéal.

Mythologisation de l'espace

Si l'espace azuré constitue un point référentiel de l'univers mythique, il se complète par une géographie insulaire dont la thématique se décline sous des formes multiples. C'est l'aspect maléfique de l'île qui semble imprégner le texte baudelairien.

---

96   Pierre Laforgue, « La quadrature de l'infini. Sur l'esthétique et la poétique de Baudelaire entre 1895 et 1863 » in *Pratiques d'écriture*, Mélange de littérature et d'histoire littéraire offerts à Jean Gaudon, sous la direction de Pierre Laforgue, Paris, Klincksieck, 1996.

97   Charles Baudelaire, « Le *Confiteor* de l'artiste », *Petits Poèmes en prose*, tome I, p. 278.

Espace de la faute

Image réduite mais complète du Cosmos, l'île acquiert une valeur sacrée en vertu de sa concentration. C'est un point centripète posé sur un espace infini, qui traduit l'idée du passage « du fini à l'infini », notion chère au poète comme on l'a déjà expliqué. En nous situant au plus près des textes de notre corpus, nous remarquons que l'île n'est pas un simple décor ou un support topographique quelconque, mais qu'elle représente un espace mythique investi par l'imagination du poète. Partant de son statut mythique, Baudelaire lui confère toute une série de valeurs esthétiques, oniriques et symboliques afin d'adapter cet espace insulaire à ses exigences poétiques. Pourtant, un lien subtil se tisse entre le pictural et le scripturaire chez le poète. L'île raconte la rencontre originelle de l'eau et de la terre et revêt donc une ambiguïté constitutive : formée de terre, elle se définit néanmoins par la mer qui l'entoure : « L'île est tout entière définie par la mer : elle en surgit, ses formes sont modelées par les eaux, de sorte que la relation entre la mer et l'île est à la fois d'engendrement et d'identité ».[98]

Il en est de même dans l'espace du poème où l'île exalte son hybridité : l'écriture baudelairienne qui inscrit, dans notre mémoire, l'image de l'île heureuse, donne aussi à l'insularité un statut double sur lequel on aimerait s'attarder ici puisque « toute réécriture repose notamment sur une métamorphose des lieux ».[99]

Dans « Parfum exotique », l'île se présente d'abord comme une nature idyllique offrant tous les caractères du paysage paradisiaque : beauté, chaleur, douceur, parfum, en un mot « bonheur », comme l'annonce le premier terme définissant ces rivages. Le développement des synesthésies engendre l'impression d'harmonie des sens rassasiés dans cet espace de la félicité où se réalise l'osmose du moi et du monde, et où affleure la pureté des temps originels. Tous ces éléments s'unissent en parfaite harmonie pour inviter le poète à se libérer de ses contraintes et à savourer le repos et l'inertie douce :

> *Une île paresseuse où la nature donne*
> *Des arbres singuliers et des fruits savoureux ;*
> *Des hommes dont le corps est mince et vigoureux,*
> *Et des femmes dont l'œil par sa franchise étonne.*
> (Baudelaire, « Parfum exotique », *FM*, 25)

---

98 Pierre Jourde, « Cythères mornes » in *Île des merveilles, mirage, miroir, mythe*, Colloque de Cerisy, textes réunis et présentés par Daniel Reig, Paris, l'Harmattan, 1997, p. 193.

99 Pascale Auraix-Jonchière, « Préface » in *Poétique des lieux*, études rassemblées par Pascale Auraix- Jonchière et Alain Montandon, Clermont-Ferrand, Presses universitaires Blaise Pascal, 2004, p. 9.

Or, si l'image de l'île exotique, havre de paix et d'apaisement, abonde chez Baudelaire tout au long de son recueil et si ses représentations laissent croire à une pure idylle, les valorisations de l'île sont loin d'être univoques, ce qui accentue son aspect mythique puisqu'un imaginaire sombre et maléfique de l'espace insulaire fait également son apparition dans l'ensemble du texte.

Dans « Le Voyage », poème qui clôt *Les Fleurs du Mal*, l'île apparaît comme un espace désiré et recherché, mais l'allusion à Icarie relève d'une ambiguïté fondamentale puisqu'elle renvoie à la fois au mythe d'Icare et au *Voyage en Icarie* d'Etienne Cabet, oeuvre publiée en 1840.[100] Or, ce qu'il convient de signaler est que cette allusion confère au texte baudelairien une dimension funèbre et fait basculer l'île du registre paradisiaque vers celui du châtiment et de la faute.

> [...] *l'Homme, dont jamais l'espérance n'est lasse,*
> *Pour trouver le repos court toujours comme un fou !*
> *Notre âme est un trois-mâts cherchant son Icarie ;*
> (Baudelaire, « Le Voyage », *FM*, 130)

Enfin, l'émergence d'Icarie dans la pièce de Baudelaire montre que cet espace euphorique relève de l'imaginaire, et que dans la réalité, l'île subit une déchéance qui répond en écho à celle de Cythère. Car si « [c]*haque îlot signalé par l'homme de vigie / est un Eldorado promis par le Destin* »,[101] le lecteur est loin de trouver cette île- Eldorado, il est placé à nouveau dans l'espace de la faute et de la dégradation, dans l' « *Eldorado banal* » :

> *Quelle est cette île triste et noire ?*—*C'est Cythère,*
> *Nous dit-on un, pays fameux dans les chansons,*
> *Eldorado banal de tous les vieux garçons.*
> *Regardez, après tout, c'est une pauvre terre.*
> (Baudelaire, « Un voyage à Cythère », *FM*, 118)

Image parfaite d'une nature édénique, « *Belle île aux myrtes verts, pleine de fleurs écloses* » autrefois et où s'élevait le temple de la Déesse de la Beauté, Cythère apparaît ici comme un espace hostile détérioré par le mal et la douleur. Elle s'affirme désormais comme un lieu de la perte, traduisant ainsi le châtiment imposé à ses courtisanes qui subissent « *la terreur du mystère* »,[102] présentées ironiquement sous

---

100 Voir à ce sujet Pierre Brunel, *Mythe et Utopie. Leçons de Diamante*, Napoli, Vivarium, 1999, pp. 19–30.

101 *Ibid.*, p. 130

102 Charles Baudelaire, « Le Couvercle », *Les Fleurs du Mal*, tome I, p. 141.

la forme du « *ridicule pendu* » auquel le poète s'identifie en s'appropriant sa douleur et sa déception :

> *Île des doux secrets et des fêtes du cœur !*
> *De l'antique Vénus le superbe fantôme*
> [...]
> *Dans ton île, ô Vénus ! je n'ai trouvé debout*
> *Qu'un gibet symbolique où pendait mon image ...*
> (Baudelaire, « Un voyage à Cythère », *FM*, 118–119)

Un autre espace insulaire de la chute et de la faute, qui se développe avec plus d'insistance chez Baudelaire, affleure dans le texte. Il s'agit de l'île de « Lesbos qui apparaît, à travers le prisme de la Décadence, comme un mythe suspect et intrinsèquement dégradé [...] et qui a fini par devenir le territoire métaphorique du Saphisme. Bref, un mythe à rebours qui s'est construit en se dégradant au fil des textes et des images ».[103] Lesbos se présente en premier lieu comme une « *terre des nuits chaudes et langoureuses* » où règne l'extrême chaleur et où le temps semble être porteur d'une éternité délicieuse et voluptueuse, créant un espace-temps favorable aux aventures amoureuses :

> *Lesbos, où les baisers languissants ou joyeux,*
> *Chauds comme les soleils, frais comme les pastèques,*
> *Font l'ornement des nuits et des jours glorieux,*
> (Baudelaire, « Lesbos », *FM*, 150)

Cet espace insulaire affiche les signes d'une sensualité féminine où, mis en parallèle avec Paphos, Sapho et Vénus voient rivaliser de beauté car, comme l'indique Gilbert Durand « l'île est l'image mythique de la femme [et] de la vierge ».[104]

> *Lesbos, où les Phrynés l'une et l'autre s'attirent,*
> *Où jamais un soupir ne resta sans écho,*
> *A l'égal de Paphos les étoiles t'admirent,*
> *Et Vénus à bon droit peut jalouser Sapho*
> (Baudelaire, « Lesbos », *FM*, 150)

---

103 Nicole Albert, « Lesbos fin de siècle : Splendeur et Décadence d'un mythe » in *Le Rivage des mythes. Une géocritique méditerranéenne, vol. 1 : Le lieu et son mythe,* Actes du colloque des 28–29–30 septembre 2000, sous la direction de Bertrand Westphal, Collection « Espaces Humains » Limoges, Presses universitaires de Limoges, 2001, p. 50.

104 Gilbert Durand, *Structures anthropologiques de l'imaginaire, op.cit.,* p. 274.

Dans ce contexte, la virginité est ironiquement suggérée d'abord, par le biais de Paphos qui fait penser à la légende de Pygmalion et sa statue de vierge d'Ivoire,[105] et ensuite en se référant à la couleur blanche du rocher de Leucade.[106]

Mais plus loin, ce paradis terrestre va perdre ses qualités positives : ébranlé, Lesbos se métamorphose en une île de la déchéance car elle va voir s'infiltrer une dégradation qui conduit à la catastrophe, à savoir le blasphème de Sapho ; blasphème qui engendra le suicide et contaminera l'espace. Agée et tombée amoureuse du jeune et beau Phaon,[107] Sapho la rivale de Vénus, va se jeter dans la mer du haut du rocher de Leucade par désespoir de ne pas être aimée :

> *De la mâle Sapho, l'amante et le poète,*
> *Plus belle que Vénus par ses mornes pâleurs !*
> *L'œil d'azur est vaincu par l'œil noir que tachette*
> *Le cercle ténébreux tracé par les douleurs*
> *De la mâle Sapho, l'amante et le poète !*
> (Baudelaire, « Lesbos », *FM*, 151)

Ainsi, la virginité de Lesbos est subvertie par le suicide de Sapho et par l'attitude de ses habitants qui se voient accorder le châtiment de l'*Hybris* et de la démesure soulignée par « *l'excès de* [leur] *baisers* ».

A ce stade, nous constatons qu'il y a un accord entre l'être et l'espace qui l'entoure et qui confère bien à Lesbos son statut d'île de la faute et de la transgression. La malédiction de l'île atteint son point culminant lorsque celle-ci s'apparente au désert, comme l'île de Cythère qui devient « *Un terrain des plus maigres, / Un désert rocailleux troubles par des cris aigres* ».[108] En général, le désert se démarque en tant qu'espace par une dissociation et une isolation des hommes. Sa signification en langue latine peut donner une indication : « *desertum*, qui renvoie au verbe *deserere* suggère l'abandon, le fait de se séparer du monde, voire même de se déserter ». Etre

---

105 Voir la légende de Pygmalion, Livre X, V 268–300, in Ovide, *Les Métamorphoses, op.cit.*, pp. 260–261.

106 « Leucade est située, comme Ithaque, aux confins occidentaux de la Grèce, et tout ce qui la distingue est peut-être la haute falaise blanche du cap Leucate (au sud) qui donne son nom à l'île, Leukas signifiant « la blanche » in Clément Levy, « Le plongeon de Sappho ou le saut de Leucade : érotique du plongeon » *In Le Rivage des mythes. Une géocritique méditerranéenne, vol. 1 : Le lieu et son mythe, op.cit.*, p. 37.

107 « C'est Ovide encore qui raconte qu'elle mourut en se jetant du cap Leucade, pour les beaux yeux d'un jeune homme, Phaon, qui exerçait la fonction du passeur », Voir l'article sur Sapho in *Dictionnaire des mythes féminins*, sous la direction du professeur Pierre Brunel, Paris, éditions du Rocher, 2000, p. 1654

108 Charles Baudelaire, « Un voyage à Cythère », *Les Fleurs du Mal,* tome I, p. 118.

en désert c'est être condamné à une non-vie, à une perte dans une étendue illimitée sans bornes et sans repères. Le désert est l'image d'un Infini où l'on ne peut pas vivre et auquel les « *lamentables victimes* » sont incapables d'échapper :

> *Loin des peuples vivants, errantes, condamnées,*
> *À travers les déserts courez comme les loups ;*
> *Faites votre destin, âmes désordonnées,*
> *Et fuyez l'infini que vous portez en vous !*
> (Baudelaire, « Femmes damnées (Delphine et Hippolyte)», *FM*, 155)

Egarement et perte sont bel et bien des motifs de la poétique baudelairienne du désert. Or, ce qui le caractérise le plus, c'est la notion de l'ennui.[109] Comme le désert est « […] l'espace où il est impossible de revenir chez soi »,[110] l'habitant de ce territoire poudreux effectue un déplacement itératif qui accentue son *Spleen*. Ce déplacement n'est en fin de compte qu'un voyage qui ne le mène nulle part, une errance perpétuelle. Seul et abandonné, Samuel Cramer confronté au désespoir, se compare à ce voyageur-errant :

> *Nous ressemblons tous plus au moins à un voyageur qui aurait parcouru un très grand pays,*
> *[…]. Il reprend tristement sa route vers un désert qu'il sait semblable à celui qu'il vient de*
> *parcourir, escorté par un pâle fantôme […] [qui] lui verse le poison de l'ennui.*
> (Baudelaire, *La Fanfarlo*, OC I, 561–562)

De ce passage, il résulte que le désert est le réceptacle de la consternation et de l'anéantissement physique et moral. Grand et terrible, il est aussi source de dangers : à la pénurie d'eau et de nourriture se substitue la présence du « *poison de l'ennui* ». Cette idée trouve son pendant dans un poème en prose publié le 26 août 1862 dans *La Presse*. Dans cette pièce qui se déroule dans « *une grande plaine poudreuse, sans chemins, sans gazon, sans un chardon, sans une ortie* […] », se développe une métaphore vivante de la persécution à travers des voyageurs soumis à une malédiction perpétuelle :

> *Je questionnai l'un de ces hommes, et je lui demandais où ils allaient ainsi. Il me répondit*
> *qu'il n'en savait rien, ni lui, ni les autres ; mais qu'évidemment ils allaient quelque part,*
> *puisqu'ils étaient poussés par un invincible besoin de marcher.*
> (Baudelaire, « Chacun sa chimère », *PPP*, 282)

---

109 La métaphore du désert de l'ennui est récurrente chez Baudelaire. Voir « L'esprit et le style de M.Villemain in Charles Baudelaire, *Critique Littéraire*, op.cit., p. 200 : « *La lecture de Villemain, Sahara d'ennui, avec des Oasis d'horreur qui sont les explosions de son Odieux caractère !* »

110 Benoît Goetz, « Le désert désacralisé : la pensée de l'habitation chez Lévinas » *In Le désert, un espace paradoxal*, Actes du Colloque de l'Université de Metz (13–15 septembre 2001), édité par Gérard Nauroy, Pierre Halem, Anne Spica, Berlin, éditions Peter Lang, 2003, p. 54.

Comment peut-on interpréter l'« *invincible besoin de marcher* » de ces hommes ? Serait-il une condamnation à l'errance ou plutôt un vain espoir de retrouver « *l'empire familier des ténèbres futures* », à l'instar des « Bohémiens en voyage »? Au fait, rien n'est garanti non plus pour ces bohémiens, car malgré les tentatives de Cybèle, déesse de la nature qui « *fait couler le rocher et fleurir le désert* », la lenteur de la marche de ces bohémiens, présentée dans la série d'eaux fortes des *Aegyptiens* de Jacques Callot[111] et adaptée à ce désert de la perdition, contamine la prosodie du poème : la césure à l'hémistiche (v. 10, 11, 13) intensifie ce mouvement lent et pesant et renvoie encore une fois à la destinée maléfique des habitants du désert :

> Les hommes vont à pied sous leurs armes luisantes
> Le long des chariots où les leurs sont blottis,
> [...]
> Du fond de son réduit sablonneux, le grillon,
> Les regardant passer, redouble sa chanson ;
> Cybèle, qui les aime, augmente ses verdures,
>
> Fait couler le rocher et fleurir le désert
> Devant ces voyageurs, pour lesquels est ouvert
> L'empire familier des ténèbres futures
> (Baudelaire, « Bohémiens en voyage », *FM*, 18)

Il arrive parfois que ce « *hideux désert de l'ennui* » soit hanté par le démon. L'émergence de cette figure pernicieuse est considérée comme un facteur qui accentue l'aspect profane de ce lieu poussiéreux. En se référant au seizième volume de *The Assyrian Dictionary of The Oriental Institute of the University of Chicago de 1962*, Louis Leloir montre que le désert oriental est le domicile des démons.[112] De surcroît, si « Jésus fut conduit par l'Esprit au désert, pour être tenté par le diable »,[113]

---

111 Sur la référence à l'œuvre plastique de Callot, voir Jean Prévost, *Baudelaire : essai sur l'inspiration et la création poétique*s, Paris, Mercure de France, 1953, pp. 162–164.

112 « Le méchant démon *Utu Kku*, esprit principal dans le désert, y tue les hommes en bonne santé ; le démon *Lilû* rôde à travers le désert ; le démon *Namatru* gronde comme le vent à travers le désert », Louis Leloir, « L'image spirituelle du désert dans le Proche—Orient » in *Le Désert image et réalité,* actes du colloque de Cartigny 1983, centre d'études du Proche—Orient Ancien (CEPOA) & Université de Genève, rédacteurs responsables : Yves Christe, Maurice Sartre, Bruno Urio et Ivanka Urio, Leuven, éditions Peeters, 1989, p. 89.

113 Matthieu 4/1 in *La Bible, L'ancien & le nouveau testament, op.cit.*, p. 1463.

le sujet lyrique y est amené par le diable lui-même qui le poursuit (v. 1) et lui trans-met, au dernier tercet de la pièce, ses traits nocifs :

> *Sans cesse à mes côtés s'agite le Démon ;*
> *Il nage autour de moi comme un air impalpable ;*
> [...]
> *Il me conduit ainsi, loin du regard de Dieu,*
> *Haletant et brisé de fatigue, au milieu*
> *Des plaines de l'Ennui, profondes et désertes*
> (Baudelaire, « La Destruction », *FM*, 111)

D'autre part, on observe que dans ces « *terrains cendreux, calcinés, sans verdure* », la malédiction du démon ne se limite pas à la figure du poète mais atteint aussi, et d'une manière intensive, sa bien-aimée, imprégnant, alors, le poème d'une forte charge négative :

> *Je vis en plein midi descendre sur ma tête*
> *Un nuage funèbre* [...]
> *Qui portait un troupeau de démons vicieux,*
> [...]
> *J'aurais pu* [...]
> *Détourner simplement ma tête souveraine,*
> *Si je n'eusse pas vu parmi leur troupe obscène,*
> *Crime qui n'a pas fait chanceler le soleil !*
> *La reine de mon cœur au regard nonpareil,*
> *Qui riait avec eux de ma sombre détresse*
> Et leur versait parfois quelque sale caresse.
> (Baudelaire, « La Béatrice », *FM*, 117)

Mais si le désert se creuse dans le texte pour traduire une poétique de la torture et du châtiment puisque c'est le lieu d'où « *jail*[lissent] *les eaux de la souffrance* »,[114] c'est dans l'espace des profondeurs que la damnation trouve son ampleur.

L'angoisse du gouffre : espace de la chute

L'ambiguïté de l'espace semble permanente dans l'œuvre de Baudelaire, elle struc-ture de manière fondamentale l'espace mythique et lui confère son caractère am-bivalent et complexe. La géographie baudelairienne se propose comme un espace aux modalités singulières qui appelle un paysage archétypal inscrit dans l'axe de la

114 Charles Baudelaire, « L'Héautontimorouménos », *Les Fleurs du Mal*, tome I, p. 79.

verticalité ou de l'horizontalité, comme nous l'avons déjà montré avec l'exemple du paysage maritime et céleste, pôle du mouvement ascensionnel. Or, il arrive parfois que ce mouvement vertical d'envol subisse une dynamique contraignante et soit comme retourné, engendrant ainsi une poétique de la chute et de l'ensevelissement qui sollicitera l'avènement du gouffre et de l'espace abyssal.

Comment se manifeste le schème angoissant de la chute dans l'écriture baudelairienne ? Quelles en sont les implications ? Et surtout quels sont les espaces mythiques qui lui sont associés ?

Tout d'abord, il faut noter que la descente, dans la poésie baudelairienne, a un aspect particulier qui la différencie de la « chute tragique ». Georges Poulet souligne que « chez Baudelaire, [...], la descente du damné s'accomplit presque lentement. Elle n'est jamais si prompte par celui qui en est le sujet »[115] L'image qui se présente dans « l'Irrémédiable » en constitue un exemple frappant :

> *Un damné descendant sans lampe,*
> *Au bord d'un gouffre dont l'odeur*
> *Trahit l'humide profondeur,*
> *D'éternels escaliers sans rampe,*
>
> *Où veillent des monstres visqueux*
> *Dont les larges yeux de phosphore*
> *Font une nuit plus noire encore*
> *Et ne rendent visibles qu'eux ;*
> (Baudelaire, « L'Irrémédiable », *FM*, 80)

Dans ces propos, la descente est clairement perceptible à travers l'espace vertigineux du gouffre, qui, à son tour, laisse dégager une impression négative et effrayante. Au gouffre terrestre, s'ajoutent « *les escaliers sans rampe* » qui trouvent leur pendant dans « *l'escalier de vertige où s'abîme* [l']*âme du poète* ».[116] L'emploi de l'adjectif « *éternels* » qui qualifie ces escaliers souligne bien l'aspect lancinant de cette chute sans fin et sans retour, et lui accorde son aspect profanateur car « le schème de la chute n'est rien d'autre que le thème du temps néfaste et mortel, moralisé sous forme de punition ».[117]

Cette profanation est rendue d'autant plus éclatante par les caractéristiques maléfiques du gouffre. Obscurité et profondeur s'associent pour faire de ce lieu

---

115 Georges Poulet, *La poésie éclatée*, Paris, PUF écriture, 1980, p. 13.
116 Charles Baudelaire, « Sur *Le Tasse en prison* d'Eugène Delacroix », *Les Fleurs du Mal*, tome I, p. 168.
117 Gilbert Durand, *Les Structures anthropologiques de l'imaginaire*, op.cit., pp. 113–114.

abyssal un espace lourd de menace et créent un climat morbide devant lequel le poète se transforme en proie face à ces « *monstres visqueux* ». De plus, les « *larges yeux de phosphore* » de ces monstres, connotés négativement et ironiquement, puisque décèlent la noirceur au lieu de la lumière, peuvent renvoyer encore une fois au gouffre si l'on se réfère au « […] *gouffre de*[s] *yeux, plein d'horribles pensées* » qui « *exhale le vertige* » dans « Danse macabre »[118] ou encore aux gouffres oculaires dans « Le Poison », espace affreux et captivant, attirant et inquiétant :

> *Tout cela ne vaut pas le poison qui découle*
> *De tes yeux, de tes yeux verts,*
> *Lacs où mon âme tremble et se voit à l'envers …*
> *Mes songes viennent en foule*
> *Pour se désaltérer à ces gouffres amers.*
> (Baudelaire, « Le Poison », *FM*, 49)

Dans « l'Aube Spirituelle », le gouffre plonge l'imagination du lecteur dans une rêverie troublante qui métamorphose paradoxalement l'élan ascensionnel en chute vers le ciel :

> *Des Cieux Spirituels l'inaccessible azur,*
> *Pour l'homme terrassé qui rêve encore et souffre,*
> *S'ouvre et s'enfonce avec l'attirance du gouffre.*
> (Baudelaire, « L'Aube spirituelle », *FM*, 46)

Il nous paraît essentiel de souligner l'importance de cette transformation qui sup-prime un élément essentiel de la rêverie volante : celui de la volonté dynamique. « *L'homme terrassé qui rêve et qui souffre* » ne dispose plus d'aucune force, il ne peut que tomber. La même atmosphère et la même image se rencontrent dans le poème « Le Flacon » où se manifeste la perte de contrôle de la victime saisie par « *le vertige* » qui le fait basculer vers le gouffre et où le rythme du trimètre du vers 14 reflète la lenteur de ce mouvement tragique :

> *Dans l'air troublé ; les yeux se ferment ; le Vertige*
> *Saisit l'âme vaincue et la pousse à deux mains*
> *Vers un gouffre obscurci de miasmes humains ;*
>
> *Il la terrasse au bord d'un gouffre séculaire,*
> (Baudelaire, « Le Flacon », *FM*, 48)

---

118 Charles Baudelaire, « Danse macabre », *Les Fleurs du Mal*, tome I, p. 97.

De ces vers surgit une identification du gouffre et de l'enfer. L'image des « *miasmes humains* » de l'édition 1861 des *Fleurs du Mal*[119] qui s'accumule dans l'univers souterrain, « sorte d'onomatopée muette du dégoût »,[120] renvoie à l'espace chtonien puisqu'il s'agit, dans les deux cas, de la zone du châtiment collectif. Ce rapprochement entre les deux lieux est, encore une fois, renforcé par l'emploi de l'adjectif « *séculaire* » qui montre bien que ce gouffre effrayant existe depuis des siècles et qui suggère l'idée de la damnation éternelle car « pour que les Enfers soient un Enfer, il ne suffit pas que les morts y subissent des châtiments. Encore faut-il que ces châtiments soient éternels. »[121]

Nombreux sont les exemples où se reflète la complémentarité du gouffre et de l'enfer chez Baudelaire et cette fois-ci d'une façon plus explicite puisque les deux termes apparaissent dans le corps du poème : « -Ce gouffre, c'est l'enfer, de nos amis peuplé ! »[122] constate le sujet lyrique dans « Duellum ». Cet espace prend son ampleur à travers l'image redondante dans « Femmes damnées ». Descente et engloutissement, chaleur et châtiment se font désormais des composantes essentielles de ce cadre spatial. Ils se réunissent pour construire un schéma angoissant propre au gouffre :

> —*Descendez, descendez, lamentables victimes,*
> *Descendez le chemin de l'enfer éternel !*
> *Plongez au plus profond du gouffre, où tous les crimes,*
> *Flagellés par un vent qui ne vient pas du ciel,*
>
> *Bouillonnent pêle-mêle avec un bruit d'orage.*
> (Baudelaire, « Femmes damnées (Delphine et Hippolyte)», *FM*, 155)

Michael Finkenthal attire l'attention sur l'aspect multiforme du gouffre terrestre. Il remarque que « chez Baudelaire, tout semble se mélanger : le gouffre est à la fois l'abîme et l'enfer un état d'âme et une métaphore ».[123] Tel est le cas de « De

119 Voir Claude Pichois, *l'Atelier de Baudelaire :* « Les Fleurs du Mal », édition diplomatique, tome I, *op.cit.*, p. 299, dans l'édition 1861, Baudelaire fait substituer les miasmes humains aux parfums humains de l'édition 1857.
120 Gaston Bachelard, *La Terre et les rêveries du repos, op.cit.*, p. 82.
121 Voir Pierre Brunel, *L'Évocation des morts et la descente aux enfers*, Paris, CDU et SEDES réunis, 1974, p. 67.
122 Charles Baudelaire, « Duellum », *Les Fleurs du Mal*, tome I, p. 36.
123 Michael Finkenthal, « Ennui et gouffre de Baudelaire à Cioran » in *Une poétique du gouffre : Sur Baudelaire et l'expérience du gouffre de Benjamin Fondane*, actes du colloque de Cosenza, éditions Rubettino, 2003, p. 26.

profundis clamavi », poème dans lequel la nature infernale du gouffre est d'autant plus patente qu'il s'agit bien d'« *un horizon plombé* », une géographie peu tempérée, « *sans chaleur* » et où la sécheresse se fait plus explicite par l'emploi de l'adjectif « *nu* » au vers 7 et par l'absence des « *ruisseaux* », des « *verdures* » et des « *bois* » dans le vers qui suit. C'est l'obscurité qui commande l'espace du poème et lui attribue son aspect chtonien, si l'on se réfère à l'analyse de Pierre Brunel où il écrit que « [si] les ténèbres se sont substituées à l'eau, […], la privation d'eau peut être considérée tout aussi bien comme une caractéristique de l'Enfer. »[124]

> *J'implore ta pitié, Toi, l'unique, que j'aime,*
> *Du fond du gouffre obscur où mon cœur est tombé.*
> *C'est un univers morne à l'horizon plombé,*
> *Où nagent dans la nuit l'horreur et le blasphème ;*
> *Un soleil sans chaleur plane au-dessus six mois,*
> *Et les six autres mois la nuit couvre la terre ;*
> *C'est un pays plus nu que la terre polaire ;*
> *—Ni bêtes, ni ruisseaux, ni verdure, ni bois !*
> (Baudelaire, « De profundis Clamavi », *FM*, 32–33)

Ainsi nous constatons qu'il se dégage de cet espace des profondeurs une appréhension d'un autre ordre. Espace damné, le gouffre l'est dans sa concentration spatiale : lieu d'obscurité et de pénombre, renvoyant à la fosse infernale.[125] Mais ici, il est aussi désigné comme un « adjectif psychique »[126] si l'on emprunte l'expression à Bachelard. N'est-il pas important de signaler que la vie et l'écriture de Baudelaire ont été marquées par l'omniprésence du gouffre ? Plus que dans la récurrence du terme dans sa poésie (dix-huit fois selon Max Milner[127] qui se réfère à *l'Index to Baudelaire's poem*), c'est dans la déclaration du poète lui-même que se manifeste pleinement l'appel- l'obsession du gouffre :

> *Au moral comme au physique, j'ai toujours eu la sensation du gouffre, non seulement du gouffre du sommeil, mais du gouffre de l'action, du rêve, du souvenir, du désir, du regret, du remords, du beau, du nombre, etc.*
> (Baudelaire, « Hygiène », *Jr Int.*, OC I, 668)

---

124 Pierre Brunel, *L'Evocation des morts et la descente aux Enfers, op.cit.*, p. 90.

125 Voir Charles Baudelaire, « Un mangeur d'opium », *Les Paradis artificiels*, tome I, p. 480 : « il lui semblait, chaque nuit qu'il descendait indéfiniment dans les abîmes sans lumière, au-delà de toute profondeur connue, sans espérance de pouvoir remonter ».

126 Voir Gaston Bachelard, *La terre et les rêveries de la volonté, op.cit.* p. 328 « […] Le mot gouffre n'est pas un nom d'objet, c'est un adjectif psychique qui peut s'adjoindre à de nombreuses expériences. »

127 Cité in Max Milner, « La Poétique de la chute chez Baudelaire » in *Regards sur Baudelaire*, Acte du Colloque de London, Canada, The department of French, The University of Western Ontario, 1970, p. 89.

L'énumération des différentes modalités du gouffre met en évidence que le poète vit une expérience qui fait allusion à une négativité dont les formes psychologiques sont l'ennui et l'angoisse. Le Spleen baudelairien peut se lier au gouffre dans le sens où, en tant que puissance maléfique, il évoque l'engloutissement et la profondeur et pétrifie de son aspect existentiel sa victime comme le « *gouffre de l'Ennui* » du poème « Le Possédé ».[128] Dans « Le Gouffre », ce sentiment de frayeur, à la fois cosmique et mental, afflue dans le texte à travers tout un lexique néfaste et pétrifiant et constitue la matrice même du sonnet :

> « *Pascal avait son gouffre, avec lui se mouvant.*
> *—Hélas ! tout est abîme,—action, désir, rêve,*
> *Parole ! et sur mon poil qui tout droit se relève*
> *Maintes fois de la Peur je sens passer le vent.*
>
> *En haut, en bas, partout, la profondeur, la grève,*
> *Le silence, l'espace affreux et captivant …*
> *Sur le fond de mes nuits Dieu de son doigt savant*
> *Dessine un cauchemar multiforme et sans trêve.*
>
> *J'ai peur du sommeil comme on a peur d'un grand trou,*
> *Tout plein de vague horreur, menant on ne sait où ;*
> *Je ne vois qu'infini par toutes les fenêtres,*
>
> *Et mon esprit, toujours du vertige hanté,*
> *Jalouse du néant l'insensibilité.*
> *—Ah ! ne jamais sortir des Nombres et des Êtres !*
> (Baudelaire, « Le Gouffre », *FM*, 143)

Emporté par la peur et la terreur, Baudelaire s'inscrit d'emblée dans la filiation spirituelle de Pascal. Cette relation suggérée dans le premier vers à travers l'allusion à l'anecdote sur le philosophe,[129] a été l'objet d'études de plusieurs critiques comme Maurice Chapelan, Herbert S. Gochberg,[130] Benjamin Fondane et Antoine

128 Charles Baudelaire, « Le Possédé », *Les Fleurs du Mal,* tome I, p. 37.
129 « M. Pascal croyait toujours voir un abîme à son côté gauche, et y faisait mettre une chaise pour se rassurer […] » Sainte Beuve, Port Royal (t. III, p. 601) cité in Claude Pichois, *L'Atelier de Baudelaire :* « Les Fleurs du Mal », édition diplomatique, tome I, *op.cit.*, p. 801.
130 Herbert S. Gochberg, « Baudelaire's reference to Pascal in « Le Gouffre » », *Romance Notes,* University of North Carolina, Chapel Hill, NC, Autumn 1960, pp. 9–11.

Compagnon.[131] Mais si Compagnon et Gochberg[132] récusent l'influence de Pascal sur Baudelaire, Benjamin Fondane voit en lui « un frère spirituel de Baudelaire »[133] mais trouve néanmoins que la référence au gouffre pascalien ne fait que « [...] nous embarrasser plutôt qu'éclaircir le problème ».[134] Maurice Chapelan évoque l'idée d'une « parenté » entre les deux plutôt qu'une « influence » de l'un sur l'autre.[135] Cependant, dans son article intitulé « Pour un Baudelaire et Pascal », Philippe Sellier justifie l'idée que le lien entre les deux écrivains est beaucoup plus perceptible si on prend l'exemple du poème « À une heure du matin » car en tenant compte de la date de mort de Pascal et de celle de la composition du poème, « Baudelaire aurait célébré à sa manière, en août 1862, le bicentenaire de la mort d'un écrivain frère ».[136] Mais ce qui importe dans notre analyse est de cerner les implications du gouffre pascalien dans le texte de Baudelaire et de montrer à quel point ce concept contribue à la configuration de l'espace de la damnation chez le poète. Certes, l'analogie troublante entre les deux auteurs est suggestive et précieuse, mais nous tendons à reconnaître en elle moins un phénomène d'influence que le fait d'une convergence d'attitude entre eux. Car si l'auteur des *Pensées* revient souvent sur la fragilité et l'impuissance de la nature humaine face à l'immensité de l'univers et explique que l'absurdité de la condition humaine ne peut être surmontée que par l'élan de foi, Baudelaire ne retient pas cette conclusion optimiste, il ne partage avec Pascal que l'angoisse de la non –plénitude du gouffre qui lui est terrible et d'où émanent tous ses aspects puérils.[137]

---

131 Voir Antoine Compagnon, *Baudelaire devant l'innombrable*, « Le gouffre baudelairien est différent du gouffre pascalien », p. 106.

132 Goshberg n'accorde pas d'importance à la présence de Pascal dans la poésie de Baudelaire et conclut que les connaissances de Baudelaire sur Pascal ont été acquises en lisant *Le Port Royal* de Sainte-Beuve. « The reference to Pascal is undoubtedly a fugitive one, a passing moment of inspiration », rapporte-il, voir Herbert S. Gochberg, « Baudelaire's reference to Pascal in « Le Gouffre », *op.cit.* p. 11.

133 Benjamin Fondane, *Baudelaire et l'expérience du gouffre, op.cit.*, p. 246.

134 *Ibid.*

135 « Il ne s'agit pas d'influence mais de parenté. C'est-à-dire que l'un et l'autre—parce qu'ils ont observé l'homme et que cette observation les a conduits, comme il se devait au pessimisme— écrivains de race identique, ils montrent de nombreux points communs. Et souvent, en effet, Baudelaire rencontre Pascal. Fortuitement ou non, cela importe le moins ; l'essentiel est qu'il l'ait rencontré », Maurice Chapelan, « Baudelaire et Pascal », *La Revue de France*, treizième année, tome sixième, novembre- décembre 1933, éditions de France, Paris, p. 76.

136 Philippe Sellier, « Pour un Baudelaire et Pascal », in *Baudelaire, Les Fleurs du Mal. L'intériorité de la forme*, Acte du colloque du 7 janvier 1989, C.D.U et SEDES, réunis, 1989, p. 8.

137 « L'expérience du gouffre désigne la face subjective ou psychologique du néant », Olivier Salazar-Ferrer, « l'ambivalence du gouffre » in *Une poétique du gouffre : Sur Baudelaire et l'expérience du gouffre de Benjamin Fondane, op.cit.*, p. 50.

En effet, l'auteur des *Fleurs du Mal* est hanté par cette menace de rien, toujours présente, « *en haut, en bas, partout* », par cet abîme qui absorbe « *action, désir et rêve* ». « [...] *l'ivresse de l'Art*[138] [qui] *est plus apte que toute autre à voiler les terreurs du gouffre* »[139] ne lui permettra pas d'y échapper car « *[s]a parole* » même s'y trouve engloutie. L'allusion à Dieu au vers 7 ne fait qu'accentuer l'aspect maléfique du cadre spatial : le Dieu évoqué ici n'est pas le Dieu sauveur, mais plutôt un Dieu persécuteur qui dessine sur les ténèbres de la nuit « *un cauchemar multiforme et sans trêve* ». Dans « Harmonie du soir » se manifeste à nouveau l'imagerie du gouffre à travers « *le néant vaste et noir* »,[140] avatar de l'espace abyssal par excellence. Il contribue à la profanation d'une scène ébranlée par « [la] *valse mélancolique et* [le] *langoureux vertige* », vers refrain du poème qui constitue une musicalité sombre et lancinante. La similitude entre gouffre et « *néant* » peut se reproduire dans une dimension non spatiale incarnant alors d'autres caractéristiques du gouffre. Dans « Le Goût du néant », le vocable « *néant* » est occulté tout au long du poème et ne figure que dans le titre, pourtant sa présence en tant qu'avatar du gouffre est suggérée dans le vers 11 : « *le Temps* [qui] *engloutit minute par minute* »[141] ne serait-il pas le « joueur avide » de « L'Horloge », ce « [...] *gouffre qui a toujours soif* »[142] ?

Jean-Pierre Richard voit dans le gouffre « le lieu de la spiritualité baudelairienne, [...] La viduité du monde et le creux intérieur de la conscience ».[143] Ces propos confirment l'image de l'espace dépeuplé et désertique, apanage du gouffre baudelairien et déclencheur du spleen. Le désir de Baudelaire « *de ne jamais sortir des nombres et des êtres* »[144] ne serait-il pas une tentative d'échapper à la viduité du gouffre qu'il assimile au cercueil ?

Enracinée dans un cadre néfaste et sombre, l'imagerie du tombeau, si récurrente chez l'auteur des *Paradis artificiels*, participe de cette topologie néfaste des profondeurs. Dans « Remords posthumes », une puissance dangereuse et menaçante se dégage de l'ubiquité de la spatialité funèbre désignée par d'autres syntagmes qui s'apparentent au tombeau comme le « *monument construit en marbre*

---

138 Voir Benjamin Fondane, *Baudelaire et l'expérience du gouffre, op.cit.*, p. 108. « Le triomphe du gouffre ruinerait, [...]; non seulement son art, mais aussi sa vie, livrée à jamais à des terreurs que nul voile ne saurait plus recouvrir », p. 108.

139 Charles Baudelaire, « Une mort héroïque », *Petits Poèmes en prose*, tome I, p. 321.

140 Charles Baudelaire, « Harmonie du soir », *Les Fleurs du Mal*, tome I, p. 48.

141 Charles Baudelaire, « Le Goût du néant », *Les Fleurs du Mal*, tome I, p. 76.

142 Charles Baudelaire, « L'Horloge », *Les Fleurs du Mal*, tome I, p. 81.

143 Jean-Pierre Richard, *Poésie et profondeur*, Paris, éditions du Seuil, 1955, p. 95.

144 Charles Baudelaire, « Le Gouffre », *op.cit.*, p. 143. Voir aussi Charles Baudelaire, « Fusées », *op.cit*, p. 649. « Le plaisir d'être dans les foules est une expression mystérieuse de la jouissance et de la multiplication du nombre ».

noir », le « *caveau pluvieux* » ou encore la « *fosse creuse* ». Personnifié, le tombeau n'est plus seulement l'endroit où gît le cadavre de la « *courtisane imparfaite* », mais devient un actant dans l'opération meurtrière, puisque c'est « [sa] *pierre* » qui étouffera la « *belle ténébreuse* » :

> *Lorsque tu dormiras, ma belle ténébreuse,*
> *Au fond d'un monument construit en marbre noir,*
> *Et lorsque tu n'auras pour alcôve et manoir*
> *Qu'un caveau pluvieux et qu'une fosse creuse ;*
>
> *Quand la pierre, opprimant ta poitrine peureuse*
> *Et tes flancs qu'assouplit un charmant nonchaloir,*
> *Empêchera ton cœur de battre et de vouloir,*
> *Et tes pieds de courir leur course aventureuse,*
>
> *Le tombeau, confident de mon rêve infini*
> *[…]*
> *Te dira : « Que vous sert, courtisane imparfaite,*
> *De n'avoir pas connu ce que pleurent les morts ? »*
> *Et le ver rongera ta peau comme un remords.*
> (Baudelaire, « Remords posthume », *FM*, 34–35)

Dans « Chant d'automne », « *les froides ténèbres* », qui riment avec les « *chocs funèbres* », mettent fin au cadre harmonieux « *de nos étés* » et teintent le texte d'une coloration inquiétante. Tout se passe ici comme si les sensations visuelles, auditives et tactiles se condensaient pour structurer un cadre de l'effroi et de la damnation propice à l'avènement du tombeau :

> *Bientôt nous plongerons dans les froides ténèbres ;*
> *Adieu, vive clarté de nos étés trop courts !*
> *J'entends déjà tomber avec des chocs funèbres*
> *Le bois retentissant sur le pavé des cours.*
>
> *J'écoute en frémissant chaque bûche qui tombe ;*
> *L'échafaud qu'on bâtit n'a pas d'écho plus sourd.*
> *Mon esprit est pareil à la tour qui succombe*
> *Sous les coups du bélier infatigable et lourd.*
> (Baudelaire, « Chant d'automne », *FM*, 56–57)

D'une manière implicite, le cercueil s'incruste dans le texte à travers la profusion des sonorités morbides et néfastes comme les « *chocs funèbres* » du bois et « *l'écho sourd* » de l'échafaud, qui font penser plutôt au genre du tombeau musical. Mais, cette suggestion est récusée par l'interférence de ces sensations auditives avec l'imagerie dynamique de la chute qui matérialise le tombeau. En revanche la « *bûche qui tombe* », qui rime avec la « *tour qui succombe* », prépare le lecteur au surgissement d'un vrai espace funèbre, lourd de menaces :

> *Il me semble, bercé par ce choc monotone,*
> *Qu'on cloue en grande hâte un cercueil quelque part.*
> *Pour qui ? [...]*
> *Ce bruit mystérieux sonne comme un départ.*
> (Baudelaire, « Chant d'automne », *FM*, 57)

À la fin du poème et plus précisément dans le dernier quatrain, les coupes irrégulières multipliées au profit d'une dramatisation visent à intensifier le sentiment de la mort et l'angoisse de l'espace souterrain :

> *Courte tâche ! La tombe attend ; elle est avide !*
> (Baudelaire, « Chant d'automne », *FM*, 57)

Plus effrayantes encore sont les descriptions qui reflètent le schème de l'ensevelissement et qui illustrent l'impuissance de la victime engloutie dans les ténèbres de la mort comme dans « Le Coucher du soleil romantique ». Ce sonnet inaugural de la session « Les Épaves » s'ouvre sur une représentation idyllique de la nature : le soleil beau et rayonnant « *se lève* [...] *nous lançant son bonjour* ». Mais au-delà de l'apparence euphorique qui pourrait marquer ce sonnet, ressort une appréhension qui provient, à double titre, de l'absence divine soulignée au vers 9 :« *Mais je poursuis en vain le Dieu qui se retire* », et de la présence inquiétante d'un symbolisme de l'engloutissement dont témoigne en particulier le dernier tercet :

> *Une odeur de tombeau dans les ténèbres nage,*
> *Et mon pied peureux froisse, au bord du marécage,*
> *Des crapauds imprévus et de froids limaçons.*
> (Baudelaire, « Le Coucher du soleil romantique », *FM*, 149)

Sur un ton ironique et macabre, la scène dans « Laquelle est la vraie? », vient rejoindre cette imagerie de l'enfouissement. La « *fosse de l'idéal* » absorbe le narrateur et la « *bière* » de Bénédicta :

> *J'ai frappé si violemment la terre du pied que ma jambe s'est enfoncée jusqu'au genou dans la*
> *sépulture récente, et que, comme un loup pris au piège, je reste attaché, pour toujours peut-être,*
> *à la fosse de l'idéal.* (Baudelaire, « Laquelle est la vraie ?», *PPP*, 342)

Contrairement à la situation de l'amoureux de Bénédicta, le poète dans « Le Mort joyeux » refuse de prendre au sérieux la mort et lui lance même un défi. Or, si le contexte invite à lire dans les vers de ce poème une volonté de transformer cette mort en sommeil, l'évocation des animaux malfaisants tels que les « *escargots* », « *les corbeaux* » et les « *vers* », pervertit cette tentation d'euphémisation et fait lever l'image d'une « *fosse profonde* » terrifiante, qui est loin d'assurer le repos à « *ce vieux corps sans âme* » :

> *Dans une terre grasse et pleine d'escargots*
> *Je veux creuser moi-même une fosse profonde,*
> *Où je puisse à loisir étaler mes vieux os*
> *Et dormir dans l'oubli comme un requin dans l'onde.*
> [...]
> *Ô vers ! noirs compagnons sans oreille et sans yeux,*
> *Voyez venir à vous un mort libre et joyeux ;*
> *Philosophes viveurs, fils de la pourriture,*
> (Baudelaire, « Le Mort joyeux », *FM*, 70)

Réduit à des ruines, le tombeau dans « Sépulture » est placé dans un cadre qui, au lieu d'être béni par le geste charitable du « *bon chrétien* », semble porter les « émanations du cimetière d'Hamlet »[145] que représentent déjà, dans l'exemple précédent, « *l'araignée* » et « *la vipère* », composants maléfiques, avec le ver,[146] de la scène mortuaire chez Baudelaire :

> *Si par une nuit lourde et sombre*
> *Un bon chrétien, par charité,*
> *Derrière quelque vieux décombre*
> *Enterre votre corps vanté,*
>
> *À l'heure où les chastes étoiles*
> *Ferment leurs yeux appesantis,*
> *L'araignée y fera ses toiles,*
> *Et la vipère ses petits ;*

---

145 Il s'agit là d'une expression d'Alfred de Vigny dans une lettre adressé à Baudelaire datée de 27 janvier 1862. Vigny reprochait à Baudelaire la présence d'une tonalité lugubre et macabre dans certains poèmes des *Fleurs du Mal* : « Depuis le 30 décembre, Monsieur, j'ai été très souffrant et presque toujours au lit. Là je vous ai lu et relu, et j'ai besoin de vous dire combien de ces *fleurs du mal* sont pour moi des *fleurs du Bien* et me charment. Combien aussi je vous trouve injuste envers ce bouquet, souvent si délicieusement parfumé de printanières odeurs, pour lui avoir imposé ce titre indigne de lui et combien je vous en veux de l'avoir empoisonné quelquefois par je ne sais quelles **émanations du cimetière d'Hamlet** », lettre citée in André Guyaux, *Baudelaire, un demi-siècle de lectures des Fleurs du mal*, (1855–1905), Paris, PUPS, 2007, p. 349.

146 Voir Charles Baudelaire, « Levana et Notre-Dame de tristesses », *Les Paradis artificiels*, tome I, p. 511. : « Il a adoré le ver de terre et il a adressé ses prières au tombeau vermiculeux », et aussi dans « La servante au grand cœur » où le motif du ver est lié encore une fois à l'espace tombale : « *Vieux squelettes gelés travaillés par le ver* ».

Vous entendrez toute l'année
Sur votre tête condamnée
Les cris lamentables des loups

Et des sorcières faméliques,
Les ébats des vieillards lubriques
Et les complots des noirs filous,
(Baudelaire, « Sépulture », *FM,* 69)

Aussi bien pourrait-on conclure que ce sonnet est une illustration exemplaire des menaces que la « Sépulture » peut faire peser. Dans un tel contexte, nous serons plus tentés par un jeu d'anagramme convertissant les « *sorcières faméliques* » en sorcières maléfiques. La figure de la sorcière affleure encore une fois dans « L'Ir-réparable », faisant pendant à celles du sonnet précédent. Ancrée dans un décor sinistre, où le « *ciel est bourbeux et noir* » et où les « *ténèbres* / [sont] *plus denses que la poix* », et dotée de ce pouvoir « [...] [d'] *allumer dans un ciel infernal / Une mi-raculeuse aurore* », cette « *belle sorcière* » est l'avatar d'Hécate, déesse de l'obscurité et de la sorcellerie. D'après Pierre Grimal, celle-ci « a été considérée comme la divinité présidant à la magie et aux enchantements. Elle apparaît aux magiciens et aux sorcières [...] sous la forme de différents animaux : jument, chienne, louve, etc ... C'est à elle que l'on fait remonter l'invention de la sorcellerie, et la légende l'a introduit dans la famille des magiciens par excellence [...] ».[147] Cette analyse nous permet de voir en l'image du « *loup* » qui hume le « *pauvre agonisant* » un exemple frappant de la métamorphose d'Hécate. L'émanation néfaste de cette sorcière transformée déjà en loup s'ajoute à l'imagerie du corbeau pour créer un climat d'angoisse.

À cet agonisant que le loup déjà flaire
Et que surveille le corbeau,
À ce soldat brisé ! s'il faut qu'il désespère
D'avoir sa croix et son tombeau ;
Ce pauvre agonisant que déjà le loup flaire !
(Baudelaire, « l'Irréparable », *FM,* 55)

Nombreux sont les poèmes qui témoignent de la fréquence des animaux malé-fiques chez Baudelaire. Notre hypothèse est de démontrer que leur évocation ob-sessionnelle joue un grand rôle dans la mise en scène de la géographie funèbre. Or dans le même registre, il est un exemple qui mérite notre attention, celui de la chrysalide. Pour Bachelard, la chrysalide figure « le tombeau et la mort, le tombeau

---

147 Pierre Grimal, *Dictionnaire de la Mythologie grecque et romaine, op.cit.,* p. 176.

et la vie végétative, le tombeau et la promesse »[148] ; de même chez Baudelaire, elle évoque les ténèbres de la mort et plonge le lecteur dans l'angoisse :

> *Mille pensers dormaient, chrysalides funèbres,*
> *Frémissant doucement dans les lourdes ténèbres,*
> *Qui dégagent leur aile et prennent leur essor,*
> *Teintés d'azur ; glacés de rose, lamés d'or.*
> (Baudelaire, « Le Flacon », *FM*, 48)

« Brumes et Pluies » en l'absence explicite du vocable « *chrysalide* » y fait allusion. On est ici face à un tombeau-larve où le « *linceul vaporeux* » est l'enveloppe de la chrysalide qui « […] est à la fois tombe et berceau […] »[149] et où l'agonie est transformée en doux sommeil :

> *Endormeuses saisons ! Je vous aime et vous loue*
> *D'envelopper ainsi mon cœur et mon cerveau*
> *D'un linceul vaporeux et d'un vague tombeau.*
> [...]
> *Rien n'est plus doux au cœur plein de choses funèbres,*
> [...]
> *Ô blafardes saisons, reines de nos climats,*
>
> *Que l'aspect permanent de vos pâles ténèbres,*
> *—Si ce n'est, par un soir sans lune, deux à deux,*
> *D'endormir la douleur sur un lit hasardeux.*
> (Baudelaire, « Brumes et pluies », *FM*, 100–101)

L' « isomorphisme "sépulcre - berceau" »,[150] cher à Gilbert Durand, se retrouve dans d'autres écrits de Baudelaire où la tombe acquiert une fonction protectrice cette fois : elle assure le repos et la paix de l'âme en l'isolant de tout ce qui peut nuire à sa sérénité :

> *Loin du monde railleur, loin de la foule impure,*
> *Loin des magistrats curieux,*
> *Dors en paix, dors en paix, étrange créature,*
> *Dans ton tombeau mystérieux ;*
> (Baudelaire, « Une martyre », *FM*, 113)

Qualifier le tombeau de « *mystérieux* » invite, cependant, à une conception particulière du lieu de l'inhumation. En quoi ce tombeau serait-il mystérieux ? Est-ce

---

148 Gaston Bachelard, *La Terre et les rêveries du repos, op.cit.*, p. 203.
149 Gilbert Durand, *Les Structures anthropologiques de l'imaginaire, op.cit.*, p. 271.
150 *Ibid.*, p. 270.

parce qu'il subit un assombrissement en renfermant « *un cadavre impur* », contrairement aux « *divans profonds* »[151] qui serviront de sépulcre aux beaux amants ? Ou parce que le cadre du poème en rappelle un autre dans un conte de Poe à partir duquel se tisse un lien étroit entre l'« *étrange créature* » de Baudelaire et la Bérénice d'Edgar Poe dont la mort paraît aussi énigmatique [152] ?

Enfin, ce qu'il nous faut noter est que si la valorisation du tombeau consiste à rêver celui-ci comme un berceau, un « *lit* [...] *plein d'odeurs légères* »,[153] Baudelaire est loin de partager cette tentative d'euphémisation de la mort ; la mort n'est pas toujours pour lui ce doux sommeil consolateur. En effet, il y a toujours quelque chose de « *mystérieux* »; un « *élément corrompu* » qui empoisonne l'image du berceau chez le poète. Il arrive même que sa poésie inverse cette rêverie : loin de transformer le tombeau en lit, elle fait du lit un tombeau comme l'exprime un poème du Spleen :

> *Son lit fleurdelisé se transforme en tombeau,*
> *Et les dames d'atour, pour qui tout prince est beau,*
> *Ne savent plus trouver d'impudique toilette*
> *Pour tirer un souris de ce jeune squelette.*
> (Baudelaire, « Spleen (*Je suis comme le roi* ...) », *FM*, 74)

D'autre part, l'horreur de la tombe peut se concrétiser dans d'autres images où l'espace mortuaire s'apparente au corps humain et le contamine de ses effets corrosifs. Pour mettre l'accent sur le châtiment des « Femmes Damnées », la tombe s'introduit dans l'âme d'Hippolyte et s'empare de son corps :

> *Mais l'enfant, épanchant une immense douleur,*
> *Cria soudain : «— Je sens s'élargir dans mon être*
> *Un abîme béant ; cet abîme est mon cœur !*
> (Baudelaire, « Femmes damnées (Delphine et Hippolyte)», *FM*, 154)

L'image du corps-tombeau réapparaît encore une fois dans « Le Mauvais moine » pour souligner un séjour négatif du poète auquel il a été condamné : « [s]*on âme*

---

151 Charles Baudelaire, « La Mort des amants », *Les Fleurs du Mal,* tome I, p. 126.
152 Il revient à Pierre Brunel de faire le lien avec Bérénice dans son ouvrage *Baudelaire antique et moderne* mais il ne cite pas l'extrait qui constitue la source de base : « je me traînai à côté du lit. Je soulevai doucement les sombres draperies des courtines ; mais en les laissant retomber, elles descendirent sur mes épaules, et, me séparant du monde vivant, elles m'enfermèrent dans la plus étroite communion avec la défunte ». Charles Baudelaire, « Etudes sur Poe », *Critique Littéraire, op.cit.,* p. 282.
153 Charles Baudelaire, « La Mort des amants », *op.cit.,* p. 126.

est un tombeau que mauvais cénobite,/Depuis l'éternité [il] *parcour*[t] *et habite* ».[154]
S'appuyant sur l'analyse de Mario Richter, Yoshikazu Nakaji compare cette habitation au cloître-tombeau des cénobites.[155] Mais comme il s'agit ici d'un « *mauvais
cénobite* », ce corps-tombeau est loin de conférer la sérénité que l'auteur promet à
sa bien-aimée dans « Le Flacon » : « *Je serai ton cercueil, aimable pestilence* », écrit-
il.[156] Dans ce vers, l'oxymoron « *aimable / pestilence* » est atténué au profit de l'osmose entre le cadavre et le corps qui sert de tombe. L'emboîtement entre corps et
tombeau s'incarne à nouveau dans d'autres textes des *Fleurs du Mal* où, sous forme
d'avalage, il se voit attribuer plusieurs fonctions : lieu de protection[157] ou chaud abri
où le séjour marque une sensation de bonheur.[158]

L'organe corporel peut parfois, au lieu d'incarner les catacombes, participer au
parcours mortuaire d'où se dégage une atmosphère morbide et sinistre :

> *Loin des sépultures célèbres,*
> *Vers un cimetière isolé,*
> *Mon cœur, comme un tambour voilé,*
> *Va battant des marches funèbres.*
> (Baudelaire, « Le Guignon », *FM*, 17)

Nous remarquons que l'image néfaste du tombeau s'élargit pour s'associer à celle
du cimetière. Dans « Une gravure fantastique », le cimetière est ce vaste lieu aux
éclairages inquiétants où se condense toute une humanité :

> *Le cimetière **immense** et froid, sans horizon,*
> *Où gisent, aux lueurs d'un soleil blanc et terne,*
> *Les peuples de l'histoire ancienne et moderne.*
> (Baudelaire, « Une gravure fantastique », *FM*, 70)

Spleen LXXVI, en l'espace de quelques vers, redouble cette image en mettant
l'accent, encore une fois, sur la dimension spatiale du lieu funéraire. Un cimetière
se définit avant tout par son « *immensité* » :

---

154 Charles Baudelaire, « Le Mauvais Moine », *op.cit.*, tome I, p. 16.

155 Voir Yoshikazu Nakaji, « Le « Tombeau « dans *Les Fleurs du Mal* » in *Baudelaire et les formes
     poétiques*, textes réunis et présentés par Yoshikazu Nakaji, La licorne, Presses Universitaires
     de Rennes, 2008, p. 28.

156 Charles Baudelaire, « Le Flacon », *Les Fleurs du Mal*, tome I, p. 47.

157 Voir les propos d'Hippolyte : « *Je veux m'anéantir dans ta gorge profond, / Et trouver sur
     ton sein la fraîcheur des tombeaux* », Charles Baudelaire, « Femmes damnées (Delphine et
     Hippolyte)», *op.cit*, p. 154.

158 « *Et sa chaude poitrine est une douce tombe / Où je me plais bien mieux que dans mes froids
     caveaux* ». Charles Baudelaire, « L'Âme du vin », *Les Fleurs du Mal*, tome I, p. 105.

*C'est une pyramide, un **immense** caveau,*
Qui contient plus de morts que la fosse commune.
Je suis un cimetière abhorré de la lune.
(Baudelaire, « Spleen (*J'ai plus de souvenirs …*) », *FM*, 73)

D'autre part, la présence altérée de l'astre solaire et lunaire comme le montrent les deux séquences précédentes a partie liée avec l'ambiance néfaste du cimetière. Mais parfois la présence excessive du soleil peut insinuer un aspect nuisible : c'est, par exemple, le cas du cimetière de la pièce XLV dans les textes en prose où « *la lumière et la chaleur* […] *faisaient rage* ».[159] La coloration funèbre qui se dégage de ces notions inquiétantes, au début de la pièce, atteint son point culminant avec la malédiction de la voix d'outre-tombe qui participe d'emblée à la profanation de l'espace du cimetière.

Représentation de l'Enfer : topologie et démographie

Parler de l'Enfer ou des Enfers chez l'écrivain du *Spleen de Paris* ne va pas sans difficulté. L'*inferno* est souvent lié au gouffre du fait que les deux espaces sont régis par le schème mythique de la descente, qui informe la quasi-totalité de la topographie profane, comme le précise Baudelaire dans « Femmes damnées » :

Descendez, descendez, lamentables victimes,
Descendez le chemin de l'enfer éternel !
*Plongez au plus profond du **gouffre**, où tous les crimes,*
Flagellés par un vent qui ne vient pas du ciel.
(Baudelaire, « Femmes damnées (Delphine et Hippolyte)», *FM*, 155)

La dissociation n'est sans doute pas aisée, mais le paysage infernal dans notre corpus se différencie grâce à plusieurs critères qui peuvent renvoyer, de façon explicite ou implicite, aux mondes des morts de la tradition antique ainsi qu'à l'Enfer chrétien, lieu de châtiment pour les pécheurs.

Les Enfers se caractérisent d'abord par une toponymie variée qui peut leur attribuer différentes origines. Dans *Les Fleurs du Mal*, il est question de la *Géhenne* (Ge-hinom), décrite comme une « […] vallée où l'on passait les enfants au brûloir »[160] dans l'ancien testament ; un *Sheol* de la damnation éternelle dans la

---

159 Charles Baudelaire, « Le Tir et le cimetière », *Petits Poèmes en prose*, tome I, p. 351.
160 Pierre Brunel, *Charles Baudelaire, Les Fleurs du Mal, entre « fleurir » et « défleurir »*, Paris, éditions du Temps, 1998, p. 69.Voir aussi Matthieu, 18/9 « Et si ton oeil te scandalise, arrache-le, et jette-le loin de toi ; il vaut mieux pour toi entrer borgne dans la vie que d'être jeté avec tes deux yeux dans la géhenne de feu » in *La Bible, L'ancien testament et le nouveau testament, op.cit.*, p. 1485.

tradition hébraïque et enfin une demeure de la perdition où jaillissent les flammes ardentes dans le texte coranique. Bref, il n'est pas question d'épuiser les sources multiples des Enfers chez Baudelaire, mais de tenter plutôt de préciser son originalité en mettant l'accent sur l'élan syncrétique qui les structure. « Bénédiction » est un exemple pertinent où se superposent génialement dans une même image la Géhenne et l'Enfer antique.

Elle ravale ainsi l'écume de sa haine,
Et, ne comprenant pas les desseins éternels,
Elle-même prépare au fond de la Géhenne
Les bûchers consacrés aux crimes maternels.
(Baudelaire, « Bénédiction », *FM*, 7)

De cette Géhenne biblique, Baudelaire retient l'action de préparer « *les bûchers* » qui fait, en quelque sorte, allusion au châtiment des négateurs destinés à être brûlés.[161] Toutefois, et pour bien montrer la complexité de cet espace chtonien, on ne peut manquer de s'interroger sur quelques éléments essentiels pour notre analyse : qui sont les suppliciés ici ? Quels sont leurs crimes ? Et surtout par quelle autorité divine ce châtiment leur est-il imposé? En effet, les châtiés dans cet exemple sont exclusivement les acteurs des « *crimes maternels* » et ce sort impitoyable leur a été attribué par une figure féminine qui « *ravale* […] *l'écume de sa haine* ». À ce titre, ne pourrait-on pas voir en ces deux allusions une évocation du mythe d'Oreste et des Euménides ? D'après la tragédie d'Eschyle, les Euménides sont des furies vengeresses des Enfers chargées de poursuivre Oreste pour le meurtre de sa propre mère Clytemnestre, puisque leur fonction est de venger le crime contre la famille. Encore faut-il remarquer que, selon la légende, ces divinités des châtiments infernaux résident dans les obscurités de l'Erèbe. Ainsi, nous pouvons dire que, par le procédé de la réécriture, le poète réinvestit différents éléments issus de la mythologie antique, biblique et coranique : Enfer antique et Géhenne s'entremêlent pour construire une géographie infernale propre à sa poésie.

Or, c'est dans « Don Juan aux enfers », poème de jeunesse publié dans l'*Artiste* le 6 septembre 1846 que se reflète le mieux le syncrétisme cher à l'auteur. Cette pièce, dont le titre primitif est « l'Impénitent », semble faire suite à la pièce de Molière où Dom Juan a été châtié par la Statue du Commandeur.[162]

---

161 Il s'agit du même châtiment dans la Géhenne Coranique : « Ils seront poussés brutalement dans le feu de la Géhenne », Sourate 52, verset 13.
162 Molière, *Dom Juan ou le Festin de Pierre*, éditions de Georges Couton, Paris, éditions Gallimard, collection « Folio théâtre », 1998, Acte V, Scène VI, p. 89.

Quand Don Juan descendit vers l'onde souterraine
Et lorsqu'il eut donné son obole à Charon,
Un sombre mendiant, l'œil fier comme Antisthène,
D'un bras vengeur et fort saisi chaque aviron.

Montrant leurs seins pendants et leurs robes ouvertes,
Des femmes se tordaient sous le noir firmament,
Et, comme un grand troupeau de victimes offertes,
Derrière lui traînaient un long mugissement.

Sganarelle en riant lui réclamait ses gages,
Tandis que Don Luis avec un doigt tremblant
Montrant à tous les morts errants sur les rivages
Le fils audacieux qui railla son front blanc.

Frissonnant sous son deuil, la chaste et maigre Elvire,
Près de l'époux perfide et qui fut son amant,
Semblait lui réclamer un suprême sourire
Où brillât la douceur de son premier serment.

Tout droit dans son armure, un grand homme de pierre
Se tenait à la barre et coupait le flot noir ;
Mais le calme héros, courbé sur sa rapière,
Regardait le sillage et ne daignait rien voir.
(Baudelaire, « Don Juan aux enfers », *FM*, 19–20)

Mais même si les personnages de la pièce de Molière affleurent dans le texte comme le sombre mendiant que Don Juan a poussé au blasphème en lui faisant l'aumône (v. 3), Sganarelle que son maître réussissait à ne payer jamais (v. 8), Don Luis le père bafoué (v. 9), Elvire l'épouse du courtisan (v. 12) et enfin la statue du commandeur qui a emporté Dom Juan aux Enfers, la scène ne se situera pas dans l'Enfer chrétien, mais dans les Enfers antiques. En effet, les occurrences onomastiques du premier quatrain placent le poème dans le contexte de l'Antiquité : tout d'abord, surgit le personnage d'Antisthène, le disciple de Socrate (v. 3) ensuite celui de Charon [163] (v. 2), le nocher qui apparaît à Dante et Virgile [164] et qui en

---

163 La référence à Charon et à sa barque invoque les deux tableaux de Delacroix d'où le poème prend source, à savoir celui du *Naufrage de Don Juan* et de *Dante et Virgile aux Enfers* que Baudelaire cite respectivement dans son Salon *de 1846,* tome II, pp. 428–429 et dans son « Exposition universelle », *Ibid,* p. 590.

164 « Soudain, voici vers nous venir par nef / Un dur vieillard et blanc d'antique poil / Criant : « Malheur à vous, âmes faillies ! / N'espérez point de voir jamais le ciel : / Je viens pour vous mener à l'autre rive / En chaud, en gel, en ténèbres éternes. » (v. 82–87), Dante, *La Divine Comédie,* Enfer, chant III, *op.cit.,* p. 898.

échange, d'une obole, fait passer les âmes des défunts à travers le marais de l'Achéron pour les conduire à « *l'onde souterraine* ». Ce « *troupeau de victimes* » forme, par
son triste sort et son « *mugissement* », une chaîne associative avec le « bétail pensif »
des « Femmes damnées », autre pièce des *Fleurs du Mal* où la présence de l'Achéron
est suggérée par celle des « *ruisseaux* » nourris par « *les larmes des tourments* »

> […] *des sœurs, [qui] marchent lentes et graves*
> *À travers les rochers pleins d'apparitions,*
> *Où saint Antoine a vu surgir comme des laves*
> *Les seins nus et pourprés de ses tentations ;*
>
> *Ô vierges, ô démons, ô monstres, ô martyres,*
> *De la réalité grands esprits contempteurs,*
> *Chercheuses d'infini, dévotes et satyres,*
> *Tantôt pleines de cris, tantôt pleines de pleurs,*
> *Vous que dans votre enfer mon âme a poursuivies,*
> *Pauvres sœurs, je vous aime autant que je vous plains,*
> (Baudelaire, « Femmes damnées (*comme un bétail pensif*…)», *FM*, 114)

Pas de rivière infernale à proprement parler dans ce passage, pourtant, la référence
n'en est pas moins évidente. L'Achéron, comme on le sait déjà, est le fleuve du
chagrin. La présence de l'hypotexte dantesque[165] n'est pas à prouver ici, mais l'écrivain procède encore une fois à ce processus d'amalgame mythique qui met l'accent
sur la polysémie de la population infernale puisque ces « Femmes damnées », au
lieu d'implorer les divinités et les juges de l'Enfer, « […] *appellent au secours de
leurs fièvres hurlantes, /* […] *Bacchus, endormeur des remords anciens* ». L'affleurement de Bacchus fait advenir un autre mythe puisque, selon la légende, cette divinité
est descendue dans l'Hadès chercher sa mère Sémélé pour la ramener en vie. Il
est donc, dans ce contexte, incapable de changer le destin de ces suppliciées car
lui-même doit se soumettre aux ordres du royaume de l'Enfer. De plus, le texte
renvoie dans les vers 11 et 12 à l'épisode de l'anachorète Antoine le Grand, qui
subit les tentations du Diable et auxquelles se substituent ici celles des tribades
aux « *seins nus et pourpés* ». Mais la question qui se pose ici est la suivante : pour
quel crime ces femmes se trouvent-elles en Enfer ? Seront-elles châtiées d'avoir
tenté Saint-Antoine ou d'avoir partagé « *l'amour des craintives enfances* » ? En in-
terpellant Bacchus, voudraient-elles le séduire ou l'implorer pour les sauver de

---

165 « Et le troupeau des âmes nues et lasses, / Claquant des dents […] / […] pleurant dru elles
se ramassèrent / flanc contre flanc à la rive mauvaise » (v. 100–101 et v. 106–107), Dante,
La Divine Comédie, Enfer, chant III, *op.cit.*, p. 898.

l'Hadès ? Si l'on admet la première hypothèse, à savoir la damnation pour la luxure et l'amour insatiable, on remarque cependant que le thème de l'amour coupable et non rassasié peut être aussi une affliction comme il a été déjà cause d'affliction. « Sed non Satiata » comme le titre l'indique,[166] évoque l'inassouvissement d'une « *bizarre déité* » qui fait du poète son esclave :

> *Ô démon sans pitié ! verse-moi moins de flamme ;*
> *Je ne suis pas le Styx pour t'embrasser neuf fois,*
>
> *Hélas ! et je ne puis, Mégère libertine,*
> *Pour briser ton courage et te mettre aux abois,*
> *Dans l'enfer de ton lit devenir Proserpine !*
> (Baudelaire, « Sed non Satiata » *FM, 28*)

Ce passage constitue un ensemble complexe qui atteste de l'emploi spécifique du personnel de l'Enfer par notre écrivain. En effet, Baudelaire ne se contente pas d'emprunter à la mythologie des référents, mais il procède à leur transmutation afin de les infléchir au gré de son imagination et au profit de son texte. C'est sans nul doute à partir de « la féminisation du poète victimisé »[167] en Proserpine et celle du démon impitoyable, qu'il faut saisir cette altération de la figure mythique de la reine des Enfers. Loin d'être une allusion directe au récit ovidien où le motif floral constitue un élément clé de la scène[168], le poète fait de l'histoire de Proserpine le mythe même d'une innocence vouée aux caprices libidineux d'un être démoniaque. Nous sommes face à une palingénésie du mythe où l'emprisonnement de la divinité chtonienne dans l'Hadès est remplacé par la capture du poète dans le lit de l'une des trois furies. Pourtant, si la prisonnière dans le récit de base partage sa vie entre les enfers et le monde des vivants, Baudelaire s'oppose avec opiniâtreté à ce processus de « perséphonisation »[169] : son âme accablée par la tyrannie de la chair ne fait que maudire cette servitude infernale.

Cependant, le poète va plus loin dans sa réécriture de ce mythe. La lettre qu'il avait adressée à Nadar en 1859, et dont nous citerions volontiers un extrait,

---

166 Il faut aussi signaler que le titre du poème est emprunté à la 6ème satire de Juvénal « lasasta viris necdum satiata », voire note p. 88, OC.

167 Pascale Auraix-Jonchière, « Baudelaire et les déités de l'ombre » *in Lire Les Fleurs du Mal, textes réunis par* José-Luis Diaz, Cahiers textuel N° 25, Paris, Université Paris VII, 2002, p. 170.

168 « Tandis que, dans ce bois, joue Proserpine, qu'elle y cueille des violettes ou des lits blancs, [...] », Ovide, *Les Métamorphoses*, V. 388–423, *op.cit.*, p. 146.

169 Terme employé par Pierre Brunel dans son commentaire sur ce sonnet, Voir son ouvrage, *Charles Baudelaire, Les Fleurs du Mal, entre «fleurir » et « défleurir »*, *op.cit.*, p. 173.

mettrait en évidence la subversion de la déesse chtonienne dans cette plaisanterie de jeunesse :

> Mais Clergeon ne perd pas de temps ; il profitera des dernières secondes ; il déshono-rera Proserpine ; il l'enfilera, ou il y perdra son latin. Il se jette sur elle et lui plante sa pine dans l'œil. Proserpine pousse un cri déchirant !!!!!
> (Baudelaire, *Corr.*, tome I, 581)

Par ce renversement et par le refus de s'identifier à Proserpine, Baudelaire rénove le mythe ancien de la captive : la référence originelle s'enrichit de références poétiques, lui donnant une dimension nouvelle qui reflète à son tour l'hétérogénéité des habitants de l'enfer.

Reste à signaler que l'espace infernal chez le poète, se démarque non seulement par ses habitants mais aussi par son hydrographie. Le surgissement du Styx, fleuve qui entoure de ses méandres neuf fois l'enfer dans le poème précédent, a pour but de souligner les menaces de la relation amoureuse entre le poète et sa bien-aimée, puisque ses eaux qui affluent de la haine sont connues pour « *leur effets pernicieux* ».[170] Ajoutons que c'est dans « l'Irrémédiable » que s'exprime le mieux la dimension infernale du Styx à travers le schème néfaste d'une triple chute :

> *Une Idée, Une Forme, Un Être*
> *Parti de l'azur est tombé*
> *Dans un Styx bourbeux et plombé*
> *Où nul œil du Ciel ne pénètre ;*
> (Baudelaire, « L'Irrémédiable », *FM*, 79)

La chute foudroyante de l'« *idée* », terme platonicien ; de la « *Forme* », concept cher à Aristote et de l'« *Être* », l'Archange du royaume des cieux, dramatise l'aspect néfaste des eaux marécageuses du Styx. L'imagerie du Styx chez notre écrivain n'est en effet que déchéance et engloutissement car elle suggère pesanteur et emprisonnement.

De plus, le poète irrigue son texte par des résonances qui renvoient au Léthé, fleuve de l'oubli que les Anciens situaient dans les parages de l'Érèbe.[171] Dans une pièce condamnée de l'édition 1857 des *Fleurs du Mal*, le poète, que taraudent sans

---

170 Pierre Grimal, *Dictionnaire de la Mythologie grecque et romaine, op.cit.*, p. 431.

171 « Mon fils, ce sont les âmes / Auxquelles les destins doivent un autre corps / Sur les bords du Léthé, elles viennent puiser / Dans ses tranquilles eaux la paix des longs oublis », Virgile, *Enéide*, texte latin, traduction rythmée de Marc Chouet, introduction de Jean Starobinski, Genève, Slatkine, 2007, p. 183, v. 668–729.

cesse le remords et les peines de l'amour, cherche l'oubli dans un rapport physique qui anéantisse ses forces et le transforme en « *innocent condamné* ». Assoiffé d'apaisement, désireux de « *dormir plutôt que vivre / Dans un sommeil aussi doux que la mort* », il s'assimile aux trépassés de l'Antiquité et se plonge dans les eaux d'un Léthé charnel

> *Pour engloutir mes sanglots apaisés*
> *Rien ne me vaut l'abîme de ta couche ;*
> *L'oubli puissant habite sur ta bouche,*
> *Et le Léthé coule dans tes baisers.*
> (Baudelaire, « Le Léthé », *FM*, 156)

Il est un autre poème où ce fleuve, féminisé sous la plume de Baudelaire, reflète plusieurs traits positifs. Effaçant les châtiments de l'écrivain ainsi que leurs souvenirs, il devient une source de purification et lui procure l'énergie qu'il lui faut. Franciscæ, d'où le Léthé puise sa source, devient une déité : les pouvoirs, dont elle dispose, sont analogues à ceux que la pensée mythique attribue aux déesses Mères car « elle protège, elle nourrit, elle régénère »[172] :

> *Ô femme délicieuse*
> *Par qui les péchés sont remis ;*
>
> *Comme d'un bienfaisant Léthé*
> *Je puiserai des baisers de toi*
> *Qui es imprégnée d'aimant.*
>
> *Piscine pleine de vertu,*
> *Fontaine d'éternelle jouvence,*
> *Rends la voix à mes lèvres muettes !*
> *[…]*
> *Ajoute maintenant des forces à mes forces.*
> *Doux bain parfumé*
> *De suaves odeurs !*
> (Baudelaire, « Franciscæ meæ laudes », *FM*, 61)

Mais l'eau du Léthé est duelle chez Baudelaire car si elle est régénératrice, elle s'avère parfois être le « symbole archétypal du devenir hydrique, de la mort ».[173] Non seulement elle perd ses atouts bénéfiques, mais elle devient la raison même du mal-être et corrompt l'élément vital, comme le montrent ces vers du Spleen où

---

172 Voir à ce propos Mircea Eliade, *Traité d'histoire et des religions, op.cit*, chapitre VII p. 83.
173 Gaston Bachelard, *L'Eau et les rêves, op.cit*. p. 79.

s'opère une métamorphose substantielle du sang en eaux infernales et empoison-
nantes :

> Et dans ces bains de sang qui des Romains nous viennent,
> Et dont sur leurs vieux jours les puissants se souviennent,
> Il n'a su réchauffer ce cadavre hébété
> Où coule au lieu de sang l'eau verte du Léthé.
> (Baudelaire, « Spleen (*Je suis comme le roi* …) », *FM*, 74)

Ainsi, nous remarquons que ces deux fleuves infernaux, qui font un ultime écho
au récit dantesque, participent à la configuration de la géographie souterraine
chez Baudelaire. Du fait de leurs affleurements, ils génèrent une malédiction et
constituent un obstacle à toute traversée concrète ou abstraite, réelle ou imaginaire,
puisqu'ils « ont les mêmes contradictions dynamiques que le rêve du labyrinthe ».[174]

Mythification de Paris : un espace-temps favorable à la résurgence du mythe

Notre propos ici n'est pas d'étudier le Paris baudelairien : cette entreprise a été ré-
alisée par des grands critiques et nous ne saurions ajouter grand-chose aux études
déjà écrites.[175] Notre but sera plutôt de structurer les réminiscences qui permettent
de voir en ce Paris un espace favorable au surgissement du mythe. Par la « mythification de Paris », nous tenterons plutôt, suivant la perspective de notre travail, de
mettre l'accent sur deux éléments de l'imaginaire parisien chez notre écrivain, qui
se trouvent étroitement liés par une alliance intime : l'espace mythique du labyrinthe et le schème de la descente aux enfers urbains.

Paris : un espace labyrinthique

Parmi les nombreuses métaphores qui participent à la représentation de la ville,
il est remarquable que celle du labyrinthe exprime le mieux les implications de

174 Gaston Bachelard, *La Terre et les rêveries du repos, op.cit.,* p. 217.
175 Voir le numéro spécial de la revue *l'Année Baudelaire 1 : Baudelaire, Paris, l'allégorie,* sous
la direction de Jean-Paul Avice et Claude Pichois, Paris, éditions Klincksieck, 1995 et
aussi Pierre Citron, *La poésie de Paris dans la Littérature française de Rousseau à Baudelaire,*
Paris, éditions de Minuit, 1961, chapitre XXVI, « La poésie du Paris de Baudelaire »,
pp. 332–383 et enfin Walter Benjamin, *Paris, capitale du XIXᵉ siècle Le Livre des Passages,*
traduit de l'allemand par Jean Lacoste d'après l'édition originale établie par Rolf Tiedemann,
les éditions du Cerf, Paris, 1989, Section J « Baudelaire », pp. 247–404.

l'imaginaire citadin et architectural tel qu'il apparaît dans la poésie de Baudelaire. On ne se doute pas que ce schème archétypal si complexe surdétermine un grand nombre des représentations baudelairiennes de Paris, qu'il soit implicite ou explicite, direct ou indirect. En effet, ce sont « *les plis sinueux de* [la] *vieille* [...] *capitale* [...] »[176] qui suggèrent au premier abord de considérer la métropole comme un avatar de l'espace mythique crétois.

Le vocable « labyrinthe » apparaît deux fois seulement dans *Les Fleurs du Mal* : dans « Le vin des chiffonniers », poème de la section « Le Vin » où se dégage une atmosphère angoissante incarnée par la lanterne qui subit le mouvement violent et hasardeux du vent. La « *clarté rouge* », qui entre en résonance avec l'image de « *la lampe sur le jour* [qui] *fait une tache rouge* » dans « le Crépuscule du matin »,[177] accentue cette coloration morbide :

> *Souvent, à la clarté rouge d'un réverbère*
> *Dont le vent bat la flamme et tourmente le verre,*
> *Au cœur d'un vieux faubourg, labyrinthe fangeux*
> *Où l'humanité grouille en ferments orageux,*
> (Baudelaire, « Le Vin des chiffonniers », *FM*, 106)

Quant au syntagme du « labyrinthe », sa deuxième apparition se trouve dans le poème « les Phares », où l'image de ce dédale est évoquée dans une métaphore pour exprimer la voix universelle de l'humanité :

> *Ces malédictions, ces blasphèmes, ces plaintes,*
> *Ces extases, ces cris, ces pleurs, ces Te Deum,*
> *Sont un écho redit par mille labyrinthes,*
> (Baudelaire, « Les Phares », *FM*, 14)

La prose poétique semble mieux rendre compte des sinuosités de la ville si l'on s'appuie sur les différents titres du recueil comme *Le Promeneur solitaire* ou *Le Rôdeur parisien*,[178] que Baudelaire avait donnés aux premiers poèmes en prose publiés en 1861 dans la *Revue Fantaisiste*. Ils ont pour but de montrer l'aspect hybride

---

176 Charles Baudelaire, « Les Petites Vieilles », *Les Fleurs du Mal*, tome I, p. 89.

177 Nous renvoyons à l'analyse de Patrick Labarthe à propos de cette notion de la lumière rouge qui se répercute dans le décor parisien. Pour lui, cette lampe n'est « [...] plus foyer d'un rayonnement du sacré » mais plutôt « une lumière inquiétante d'un désir porté au « *rouge* », grevé de disgrâce ». Voir son article « Paris comme décor allégorique » in *l'Année Baudelaire 1 : Baudelaire, Paris, l'allégorie, op cit.*, p. 52.

178 Baudelaire évoque ces titres dans sa lettre à Arsène Houssaye datée de Noël 1861. Voir à ce sujet Charles Baudelaire, *Correspondance*, tome II, *op.cit.*, p. 207.

de la métropole, qui s'impose comme un lieu des déambulations du poète. « *Les labyrinthes pierreux de* [la] *capitale* »[179] constituent une matière essentielle du cadre spatial de cette prose lyrique, mais ce que nous désirons expliquer dans notre étude est que l'espace mythique du labyrinthe chez le poète n'est pas basé uniquement sur les occurrences lexicales du terme. À y voir de plus près, nous remarquons que l'image de ce lieu est structurée par des descriptions de la ville dans lesquelles l'espace du labyrinthe peut être identifié grâce à un certain nombre de caractéristiques structurales et de réminiscences mythiques.

Dans « Le Mauvais vitrier »,[180] si le terme de labyrinthe est absent, des signes distinctifs sont pourtant disséminés à partir de l'image de l'« *escalier fort étroit* » qui exige du vitrier d' « *éprouver quelque peine à opérer son ascension* » pour pouvoir quitter cet espace étouffant. La notion de labyrinthe peut irradier dans un autre récit avec la « *tour-labyrinthe* »,[181] où le dédale des ruines se ramifie dans une Babel apocalyptique :

> *Tout en haut, une colonne craque et ses deux extrémités se déplacent. Rien n'a encore croulé. Je ne peux plus retrouver l'issue. Je descends, puis je remonte. Une tour- labyrinthe. Je n'ai jamais pu sortir. J'habite pour toujours un bâtiment qui va crouler, un bâtiment travaillé par une maladie secrète.* (Baudelaire, Reliquat des *Petits Poèmes en prose*, 372)

Il convient aussi de noter que l'assimilation de Paris et de la cité de Babylone a pour but de révéler la présence du schème de l'emprisonnement qui est « une structure en mouvement »[182] dont la dynamique engendrera l'errance et la perte. Cet enfermement total incarné par l'impossibilité de toute tentative d'échappement informe de manière frappante, à la fois, l'espace labyrinthique[183] et celui de la tour de Babel. Aussi, Baudelaire semble-t-il insister dans ce récit de la Genèse sur le schème de la chute accompagné par la clôture et l'effondrement, caractéristiques essentielles de ce « labyrinthe debout ».[184] Ce lieu composite se répercute encore

---

179 Charles Baudelaire, « Le Crépuscule du soir », *Petits Poèmes en prose*, tome I, p. 312.

180 Charles Baudelaire, « Le Mauvais vitrier », *Petits Poèmes en prose*, tome I, p. 286.

181 Charles Baudelaire, Reliquat des *Petits Poèmes en prose*, tome I, p. 372.

182 Laurent Mattiussi, « Schème, type, archétype » in *Questions de Mythocritique*, sous la direction de Danièle Chauvin, André Siganos et Philippe Walter, Paris, éditions Imago, 2005, p. 311.

183 Voir Gaston Bachelard, *La Terre et les rêveries du repos, op.cit.*, p. 226 : « Le labyrinthe est un cachot allongé ».

184 Pierre Loubier, « Le Spleen de Babel : Baudelaire et la tour-labyrinthe » in *Le défi de Babel, un mythe littéraire pour le XXIᵉ siècle*, textes réunis par Sylvie Parizet, Actes du colloque organisé à l'Université de Paris X Nanterre (24 et 25 mars 2000), collection littérature & idée dirigée par Camille Dumoulié, Paris, éditions Desjonquères, 2001, p. 76.

une fois dans un poème de la section des « Tableaux parisiens » où le lecteur se trouve en face d'une

Babel d'escaliers et d'arcades,
[…] un palais infini,
Plein de bassins et de cascades
Tombant dans l'or mat ou bruni ;
(Baudelaire, « Rêve parisien », *FM*, 102)

Toutefois cette Babel-Labyrinthe est dotée d'un accent particulier car, contrairement à celle de « Symptômes de ruine », elle est le fruit d'une vision onirique, « une image mentale »[185] opérée par un rêve naturel de l'écrivain. Cette rêverie singulière que Bachelard prénomme le « sommeil labyrinthique »[186] sous-tend une expérience d'ordre psychique et physique chez l'écrivain. Vivre cette rêverie labyrinthique, c'est partager le sort de « […] l'être dans le labyrinthe [qui] est à la fois sujet et objet conglomérés en être perdu.»[187] Ainsi essaiment de part et d'autre dans le texte de Baudelaire plusieurs tableaux qui décrivent la perte des personnages, souvent mentionnée sous le signe de l'égarement et de l'errance. C'est dans une scène du « Spleen » que nous décelons cette image de la perte inhérente au décor sombre et atroce de la cité :

Pluviôse, irrité contre la ville entière,
De son urne à grands flots verse un froid ténébreux

L'âme d'un vieux poète erre dans la gouttière
Avec la triste voix d'un fantôme frileux.
(Baudelaire, « Spleen (*Pluviôse, irrité contre …*) », *FM*, 72)

Nous pouvons alors constater que c'est la dynamique de l'errance[188] qui caractérise le mieux le Paris de Baudelaire puisque le labyrinthe est un espace sans repères spatiaux ou temporels. Or à ce mouvement erratique, perçu comme égarement dans

---

185 « Le labyrinthe est avant tout une image mentale, une figure symbolique ne renvoyant à aucune architecture exemplaire, une métaphore sans référent », André Peyronie, article « Labyrinthe » in *Dictionnaire des mythes littéraires* sous la direction du Professeur Pierre Brunel, Paris, éditions du rocher, 1988, p. 885.

186 Gaston Bachelard, *La Terre et les rêveries du repos, op.cit.*, p. 211.

187 *Ibid.*, p. 212.

188 Cette dynamique trouve son pendant dans une métaphore inquiétante du Spleen « *où l'Espérance comme une chauve-souris, / s'en va battant les murs de son aile timide / Et se cognant la tête à des plafonds pourris* », Charles Baudelaire, « Spleen (*Quand le ciel bas et lourd …*) », *Les Fleurs du Mal*, tome I, p. 75.

l'espace se superpose la perte de l'identité. Pierre Loubier compare la situation du poète abandonné dans le dédale de la ville à celle d'un « historien déchu, immolé sur la scène de la grande ville moderne.» « L'expérience du labyrinthe » écrit-il « est une chorégraphie tragique, elle met en scène les rapports imaginaires des individus à leurs conditions réelles d'existence ».[189] Ainsi, nous pouvons voir dans ces propos une illustration patente de la décrépitude du moi du poète : son « *âme* » est dégradée et accablée par le vieillissement et n'a pour compagnon qu'une figure évanescente et fantomatique au lieu de l'Ariane de la légende mythique. De même, dans « À une passante » se traduit à nouveau l'absence de tout espoir pour l'écrivain. L'hostilité de la ville est annoncée dès le 1er vers à travers un cadre inquiétant parcouru d'une atmosphère menaçante :

> *La rue assourdissante autour du moi hurlait.*
> *Longue, mince, en grand deuil, douleur majestueuse,*
> *Une femme passa, d'une main fastueuse*
> *Soulevant, balançant le feston et l'ourlet ;*
> *[…]*
> *Un éclair … puis la nuit ! – Fugitive beauté*
> *Dont le regard m'a fait soudainement renaître,*
> *Ne te verrai-je plus que dans l'éternité ?*
>
> *Ailleurs, bien loin d'ici ! trop tard ! jamais peut-être !*
> *Car j'ignore où tu fuis, tu ne sais où je vais,*
> *Ô toi que j'eusse aimée, ô toi qui le savais !*
> (Baudelaire, « À une passante », *FM*, 92–93)

Pour Bertrand Marchal, ce sonnet traduit « […] une modernité poétique [qui] revendiqu[e] la fulguration verbale, la stupéfaction de l'image ou la puissance de suggestion […] »,[190] or ce qu'il faut montrer ici est que cette fulguration verbale provient de l'interprétation de la rencontre entre l'égaré et la passante. Placée sous le signe de la fulgurance et de la rapidité, perceptibles à travers la prolifération des indicateurs temporels comme « *fugitive* » (v. 9), « *trop tard* » (v. 12) ou encore tout un lexique du départ comme les verbes « *fuir* » et « *aller* » (v. 13), cette rencontre ne porte aucune promesse d'une échappatoire. Au contraire, elle ne fait que faire persister l'expérience négative du poète dans le cadre effrayant de la ville comme

---

189 Pierre Loubier, *Le poète au labyrinthe, Ville, errance, écriture*, ENS éditions Fontenay/Saint-Cloud, 1998, p. 14.

190 Bertrand Marchal, « De quelques comparaisons baudelairiennes » *in L'Année Baudelaire 9/10, Baudelaire toujours : hommage à Claude Pichois*, Directeurs : Max Milner, John E. Jackson et Jean-Paul Avice, Paris, Honoré Champion éditeur, 2007, p. 189.

l'indique le vers 12, vers clé du sonnet, qui reflète bien cette angoisse engendrée par les coupes métriques (2/4/2/4).

La peur dans le labyrinthe résulte aussi de l'absence de tout repère. Il en va de même pour le Paris des *Fleurs du Mal*. Car même si « *le Carrousel* », une des rares nominations spatiales du recueil,[191] apparaît dans « Le Cygne », le poète est incapable de localiser son Paris d'autrefois. En s'exclamant que « *Paris change !* » Baudelaire rend visible encore une fois le thème de l'égarement dans la géographie complexe de la capitale :

> *Comme je traversais le nouveau Carrousel.*
> *Le vieux Paris n'est plus* [...]
> [...]
> *Paris change ! mais rien dans ma mélancolie*
> *N'a bougé ! palais neufs, échafaudages, blocs,*
> *Vieux faubourgs, tout pour moi devient allégorie,*
> (Baudelaire, « Le Cygne », *FM*, 85–86)

De tout ce qui précède, nous remarquons que l'enfermement et la perte sont bien des modalités qui informent l'espace parisien et qui permettent de l'identifier au labyrinthe crétois. Pour André Peyronie, « le labyrinthe est le monde du mal et la forme la plus achevée de ce monde est l'enfer ».[192] Dès lors, pourrait être envisagé un deuxième aspect de l'espace urbain, toujours lié au processus de mythification. Nous allons voir que cette dimension infernale se manifeste à travers les habitants de la ville, rendant de plus en plus ambivalente l'identité de Paris.

Paris : un enfer social

Évoquant le Paris baudelairien, Bernard Delvaille souligne que « Baudelaire fut le premier à avoir une conscience lyrique de la ville moderne. De la capitale considérée comme un aimable enfer ».[193] En se situant plus près des écrits du poète, nous

---

191 Voir Pierre Citron, *La poésie de Paris dans la Littérature française de Rousseau à Baudelaire*, *op.cit.*, p. 358 : « Les lieux sont rarement nommés. Dans l'ensemble des quelque quarante poèmes des *Fleurs du Mal* qui peuvent, à un titre ou un autre, être appelés urbains, ne figurent que six noms propres. Encore comprennent-ils la Seine, sans autre précision, et trois lieux de plaisir qui ne servent pas de décor à des poèmes, mais seulement de référence imaginaire : Véfour, Frascati et Tivoli. Les deux derniers ne sont même que des souvenirs, évoqués en outre sur le mode ironique. Reste un seul poème dont le cadre soit précisé : Le Cygne, où sont nommés le Carrousel et le Louvre. »

192 André Peyronie, article « Labyrinthe » in *Dictionnaire des mythes littéraires*, *op.cit.*, p. 889.

193 Bernard Delvaille, « Baudelaire, la passion de Paris » in *Magazine littéraire*, N° 273, Janvier 1990, p. 46.

trouvons que l'assimilation entre Paris et l'enfer trouve tout son fondement dans ses lettres et dans ses poèmes : « Je rentre dans l'enfer (Paris) dimanche »[194] écrit-il dans une lettre à Alcide- Pierre en 1860 ou encore deux ans avant dans une lettre à sa mère : « Je t'en supplie ma chère mère, ne m'en veuille pas de préférer mon enfer à une intervention qui a toujours été ruineuse pour moi ».[195] Or, voir en Paris un enfer moderne présuppose aussi la présence d'autres éléments que nous aimerions bien analyser dans ce chapitre.

A l'orée de ses analyses sur l'enfer, Pierre Brunel écrit que « par opposition au Paradis, baignés par les brises ou les vents alizés, les lieux de châtiment sont aussi peu tempérés que possible ».[196] En effet, le climat infernal est inhérent au paysage parisien chez le poète. Paris est souvent décrite comme une « maudite ville, inondé de chaleur, de lumière et de poussière ».[197] Même l'astre lumineux, source de ravissement, est affecté d'une forte charge négative dans cet enfer urbain peuplé de « *secrètes luxures* ». C'est dans ces vers que nous trouvons une cristallisation parfaite de ces idées :

> *Le long du vieux faubourg, où pendent aux masures*
> *Les persiennes, abri des secrètes luxures,*
> *Quand le soleil cruel frappe à traits redoublés*
> *Sur la ville et les champs, sur les toits et les blés,*
> (Baudelaire, « Le Soleil », *FM*, 83)

Cette chaleur ardente est soulignée par l'adjectif « *cruel* », attribué à ce soleil parisien qui inonde la ville puisqu'il se produit à « *traits redoublés* ». Aussi, discernons-nous dans les lettres de l'écrivain une métaphore négative du paysage urbain comme conséquence de la chaleur infernale où le dieu solaire substitue à la clarté le métal liquéfié : « Cette année, Paris est rissolé. Phébus Apollon verse tous les jours plusieurs casserolées de plomb fondu sur les malheureux qui se promènent le long des boulevards »,[198] écrit-il.

Hormis la chaleur, il est un autre trait qui représente bien la ville dans notre corpus et qui permet, encore une fois, de l'associer aux enfers. Dans les « Tableaux parisiens », section où Paris fait son entrée dans *Les Fleurs du Mal*, la cité se présente comme un vrai bourbier, allusion à l'engloutissement dans les marécages

---

194 Charles Baudelaire, *Correspondance*, tome II, lettre à Alcide-Pierre Grandguillot datée du 18 octobre 1860, p. 101.

195 *Ibid.*, tome I, lettre à sa mère datée du 27 février 1858, p. 456.

196 Pierre Brunel, *L'Evocation des morts et la descente aux enfers, op.cit.*, pp. 89–90.

197 Charles Baudelaire, *Correspondance*, tome I, lettre à sa mère datée du 20 juillet 1859, p. 588.

198 Charles Baudelaire, *Correspondance*, tome I, lettre à Théophile Gautier datée de 20 juillet 1852 (?), p. 201.

de l'enfer. C'est un « *labyrinthe fangeux* », une « *cité de fange* ».[199] Abondent aussi
dans le texte les images d'enfouissement dans la boue parisienne, une « *boue qui est
faite de nos pleurs* »,[200] marque de déchéance et de dégradation de l'être comme en
témoigne l'exemple du cygne qui « *piétine dans la boue* »[201] ou encore la description
du « *quadrupède infirme* » qui stagne « *dans la neige et la boue* ».[202] Au même titre
que les pièces en vers, *Les Petits poèmes en Prose* dessinent le tableau d'une capitale
envahie par un « *chaos de boue et de neige,* [...], *grouillant de cupidités et de désespoirs,
délire officiel d'une grande ville fait pour troubler le cerveau du solitaire le plus fort.* »[203]
Ainsi, la présence du schème mythique de la descente dans les eaux bourbeuses du
Styx est suggérée par l'engloutissement dans le chaos parisien. Cette descente aux
enfers équivaut à la descente dans la folie et la débauche où l'esprit risque de se
perdre comme le souligne un des textes en prose :

> *Tout à l'heure, comme je traversais le boulevard, en grande hâte, et que je sautillais dans la
> boue, à travers ce chaos mouvant où la mort arrive au galop de tous les côtés à la fois, mon
> auréole, dans un mouvement brusque, a glissé de ma tête dans la fange du macadam.*
> (Baudelaire, « Perte d'auréole », *PPP,* 352)

Cette scène qui relève du quotidien parisien illustre bien ce phénomène d'altération. La disparition de l'auréole[204] dans « *la fange du macadam* » annonce la perte
et la déchéance de l'être. Dorénavant, ce personnage est privé de toute sainteté
octroyée, dans le passé, par l'auréole désormais perdue. Il devient partie intégrante
de l'enfer parisien en « *fai*[sant] *des actions basses* » et en «[se] *livr*[ant] *à la crapule* ».
Tout au long de ses textes, Baudelaire fait de Paris un théâtre de la damnation dont
l'aspect dominant est une « *sinistre ululation* », « *une lugubre harmonie* » conçue
comme une « [...] *imitation des harmonies de l'enfer* ».[205]

De surcroît, la luxure et la débauche abondent dans cette « *capitale infâme* ».[206]
La ville devient une accumulation de lieux maudits,[207] elle se personnifie sous les

---

199 Charles Baudelaire, « Le Crépuscule du soir », *Les Fleurs du Mal,* tome I, p. 95.
200 Charles Baudelaire, « Mœsta et errabunda », *Les Fleurs du Mal,* tome I, p. 63.
201 Voir Charles Baudelaire, « Le Voyage », *Les Fleurs du Mal,* tome I, p. 131 où il emploie la
   même expression : « *Tel le vieux vagabond, piétinant dans la boue.* »
202 Charles Baudelaire, « Les Sept Vieillards », *Les Fleurs du Mal,* tome I, p. 88.
203 Charles Baudelaire, « Un plaisant », *Petits Poèmes en prose,* tome I, p. 279.
204 Jean-Paul Avice souligne qu' [...] Une auréole n'est nullement adaptée à l'agitation de la
   ville [...] », Voir son article « Histoire d'auréole ou le sacrifice de la beauté » in *l'Année
   Baudelaire 1 : Baudelaire, Paris, l'allégorie, op cit.,* p. 17.
205 Charles Baudelaire, « Le Crépuscule du soir », *Petits Poèmes en prose,* tome I, p. 311.
206 Charles Baudelaire, « Projet d'un épilogue pour l'édition de 1861», *Les Fleurs du Mal,*
   tome I, p. 191, v. 13.
207 *Ibid.,* Voir le v. 3 « *Hôpital, lupanar, purgatoire, enfer, bagne* ».

traits d'une « *énorme catin* ».[208] Dans « Le Crépuscule du soir », poème qui forme une paire avec « Le Crépuscule du matin » et en compagnie duquel il parut d'abord sous le titre « Les Deux Crépuscules. Le Soir. Le Matin », le poète évoque le décor des soirs urbains pour orchestrer un paysage infernal où s'ébauche déjà, de façon suggestive, un tableau familier de l'orgie parisienne :

> *Cependant des démons malsains dans l'atmosphère*
> *S'éveille lourdement, comme des gens d'affaire,*
> *Et cognent en volant les volets et l'auvent.*
> *À travers les lueurs que tourmente le vent*
> *La Prostitution s'allume dans les rues ;*
> *Comme une fourmilière elle ouvre ses issues ;*
> *Partout elle se fraye un occulte chemin,*
>
> (Baudelaire, « Le Crépuscule du soir », *FM*, 95)

Ces vers sont parcourus d'indices qui font de Paris un enfer moderne. L'affleurement des « *démons malsains* » ainsi que la prostitution, allégorisée par la majuscule, mettent l'accent sur le supplice parisien que le poète désire fuir.[209] Antoine Compagnon fait remarquer que c'est à travers la substantive « *fourmilière* », qui irradie dans d'autres morceaux, que s'exprime le mieux cette imagerie infernale de la décadence : « La fourmilière modèle de la rue fourmillante, de la cité ou du tableau fourmillant, devient, de manière récurrente sous la plume de Baudelaire, une image de la ville prostituée. »[210]

Cependant, il serait important de préciser que cette « *fourmillante cité* »[211] est peuplée de spectres et de déchets de la société qui redoublent les suppliciés de l'enfer dantesque.[212] Dans ce contexte, ce sont « Les Sept Vieillards » et « Les Petites Vieilles », deux pièces appartenant à la section des « Tableaux Parisiens », qui viennent immédiatement à notre esprit. Ces deux poèmes ont été publiés ensemble en 1859 et envoyés et dédicacés à Victor Hugo sous le titre commun

---

208 *Ibid.*, v. 7.

209 Voir Charles Baudelaire, *Correspondance*, tome I, lettre à sa mère datée du 19 février 1858, p. 451 où Baudelaire exprime son souhait de quitter Paris : « Il me tarde sincèrement d'être hors de cette maudite ville où j'ai tant souffert et où j'ai tant perdu de temps. »

210 Antoine Compagnon, *Baudelaire devant l'innombrable*, op.cit., p. 120.

211 Charles Baudelaire, « Les Sept Vieillards », *Les Fleurs du Mal*, tome I, p. 87.

212 L'aspect heurté et discordant de la vie parisienne à travers ces bruits et les hurlements de foules dans « le Crépuscule du soir », le cri strident du « Mauvais Vitrier » et le tohu-bohu de la foire dans « le Vieux saltimbanque » rappellent les « Langues étranges et horribles jargons, / Paroles de douleur, accents de rage, / Voix hauts montées et floues, et mains sonnantes […] » des foules de damnés dans l'enfer dantesque. (v. 25–27), Dante, *La Divine Comédie*, Enfer, chant III op.cit., p. 896.

de « Fantômes Parisiens ».[213] « *Le spectre en plein jour* [qui] *raccroche le passant* »[214] et encore « [le] *fantôme débile,/Traversant de Paris le fourmillant tableau* »,[215] deviennent désormais les stéréotypes de la population parisienne, matrice essentielle de l'enfer social urbain. C'est dans cette perspective qu'il convient de lire ce passage du poème « Les sept Vieillards » où le poète fut victime d'une « *fantasmagorie angoissante* »[216] résultant du surgissement brusque de tout un « *cortège infernal* » :

> *À quel complot infâme étais-je donc en butte,*
> *Ou quel méchant hasard ainsi m'humiliait ?*
> *Car je comptai sept fois, de minute en minute,*
> *Ce sinistre vieillard qui se multipliait !*
> *Que celui-là qui rit de mon inquiétude,*
> *Et qui n'est pas saisi d'un frisson fraternel,*
> *Songe bien que malgré tant de décrépitude*
> *Ces sept monstres hideux avaient l'éternel !*
>
> *Aurais-je, sans mourir, contemplé le huitième,*
> *Sosie inexorable, ironique et fatal,*
> *Dégoûtant Phénix, fils et père de lui-même ?*
> *– Mais je tournai le dos au cortège infernal.*
> (Baudelaire, « Les Sept Vieillards », *FM*, 88)

L'aspect infernal de ce cortège provient, en effet, de la reproduction rapide et réitérée, « *de minute en minute* », de ce vieillard effrayant ; répétition que Baudelaire compare à celle du Phénix, l'oiseau légendaire qui renaît de ses cendres et qui rappelle d'ailleurs la multiplication effrayante du « *Malais* » dans *Les Paradis Artificiels*.[217] La prolifération de cette masse hostile est inquiétante dans la mesure où il s'agit d'une présence fantomatique et hallucinatoire. Ces vieillards sont plutôt des fantômes impalpables qui ont du vivant l'apparence mais pas la constance. Ils s'assimilent aux ombres infernales et se regroupent, par la suite, avec « tout ce

---

213 Voir Charles Baudelaire, *Correspondance*, tome I, lettre à Victor Hugo datée du 23 (?) septembre 1859, pp. 596–599 et aussi la lettre à Auguste Poulet-Malassis datée du 1ᵉʳ octobre 1859, p. 604 où Baudelaire écrit : « Voilà tout ce que je puis vous dire ; Victor Hugo, je le sais, fait sa correspondance le dimanche. Ce que je lui ai demandé est un vrai travail.—Il ne peut pas, je crois me le refuser. Je lui dédie les deux *fantômes parisiens*, et la vérité est que dans le deuxième morceau, j'ai essayé d'imiter sa manière. »

214 Charles Baudelaire, « Les Sept Vieillards », *op.cit.*, p. 87.

215 Charles Baudelaire, « Les Petites Vieilles », *Les Fleurs du Mal*, tome I, p. 90.

216 Walter Benjamin, *Paris, capitale du XIXᵉ siècle Le Livre des Passages*, *op.cit.*, p. 55.

217 « Notez bien ce Malais ; nous le reverrons plus tard ; il reparaîtra, multiplié d'une manière terrible », Charles Baudelaire, « Un mangeur d'opium », *Les Paradis Artificiels*, *op.cit.*, p. 473.

qu'une grande ville contient de puissantes monstruosités. »[218] De manière plus dense, « Le Crépuscule du matin » peint un tableau vivant de « [c]es milliers d'existences flottantes qui circulent dans les souterrains d'une grande ville- criminels et filles entretenues ».[219] Les cris discordants des malades et des femmes souffrantes ainsi que leurs misères contaminent l'espace urbain. Nous sommes devant un Paris « *sombre* », dénué de toute marque de vitalité[220] :

> *C'était l'heure où parmi le froid et la lésine*
> *S'aggravent les douleurs des femmes en gésine ;*
> *Comme un sanglot coupé par un sang écumeux*
> *Le chant du coq au loin déchirait l'air brumeux ;*
> *Une mer de brouillards baignait les édifices,*
> *Et les agonisants dans le fond des hospices*
> *Poussaient leur dernier râle en hoquet inégaux.*
> *Les débauchés rentraient, brisés par leurs travaux.*
> *L'aurore grelottante en robe rose et verte*
> *S'avançait lentement sur la Seine déserte,*
> *Et le sombre Paris, en se frottant les yeux,*
> *Empoignait ses outils, vieillard laborieux.*
> (Baudelaire, « Le Crépuscule du matin », *FM,* 104)

Dans une lettre à sa mère, Baudelaire exprime sa volonté de s'éloigner de cet enfer social : « Enfin ! Enfin ! je crois que [je] pourrai à la fin du mois fuir l'horreur de la face humaine. Tu ne saurais croire à quel point la race parisienne est dégradée ».[221]

Or, cette sensation dysphorique s'amplifie par une temporalité tout aussi accablante que cet espace. En effet, la hantise du temps constitue un thème majeur

---

218 Charles Baudelaire, « Quelques caricaturistes français », *Critique d'Art, op.cit.,* p. 454.

219 Charles Baudelaire, « De l'Héroïsme de la vie moderne », « Salon de 1846 », *Critique d'Art, op.cit.,* p. 495.

220 Nous proposons de lire en parallèle cette strophe du poème « Nocturne Parisien » de Verlaine : « Roule, roule ton flot indolent, morne Seine. / Sous tes ponts qu'environne une vapeur malsaine / Bien des corps ont passé, morts, horribles, pourris, / Dont les âmes avaient pour meurtrier Paris. », Paul Verlaine, « Nocturne Parisien », *Poèmes Saturniens, Œuvres Poétiques,* Textes établis par Jacques Robichez, Paris, éditions Garnier Frères, 1969, p. 50.

221 Charles Baudelaire, *Correspondance,* tome II, lettre à sa mère datée de 10 août 1862, p. 254. Voir également sur la déchéance de la population parisienne : « Sur mes contemporains : Théodore de Banville », *Critique Littéraire,* tome II, *op.cit.* p. 162 : « Paris n'était pas alors [à l'époque de parution des Cariatides qui datent de 1841] ce qu'il est aujourd'hui, un tohu-bohu, un capharnaüm, une Babel peuplée d'imbéciles et d'inutiles, peu délicats sur les manières de tuer le temps, et absolument rebelles aux jouissances littéraires ».

chez l'écrivain si l'on se réfère à son œuvre poétique ou encore à ses *Journaux intimes* où il montre qu' « à chaque minute nous sommes écrasés par l'idée et la sensation du temps ».[222]

Ambivalent et complexe, le temps mythique chez Baudelaire oscille entre deux acceptions : sacré et profane. La nuit est parfois euphémisée annonçant le salut tandis que le temps historique se fait mutilant. Pour y remédier, le poète essaie par la magie des vers d'instaurer un *Illud Tempus* mythique.

---

222 Charles Baudelaire, « Hygiène », *Journaux intimes,* tome I, p. 669.

CHAPITRE DEUX

Mythologie du Temps

Le temps emportera les dieux même
De la crédule antiquité.
—(ALPHONSE DE LAMARTINE, « LA RETRAITE », *MÉDITATIONS POÉTIQUES*)

L'étude de la mythologie de l'Univers chez le poète nous invite à poursuivre nos recherches dans une dimension qu'on qualifie de temporelle. La temporalité mythique nous apparaît comme un axe principal dans notre lecture mythocritique de l'œuvre car elle est complémentaire à la mythologie de l'espace.[1] Dans ce chapitre, il s'agit d'envisager une analyse de cette mythologie du temps à la lumière des poèmes, en vers comme en prose.

Nous proposons d'effectuer cette étude selon différents axes. Dans un premier temps, notre objectif sera d'insister sur la présence d'un temps cosmogonique ; une temporalité mythique basée, de prime abord, sur la juxtaposition du « régime diurne » et du « régime nocturne » de l'image.[2] La valorisation des notions nocturnes, qui s'opposent à l'imagerie redoutable des « ténèbres noires », confère à ce

---

1   Voir Ernst Cassirer, *La Philosophie des formes symboliques,* tome II, *op.cit.,* p. 123 : « Le sentiment mythique de l'espace commence toujours par se déployer à partir de l'opposition du jour et de la nuit, de la lumière et des ténèbres. »

2   Gilbert Durand, *Les Structures anthropologiques de l'imaginaire, op.cit.,* p. 69 et p. 224.

temps son ambivalence. De plus, la récurrence remarquable des deux astres cosmiques dans les textes baudelairiens indique l'importance des mythes des divinités lunaires et solaires qui se trouvent enrichies sous la plume du poète de plusieurs références poétiques.

Nous constaterons ensuite que cette valorisation du nocturne est altérée par une historicité dévorante et inéluctable ; « les ténèbres nocturnes constituent le premier symbole du temps »[3] comme le note Gilbert Durand. S'impose alors, un temps-*Chronos*, ravageur des moments heureux. C'est un temps destructeur qui annonce la mort.

Enfin, pour échapper à ce dilemme créé par le binôme *Chronos–Thanatos*, l'écrivain se réfugie dans le pouvoir évocateur du temps. Il chante le temps d'autrefois et tente de ressusciter par le biais du rêve et du souvenir le temps du paradis perdu.

Temps cosmique et temps mythique

Brûlant ou apaisant, exaltant ou inquiétant, créateur ou destructeur, le temps est un thème récurrent dans notre corpus. Les textes de Baudelaire, que ce soit en vers ou en prose, insistent d'ailleurs sur la hantise du temps. Cependant, cette attitude de l'écrivain ne provient-elle pas de sa conscience de la précarité de notre existence ? Car comme le rappelle Mircea Eliade : « Sur le plan des rythmes cosmiques, le monde historique dure l'espace d'un instant ».[4] Ainsi, nous comprenons mieux la démarche du poète visant à inscrire son œuvre dans un temps régi par les lois cosmiques. La nuit en tant que processus cosmogonique participe de cette temporalité mythique.

Symbolisme nocturne

Inspirée du romantisme qui fut l'âge d'or de la nuit avec *Les Nuits d'octobre* de Nerval, *Gaspard de la Nuit* d'Aloysius Bertrand ou encore les *Hymnes à la Nuit* de Novalis, la nuit baudelairienne se donne comme un lieu privilégié et sacré de la méditation et de la spiritualité. Elle est dotée d'un pouvoir consolateur qui guérit l'âme de ses soucis et lui permet de se détourner des affres d'une temporalité profane qui la menace :

> La nuit voluptueuse monte,
> Apaisant tout, même la faim,
> Effaçant tout, même la honte,
> Le poète se dit : « Enfin !

---

3   *Ibid.*, p. 98.
4   Mircea Eliade, *Images et symboles, op.cit.*, p. 95

« Mon esprit, comme mes vertèbres,
Invoque ardemment le repos ;
Le cœur plein de songes funèbres,

« Je vais me coucher sur le dos
Et me rouler dans vos rideaux,
Ô rafraîchissantes ténèbres ! »
(Baudelaire, « La Fin de la journée », *FM*, 128)

Dans ce poème, seule pièce inédite de l'édition de 1861, comme le note Claude Pichois,[5] on est frappé par la prégnance d'un lexique doux et tendre où se déploie un aspect sécurisant du nocturne. « *Voluptueuse* » et tendre, la nuit crée ici par son dynamisme ascensionnel, suggéré par le verbe « *monter* », un mouvement d'allégement qui absorbe les contrariétés et les atrocités des « *songes funèbres* ». L'emploi du verbe « *invoquer* » confère à la nuit son aspect sacré : le poète lui adresse une sorte de prière, il implore ses vertus bénéfiques afin de rétablir la paix dans son âme. De plus, la fusion métaphorique qu'il fait avec les rideaux « *ténébreux* » marque bien le passage d'une temporalité macabre à une spatialisation protectrice et sacrée. Ajoutons que le fait de se blottir dans les rideaux est un geste qui évoque le désir de se réfugier dans une intimité charnelle et complice.[6] « La nuit » comme le note Jean-Noël Bellemin, « a la vertu d'apaiser, et pour lors elle s'appelle le Soir ; elle a le pouvoir d'inquiéter aussi, puisqu'on l'évoque sous le nom de Ténèbres ».[7] Or chez Baudelaire, les ténèbres subissent une euphémisation : elles esquissent un revirement complet et deviennent même « *rafraîchissantes* ».[8] C'est dans le « *bain des ténèbres* » que l'écrivain cherche à guérir sa « *pauvre âme refroidie* ».[9] Ce même « *bain des ténèbres* »,[10] agréable et propice au soulagement, apparaît encore une fois dans une autre pièce en prose sous la forme d'un refuge. « *Mécontent de tous et mécontent de* [s]*oi* », le poète cherche son salut dans les vertus bénéfiques des ténèbres

---

5 Voir Claude Pichois, *l'Atelier de Baudelaire :* « Les Fleurs du Mal », édition diplomatique, tome I, *op.cit.*, p. 647.

6 L'image sera plus concrète dans le poème « Le Balcon ».

7 Jean-Noël Bellemin, « Deux crépuscules du soir de Baudelaire », in *Interlignes, essais de textanalyse*, Lille, Presses Universitaires de Lille, 1988, p. 90.

8 S'agissant du même poème, Claude Pichois souligne la présence de l'épithète « rafraîchisseuses » dans l'édition 1867. Voir *l'Atelier de Baudelaire :* « Les Fleurs du Mal », édition diplomatique, tome I, *op.cit.*, p. 647.

9 « *Là, nous pourrons prendre de longs **bains de ténèbres**, cependant que, pour nous divertir* [...] ». C'est l'ultime proposition que l'écrivain fait à son âme. Voir Charles Baudelaire, « Anywhere out of the world.—N'importe où hors du monde », *Petits Poèmes en prose*, tome I, p. 357.

10 « *Enfin ! il m'est donc permis de me délasser dans un **bain de ténèbres*** », Charles Baudelaire, « À une heure du matin », *Petits Poèmes en prose*, tome I, p. 287.

nocturnes. Il désire « [s]*e racheter et* [s'] *enorgueillir un peu dans le silence et la solitude de la nuit* ».[11] Dans « La Fin de la journée », l'apostrophe du dernier vers « *Ô rafraîchissantes ténèbres !* », qui sonne comme un appel, se reproduit dans un autre poème où se cristallisent ses atouts positifs. L'union avec ces ténèbres procure au poète un effet merveilleux qu'il savoure délicieusement :

> *La nuit, qui mettait ses ténèbres dans leur esprit, fait la lumière dans le mien ;* [...]. *Ô nuit !*
> *ô rafraîchissantes ténèbres ! vous êtes pour moi le signal d'une fête intérieure, vous êtes la*
> *délivrance d'une angoisse !* (Baudelaire, « Le Crépuscule du soir », *PPP*, 312)

Dans cette séquence, la valorisation positive de la nuit atteint son point culminant. La nuit devient une entité divine dont la profondeur procure le repos de l'âme. La fête intérieure qu'elle crée se transforme en un moment fort d'introspection et de méditation dont la densité mystique l'associe aux fêtes religieuses. Ainsi, en déclenchant cette « *fête intérieure* », la nuit participe à la récupération d'un temps sacré puisque « toute fête religieuse, [...] consiste dans la réactualisation d'un événement sacré qui a eu lieu dans un passé mythique ».[12]

Si « le Crépuscule du soir » en prose invite à la reconquête d'une temporalité sacrée, la pièce jumelle en vers raconte le pouvoir consolateur de la nuit et invite le lecteur à goûter à ses vertus réparatrices :

> *Voici le soir charmant, ami du criminel ;*
> *Il vient comme un complice,* [...]
>
> *Ô soir, aimable soir, désiré par celui*
> *Dont les bras, sans mentir, peuvent dire :*
> *Nous avons travaillé ! – C'est le soir qui soulage*
> *Les esprits que dévore une douleur sauvage,*
> *Le savant obstiné dont le front s'alourdit,*
> *Et l'ouvrier courbé qui regagne son lit.*
> (Baudelaire, « Le Crépuscule du soir », *FM*, 94)

Nous sommes ici face à un nocturne d'essence romantique qui calme les affligés des brutalités d'un quotidien ravageur et nuisible. D'autre part, la nuit est aussi source de mystère. Elle dit l'extrême de l'être humain, scelle avec lui une complicité et évolue en confidente qui abrite ses secrets les plus intimes. Or cette complicité prend ici la forme d'un mouvement réparateur. Loin d'être destructeur, ce soir, « *ami du criminel* » a comme fonction, avant tout, de révéler l'âme à elle-même et

---

11 *Ibid.*, p. 288.
12 Mircea Eliade, *Le sacré et le profane, op.cit.*, p. 63.

de la maintenir loin de tout ce qui peut la perturber. C'est dans cette perspective que nous proposons de lire ces deux vers de « l'Examen de minuit » où au moment de la confession de l'âme, les ténèbres sont fortement sollicitées :

Vite soufflons la lampe, afin
De nous cacher dans les ténèbres !
(Baudelaire, « L'Examen de minuit », *FM*, 144)

Chez Baudelaire, nombreux sont les textes qui présentent un nocturne valorisé positivement et dont la tonalité verse dans l'allégement et le soulagement. Cette vision de la nuit est au cœur de « Recueillement ». Allégorisé par la majuscule au vers 3 et au vers 14, le soir ramène la douleur personnifiée vers la profondeur intime et la teinte d'une harmonie apaisée :

Sois sage, ô ma Douleur, et tiens-toi plus tranquille.
Tu réclamais le Soir ; il descend ; le voici :
Une atmosphère obscure enveloppe la ville,
Aux uns portant la paix, aux autres le souci.
(Baudelaire, « Recueillement », *FM*, 140)

Mais pour bien s'imprégner des valeurs salutaires du soir, la douleur doit s'intégrer dans une véritable expérience de méditation. Car, comme le montre déjà le vers 4, la nuit est ambivalente. Elle est capable de calmer les uns et d'angoisser les autres. Ainsi se justifie l'emploi de l'impératif au premier vers : « *Sois sage et tiens- toi plus tranquille* », qui a pour fonction d'établir une atmosphère propice à ce « Recueillement ». « L'âme qui se *recueille* », comme l'explique Vladimir Jankélévitch, « c'est-à-dire se concentre, cesse de s'éparpiller en divertissements et bavardages ; et c'est une âme sérieuse, méditative et réfléchie ».[13] Au cours de ce sonnet, c'est l'attitude lucide de la douleur qui lui permettra de percevoir, à la fin, la venue heureuse de la Nuit :

Et, comme un long linceul traînant à l'Orient,
Entends, ma chère, entends la douce Nuit qui marche.
(Baudelaire, « Sed non satiata », *FM*, 28)

L'antéposition du qualificatif « *douce* » ainsi que la métaphore de la marche qu'accompagne un rythme souple et suggestif confèrent à cette nuit, personnifiée dans ses lenteurs, son aspect nourricier et protecteur.

---

13   Vladimir Jankélévitch, *Le Nocturne : Fauré, Chopin et la nuit, Satie et le matin*, Paris, Albin Michel, 1957, p. 58.

Mais derrière ces images nocturnes nimbées de douceur, on découvre des évocations de la figure féminine. L'ensorcellement de la nuit est véhiculé par des métaphores qui renvoient à différentes présentations de la femme dont se nourrit largement l'œuvre poétique de Baudelaire. Le surgissement d'« *une bizarre déité, brune comme les nuits, / Au parfum mélangé de musc et de havane* »[14] favorise la volupté des ténèbres nocturnes et intensifie les sensualités heureuses. Tout de même, dans « Les Yeux de Berthe », la nuit est valorisée positivement par l'évocation des yeux de la femme aimée qui lui sert de support métonymique :

> *Beaux yeux de mon enfant, par où filtre et s'enfuit*
> *Je ne sais quoi de bon, de doux comme la Nuit !*
> *Beaux yeux, versez sur moi vos charmantes ténèbres !*
> (Baudelaire, « Les Yeux de Berthe », *FM*, 161)

Tout au long de ce poème, la rêverie du poète retrouve l'association archétypale de la féminité, des ténèbres et des trésors luisant dans l'ombre. À travers l'image de l'éclat se produit la conjonction de la lumière et des ténèbres, des étoiles et de la nuit. La nuit apparaît comme le symbole de la fusion intime où se regroupent la magie heureuse et la féminité voluptueuse :

> *Grands yeux de mon enfant, arcanes adorés,*
> *Vous ressemblez beaucoup à ces grottes magiques*
> *Où, derrière l'amas des ombres léthargiques,*
> *Scintillent vaguement des trésors ignorés !*
>
> *Mon enfant a des yeux obscurs, profonds et vastes,*
> *Comme toi, Nuit immense, éclairés comme toi !*
> (Baudelaire, « Les Yeux de Berthe », *FM*, 161)

Ce pouvoir enchanteur des yeux féminins, au sein d'un nocturne pacifié, est aussi présent dans « Les Promesses d'un visage ». Tout un champ lexical de la figure féminine domine la pièce : « *yeux* », « *sourcils* », « *noirs cheveux* », « *beaux seins* » de l'amante. À défaut de citer le texte en entier, il convient de souligner que, de tous ces termes, Baudelaire semble attacher une importance particulière aux organes de la vision. Les yeux « *quoique très noirs* » racontent des choses douces et agréables auxquelles le poète a été destiné, si l'on se réfère encore une fois au titre du poème. « Les promesses d'un visage » sont, en fin de compte, une invitation à une jouissance féminine qui anime le nocturne :

---

14   Charles Baudelaire, « Sed non satiata », *op.cit.*, p. 28.

> *J'aime, ô pâle beauté, tes sourcils surbaissés,*
> *D'où semblent couler des ténèbres ;*
> *Tes yeux, quoique très noirs, m'inspirent des pensers*
> *Qui ne sont pas du tout funèbres.*
> (Baudelaire, « Les Promesses d'un visage », *FM*, 163)

Ainsi, nous remarquons que sous la magie de la nuit, les yeux féminins deviennent un substitut métonymique de la Muse inspiratrice. Or, c'est dans « Le Balcon » que se manifeste pleinement la valorisation affective de la nuit teintée par une féminité apaisante :

> *La nuit s'épaississait ainsi qu'une cloison,*
> *Et mes yeux dans le noir devinaient tes prunelles,*
> *Et je buvais ton souffle, ô douceur ! ô poison !*
> *Et tes pieds s'endormaient dans mes mains fraternelles.*
> (Baudelaire, « Le Balcon », *FM*, 37)

L'émanation plaisante de la figure féminine est d'autant plus frappante qu'elle invite à une fusion parfaite entre le poète et la femme sous les voiles nocturnes. L'intimité chaude et rassurante qui se dégage de cette union accentue le potentiel méditatif de la nuit : elle déclenche l'activité onirique du poète et lui procure « [...] *l'art d'évoquer les minutes heureuses* » et de façonner un temps propice à la sacralité et à la spiritualité. De tout ce qui précède, il résulte que le soulagement nocturne qui apparaît dans les écrits de Baudelaire est dû à l'aspect féminin de la nuit. Non seulement la prédominance féminine[15] est sensuelle et source de quiétude, mais, elle fait lever l'image d'une nuit euphorique et lumineuse. Dans « Les Ténèbres », quatorzain construit sur sept rimes, on assiste à une métamorphose de la nuit opérée par le surgissement d'une figure féminine fantomatique « *noire et pourtant lumineuse* ». Ainsi, se dresse un tableau harmonieux où clarté et obscurité se complètent, dissipant alors l'aspect maussade et maléfique annoncé dans le premier quatrain :

> *Dans les caveaux d'insondable tristesse*
> *Où le Destin m'a déjà relégué ;*
> *Où jamais n'entre un rayon rose et gai ;*
> *Où, seul avec la Nuit, maussade hôtesse,*
>
> [...]
> *Par instants brille, et s'allonge, et s'étale*
> *Un spectre fait de grâce et de splendeur.*
> *A sa rêveuse allure orientale,*

---

15   Dans « *Je t'adore à l'égal de la voûte nocturne* », la femme est désignée comme l'« *ornement de*[s] [...] *nuits* » du poète, Charles Baudelaire, *Les Fleurs du Mal,* tome I, p. 27.

> *Quand il atteint sa totale grandeur,*
> *Je reconnais ma belle visiteuse :*
> *C'est Elle ! noire et pourtant lumineuse.*[16]

(Baudelaire, « Les Ténèbres » in « Un fantôme », *FM*, 38)

L'euphémisation de la nuit procède dans cet exemple du remplacement qu'elle opère. Par son pouvoir magique, elle fait succéder à la « *maussade hôtesse* » des quatrains, la « *belle visiteuse* » à l'essence nocturne. Par ses attributs, cette apparition diaphane témoigne de la possibilité d'une victoire sur les atrocités qui peuvent se dégager d'une nuit funeste. Ainsi, les ténèbres menaçantes se transforment en « *ténèbres captivantes* »[17] et « *les caveaux d'insondable tristesse* » se métamorphosent en chambre nuptiale.

Mais, la nuit baudelairienne n'est pas porteuse uniquement d'ombre et de lumière puisqu'elle contient bien d'autres couleurs apaisantes. Gilbert Durand explique que « les couleurs, dans le régime diurne de l'image, se réduisent à quelques rares blancheurs azurées et dorées, [...] [alors que] sous le régime nocturne toute la richesse du prisme et des gemmes va se déployer. »[18] Nous trouvons cette idée dans « La Chambre double » où les couleurs bleues et roses[19] foisonnent au moment crépusculaire :

> *Une Chambre qui ressemble à une rêverie, une chambre véritablement spirituelle, où l'atmosphère stagnante est légèrement teintée de rose et de bleu.*
> *[...] C'est quelque chose de crépusculaire, de bleuâtre et de rosâtre ; un rêve de volupté pendant une éclipse.*

(Baudelaire, « La Chambre double », *PPP,* 280)

---

16 Voir aussi la lettre adressée à Auguste Poulet-Malassis datée de 13 mars 1860 : « Que pensez-vous des deux derniers tercets du premier sonnet d'Un fantôme ? J'ai tourné et retourné la chose de toutes les façons. *Quand le spectre fut devenu tout à fait grand, je reconnus madame une telle.* Voilà qui est français, mais ceci : à sa légère allure orientale, (allure du spectre) / quand il atteint sa totale grandeur, / je reconnais *ma belle visiteuse.* ? Il y aura toujours des cas embarrassants. », Charles Baudelaire, *Correspondance,* tome II, *op.cit.,* pp. 9–10.

17 Baudelaire emploie l'expression en parlant des poèmes de Victor Hugo : « [...] de là ces turbulences, ces accumulations, ces écroulement de vers, ces masses d'images orageuses, emportées avec la vitesse d'un chaos qui fuit, de là ces répétitions fréquentes de mots, tous destinés à exprimer des ténèbres captivantes ou l'énigmatique physionomie du mystère ». Voir « Sur mes contemporains : Victor Hugo », *Critique Littéraire, op.cit.,* p. 134.

18 Gilbert Durand, *Les Structures anthropologiques de l'imaginaire, op.cit.,* p. 250.

19 C'est aussi dans « *Un soir fait de rose et de bleu mystique* » où la rencontre des deux amants a lieu, voir Charles Baudelaire, « La Mort des amants », *Les Fleurs du Mal,* tome I, p. 126.

De ce passage se dégage un nocturne de paix et de sérénité. Les sensations visuelles atténuent l'assombrissement de la nuit et font du crépuscule un moment de répit et d'allègement. À ce cadre apaisant et lumineux, s'ajoute l'éclat des yeux de l'Idole « [...] *dont la flamme traverse le crépuscule* » et qui participe, comme on l'a déjà analysé, de l'euphémisation de la nuit baudelairienne. Or, cette euphémisation du nocturne contribue à la mise en scène d'un temps affectif. En effet, on remarque plus loin dans le texte que la superposition des couleurs et des sensations voluptueuses fait de la nuit même un espace temporel rêvé et désiré et transforme la chambre en un lieu « *véritablement spirituel* ». Cet aspect positif de la nuit abolit la notion de temporalité angoissante au profit d'une « *éternité de délices* », homologuée à un temps sacré et « égal à lui-même, [qui] ne change ni ne s'épuise »,[20] puisqu'il est caractérisé par la dilution de la succession temporelle :

Ô béatitude ! ce que nous nommons généralement la vie, [...], n'a rien de commun avec cette vie suprême dont j'ai maintenant connaissance et que je savoure minute par minute, seconde par seconde !
Non ! il n'est plus de minutes, il n'est plus de secondes ! Le temps a disparu ; c'est l'Eternité qui règne, une éternité de délices !
(Baudelaire, « La Chambre double », *PPP,* 281)

L'atmosphère nocturne s'avère propice à la recherche d'une communion intime. Elle est encore voie d'accès au sacré et facilite l'émergence d'une pensée spirituelle et poétique. Cette idée est au cœur du poème « Obsession » où la nuit, claire/obscure, se creuse à l'intérieur du poète et se fait source de méditation. Elle devient sa confidente et scelle avec lui une intimité profonde accentuée par la personnification de la lumière qui parle un « *langage connu* ». Qualifier le langage de la nuit de « *connu* » met l'accent sur les liens étroits qui se tissent entre l'univers nocturne et l'âme du poète. Les ténèbres, à travers la métaphore des « *toiles* », appellent à la reconquête d'une certaine intégrité spirituelle ainsi qu'à l'actualisation des souvenirs marqués par l'affleurement des « *êtres disparus aux regards familiers* » :

Comme tu me plairais, ô nuit ! sans ces étoiles
Dont la lumière parle un langage connu !
Car je cherche le vide, et le noir, et le nu !

Mais les ténèbres sont-elles mêmes des toiles
Où vivent, jaillissant de mon œil par milliers,
Des êtres disparus aux regards familiers.
(Baudelaire, « Obsession », *FM,* 75–76)

---

20 Voir Mircea Eliade, *Le Sacré et le profane, op.cit.*, pp. 63–64, « Le Temps sacré est [...] indéfiniment récupérable, indéfiniment répétable. D'un certain point de vie, on pourrait dire de lui qu'il ne « coule » pas, qu'il ne constitue pas une « durée » irréversible ».

Dans « Correspondances », on découvre une nuit génératrice de mysticité[21] qui culmine dans l'imagination d'une rêverie d'unité « *ténébreuse et profonde* ». Il convient de noter que l'aspect sacré de cet univers nocturne provient d'emblée de la bienveillance divine qui se manifeste à travers les « *regards familiers* » des « *forêts de symboles* ». La nuit devient, alors, union idéale et fusion mystique. Elle évoque la réconciliation des contraires et évolue en un lieu où se réunissent harmonieusement les parfums, les couleurs et les sons.

> *La Nature est un temple où de vivants piliers*
> *Laissent parfois sortir de confuses paroles ;*
> *L'homme y passe à travers des forêts de symboles*
> *Qui l'observent avec des regards familiers.*

> *Comme de longs échos qui de loin se confondent*
> *Dans une ténébreuse et profonde unité,*
> *Vaste comme la nuit et comme la clarté,*
> *Les parfums, les couleurs et les sons se répondent.*

(Baudelaire, « Correspondances », *FM*, 11)

Selon Patrick Labarthe, « cette harmonie, née de la consonance des parfums, des couleurs et des sons, définirait la voie par laquelle la poésie ressaisit l'unité symbolique de [la] Nature, retrouvant là un paradis perdu ».[22] Mais, comme l'a fait remarquer Baudelaire, cette quête va de pair avec la recherche d'une unité primordiale : si l'unité tant recherchée est « *profonde* », elle est aussi « *ténébreuse* ». Par la suite, nous trouvons que cette profondeur est aussi polysémique. Elle désigne une propriété spatiale parce qu'elle est « *vaste* »,[23] mais évoque aussi la notion du temps puisque cette vastitude est un attribut de la nuit baudelairienne qui renvoie au Grand Temps des origines. Afin de mieux comprendre l'image de la grande nuit

---

21 Gérald Antoine attire l'attention sur l'aspect « quasi religieux » de la nuit, se basant ainsi sur l'adjectif « solennelle » que le poète utilise pour qualifier la nuit dans « Confession » : « *Et la solennité de la nuit, comme un fleuve, / Sur Paris dormant ruisselait* » et encore dans « Les Vocations » : « [...] *Le soleil s'était couché. La nuit solennelle avait pris la place* ». Voir son article : « La Nuit chez Baudelaire » in *Revue d'Histoire Littéraire de la France*, numéro Baudelaire, 19 Avril–Juin 1967, N° 2, Paris, éditions Armand Colin, p. 378.

22 Patrick Labarthe, « Une poétique ambiguë, Les « correspondances » » in *Les Fleurs du Mal*, Acte du colloque de la Sorbonne, 10–11 Janvier 2003, textes réunis par André Guyaux et Bertrand Marchal, Paris, Presses universitaires de la Sorbonne, 2003, p. 121.

23 « Le mot *vaste* réunit les contraires », Gaston Bachelard, *La Poétique de l'espace, op.cit*, p. 175. Voir également son analyse sur la vastitude baudelairienne dans le même chapitre VIII, pp. 174–181.

chez notre écrivain, référons-nous, tout d'abord, à la *Théogonie* d'Hésiode où se révèle la nuit dans toute sa profusion mythique :

> Puis du Vide naquirent l'Érèbe et la Nuit noiraude
> De la Nuit naquirent l'Ether et le Jour, deux frères
> Qu'elle avait conçus en s'unissant à l'Érèbe[24]

Encore faut-il ajouter que les fragments de textes orphiques, dont la rédaction s'étend du VIème siècle avant J.-C. à l'époque hellénistique, contiennent plusieurs allusions à des théogonies primitives. C'est dans une des comédies d'Aristophane, *Les Oiseaux* que le Coryphée fait référence à la cosmogonie de la nuit.[25] Toutes ces indications nous montrent bien que la nuit est conçue comme fille de Chaos. Or, chez Baudelaire, ce lien de parenté entre ces deux divinités est supprimé au profit d'une similitude qui a pour but d'insister sur la vastitude de la nuit :

> *Or il n'est pas d'horreur au monde qui surpasse*
> *La froide cruauté de ce soleil de glace*
> *Et cette immense nuit semblable au vieux Chaos ;*
> (Baudelaire, « De profundis clamavi », *FM*, 33)

Dans cet exemple, le « *vieux Chaos* » n'a pas sa fonction parentale. Il n'est là que le comparant dont le comparé est « *cette immense nuit* ». Ainsi, par le biais subtil d'une comparaison, la nuit est érigée en déesse puisqu'elle se fait l'égale de son père. Elle rappelle désormais le temps des genèses et invite à sonder une pensée de la création. D'une façon analogue, dans « Le Châtiment de l'orgueil » se traduit à nouveau, sur un registre métaphorique, ce retour au chaos primitif qui va de pair avec le « *silence* » et la « *nuit* » :

> *L'éclat de ce soleil d'un crêpe se voila ;*
> *Tout le chaos roula dans cette intelligence,*
> *Temple autrefois vivant, plein d'ordre et d'opulence,*
> *Sous les plafonds duquel tant de pompe avait lui.*
> *Le silence et la nuit s'installèrent en lui,*
> (Baudelaire, « Châtiment de l'orgueil », *FM*, 21)

---

24 Hésiode, *La Théogonie* ; *Les Travaux et Les Jours* ; *Le Bouclier,* traduction du grec de Philippe Brunet, commentaire de Marie-Christine Leclerc, Paris, collection Le Livre de Poche, 1999, V. 123–125, p. 31.

25 Voir Aristophane, *Comédies tome III, Les Oiseaux, Lysistrata*, Paris, Les Belles Lettres, 2002, p. 57 : « Au commencement était le Vide et la Nuit et le noir Érèbe et le vaste Tartare, mais ni la terre, ni l'air, ni le ciel n'existaient. »

Dans « l'Idéal », poème paru dans *Le Messager de l'Assemblée* le 9 avril 1851, l'image de la grande nuit est incarnée par la gravure de Michel Ange qui se trouve dans la chapelle de Médicis en Florence. Ce chef-d'œuvre du sculpteur italien mélange le calme repos, qu'indiquent l'adverbe « *paisiblement* » et le substantif « *pose* », à la force titanesque qui connote le temps de la Création. L'évocation des Titans, au derniers vers du poème, insiste sur le passage de ce « *siècle vaurien* » vers le temps des origines dont l'énergie créatrice déborde, comme on l'a déjà vu, de l'image de la

> […], *grande Nuit, fille de Michel-Ange,*
> *Qui tors paisiblement dans une pose étrange*
> *Tes appas façonnés aux bouches des Titans !*
> (Baudelaire, « L'Idéal », *FM*, 22)

Par conséquent, nous remarquons que l'écrivain procède à une réécriture du mythe cosmique afin de mieux l'adapter à ses exigences poétiques. Dans la légende, les Titans sont les enfants d'Ouranos, le ciel et de Gaïa, la terre.[26] Or ici, Baudelaire substitue à ces deux divinités la déesse de la nuit. Nous pouvons conclure que la nuit participe de la réminiscence du temps cosmique par le pouvoir démiurgique que l'écrivain lui assigne. La verve puissante du Grand Temps est d'ailleurs le thème du poème « La Géante » à travers la naissance des « *enfants monstrueux* » qui rappellent la figure mythique des Titans de l'exemple précédent. Le temps que chante le poète se reflète dans la force surabondante et la grande dimension de cette figure gigantesque [27] :

> *Du temps que la Nature en sa verve puissante*
> *Concevait chaque jour des enfants monstrueux,*
> *J'eusse aimé vivre auprès d'une jeune géante,*
> (Baudelaire, « La Géante », *FM*, 22)

Dans l'univers nocturne des poèmes baudelairiens affleure un bestiaire mythique dont le hibou et le chat sont les protagonistes majeurs. Par leur attitude sereine et leur activité méditative, les hiboux, dans un poème des *Fleurs du Mal*, ressemblent

---

26 Voir à ce sujet la rubrique « Titans » in Pierre Grimal, *Dictionnaire de la Mythologie grecque et romaine, op.cit.*, p. 461.

27 Ce poème n'est pas sans rappeler le goût de Baudelaire pour les grandes dimensions comme il l'exprime dans sa critique d'art : « Car il faut, mon cher, que je vous fasse un aveu qui vous fera peut-être sourire : dans la nature et dans l'art, je préfère, en supposant l'égalité de mérite, les choses *grandes* à toutes les autres, les grands animaux, les grands paysages, les grands navires, les grands hommes, les grandes femmes, les grandes églises, […] », Charles Baudelaire, « Salon de 1859», *Critique d'art*, tome II, p. 646.

aux idoles d'un culte funèbre. Ce sont des divinités nocturnes qui guettent patiemment l'arrivée de l'empire des ténèbres :

> *Sous les ifs noirs qui les abritent,*
> *Les hiboux se tiennent rangés,*
> *Ainsi que des dieux étrangers,*
> *Dardant leur œil rouge. Ils méditent.*

> *Sans remuer ils se tiendront*
> *Jusqu'à l'heure mélancolique*
> *Où, poussant le soleil oblique,*
> *Les ténèbres s'établiront.*
> (Baudelaire, « Les Hiboux », *FM*, 67)

De même, la figure du chat[28] a partie liée avec le cadre de la nuit chez le poète. Dans le poème « Confession », l'essence nocturne des chats se dégage à travers leur qualification d'« *ombres chères* ».[29] Toutefois, c'est dans « Les Chats »,[30] la plus anciennes des trois pièces en vers consacrées aux chats chez le poète puisqu'elle est publiée pour la première fois dans *Le Corsaire* le 14 novembre 1847, que se manifeste l'association entre la figure animale et la divinité obscure [31] :

> *Les amoureux fervents et les savants austères*
> *Aiment également, dans leur mûre saison,*
> *Les chats puissants et doux, orgueil de la maison,*
> *Qui comme eux sont frileux et comme eux sédentaires.*

> *Amis de la science et de la volupté,*
> *Ils cherchent le silence et l'horreur des ténèbres ;*
> *L'Érèbe les eût pris pour ses coursiers funèbres ;*
> *S'ils pouvaient au servage incliner leur fierté.*
> (Baudelaire, « Les Chats », *FM*, 66)

---

28   Trois poèmes des *Fleurs du Mal* sont dédiés au chat, nous les citons ici respectivement selon leur classement dans l'édition de la Pléiade, *Les Fleurs du Mal*, tome I, : « Le Chat », p. 35, « Le Chat », pp. 50–51 et « Les Chats » p. 66.

29   *Des chats passaient furtivement, / L'oreille au guet, ou bien, comme des ombres chères, / Nous accompagnaient lentement.* Charles Baudelaire, « Confession », *Les Fleurs du Mal*, tome I, p. 45.

30   Ce sonnet a été écrit en l'honneur de Rosalie, célèbre chatte du Divan le Pelletier, café parisien et lieu de rendez-vous des artistes et des journalistes au XIXᵉ siècle.

31   *L'Érèbe* est le fils du Chaos primitif et en même temps le frère et le mari de la nuit elle-même.

La relation entre les chats et l'*Érèbe*, a été l'objet d'études de plusieurs critiques et a suscité différentes lectures.[32] Dans son analyse, Gilbert Durand attire l'attention sur la présence d'« [un] ensemble sémantique [qui] met toute cette première strophe au régime le plus nocturne de l'Image [...] ».[33] De son côté, le structuraliste Roman Jakobson qualifie la signification de cet extrait d'« ambigu ». Il note que « [l']affinité sémantique entre l'*Érèbe* ("région ténébreuse confinant à l'Enfer"), substitut métonymique pour "les puissances des ténèbres" et particulièrement pour *Érèbe*, ("frère de la Nuit") et le penchant des chats pour l'horreur des ténèbres, corroborée par la similarité phonique entre / tenɛbrə / et / erɛbə / a failli associer les chats, héros du poème, à la besogne horrifique des coursiers funèbres. »[34] Toutefois, la présence de la figure animale dans les écrits de Baudelaire ne se limite pas à cette identification mythologique avec les divinités obscures, elle subit même une divinisation qui est rendue plus spécifique par la sublimation de ce chat domestique. Car si « l'article défini et le pluriel nous conduisent à attendre une description précise et concrète, par contraste, la spiritualisation des chats sera plus frappante ».[35] Cette conjonction entre spiritualisation et sublimation est patente dans le texte puisque cet animal « *doux* » s'avère « *puissant* » et possède de « *nobles attitudes* ».[36] L'image du chat, dont la voix touche le « *fond le plus ténébreux* » de l'écrivain,[37] retient d'autant plus l'attention qu'elle se retrouve dans un autre poème éponyme qui appartient au cycle des pièces inspirées par

32 Voir à ce sujet Roman Jakobson, *Questions de Poétique*, Chapitre « Les Chats de Charles Baudelaire », (l'Homme, II (1962), pp. 5–21. Ecrit en collaboration avec Claude Lévi – Strauss), Paris, Editions du Seuil, « Collection Poétique », 1973 et Gilbert Durand, *Figures mythiques et visages de l'œuvre, de la mythocritique à la mythanalyse*, Chapitre III « Les Chats, les rats et les structuralistes », *op.cit.*, pp. 86–120 et enfin, Lucian Goldmann et Norbert Peters, « « les Chats » Charles Baudelaire » et Léon Sonville, « Le poème « Les Chats » de Baudelaire, Essai d'exégèse » in Maurice Delcroix, Walter Geerts, *Les Chats de Baudelaire, une confrontation de méthode*, Namur-Paris, Presses Universitaires de Namur et de Paris, 1981, pp. 153–166 et pp. 225–240.

33 Gilbert Durand, *Ibid.*, p. 105.

34 Roman Jakobson, *Questions de Poétique, op.cit.*, p. 410.

35 Michael Riffaterre, *Essais de stylistique générale*, Paris, Flammarion, 171, p. 329 cité in Pierre Brunel, *Mythocritique, théorie et parcours*, Paris, PUF, 1992, p. 83.

36 Larousse cite cette référence dans la rubrique « attitude ». Voir *Le Grand Dictionnaire Universel du XIXᵉ siècle*, tome I, deuxième partie, Paris-Genève, Slatkine, 1982, p. 899.

37 « Spleen (*pluviôse, irrité contre la ville entière*) » inscrit aussi le chat dans un cadre nocturne : « *Pluviôse, irrité contre la ville entière, / De son urne à grands flots verse un froid ténébreux / Aux pâles habitants du voisin cimetière / [...] / Mon chat sur le carreau cherchant une litière / Agit sans repos son corps maigre et galeux* », Charles Baudelaire, *Les Fleurs du Mal*, tome I, p. 72.

Marie Daubrun[38] et où se manifestent à nouveau son pouvoir absolu et sa souveraineté :

C'est l'esprit familier du lieu ;
Il juge, il préside, il inspire
Toutes choses dans son empire ;
Peut-être est-il fée, est-il dieu ?
(Baudelaire, « Le Chat », *FM*, 51)

Plusieurs éléments dans ce passage témoignent de l'importance que Baudelaire accorde au félin. L'énumération des verbes « *juge* », « *préside* », « *inspire* » au vers 30 et qui, marqués par la coupe métrique (2/3/3), forment un champ lexical de l'autorité de la figure animale. Vient ensuite l'interrogation sur le caractère sacré et divin du chat au vers 32 : « *peut-être est- il feé ? est-il dieu ?*» qui réaffirme sa déification sous la plume du poète. Mais la question qui se pose est la suivante : à quelle divinité le chat de Baudelaire peut-il vraiment renvoyer ? À l'Érèbe ténébreux ? À la déesse Bastet[39] ? Ou encore au Sphinx égyptien[40] ? Commentant ce poème du Chat, Pascale Auraix-Jonchière attire l'attention sur « la confrontation de deux mythologies »[41] : le chat redouble les ténèbres infernales puisqu'il participe, comme nous l'avons déjà montré, au registre de la nuit et s'assimile en même temps aux « *grands Sphinx* » par « *ses nobles attitudes* ». Nous pouvons en déduire que la figure de l'animal chez l'auteur est doublement déifiée puisqu'elle revêt des formes diverses issues de deux mythologies : gréco-romaine et égyptienne.

Hormis son association avec les divinités mythiques qui incarnent l'obscurité et la souveraineté, le chat de Baudelaire jouit d'un pouvoir surnaturel dû à ses organes de vision. C'est la pièce consacrée au félin que Baudelaire gardait dans

---

38 Ce poème a été inspiré par le chat de Marie Daubrun, ce qui permet de situer la date de sa composition entre 1854–1855. Pourtant, en se basant sur quelques indices parues dans cette pièce, Claude Pichois suggère de remonter cette date jusqu'au début des années 1850. Voir *L'Atelier de Baudelaire :* « Les Fleurs du Mal », édition diplomatique, tome I, *op.cit.*, p. 305.

39 « L'Égypte ancienne vénérait, sous les traits du Chat divin, la déesse Bastet, comme une bienfaitrice et une protectrice de l'homme ». Voir la rubrique « Chat » in Jean Chevalier, Alain Gheerbrant, *Dictionnaire des Symboles, Mythes, Rêves, Coutumes, Gestes, Formes, Figures, Couleurs, Nombres*, Paris, Editions Robert Laffont et Editions Jupiter, collections « Bouquins » (1969), 1982, p. 214.

40 L'on en parlera du sphinx dans le chapitre consacré au bestiaire mythique.

41 Voir l'article de Pascale Auraix-Jonchière, « Allusion mythologique et poésie : le sphinx dans la poésie baudelairienne » in *L'Allusion en poésie*, études réunis par Jacques Lajarrige et Christian Moncelet, Clermont-Ferrand, Presses Universitaires de l'Université Blaise-Pascal, 2002, p. 254.

sa chambre, qui nous permet de déceler la puissance magique des « *prunelles mystiques* » de l'animal. En effet, ces organes oculaires redoublent les yeux de la créature féminine et rendent prégnante l'association archétypale de la féminité ensorcelante et de l'animalité fabuleuse :

> *Viens, mon beau chat, sur mon cœur amoureux ;*
> *Retiens les griffes de ta patte,*
> *Et laisse-moi plonger dans tes beaux yeux,*
> *Mêlés de métal et d'agate.*
>
> *Lorsque mes doigts caressent à loisir*
> *Ta tête et ton dos élastique,*
> *Et que ma main s'enivre du plaisir*
> *De palper ton corps électrique,*
>
> *Je vois ma femme en esprit. Son regard,*
> *Comme le tien, aimable bête,*
> *Profond et froid, coupe et fend comme un dard,*
> (Baudelaire, « Le Chat », *FM*, 35)

Ces « *vivantes opales* » participent de la fascination irrésistible qu'exerce le félin sur le poète. Ils se transforment en miroir magique reflétant à la fois le regard de l'observateur et l'objet observé lui-même :

> *Quand mes yeux, vers ce chat que j'aime*
> *Tirés comme par un aimant,*
> *Se retournent docilement*
> *Et que je regarde en moi-même,*
>
> *Je vois avec étonnement*
> *Le feu de ses prunelles pâles,*
> *Clairs fanaux, vivantes opales,*
> *Qui me contemplent fixement.*
> (Baudelaire, « Le Chat », *FM*, 51)

Nous constatons donc que la capacité visuelle du chat dépasse le niveau naturel pour conférer à celui-ci un statut particulier. Mais c'est dans un texte en prose publié le 24 août 1857 dans *Le Présent* que se cristallisent ces facultés extraordinaires. Dans cette pièce que l'écrivain qualifie de « *prétentieuse galanterie* », les yeux de cette créature sont des « *horloges* » qui indiquent une temporalité favorable apparentée à « l'Éternité ».

> *Pour moi, si je me penche vers la belle Féline, la si bien nommée, qui est à la fois l'honneur*
> *de son sexe, l'orgueil de mon cœur et le parfum de mon esprit, que ce soit la nuit, que ce*

soit le jour, dans la pleine lumière ou dans l'ombre opaque, au fond de ses yeux adorables je
vois toujours l'heure distinctement, toujours la même, une heure vaste, solennelle, grande
comme l'espace, sans divisions de minutes ni de secondes,—une heure immobile qui n'est pas
marquée sur les horloges, et cependant légère comme un soupir, rapide comme un coup d'œil.
(Baudelaire, « L'Horloge », *PPP*, 299)

Se référant à Gustave L. Van Roosbroeck, Claude Pichois note que c'est l'ouvrage du père Huc, *l'Empire chinois*, qui constitue la « source certaine de ce poème. »[42] Mais est-ce vraiment la seule source qui semble inspirer Baudelaire sur le pouvoir exceptionnel de l'œil du chat ? La question s'avère complexe, entraînant un grand nombre de considération et les allusions en pourraient être multiples.[43] Dans « Le Chat noir », une nouvelle mystérieuse d'Edgar Allan Poe et à laquelle le poète fait référence dans sa critique littéraire,[44] le narrateur met l'accent sur les forces surnaturelles qui peuvent émaner d'un chat. Il trace le récit d'une horrible histoire où l'un de ses deux chats contribue à sa perte. C'est parce qu'il a fait sauter l'un des yeux de son chat de son orbite et procédé à sa pendaison que ce personnage est envahi par « cet esprit de perversité » qui causera, en fin de compte, « sa propre chute ». À ce stade, on ne peut manquer de s'interroger sur cette étrange nouvelle qui semble influencer le poète et le rend fort conscient du pouvoir enchanteur des yeux de l'animal : leur évocation excessive ainsi que leur valorisation positive n'équivalent-elles pas vraiment à un exorcisme pratiqué par l'écrivain lui-même afin d'éviter toute sorte de malédiction ?

Enfin, dans ces différentes versions, nous avons relevé quelques exemples affirmant la complexité de l'imagerie du chat chez le poète. Baudelaire multiplie les références mythiques et poétiques et s'inspire de plusieurs légendes afin d'inscrire cet animal fabuleux dans un contexte du nocturne et de ses forces obscures.

D'autre part, la nuit chez Baudelaire n'est pas toujours porteuse de valeurs affectives et positives et rappelle par la suite les propos de Gilbert Durand où il

---

42 Gustave L. van Roosbroeck *The Romanic Review*, octobre-décembre 1929, vol. XX, n° 4 cité in Charles Baudelaire, tome I, p. 1319 note 1.

43 Dans la tradition celtique, « le portier du roi Nuada à Tara avait également un œil de chat, ce qui le gênait quand il voulait dormir, car l'œil s'ouvrait la nuit au cri des souris, ou des oiseaux », Voir la rubrique « Chat » in Jean Chevalier, Alain Gheerbrant, *Dictionnaire des Symboles, Mythes, Rêves, Coutumes, Gestes, Formes, Figures, Couleurs, Nombres, op.cit.*, p. 215.

44 Charles Baudelaire, « Études sur Poe », *Critique littéraire*, tome II, pp. 277–279. Baudelaire parle à nouveau de ce récit dans une lettre à Nadar : « Dernièrement, il t'est arrivé, en te moquant des gens qui ont eu ou qui ont la passion des chats de confondre Poe avec Hoffmann. Sache qu'il n'ya pas de CHAT dans Poe, excepté un qu'on éborgne et qu'on pend, et dont le successeur, borgne aussi, sert à découvrir un crime. », Charles Baudelaire, *Correspondance*, tome I, lettre à Nadar datée du 14 mai 1859, p. 573.

écrit : « Dans le folklore, l'heure de la tombée du jour, ou encore le minuit sinistre, laisse de nombreuses traces terrifiantes. »[45] Cette image de ténèbres menaçantes se répercute à plusieurs reprises dans l'œuvre de l'écrivain. C'est surtout « *le noir tableau* » d'un poème en vers qui semble porter une forte dose négative :

> *Sous de sales plafonds un rang de pâles lustres*
> *Et d'énormes quinquets projetant leurs lueurs*
> *Sur des fronts ténébreux de poètes illustres*
> *Qui viennent gaspiller leurs sanglants sueurs ;*
> *Voilà le noir tableau qu'en un rêve nocturne*
> *Je vis se dérouler sous mon œil clairvoyant.*
> (Baudelaire, « Le Jeu », *FM*, 96)

Ce passage est fort emblématique puisqu'il condense deux aspects néfastes qui émanent de ce « *rêve nocturne* ». Notons tout d'abord la déchéance des « *poètes illustres* », dévitalisés et aux fronts obscurcis puis l'altération des sources de lumière. En effet, ce ne sont pas seulement les « *pâles lustres* » qui sont affectés mais aussi les « *énormes quinquets* » car au lieu d'éclairer cette vision angoissante, leur lumière ne fait que majorer la noirceur de ce panorama et intensifie par la suite les affectations négatives de la nuit. C'est « lorsque l'homme cesse de compenser l'opacité isolante du noir, […] [qu'] il perd ses distances et [l]e recul protecteur ».[46] De la même manière, nous assistons dans une des pièces de la section « Spleen et Idéal » à une réduplication de cette toile nocturne où se présente une image de l'humanité actuelle, souffrante et décadente :

> *Le Poète aujourd'hui, […]*
> *[…]*
> *Sent un froid ténébreux envelopper son âme*
> *Devant ce noir tableau plein d'épouvantement.*
> *[…]*
> *Ô ridicules troncs ! torses dignes des masques !*
> *Ô pauvres corps tordus, maigres, ventrus ou flasques,*
> (Baudelaire, « J'aime le souvenir de ces époques nues … », *FM*, 12)

Non seulement les ténèbres annoncent un climat sinistre et angoissant, mais parfois la présence de la nuit peut devenir signe de maladie comme le montre l'exemple « [d]*es vagues terreurs de ces affreuses nuits / Qui compriment le cœur comme un papier qu'on froisse* »,[47] ou encore la vision des maux qui accablent l'écrivain dans

---

45   Gilbert Durand, *Les Structures anthropologiques de l'imaginaire, op.cit.*, p. 98.
46   Vladimir Jankélévitch, *Le Nocturne : Fauré, Chopin et la nuit, Satie et le matin, op.cit.*, p. 61.
47   Charles Baudelaire, « Réversibilité », *Les Fleurs du Mal*, tome I, p. 44.

« La Cloche fêlée », dixième et avant dernière pièce de la série intitulée *Les Limbes* et où réapparaissent, sous diverses images archétypales, la faiblesse et l'agonie nocturnes[48] :

> *Moi, mon âme est fêlée, et lorsqu'en ses ennuis*
> *Elle veut de ses chants peupler l'air froid des nuits,*
> *Il arrive souvent que sa voix affaiblie*
>
> *Semble le râle épais d'un blessé qu'on oublie*
> *Au bord d'un lac de sang, sous un grand tas de morts,*
> *Et qui meurt, sans bouger, dans d'immenses efforts.*
> (Baudelaire, « La Cloche fêlée », *FM,* 72)

On pourrait voir dans l'image du blessé agonisant une connotation mortifère de la nuit. D'ailleurs, tout au fil de l'œuvre, on trouve plusieurs références à la force thanatique de la nuit comme le montrent ces vers où son arrivée coïncide avec l'émanation de la mort rappelant ainsi la nuit du trépas, souvent mentionnée par les Anciens :

> *Et quand l'heure viendra d'entrer dans la Nuit noire,*
> *Elle regardera la face de la Mort,*
> *Ainsi qu'un nouveau- né, sans haine et sans remords.*
> (Baudelaire, « Allégorie », *FM,* 116)

De plus, cette association entre la nuit et la mort entre en résonance avec le récit hésiodique où la référence, même si elle est implicite, nous permet néanmoins d'assimiler ce « *nouveau-né* », qui surgit sous les voiles des ténèbres, à Thanatos le fils de la nuit dans la *Théogonie* d'Hésiode.

Il est une autre vision maléfique qui se rapporte à la même espèce de nuit et qui mérite d'être mentionnée à cette étape de notre analyse, à savoir, le thème mythique de la nuit dévorante. Car comme a su le voir Pierre Brunel,[49] dans « Le Crépuscule du soir », la nuit peut incarner un temps qui dévore les êtres à l'image de Chronos qui avale ses petits :

> *C'est l'heure où les douleurs des maladies s'aigrissent !*
> *La sombre Nuit les prend à la gorge ;* […]
> (Baudelaire, « Le Crépuscule du soir », *FM,* 95)

---

48   Voir également Charles Baudelaire, « La Muse malade », *Les Fleurs du Mal,* tome I, p. 14 où les « *visions nocturnes* » sont des symptômes de l'affection de la Muse.

49   Pierre Brunel, Charles Baudelaire, *Les Fleurs du Mal,* entre « fleurir » et « défleurir », *op.cit.,* p. 160.

Obscure, mortifère ou même destructrice et dévorante, telle est la face cachée de la Nuit chez Baudelaire. En effet, ce visage double souligne l'aspect ambivalent et complexe de la nuit dans l'œuvre du poète qui, malgré cette ambigüité nocturne, a su « […] *unir dans un accord mystique, / L'ombre avec la chaleur, la nuit avec le jour* ».[50]

Du symbolisme à la mythologie solaire et lunaire

Si la nuit et ses aspects ténébreux sont des caractéristiques de la poésie baude-lairienne, cette dernière témoigne aussi de la récurrence des deux astres solaire et lunaire. On enregistre, d'après l'*Index Statistique des vocabulaires des Fleurs du Mal* 75 apparitions du syntagme « soleil[s] »[51] dans les pièces en vers, et 21 occurrences du substantif « lune »,[52] présence qui figure, d'ailleurs, dans les titres de certains poèmes des deux recueils. Mais derrière ces occurrences, il apparaît que l'astre lumineux participe avec la lune de la temporalité mythique chez Baudelaire. Emblèmes de résurrection cosmique, ces deux symboles célestes et universels se trouvent dynamisés[53] et deviennent même les référents essentiels d'une temporalité qui s'inscrit dans un univers astral. Que révèlent les épiphanies solaires et lunaires chez le poète ? Quelles sont les figures mythologiques qui les incarnent ? Et dans quelle mesure ces deux astres influencent-ils la conception baudelairienne du temps ?

Source de chaleur, le soleil est l'œil du ciel. Il incarne la force centrale de la création et concentre en lui l'énergie du feu et de la lumière. Dans « Le Fou et la Vénus », l'écrivain associe « *l'extase universelle des choses* » aux symboles diurnes du soleil :

> *Quelle admirable journée ! le vaste parc se pâme sous l'œil brûlant du soleil, comme la jeunesse sous la domination de l'Amour. […] On dirait qu'une lumière toujours croissante fait de plus en plus étinceler l'objet ; que les fleurs excitées brûlent du désir de rivaliser avec l'azur du ciel par l'énergie de leurs couleurs, et que la chaleur, rendant visible les parfums, les fait monter vers l'astre comme des fumées.*[54] (Baudelaire, « Le Fou et la Vénus », *PPP*, 283)

---

50 Charles Baudelaire, « Femmes damnées (Delphine et Hippolyte)», *Les Fleurs du Mal*, tome I, p. 154.

51 On note 63 apparitions pour le terme « soleil » au singulier et 12 apparitions pour le terme au pluriel. Voir Baudelaire, *Les Fleurs du Mal, concordances, Index et Relevés Statistiques*, établis d'après l'édition Crépet-Blin par le Centre d'Etude du Vocabulaire Français de la faculté des Lettres de Besançon avec la collaboration de K. Menemencioglu, Paris, Librairie Larousse, 1970, p. 170.

52 *Ibid.*, p. 108.

53 « Le mythe constitue la dynamique du symbole […] », Gilbert Durand, *Figures mythiques et visages de l'œuvre, de la mythocritique à la mythanalyse, op.cit.*, p. 26.

54 Charles Baudelaire, « Le Fou et la Vénus », *Petits Poèmes en prose*, tome I, p. 283.

Dans cette description, les rayons solaires développent leurs vertus positives : ils communiquent leur vitalité aux éléments de la nature, dispersent une chaleur bénéfique et favorisent l'harmonie des sensations visuelles et olfactives qui va jusqu'à « *rendre visible les parfums* » et les faire évaporer au ciel. On pourrait rapprocher ce passage d'un autre dans la critique d'art où l'écrivain rappelle le pouvoir opulent de la lumière astrale : « Il est présumable que je suis moi-même atteint quelque peu d'une nostalgie qui m'entraîne vers le soleil ; car de ces toiles lumineuses s'élève pour moi une vapeur enivrante, qui se condense bientôt en désirs et en regrets. Je me surprends à envier le sort de ces hommes étendus sous ces ombres bleues et dont les yeux, qui ne sont ni éveillés ni endormis, n'expriment, si toutefois ils expriment quelque chose, que l'amour du repos et le sentiment du bonheur qu'inspire une immense lumière. »[55] Comme Lamartine qui sollicite le hiérophanie de l'astre dans ses récits de voyage,[56] Baudelaire éprouve le besoin de communiquer avec cette lueur céleste. L'explosion de la clarté et de la chaleur, qui émane dans cet extrait, déclenche chez lui une sensation partagée entre « *désirs* » et « *regret* » puisqu'elle revivifie le paysage paradisiaque auquel il aspire, signalé par ces « *rivages heureux/ Qu'éblouissent les feux d'un soleil monotone* ».[57] L'épiphanie de l'astre chez le poète ne se limite pas seulement à la simple apparition du symbole ouranien, mais elle fait aussi advenir des divinités solaires qui incarnent des puissances surnaturelles et s'inscrivent, donc, dans son imaginaire mythique. Selon Marc Eigeldinger, « le soleil n'emprunte qu'exceptionnellement, chez Baudelaire, le visage et l'attribut de la divinité ».[58] En effet, nous ne nous dissocions pas complètement de cette analyse, toutefois notre hypothèse est de prouver l'existence d'une mythologie solaire dans notre corpus qui est basée sur la dynamisation des symboles ouraniens ainsi que sur leur ancrage dans un récit où surgissent, au même titre, de nouveaux éléments capables de participer à la réécriture du mythe solaire chez le poète.

Dans « Le Soleil », pièce dont la place primitive dans l'édition de 1857 faisait pendant au poème « Bénédiction », l'écrivain évoque le pouvoir bienveillant attribué à Apollon. Et même si c'est « *un soleil cruel* » qui inaugure le texte, cette divinité hostile se métamorphose, au cours de la pièce, en « *père nourricier* » transposant la

---

55 Charles Baudelaire, « Salon de 1859 », *Critique d'art, op.cit.*, tome II, p. 650.

56 « Mon corps, comme mon âme, est fils du soleil ; il lui faut la lumière ; il lui faut ce rayon de vie, que cet astre darde, [...] », Alphonse de Lamartine, *Voyage en Orient,* texte établi, présenté et annoté par Sarga Moussa, Paris, éditions Honoré Champion, 2000, p. 56.

57 Charles Baudelaire, « Parfum exotique », *Les Fleurs du Mal,* tome I, p. 25.

58 Marc Eigeldinger, « La Symbolique solaire dans la poésie de Baudelaire », *Revue d'Histoire Littéraire de la France, numéro Baudelaire,* avril-juin 1967, 67ᵉ année, N° 2, Paris, Armand Colin, p. 359.

scène d'un milieu citadin néfaste vers une nature resplendissante et saine, et présidant, par la suite, aux joies de l'existence :

> *Quand le soleil cruel frappe à traits redoublés*
> *Sur la ville et les champs, sur les toits et les blés,*
> *Je vais m'exercer seul à ma fantasque escrime,*
> *Flairant dans tous les coins les hasards de la rime,*
> *Trébuchant sur les mots comme sur les pavés,*
> *Heurtant parfois des vers depuis longtemps rêvés.*
>
> *Ce père nourricier, ennemi des chloroses,*
> *Éveille dans les champs les vers comme les roses ;*
> *Il fait s'évaporer les soucis vers le ciel,*
> *Et remplit les cerveaux et les ruches de miel.*
> *C'est lui qui rajeunit les porteurs de béquilles*
> *Et les rend gais et doux comme des jeunes filles,*
> *Et commande aux moissons de croître et de mûrir*
> *Dans le cœur immortel qui toujours veut fleurir !*
>
> (Baudelaire, « Le Soleil », *FM*, 83)

Il convient de signaler que ce dieu omniprésent, qui illumine les villes, propage les énergies organiques aux « *porteurs de béquilles* » et communique son éclat à la végétation,[59] est aussi un dieu de la musique et de la poésie. C'est sous l'égide du soleil que l'auteur se livre à sa « *fantasque escrime* », à cet exercice de création poétique.[60] Cette inspiration apollinienne pour la poésie et la musique ne serait-elle pas le remède que l'écrivain sollicite pour sa Muse souffrante et altérée ?

---

59 Baudelaire renvoie ici à la légende d'Apollon le berger. Voir à ce propos Pierre Grimal, *Dictionnaire de la Mythologie grecque et romaine, op.cit.*, p. 42 : « [Zeus] ordonna qu'Apollon servirait un mortel comme esclave pendant un an. Apollon se rendit donc en Thessalie, à Phères, chez le roi Admète, et le servit comme bouvier. Grâce à lui, les vaches produisaient toutes deux veaux à la fois, et de façon générale, il amena la prospérité dans la maison. ». Baudelaire évoque également les vertus de cette divinité dans « Le Jet d'eau » : « *La gerbe épanouie / En mille fleurs, / Où Phœbé réjouie / mets ses couleurs*, […] », *Les Fleurs du Mal*, tome I, p. 160.

60 Marc Eigeldinger montre que le soleil chez Baudelaire devient le symbole « […] [d'une] force créatrice, exprimée dans la poésie et les arts ». Voir son article « La Symbolique solaire dans la poésie de Baudelaire », *op.cit.*, p. 374. La même idée se trouve dans le poème inaugural des « Tableaux Parisiens » : « *Car je serai plongé dans cette volupté / D'évoquer le Printemps avec ma volonté, / De tirer un soleil de mon cœur, et de faire / De mes pensers brûlants une tiède atmosphère*, », Charles Baudelaire, « Paysage », *Les Fleurs du Mal*, tome I, p. 82.

Je voudrais qu'exhalant l'odeur de la santé
Ton sein de pensers forts fût toujours fréquenté,
Et que ton sang chrétien coulât à flots rythmiques,
Comme les sons nombreux des syllabes antiques,
Où règnent tour à tour le père des chansons,
Phœbus, et le grand Pan, le seigneur des moissons.
(Baudelaire, « La Muse malade », *FM*, 14–15)

On ne peut manquer de s'interroger dans ces vers sur cet étrange rapprochement entre « *Pan* » et le « *seigneur des moissons* » car comme le fait remarquer Claude Pichois : « On voit Pan courant les bois et les campagnes plutôt que présidant aux moissons ».[61] Mais en évoquant les deux divinités antiques, Baudelaire ne fait-il pas allusion à la scène où Pan défiait *Phœbus* ? Si l'on admet cette hypothèse, nous découvrons, par la suite, que non seulement l'écrivain ébauche une nouvelle poétique du mythe solaire conforme à son imagination, mais qu'il procède à un renversement du récit d'origine. Dans la légende, c'est le dieu des bergers et des troupeaux[62] qui, selon l'ordre du Tmolus, « [...] doit s'incliner devant la supériorité de la lyre [d'Apollon] sur [s]es roseaux ».[63] Or, dans les textes de Baudelaire, la toute puissance semble être accordée à Pan au détriment de *Phœbus*[64] dont le rôle se limite désormais à « *dorer les statues* ».[65] Ce processus de travestissement du mythe solaire se répercute encore une fois dans une pièce de la Section « le Vin » où le dieu de la vigne devient un descendant de l'astre lumineux :

Pour noyer la rancœur et bercer l'indolence
De tous ces vieux maudits qui meurent en silence,
Dieu, touché de remords, avait fait le sommeil ;
L'Homme ajouta le Vin, fils sacré du Soleil !
(Baudelaire, « Le Vin des chiffonniers », *FM*, 107)

---

61 Claude Pichois, *L'Atelier de Baudelaire :* « Les Fleurs du Mal », édition diplomatique, tome I, *op.cit.*, p. 154.

62 Définition donnée par Pierre Grimal dans son *Dictionnaire de la Mythologie grecque et romaine, op.cit.*, p. 342.

63 Voir Ovide, *Les Métamorphoses*, Livre XI, V 140–160, *op.cit.*, pp. 279–280.

64 C'est dans l'édition de 1861 que Baudelaire fait remplacer le syntagme « soleil » par le nom de la figure mythologique dans le vers 2 du poème. Voir Claude Pichois, *L'Atelier de Baudelaire :* « Les Fleurs du Mal », édition diplomatique, tome I, *op.cit.*, p. 141.

65 Charles Baudelaire, « *J'aime le souvenir de ces époques nues ...* », *Les Fleurs du Mal*, tome I, p. 83.

Marc Eigeldinger note que l'écrivain des *Fleurs du Mal,* en procédant à cette confusion mythologique, « intériorise » et « modernise »[66] ce mythe puisque la « condition solaire » n'est plus reliée au culte d'Apollon, ni « [...] directement attachée à l'homme, mais [plutôt] au vin que l'homme a inventé avec la complicité de la Nature pour remédier à sa destinée ».[67] Apparenté au soleil, le vin procure à l'homme le pouvoir de nier la réalité dégradante et déchue. Il substitue aux images de la rancœur et de l'écrasement celles de la lumière et de l'élévation. Ainsi, nous pouvons avancer avec Bachelard que « la vigne est un *aimant.* Elle attire l'or du soleil, elle séduit l'or astral pour des noces alchimiques ».[68] D'une façon analogue, « L'âme du Vin » illustre les sortilèges de cette « *végétale ambroisie* ». Dans cette pièce, nous décelons un réseau d'échos thématiques et lexicaux qui rattache le symbole ouranien au vin permettant à celui-ci d'exalter « *un chant plein de lumière et de fraternité* » :

> *Un soir, l'âme du vin chantait dans les bouteilles :*
> *« Homme, vers toi je pousse, ô cher déshérité,*
> *Sous ma prison de verre et mes cires vermeilles,*
> *Un chant plein de lumière et de fraternité !*
> [...]
> *« J'allumerai les yeux de ta femme ravie ;*
> *À ton fils je rendrai sa force et ses couleurs*
> *Et serai pour ce frêle athlète de la vie*
> *L'huile qui raffermit les muscles des lutteurs.*
>
> *« En toi je tomberai, végétale ambroisie,*
> *Grain précieux jeté par l'éternel Semeur,*
> *Pour que de notre amour naisse la poésie*
> *Qui jaillira vers Dieu comme une rare fleur ! »*
> (Baudelaire, « L'âme du vin », *FM*, 105)

La personnification du vin a pour but de refléter la puissance de Dionysos, l'« *éternel Semeur* », qui a donné à ce breuvage la faculté de chasser les soucis de l'homme

---

66 Marc Eigeldinger rapporte en effet que les termes cités dans cet exemple sont plutôt ceux de Luc Badesso « Baudelaire et la revue Jean raisin », RSH, janvier-mars 1957, p. 82, Voir son article « L'intertextualité mythique dans les « Illuminations », *Cahiers de l'Association internationale des études françaises*, 1984, Volume 36, Numéro 1, p. 265.

67 *Ibid.*

68 Gaston Bachelard, *La Terre et les rêveries du repos, op.cit.,* p. 329.

« *déshérité* » et d'inspirer la musique et la poésie.[69] Et si ce philtre acquiert, dans notre corpus, les valeurs resplendissantes du symbolisme ouranien, il lui communique, en échange, ses puissances exaltantes et excitantes rendant les rayons du soleil enivrantes et émouvantes comme le montre déjà l'image de « *l'ange enivré d'un soleil radieux* »[70] ou encore celle de l'enfant de « Bénédiction » qui « […] *s'enivre du soleil* ».[71] De tout ce qui précède, nous constatons que la mythologie solaire et la mythologie dionysiaque sont complémentaires dans l'œuvre du poète. A ce titre, ne pouvons-nous pas hasarder que ce rapprochement entre ces deux cultes est probablement dû à leur résurrection ? Dionysos, comme son nom l'indique, est le dieu qui est né deux fois.[72] Il rappelle dans ce cas le soleil qui « traverse chaque nuit l'empire de la mort et réapparaît le lendemain éternel lui-même, éternellement égal à lui-même ».[73]

En regard de ces divinités antiques, il se rencontre dans le texte baudelairien des héros qui, eux aussi, sont homologués aux dieux solaires. Tel est l'exemple de Dorothée qui apparaît comme une créature aux pouvoirs surnaturels : « *forte et fière comme le soleil* »,[74] elle brave la puissance de l'astre, le défie et se montre comme son égale. De même, dans une variante en vers, la figure féminine, tout en retenant l'attrait de son sexe, se voit attribuer les forces créatrices de la souveraineté solaire :

Ainsi, chère Déesse, Être lucide et pur,
Sur les débris fumeux des stupides orgies
Ton souvenir plus clair, plus rose, plus charmant,
À mes yeux agrandis voltige incessamment.

---

69   Nous trouvons cette idée dans un texte des *Paradis Artificiels* où Baudelaire reprend l'éloge qu'il adresse au vin dans la pièce citée en vers : « Je tomberai au fond de ta poitrine comme une ambroisie végétale. Je serai le grain qui fertilise le sillon douloureusement creusé. Notre intime réunion créera la poésie. A nous deux, nous ferons un Dieu, et nous voltigerons vers l'infini, comme les oiseaux, les papillons, les fils de la Vierge, les parfums et toutes les choses ailées. », Charles Baudelaire, « Du vin et du hachish », *Paradis Artificiels*, tome I, *op.cit.*, pp. 380–381.

70   Charles Baudelaire, « Un voyage à Cythère », *Les Fleurs du Mal*, tome I, p. 117.

71   Charles Baudelaire, « Bénédiction », *Les Fleurs du Mal*, tome I, p. 105.

72   Voir Ann-Déborah Lévy, « Dionysos : l'évolution du mythe littéraire » in *Dictionnaire des Mythes Littéraires*, *op.cit.*, p. 454 : « Sémélé, une mortelle, aimée de Zeus, périt victime de la jalousie d'Héra : comme elle demande à son amant divin de lui apparaître dans toute sa gloire, il la foudroie ; puis arrachant de son sein l'enfant qu'elle avait conçu de lui, Zeus le coud dans sa cuisse, où il achève sa maturation. Dionysos connaît donc une double naissance, […] ».

73   Mircea Eliade, *Traité d'histoire des religions*, *op.cit.*, p. 149.

74   Charles Baudelaire, « La Belle Dorothée », *Petits Poèmes en prose*, tome I, p. 316.

> *Le soleil a noirci la flamme des bougies ;*
> *Ainsi, toujours vainqueur, ton fantôme est pareil,*
> *Âme resplendissante, à l'immortel soleil !*
> (Baudelaire, « L'Aube spirituelle », *FM*, 46)

La mythologie solaire chez notre écrivain se fonde en une grande partie sur la présence des héros ouraniens. Évoquant leurs attributs, Mircea Eliade précise que « [ce héros] "sauve" le monde, le renouvelle, inaugure une nouvelle organisation de l'Univers ; [...], il garde encore l'héritage démiurgique de l'Être suprême ».[75] Dans ce passage, c'est la « *chère déesse* » dont l'âme est solarisée qui assure l'immuabilité et l'éternité relatives au mythe du héros solaire, contrairement au soleil noir (v. 12) qui, « *vaincu* » et réduit à un élément pittoresque, se trouve exclu du schéma dynamique de la légende. De surcroît, la lecture d'un des sonnets du cycle de Madame Sabatier publié en 1857 dans la *Revue Française*, mais datant de 1854,[76] nous révèle que la suprématie du héros ouranien est incarnée à travers la thématique des « yeux –flambeaux », fréquente chez les pétrarquistes. Métamorphosés en astres, ces « *yeux pleins de lumières* » exaltent une activité régénératrice : ils évoquent le retour de l'esprit à la vie et diffusent un éclat surnaturel, une « *flamme fantastique* » dont la puissance dépasse celle de l'astre cosmique.

> *Charmants Yeux, vous brillez de la clarté mystique*
> *Qu'ont les cierges brûlant en plein jour ; le soleil*
> *Rougit, mais n'éteint pas leur flamme fantastique ;*
>
> *Ils célèbrent la Mort, vous chantez le Réveil ;*
> *Vous marchez en chantant le réveil de mon âme,*
> *Astres dont nul soleil ne peut flétrir la flamme !*
> (Baudelaire, « Le Flambeau vivant », *FM*, 44)

Ces deux exemples nous permettent de voir comment une figure ancrée dans l'imaginaire solaire chez l'écrivain peut revêtir un sens mythique dans la mesure où elle est porteuse d'une image exemplaire incarnant, à ce titre, les forces primordiales et éternelles de l'astre.

La présence de l'astre solaire chez Baudelaire peut se caractériser par l'émergence d'un schème crépusculaire. Il existe plusieurs images qui se fondent sur cette conjonction de l'ombre et de la lumière opérée par le lever et le coucher du

---

75 Mircea Eliade, *Traité d'histoire des religions, op.cit.*, p. 162.
76 Ce poème a été adressé à Madame Sabatier dans une lettre datée du 7 février 1854. Voir à ce sujet Charles Baudelaire, *Correspondance*, tome I, p. 266.

soleil, comme en témoigne cet extrait de la section « Les Epaves » où, malgré son crépuscule, le soleil conserve son intégralité lumineuse :

Que le Soleil est beau quand tout frais il se lève,
Comme une explosion nous lançant son bonjour !
—Bienheureux celui-là qui peut avec amour
Saluer son coucher plus glorieux qu'un rêve !
(Baudelaire, « Le Coucher du soleil romantique », *FM*, 149)

Parallèlement, cette image de l'astre crépusculaire est perceptible dans d'autres textes où celui-ci n'apporte pas la crainte des ténèbres mais annonce la quiétude d'un sommeil sans trouble.

—Les soleils couchants
Revêtent les champs,
Les canaux, la ville entière,
D'hyacinthe et d'or ;
Le monde s'endort
Dans une chaude lumière.
(Baudelaire, « L'Invitation au voyage », *FM*, 54)

Si les rayons du soleil colorent le paysage d'un jaune flamboyant et rougeâtre, c'est dans « Le Désir de peindre » que l'imagination du poète retrouve la constellation du « *soleil noir* » assimilé à l'image de la femme mystérieuse. Loin de conférer au récit une coloration morbide comme le laisse penser l'archétype du soleil noir chez Nerval,[77] l'astre ici se dissocie du contexte mélancolique et crée un climat euphorique en propageant « *lumière* » et « *bonheur* » :

Je la comparerais à un soleil noir, si l'on pouvait concevoir un astre noir versant la lumière
et le bonheur. Mais elle fait plus volontiers penser à la lune, qui sans doute l'a marquée de sa
redoutable influence ; non pas la lune blanche des idylles, qui ressemble à une froide mariée,
mais la lune sinistre et enivrante, suspendue au fond d'une nuit orageuse et bousculée par les
nuées qui courent ; non pas la lune paisible et discrète visitant le sommeil des hommes purs,
mais la lune arrachée du ciel, vaincue et révoltée, que les Sorcières thessaliennes contraignent
durement à danser sur l'herbe terrifiée ! (Baudelaire, « Le Désir de peindre », *PPP,* 340)

Ce qui est frappant dans cette pièce est l'émergence d'un symbolisme lunaire qui se superpose au motif solaire, rendant plus complexe et ambivalente l'imagerie de la

---

77 Nous renvoyons ici au vers 4 du poème « El Desdichado » de Nerval où affleure l'imagerie du « soleil noir de la mélancolie ». Voir à ce sujet Julia Kristeva, *Soleil noir. Dépression et mélancolie*, Paris, Gallimard, « Folio essais », 1987, pp. 151–182.

figure féminine. Il est vrai que la métaphore astrale s'avère, de prime abord, bipartite, puisqu'elle oscille entre un soleil bienfaisant et une lune terrifiante, pourtant cet antagonisme peut générer à son tour une complémentarité : loin de les considérer comme deux pôles opposés, soleil et lune semblent ne pas s'exclure mais, au contraire, vouloir signifier la splendeur de cette femme énigmatique. Cette splendeur, nous dit Jean Pierre Richard, « tire son prix de l'équilibre sensible qu'elle réalise entre les deux exigences ennemies ».[78] Mais si cette étrange créature puise son pouvoir séducteur de la juxtaposition des deux cultes cosmiques, elle se voit attribuer son « *caractère redoutable* » par le symbolisme sélénique. Son « *visage inquiétant* » peut renvoyer à celui d'Hécate, déesse lunaire à qui l'écrivain fait allusion par le biais des sorcières thessaliennes.

Il est une autre pièce en prose qui témoigne de la prégnance de ces notions angoissantes, apanage du symbolisme lunaire chez l'écrivain. Par ses « *caresses nocturnes* », la lune apparaît comme une redoutable divinité. Son affection envers l'enfant chéri, devient cause d'affliction : elle le voue à un sort tragique,[79] lui donne « *l'envie de pleurer* » et lui afflige la physionomie d'un souffrant caractérisée par les yeux verdâtres et les joues ternes.

> *La Lune, qui est le caprice même, regarda par la fenêtre pendant que tu dormais dans ton berceau, et se dit : « Cette enfant me plaît. » Et elle descendit moelleusement son escalier de nuages et passa sans bruit à travers les vitres. Puis elle s'étendit sur toi avec la tendresse souple d'une mère, et elle déposa ses couleurs sur ta face. Tes prunelles en sont restées vertes, et tes joues extraordinairement pâles. C'est en contemplant cette visiteuse que tes yeux se sont si bizarrement agrandis, et elle t'a si tendrement serrée à la gorge que tu en as gardé pour toujours l'envie de pleurer.*
> (Baudelaire, « Les Bienfaits de la lune », *PPP,* 341)

L'on constate par la suite que la lune joue ici un rôle contradictoire. Sa tendresse maternelle est contrebalancée par un amour possessif et étouffant qui font de l'enfant une capturée opprimée, assujettie à ses caprices. Cette soumission atteint son point culminant par la répétition excessive du pronom personnel « Tu » à qui cette « *nourrice empoisonneuse* » ne cesse d'imposer des impératifs qui amplifient, par la suite, son aspect dominateur :

> *« Tu subiras éternellement l'influence de mon baiser. Tu seras belle à ma manière. Tu aimeras ce que j'aime et ce qui m'aime […]. Et Tu seras aimée de mes amants, courtisée par mes*

---

78 Jean Pierre Richard, *Poésie et profondeur, op.cit.,* p. 105.
79 « La lune, personnifiée par une divinité ou présente par l'intermédiaire d'un animal lunaire, « tisse » le voile cosmique ou les destins des hommes ». Voir Mircea Eliade, *Traité d'histoire des religions*, p. 190.

*courtisans. **Tu** seras la reine des hommes aux yeux verts dont j'ai serré aussi la gorge dans mes caresses nocturnes »*
(Baudelaire, « Les Bienfaits de la lune », *PPP*, 341)

Mais ne pourrions- nous pas voir en l'image de cette enfant un avatar de la figure mythique d'Endymion, l'amant de la lune ? En effet, ce poème pourrait être considéré comme une mise en scène du mythe. Car même si la référence onomastique est occultée, les éléments essentiels de la légende sont présents, à savoir le motif du dormeur perpétuel ainsi que le mythème de l'amour violent qu'Endymion exerce sur la déesse lunaire. De plus, notre hypothèse ne serait-elle pas légitime si l'on se référait aux propos mêmes de la lune : « *Tu subiras éternellement l'influence de mon baiser* », qui constituent à nos yeux une composante essentielle du récit mythique puisque la légende nous rappelle qu' « une fois Endymion plongé dans son sommeil, la lune dispose de lui et cueille chaque soir un baiser sur ses lèvres ».[80] Ainsi, nous pouvons conclure que malgré l'absence explicite de la figure mythique, le poète procède, par le fonctionnement de son imagination, à une palingénésie du mythe lunaire structurée à partir de la superposition des éléments mythiques en récit. Faisant pendant à cette pièce en prose, « La Lune offensée » témoigne de l'affleurement de la figure mythologique du berger.

Ô Lune qu'adoraient discrètement nos pères,
Du haut des pays bleus où, radieux sérail,
Les astres vont te suivre en pimpant attirail,
Ma vieille Cynthia, lampe de nos repaires,

Vois-tu les amoureux sur leurs grabats prospèrent,
De leur bouche en dormant montrer le frais émail ?
Le poète buter du front sur ton travail ?
Ou sous les gazons secs s'accoupler les vipères ?

Sous ton domino jaune, et d'un pied clandestin,
Vas-tu, comme jadis, du soir jusqu'au matin,
Baiser d'Endymion les grâces surannées ?

« —Je vois ta mère, enfant de ce siècle appauvri,
Qui vers son miroir penche un lourd amas d'années,
Et plâtre artistement le sein qui t'a nourri ! »
(Baudelaire, « La Lune offensée », *FM*, 142)

---

80 Florence Dumora-Mabille, « Endymion 1624, figure mythique et Roman mythologique », *Textuel, N° 33, Thèmes et Figures mythiques, l'héritage classique*, Textes réunis par Maurice Laugaa et Simone Perrier, Revue de l'UFR « Science de textes et documents », Paris, Publications de l'Université Paris 7- Denis-Diderot, p. 104.

La réécriture du mythe, cette fois-ci, repose non pas sur l'absence de l'occurrence du nom mais plutôt sur une perte d'identité,[81] due à l'absence de quelques données de la légende. Car si le mythe trouve son fondement, dans ce passage dans l'émergence onomastique de Cynthia et Endymion, nous remarquons qu'il subit une subversion. Dans la tradition, la lune est présentée comme une déesse puissante et dominatrice.[82] Or ici, ses forces sont ébranlées. Tout au long du poème, l'astre subit une dégradation psychique, puisqu'il « *offensé* » comme le titre de la pièce l'indique et se trouve, également, sujet à une déchéance physique annoncée par sa vieillesse au vers 4. De surcroît, une lecture en parallèle des deux derniers extraits nous permet de constater qu'à la tonalité affirmative et puissante qui caractérise la déesse lunaire dans la pièce en prose, se substituent en vers des tournures interrogatives qui mettent en question le statut surnaturel de cette divinité cosmique. La Lune-Cynthia ne prend pas la parole, mais elle subit, au contraire, les doutes d'un être humain. Elle n'est plus un sujet actant dans le récit mais plutôt un « *enfant de ce siècle appauvri* ». Tout se passe ici comme si c'était la lune qui fut destinée à subir le sort tragique au lieu du pâtre. « Tristesses de la lune » fait écho à ce versant pathétique et tragique du symbolisme lunaire chez l'écrivain. Ce quatorzain auquel Flaubert et Sainte-Beuve vouent une profonde admiration,[83] amorce un dialogue mystique entre le désespoir de l'humanité et la mélancolie de l'astre cosmique plongé dans la douleur.

> *Ce soir, la lune rêve avec plus de paresse ;*
> *Ainsi qu'une beauté, sur de nombreux coussins,*
> *Qui d'une main distraite et légère caresse*
> *Avant de s'endormir le contour de ses seins,*

---

81 Voir Gilbert Durand, « Permanences du mythe et changement de l'histoire » in *Le Mythe et Le Mythique*, colloque de Cerisy, cahiers de l'Hermétisme, collection sous la direction d'Antoine Faivre et Frédérick Tristan, Paris, Albin Michel, 1987, p. 18 : « […] un mythe ne peut pas perdre un trop grand nombre de mythèmes sans se dénaturer, de même le changement d'un ou deux mythèmes fait perdre identité au mythe ».

82 Plusieurs récits associent le nom de Séléné à la légende d'Endymion. Dans ce contexte Baudelaire désigne la Lune par la déesse Cynthia. Ovide aussi, fait référence à Cynthia dans le récit de Léandre à Héro lorsque celui-ci évoque sa puissance, lui demandant d'intervenir en sa faveur. Voir Ovide, *Les Héroïdes*, texte établi par Henri Bornecque, traduit par Marcel Prévost, Paris, Les Belles Lettres, 2005, première édition 1928, chapitre XIII « Léandre à Héro » / V. 59, p. 126 : « Favorise-moi, dis-je blanche déesse, […] Endymion ne te permet pas d'avoir un cœur sévère. […] Toi, déesse, tu descendais du Ciel à la rencontre d'un mortel ; […]. Il n'est pas de visage plus beau après celui de vénus et le tien, et, pour ne pas t'en fier à mes paroles, regarde-toi-même. Autant, lorsque brillent tes purs rayons d'argent, tous les astres le cèdent à tes clartés, autant elle est plus belle que toutes les belles. Si tu en doutes, déesse de Cynthe, ton regard est aveugle ».

83 Voir les commentaires de Claude Pichois in Charles Baudelaire, OC I, *op.cit.*, p. 949.

Sur le dos satiné des molles avalanches,
Mourante, elle se livre aux longues pâmoisons,
Et promène ses yeux sur les visions blanches
Qui montent dans l'azur comme des floraisons.

Quand parfois sur ce globe, en sa langueur oisive,
Elle laisse filer une larme furtive,
Un poète pieux, ennemi du sommeil,

Dans le creux de sa main prend cette larme pâle,
Aux reflets irisés comme un fragment d'opale,
Et la met dans son cœur loin des yeux du soleil.
(Baudelaire, « Tristesses de la lune », *FM,* 65–66)

Ce morceau nous livre une description de la lune romantique par sa thématique ainsi que par sa poétique. En témoigne tout un réseau d'images émouvantes, présentant une beauté lunaire solitaire et « *mourante* », ainsi que le foisonnement de différentes lueurs diffusées par l'astre. L'occurrence du syntagme « *larme* » (v. 10 et v. 12) participe aussi à cette atmosphère triste et dysphorique. Se référant aux récits religieux de l'Inde et plus spécifiquement à la *Harshacarîta,* Mircea Eliade nous explique que les larmes de la lune se métamorphosent en perles, « la lune étant source d'ambroisie éternellement guérisseuse ».[84] C'est cette perle, écrit-il, qui confirme « [...] la manifestation du Dieu dans le Cosmos ».[85] Dans cette optique, nous comprenons mieux le geste du « *poète pieux* » qui vise à saisir la larme de la lune au lieu de la lumière blanche qu'elle propage[86] et où se condensent toutes ses puissances divines.

Une des caractéristiques de la mythologie lunaire en général consiste dans l'ambivalence des représentations séléniques. Chez Baudelaire, la cristallisation de la « combinaison triadique d'Artémis, de Séléné et d'Hécate »[87] est bien présente. Or, si l'émergence de Séléné et d'Hécate opère un retour vers l'Antiquité, la figure de Diane est plutôt liée à une déchéance moderne. Dans la « Sisina », sonnet publié le 10 avril 1859 dans la *Revue française,* la figure de la déesse lunaire fait allusion

---

84 Mircea Eliade, *Images et Symboles, op.cit.,* p. 203.

85 *Ibid.* p. 210.

86 Nous nous référons au poème « Le Vin du solitaire » où les lueurs lunaires s'avèrent inférieures aux vin puisqu'elles sont incapables de procurer au « *poète pieux* » « [...] *l'espoir, la jeunesse et la* vie », Voir *Les Fleurs du Mal,* tome I, p. 109.

87 Voir Gilbert Durand, *Les Structures anthropologiques de l'imaginaire, op.cit.,* p. 330.

à une amie de Mme Sabatier : Elisa Neri.[88] Dans cet exemple, le poète se réfère au modèle antique de la guerrière afin de présenter cette « Belle Aventurière ».[89] Courageuse, à l'allure ardente, Diane retrouve ses atouts d'autrefois et dévoile son visage de combattante redoutable :

> *Imaginez Diane en galant équipage,*
> *Parcourant les forêts ou battant les halliers,*
> *Cheveux et gorge au vent, s'enivrant de tapage,*
> *Superbe et défiant les meilleurs cavaliers !*
> (Baudelaire, « Sisina », *FM*, 60)

Outre la destinataire de ce texte, il est une figure historique qui constitue, selon Patrick Labarthe, un « répondant moderne » de cette divinité terrifiante, à savoir, Théroigne de Méricourt, l'héroïne de la Révolution :

> *Avez-vous Théroigne, amante du carnage,*
> *Excitant à l'assaut un peuple sans souliers,*
> *La joue et l'œil en feu, jouant son personnage,*
> *Et montant, sabre au poing, les royaux escaliers ?*
> (Baudelaire, « Sisina », *FM*, 61)

En se basant sur certaines formules attribuées à la guerrière moderne, telles que « *excitant à l'assaut* » (v. 6) ou encore « *la joue et l'œil en feu* » (v. 7), Patrick Labarthe explique que Théroigne « […] contamine de ses traits le portrait de la déesse antique […] » et avance même que cette dernière pourrait refléter « […] le prosaïque tumulte moderne et les bruits de *l'immonde cité* ».[90] La suite du poème nous rapporte que ce réseau d'échos entre les deux modèles antiques et modernes contribue, en fin de compte, à une dépossession de la Diane antique[91] qui semble perdre sa

---

88 Voir Charles Baudelaire, *Correspondance*, tome I, lettre à Madame Sabatier datée du 2 mai 1858, p. 494 où il relate son aventure avec cette dame : « Votre extraordinaire Mme Nieri a commis en me quittant un enfantillage digne d'une étrangère. Avant que j'eusse le temps de donner mon adresse au cocher, elle s'était avisée de le payer, et comme je me fàchais, elle a dit : il est trop tard, c'est fait !—et puis avec une vitesse extraordinaire qu'elle s'est élancée, elle et ses jupes, dans le grand escalier de l'hôtel ». A propos d'Elisa Neri, voir également Claude Pichois et Jean- Paul Avice, *Dictionnaire Baudelaire*, Tusson, Charente, éditions Du Lérot, 2002, pp. 330–331.

89 Baudelaire a voulu écrire un roman sur Mme Neri. Voir Charles Baudelaire, « Listes de Titres et canevas de Romans et Nouvelles », *Essais et nouvelles,* rubrique [I X] tome I, p. 591.

90 Patrick Labarthe, *Baudelaire et la tradition de l'allégorie*, Genève, Droz, 1999, p. 335.

91 Baudelaire fait aussi allusion à Diane dans un poème dédié à Ivonne Pen-Moore : « *Tes cheveux Crespelés, ta peau de mulâtresse / Rendaient plus attrayants tes chants ingénus : / Telle avant ses amours Diane chasseresse / Courait dans la bruyère et sur les monts chenus* », *Poésies diverses*, tome I, p. 220.

grandeur mythique. Sa déchéance se trouve amplifiée par l'acte de son désarme-
ment (v. 12) et par son « *réservoir de larmes* »[92] (v. 14), désignateur de sa douleur :

> *Telle la Sisina ! Mais la douce guerrière*
> *A l'âme charitable autant que meurtrière ;*
> *Son courage, affolé de poudre et de tambours,*
>
> *Devant les suppliants sait mettre bas les armes,*
> *Et son cœur, ravagé par la flamme, a toujours,*
> *Pour qui s'en montre digne, un réservoir de larmes.*

(Baudelaire, « Sisina », *FM*, 61)

Selon Gilbert Durand, « la *lune* apparaît [...] comme la première mesure du
temps »,[93] toutefois et dans un tel contexte on peut voir dans le symbolisme lunaire régi par Diane l'abolition d'une temporalité mythique. Figure prosaïque de
la décrépitude plutôt que divinité antique, cette déesse lunaire crée une distorsion
temporelle : détourné, le passage temporel s'effectue du passé mythique vers un
présent historique.[94]

Temps historique : la durée profane

Insaisissable et irréversible, le temps historique a une connotation négative chez
les écrivains du XIXe siècle. Dans les textes de Baudelaire, il est souvent présenté
comme une créature monstrueuse et s'avère être le mal le plus redoutable.

« Tempus edax rerum »[95]

« Je pense quelques fois avec terreur au vol des années ; elles ne sont cependant
faites que d'heures et de minutes ; mais en perdant le temps on ne pense qu'aux

---

92 Jean-Claude Susini explique que « [...] c'est toujours le réservoir qui prémunit contre
la dispersion et /ou renferme le philtre, gage de concentration. ». A la lumière de cette
analyse, nous pouvons avancer que ce « réservoir de larmes » est un signe révélateur de
la détérioration de la guerrière. Voir son article « Les dispositifs de Concentration chez
Baudelaire : Géométrie de » La Vie antérieure » », *Nineteenth-Century French Studies*,
Volume 24, Numbers 1 & 2, Fall-Winter, 1995–1996, Fredonia NY, Editor T. H. Goetz,
State University of New York College at Fredonia, 1995, p. 112.

93 Gilbert Durand, *Les Structures anthropologiques de l'imaginaire*, *op.cit.*, p. 326.

94 Dans un autre poème, La lune est même engloutie dans le gouffre de l'ennui. Voir Charles
Baudelaire, « Le Possédé », *Les Fleurs du Mal*, tome I, p. 37.

95 Nous empruntons ce titre à Ovide. Voir *Les Métamorphoses*, *op.cit.*, Livre XV, v. 234–235,
p. 377 : « Ô temps insatiable, et toi, envieuse vieillesse, vous détruisez tout ».

fractions du temps et non à la somme totale ».[96] Ces propos que Baudelaire adresse à sa mère soulignent son angoisse vis-à-vis de la fuite du temps et l'inscrivent dans la lignée des grands écrivains romantiques. En effet, l'appréhension de l'inexorable fuite du temps est au centre de la pensée mythique de notre écrivain et les réflexions sur le temps funeste ainsi que sur la dissipation des « *minutes heureuses* » sont profondément développées dans son œuvre en vers comme en prose. C'est sur ce versant inquiétant du temps que nous nous interrogerons dans cette partie tout en démontrant les différentes modalités qu'il peut revêtir et qui augmenteront sans cesse son aspect profane et atroce.

Selon Pierre Emmanuel, « le Temps - cet autre nom du remords- est au travail comme la douleur essentielle, figurée, dans *Les Fleurs du Mal*, par tout ce qui ronge, corrode, fourmille, se nourrissant de ce qu'il défait ».[97] Cette analyse trouve son illustration parfaite dans un texte en vers intitulé « L'Irréparable ». Perceptible sous la forme d'un « long Remords », ce temps maléfique et irréversible commande l'ensemble du poème. Il est désigné comme une femme vicieuse et inassouvie ou encore comme un « *vieil ennemi* » qui nous « *ronge le cœur* » et se nourrit de notre sang[98] :

> *Pouvons-nous étouffer le vieux, le long Remords,*
> *Qui vit, s'agite et se tortille,*
> *Et se nourrit de nous comme le ver des morts,*
> *Comme du chêne la chenille ?*
> *Pouvons-nous étouffer l'implacable Remords ?*
>
> *Dans quel philtre, dans quel vin, dans quelle tisane,*
> *Noierons-nous ce vieil ennemi,*
> *Destructeur et gourmand comme la courtisane,*
> *Patient comme la fourmi ?*
> *Dans quel philtre, dans quel vin, dans quelle tisane ?*
> (Baudelaire, « L'Irréparable », *FM*, 54)

Plusieurs indices textuels dispersés tout au long du poème peuvent nous renseigner sur l'isomorphisme d'une animalité rongeuse et pernicieuse et les puissances néfastes du temps définies par un champ lexical de la dévoration comme le verbe

---

96   Charles Baudelaire, *Correspondance*, tome I, lettre à Mme Aupick datée du 19 février 1858, tome I, p. 452.

97   Pierre Emmanuel, *Baudelaire, la femme et Dieu*, Paris, Editions du Seuil, collection « Points », 1982, p. 90.

98   Nous faisons référence ici au dernier tercet de « l'Ennemi » : « *Ô douleur ! Ô douleur ! Le Temps mange la vie, / Et l'obscur Ennemi qui nous ronge le cœur / Du sang que nous perdons croît et se fortifie !* », *Les Fleurs du Mal*, tome I, p. 16.

« *se nourrir* » (v. 3) au sémantisme évocateur, les qualificatifs « *destructeur* » et « *gourmand* » (v. 7) ou encore les syntagmes qui désignent ces différentes manifestations animales : « *ver* » (v. 4) ; « *chenille* » (v. 5) ; « *fourmi* » (v. 9) et « *termite* » (v. 38). L'emploi d'un tel vocabulaire a pour effet de mettre l'accent sur l'aspect ravageur du temps vécu dont les atrocités deviennent d'autant plus frappantes vers la fin de la pièce :

> *L'Irréparable ronge avec sa dent maudite*
> *Notre âme, piteux monument*
> *Et souvent il attaque, ainsi que le termite,*
> *Par la base le bâtiment.*
> *L'Irréparable ronge avec sa dent maudite !*
> (Baudelaire, « L'Irréparable », *FM*, 55)

Comme les plaies causées par une animalité féroce, le temps, lui aussi, nous inflige des morsures perpétuelles, livrant notre âme à une douleur inguérissable. Dans le prologue des *Fleurs du Mal* se présente à nouveau cette assimilation entre l'Ennui considéré comme « manifestation suprême des ravages du temps dans une âme moderne »[99] et les incarnations animales hostiles homologuées aux sept péchés capitaux, dont l'activité, comme celle du temps, cause une destruction progressive :

> *Mais parmi les chacals, les panthères, les lices,*
> *Les singes, les scorpions, les vautours, les serpents,*
> *Les monstres glapissants, hurlants, grognants, rampants,*
> *Dans la ménagerie infâme de nos vices,*
>
> *Il en est un plus laid, plus méchant, plus immonde !*
> *Quoiqu'il ne pousse ni grands gestes ni grands cris,*
> *Il ferait volontiers de la terre un débris*
> *Et dans un bâillement avalerait le monde ;*
> *C'est l'Ennui ! –l'œil chargé d'un pleur involontaire,*
> *Il rêve d'échafauds en fumant son houka.*
> *Tu le connais, lecteur, ce monstre délicat,*
> (Baudelaire, « Au Lecteur », *FM*, 6)

Mais derrière ce rapprochement se dessine l'image archétypale de l'ogre qui, par son acte d'avalage directement convoqué au v. 36 n'est pas sans rappeler la figure mythique de Kronos. « Cet animal dévorant », écrit-Gilbert Durand, « semble être proche parent du Kronos grec, symbole de l'instabilité du temps destructeur,

---

99 Max Milner, « La Poétique de la chute chez Baudelaire » in *Regards sur Baudelaire, op.cit.*, p. 100.

prototype de tous les ogres du folklore européen. »[100] D'ailleurs, il faut ajouter que ce monstre est non seulement inquiétant par sa chronophagie mais aussi par son action de « *fum*[er] *son houka* ». Cet acte, en effet, ne fait que majorer les hostilités de cette créature maléfique puisqu'il alimente une rêverie menaçante et suggère par la dispersion de la fumée « l'évaporation » et la « déperdition » de l'esprit.[101]

Sur un ton ironique et macabre, la scène dans « Le Galant tireur » vient s'ajouter à ce tableau effrayant que représente la durée. L'équivoque sémantique et métaphorique que révèle l'expression « *tuer* le *Temps* » insiste sur la hantise d'une délivrance des ravages du temps dans sa double dimension matérielle et métaphysique :

> *Comme la voiture traversait le bois, il la fit arrêter dans le voisinage d'un tir, disant qu'il lui serait agréable de tirer quelques balles pour tuer le Temps. Tuer ce monstre-là, n'est-ce pas l'occupation la plus ordinaire et la plus légitime de chacun ?*
> (Baudelaire, « Le Galant tireur », *PPP*, 349)

Aussi bien pouvons-nous conclure que l'image du monstre dévorateur constitue une illustration exemplaire du temps chronologique dans la pensée mythique d'un écrivain comme Baudelaire. Mais il est une imagerie négative qui réactive et informe de manière exemplaire le caractère menaçant du temps historique à savoir celle de l'Horloge.

Dans « L'Examen de minuit » comme dans « L'Horloge » est frappante cette personnification de la pendule qui se déploie à plusieurs reprises dans notre corpus. Les deux textes expliquent comment l'imagination de l'écrivain fait de cet objet qui mesure le temps une créature impitoyable. Cette *Horloge* impose à l'âme, dans la première pièce, une épreuve morale ajoutant à l'angoisse du devenir, une crainte du péché :

> *La pendule, sonnant minuit,*
> *Ironiquement nous engage*
> *À nous rappeler quel usage*
> *Nous fîmes du jour qui s'enfuit :*
> (Baudelaire, « L'Examen de minuit », *FM*, 144)

Mais la vraie terreur qui émane de cet « […] examen de minuit » ne serait-elle pas plutôt cette allusion à la vanité de l'existence de l'être ? Une vanité qui s'avère accentuée par une ironie noire qui renvoie à son tour, à la fatuité de cette épreuve?

---

100 Gilbert Durand, *Les Structures anthropologiques de l'imaginaire, op.cit.*, p. 94.

101 Baudelaire évoque ce phénomène dans ses *Journaux intimes* : « Le goût de la concentration productive doit remplacer, chez un homme mûr, le goût de la déperdition.», « Fusé*es* », *op.cit.*, tome I, p. 649.

Car comme le souligne Mircea Eliade, « l'existence dans le Temps est ontologiquement une inexistence, une irréalité ».[102] À ce titre, le bilan de la journée exigé par la pendule ne serait, alors, qu'une preuve de notre inexistence.

Faisant du deuxième texte le poème ultime de la section « Spleen et Idéal », Baudelaire intensifie dans « L'Horloge » le pouvoir inexorable du temps personnifié sous les traits d'une divinité infâme et cruelle et qui, si l'on se réfère à l'analyse de John E. Jackson, « ne reprend de la divinité du Dieu judéo-chrétien [...] que la fonction impitoyable [...] d'un juge appelé à condamner à chaque sentence »[103] :

> *Horloge ! dieu sinistre, effrayant, impassible,*
> *Dont le doigt nous menace et nous dit :* [...]
>
> *« Remember ! Souviens-toi, prodigue ! Esto memor !*
> *(Mon gosier de métal parle toutes les langues.)*
> *Les minutes, mortel folâtre, sont des gangues*
> *Qu'il ne faut pas lâcher sans en extraire l'or !*
> (Baudelaire, « L'Horloge », FM, 81)

L'analyse de ces vers nous permet de déceler une condensation des puissances maléfiques de cette « Horloge ». En effet, la rêverie de Baudelaire associe à ce texte, tour à tour, des métaphores néfastes : un ennemi capable de planter le mal dans un cœur craintif (v. 3), un monstre vampirique qui absorbe peu à peu sa proie (v. 12), un « gosier » capable de lancer les menaces dans toutes les langues.[104] Toutefois, ces puissances maléfiques trouvent leur point culminant dans l'injonction « Souviens-toi » qui, répétée six fois tout au long du poème, traduit le mouvement répétitif et lancinant de l'Horloge. Cette prosopopée, comme le montre John E. Jackson, « renvoie aussi bien à l'écoulement du temps qu'au niveau, plus profond, d'un souvenir du néant ».[105]

> *Souviens-toi que le Temps est un joueur avide*
> *Qui gagne sans tricher, à tout coup ! c'est la loi.*
> *Le jour décroît ; la nuit augmente ; souviens-toi !*
> (Baudelaire, « L'Horloge », FM, 81)

102 Mircea Eliade, *Images et symboles, op.cit.,* p. 94.

103 John E. Jackson, *Souvent dans l'être obscur,* Rêves, capacité négative et romantisme européen, Paris, José Corti, 2001, p. 135.

104 Voir Charles Baudelaire, *Correspondance,* tome II, lettre à Jules Barbey d'Aurevilly datée du 9 juillet (1860 ?), p. 61 : « *Cher Vieux Mauvais Sujet,* Pensez à Moi ! *Remember, Esto memor ! Mon gosier de métal parle toutes les langues ;* C'est-à-dire que, quand j'ai un désir, je suis semblable à une horloge.—Il me semble que mon tic-tac parle toutes les langues. »

105 John E. Jackson, *La Mort Baudelaire, essai sur les Fleurs du Mal,* Langages Etudes Baudelairiennes-X Nouvelle Série-II, Collection dirigée par Marc Eigeldinger et Claude Pichois, Neuchâtel, Editions de la Baconnière, 1982, p. 34.

Ainsi, l'appel au souvenir prononcé par l'Horloge est vidé de son pouvoir évocatoire, car loin de ressusciter une temporalité affective, il ne fait que rappeler à l'homme sa condition misérable. La même idée et la même atmosphère morbide se rencontrent dans « La Chambre double ». L'on reconnaît dans ce texte une double constellation symbolique du temps dans ses deux acceptions : sacrée et profane. Or, les souvenirs ont plutôt partie liée avec la manifestation de la durée à la « *brutale dictature* ». Car présentés sous une métaphore infernale et accompagnés par tous les maux qui émanent d'une temporalité sinistre, ces souvenirs surgissent ici à cause de ce coup malfaisant à la porte qui, assimilé au coup de l'Horloge, met fin aux rêveries douces désignées par Mircea Eliade en tant que « stasis » ou comme « l'éternel présent intemporel »[106] :

> *Mais un coup terrible, lourd, a retenti à la porte, et comme dans les rêves infernaux, il m'a semblé que je recevais un coup de pioche dans l'estomac.* [...]
> *Oh !oui ! le Temps a reparu ; le Temps règne en souverain maintenant ; et avec le hideux vieillard est revenu tout son démonique cortège de Souvenirs, de Regrets, de Spasmes, de Peurs, d'Angoisses, de Cauchemars, de Colères et de Névroses.*
> *Je vous assure que les secondes maintenant sont fortement et solennellement accentuées, et chacune, en jaillissant de la pendule, dit :—« Je suis la Vie, l'insupportable, l'implacable Vie ! »*
> (Baudelaire, « La Chambre double », *PPP,* 281–282)

Ainsi, au lieu de perpétuer la temporalité mythique et affective qui dominait la « *chambre paradisiaque* », les souvenirs, au contraire, font pendant à un temps monstrueusement perverti par la chute dans le quotidien et dans le mal.[107] Aussi bien doit-on remarquer que la métaphore de la pendule participe de ce climat pesant et lugubre puisqu'elle laisse le poète en proie à un temps chronologique qui se vit déjà sur le mode de la soumission et de la damnation.

Dans une lettre adressée à sa mère, Baudelaire exprime sa peur vis-à-vis de la dégradation qui résulte de la fuite du temps et qui constitue pour lui «[s]a grande plaie ». Il explique dans le même passage qu' « il y a quelque état plus grave encore que les douleurs physiques, c'est la peur de voir s'user et péricliter, et disparaître, dans cette horrible existence pleine de secousses, l'admirable faculté poétique, la netteté d'idées et la puissance d'espérance qui constitue en réalité [s]on capital ».[108]

---

106 Mircea Eliade, *Images et symboles, op.cit.*, p. 106.

107 Selon Gabriella Violato, il s'agit de « l'intrusion violente » de la vie moderne. Voir son étude « Lecture de La Chambre double » in *Dix études sur Baudelaire*, réunis par Martine Bercot et André Guyaux, Paris, Honoré Champion, 1993, pp. 157–170.

108 Charles Baudelaire, *Correspondance*, tome I, lettre à sa mère datée du 20 décembre 1855, p. 327.

On trouve cette pensée dans un des poèmes du « Spleen » où s'accumulent des métaphores de la vétusté et de la décrépitude. La déchéance du poète à travers le temps est nettement perceptible à travers sa métamorphose en objets détériorés. L'image du « *meuble* » aux objets usés et entassés au v. 2 qui s'étale sur l'espace de trois vers se superpose à celle du « *vieux boudoir* » présenté comme un lieu de désordre et de confusion, mettant en évidence le poids accablant de ce passé dégénéré qui écrase l'écrivain :

> *J'ai plus de souvenirs que si j'avais mille ans.*
>
> *Un gros meuble à tiroirs encombré de bilans,*
> *De vers, de billets doux, de procès, de romances,*
> *Avec de lourds cheveux roulés dans des quittances,*
> *Cache moins de secrets que mon triste cerveau.*
> [...]
> *Je suis un vieux boudoir plein de roses fanées,*
> *Où gît tout un fouillis de modes surannées,*
> *Où les pastels plaintifs et les pâles Boucher,*
> *Seuls, respirent l'odeur d'un flacon débouché.*[109]
> (Baudelaire, « Spleen (*J'ai plus de souvenirs …*) », *FM*, 73)

Cette énumération combine désordre et discordance. Elle mêle de façon anarchique les préoccupations financières soulignées par l'image des « *quittances* » du v. 4 ainsi que l'amour et les sentiments présentés à travers les « *billets doux* » et les « *romances* » au v. 3, tous ravagés par le temps. De plus, ce poème semble former une chaîne associative avec le sonnet « Le Portrait » qui, lui aussi, illustre cruellement la force impitoyable du temps. Devant cet « *injurieux vieillard* » ailé, la magie de l'amour et celle de la poésie s'avèrent impuissantes. A peine pourrait-on percevoir leurs traits à travers ce portrait à demi effacé par le temps et qui ne dégage que plainte et douleur :

> *De ces baisers puissants comme un dictame,*
> *De ces transports plus vifs que des rayons,*
> *Que reste-t-il ? C'est affreux, ô mon âme !*
> *Rien qu'un dessin fort pâle, aux trois crayons,*
>
> *Qui comme moi, meurt dans la solitude,*
> *Et que le Temps, injurieux vieillard,*
> *Chaque jour frotte avec son aile rude …*
> (Baudelaire, « Le Portrait », *FM*, 40)

---

109 Charles Baudelaire, « Spleen (*J'ai plus de souvenirs …*) », *Les Fleurs du Mal*, tome I, p. 73.

Mais l'écrivain ne redoute pas seulement la détérioration et l'avilissement à travers le temps. Il y a, en effet, un autre aspect qui accentue la charge maléfique de son présent quotidien à savoir, l'immobilisation du temps qui fait de chaque minute une éternité. C'est sur cet aspect-là que Baudelaire semble s'interroger dans ses *Journaux intimes* lorsqu'il écrit : « On dit que j'ai trente ans ; mais si j'ai vécu trois minute en une … n'ai-je pas quatre-vingt-dix ans ? ».[110] Il ne faut pas cependant confondre cette distension de la durée avec l'éternité d'un temps mythique puisqu'il s'agit ici d'une distension inféconde et paralysante incarnée par les « *boiteuses journées* » :

> *Rien n'égale en longueur les boiteuses journées,*
> *Quand sous les lourds flocons des neigeuses années*
> *L'ennui, fruit de la morne incuriosité,*
> *Prend les proportions de l'immortalité.*
> (Baudelaire, « Spleen (*J'ai plus de souvenirs …*) », *FM*, 73)

La lenteur du temps est également suggérée par l'image du fruit dont la maturation est tellement alanguie qu'elle prend « *les proportions de l'immortalité* » et qui traduit parfaitement la notion de l'ennui. Voilà pourquoi le poète se sent immobilisé par l'arrêt d'un devenir temporel stérile dominé par l'ennui puisque celui-ci, si l'on se réfère à la formule de Paul Valéry, « est finalement la réponse du même au même. »[111] Mais c'est justement cette même monotonie accablante qui est à l'origine de sa mélancolie, comme l'illustre la pièce CXXVI des *Fleurs du Mal*. Ce poème écrit en février 1859 récapitule les tribulations d'une âme fuyant les atrocités du quotidien. Cette quête spirituelle prend, comme dans les mythes, la forme d'un voyage initiatique dont l'exemple le plus célèbre est sans doute *L'Odyssée*.[112] Or, le poète n'est pas de ceux qui, comme Ulysse, ont fait un bon voyage. Car frappé par une éternité inféconde, ce périple n'est, finalement, qu'une déception :

> *Amer savoir, celui qu'on tire du voyage !*
> *Le monde, monotone et petit, aujourd'hui,*
> *Hier, demain, toujours, nous fait voir notre image :*
> *Une oasis d'horreur dans un désert d'ennui !*
> (Baudelaire, « Le Voyage », *FM*, 133)

---

110 Charles Baudelaire, « Fusées », *Journaux intimes,* tome I, p. 663.
111 Paul Valéry, « Moralités », *Tel quel I,* Œuvres Complètes, tome II, édition établie et annotée par Jean Hytier, Paris, éditions Gallimard, collection « La Pléiade », 1960, p. 525.
112 On trouve, d'ailleurs, dans ce poème plusieurs allusions aux aventures d'Ulysse.

Dans « Le Masque », pièce inspirée par la statuette d'Ernest Christophe,[113] nous assistons à travers l'allégorie du masque à une nouvelle mise en scène de cette éternité paradoxale. Cette « *beauté parfaite* », marquée à la fin du poème par la griffe indélébile du temps, se fait désormais l'image universelle d'une souffrance inguérissable que les êtres humains éprouvent chaque jour :

> —*Mais pourquoi pleure-t-elle ? Elle, beauté parfaite*
> *Qui mettrait à ses pieds le genre humain vaincu,*
> *Quel mal mystérieux ronge son flanc d'athlète ?*
>
> — *Elle pleure, insensé, parce qu'elle a vécu !*
> *Et parce qu'elle vit ! Mais ce qu'elle déplore*
> *Surtout, ce qui la fait frémir jusqu'aux genoux,*
> *C'est que demain, hélas ! il faudra vivre encore !*
> *Demain, après-demain et toujours !—comme nous !*
>
> (Baudelaire, « Le Masque », *FM*, 23)

En mettant l'accent sur cette multiplication incessante du temps soulignée par la locution « *Demain, après –demain et toujours !* », le poète nous révèle le côté stagnant et pétrifiant de cette éternité latente. C'est « lorsqu'il n'est plus un véhicule pour réintégrer une situation primordiale, et pour retrouver la présence mystérieuse des dieux » explique Mircea Eliade, « lorsqu'il est désacralisé, [que] le Temps cyclique devient terrifiant. Il se révèle comme un cercle tournant indéfiniment sur lui-même, se répétant à l'infini ».[114]

Temps mortifiant et angoissant

Si le temps historique se désacralise et se dilate à l'infini pour peser sur la conscience de l'âme, il arrive parfois que sa désacralisation définitive, comme le montre Mircea Eliade, s'exprime sous l'évocation d'« une durée précaire et évanescente qui mène irrémédiablement à la mort ».[115] Ainsi en est-il dans le « Goût du néant » où se traduit la hantise du vide qui torture l'homme en proie aux atrocités du temps et où tout est vectorisé vers la mort et le désespoir.

> *Morne esprit, autrefois amoureux de la lutte,*
> *L'Espoir, dont l'éperon attisait ton ardeur,*
> *Ne veut plus t'enfourcher ! Couche-toi sans pudeur,*
> *Vieux cheval dont le pied à chaque obstacle bute.*

---

113 Baudelaire fait référence à ce poème dans son « Salon de 1846 ». Voir, « Salon de 1846 », *Critique d'art*, tome II, pp. 678–679.

114 Mircea Eliade, *Le Sacré et le profane, op.cit.,* p. 95.

115 Mircea Eliade, *Le Sacré et le profane, op.cit.,* p. 100.

Résigne-toi, mon cœur ; dors ton sommeil de brute.

Esprit vaincu, fourbu ! Pour toi, vieux maraudeur,
L'amour n'a plus de goût, non plus que la dispute ;
Adieu donc, chants du cuivre et soupirs de la flûte !
Plaisirs, ne tentez plus un cœur sombre et boudeur !
(Baudelaire, « Le Goût du néant », *FM*, 76)

Au glorieux passé d'un esprit « *amoureux de la lutte* » et à sa fierté combative s'oppose la déchéance présente d'une âme « *vaincue* » et « *fourbue* ». L'ennemi triomphant qui est le temps lui ôte toute valeur positive : les plaisirs traditionnels du guerrier ainsi que la bataille et l'amour n'ont plus de goût pour ce « *cœur sombre et boudeur* » que rien, désormais ne stimule. La dépossession de toute joie simple est révélée au lecteur par ce beau vers où « *le Printemps adorable a perdu son odeur !* ». Notons que c'est à la fin de ce poème que se condensent les pouvoirs maléfiques que la pensée mythique attribue au devenir mortel : le Temps n'est pas seulement cet ennemi qui use l'esprit et lui impose les impuissances de la vieillesse, mais il est plutôt cette force inexorable qui pétrifie sa proie et l'absorbe dans le gouffre de la mort.

Et le Temps m'engloutit minute par minute,
Comme la neige immense un corps pris de roideur ;
Je contemple d'en haut le globe en sa rondeur
Et je n'y cherche plus l'abri d'une cahute.
Avalanche, veux-tu m'emporter dans ta chute ?
(Baudelaire, « Le Goût du néant », *FM*, 76)

L'image de la cahute, que l'être consent à ne plus chercher, rappelle celle de la dernière auberge d'une pièce voisine qui, elle aussi, échoue dans sa fonction protectrice comme havre de paix puisqu'elle est placée sous le signe d'une temporalité redoutable. Toutefois, cette durée funeste, incarnée par l'horloge dans le dernier quatrain, ne fait qu'augmenter les angoisses de l'homme devant la mort inévitable : symbole d'une fatalité cruelle, elle s'empare totalement de sa vie et de sa destinée et ne lui laisse aucune promesse de salut :

« *Tantôt sonnera l'heure où le divin Hasard,*
Où l'auguste Vertu, ton épouse encore vierge,
Où le Repentir même (oh ! la dernière auberge !)
Où tout te dira : Meurs, vieux lâche ! il est trop tard !»
(Baudelaire, « L'Horloge », *FM*, 81)

Mais dans cette atmosphère funèbre régie par la tyrannie du temps apparaissent des motifs du filage et du tissage qui selon Gilbert Durand sont associés aux puissances de la fatalité et de la mort.[116] Tel est l'exemple du « *canevas banal de nos piteux destins* » déterminé à l'avance par « *le Diable qui tient les fils qui nous remuent* »,[117] « *de l'écheveau du temps* »[118] qui se dévide dans « De profundis clamavi » ou encore celui du « *rétiaire infâme* », symbole des menaces hostiles du temps :

> *Faut- il partir ? rester ? Si tu peux rester, reste ;*
> *Pars, s'il le faut. L'un court et l'autre se tapit*
> *Pour tromper l'ennemi vigilant et funeste,*
> *Le Temps ! Il est, hélas ! des coureurs sans répit,*
>
> *Comme le Juif errant et comme les apôtres,*
> *À qui rien ne suffit, ni wagon ni vaisseau,*
> *Pour fuir ce rétiaire infâme […]*
> (Baudelaire, « Le Voyage », *FM*, 133)

On pourrait croire que Baudelaire, par les occurrences symétriques du Juif errant et des apôtres, a voulu suggérer que devant le Temps, la foi religieuse n'est d'aucun secours. Il semble en réalité qu'il ait voulu opposer ce pouvoir divin à celui des Moires homériques, déesses de la destinée qui tissent et coupent le fil des vies humaines puisque le temps, « *Noir assassin de la Vie et de l'Art* »,[119] finit par « *mettr*[e] *le pied sur notre échine* ».

Présentées comme des « *Antiques et capricieuses Sœurs du Destin* » ou encore comme des « *Mères bizarres de la joie et de la douleur* », les fées de la pièce XX en prose ne sont pas sans évoquer le mythe des Parques. Dans la légende, ces divinités du destin sont présentées en tant que trois sœurs qui président à trois différentes étapes de la vie humaine : la naissance, le mariage et la mort. « Les trois Parques », rapporte Pierre Grimal, « étaient représentées, sur le forum, par trois statues que l'on appelait couramment les Trois Fées »,[120] or ces divinités apparaissent chez notre écrivain sous deux catégories : les unes ont « *l'air sombre et rechigné* », les autres, « *un air folâtre et malin* ». Les unes ont toujours été vieilles, les autres ont toujours été jeunes. « Figures féminines fatidiques, qui interviennent de façon privilégiée à la naissance »,[121] leur présence a pour but de mettre l'accent sur la

---

116 Gilbert Durand, *Les Structures anthropologiques de l'imaginaire*, *op.cit.*, p. 369.
117 Charles Baudelaire, « Au Lecteur », *Les Fleurs du Mal*, tome I, p. 6.
118 Pierre Brunel suggère la présence du mythe de Corè, la troisième parque dans ce poème. Voir son analyse in *Charles Baudelaire, Les Fleurs du Mal, entre « Fleurir » et « défleurir »*, *op.cit.*, p. 173.
119 Charles Baudelaire, « Le Portrait », *Les Fleurs du Mal*, tome I, p. 40.
120 Pierre Grimal, *Dictionnaire de la Mythologie grecque et romaine*, *op.cit.*, pp. 347–348.
121 Sylvie Ballestra-Puech, *Les Parques, Essai sur les figures féminines du destin dans la littérature occidentale*, Toulouse, Editions Universitaires du Sud, 1999, p. 62.

faiblesse de l'homme devant leurs décisions à la fois capricieuses et irrémédiables dont le déroulement fatal demeure pour lui un mystère :

> *Ainsi la puissance d'attirer magnétiquement la fortune fut adjugée à l'héritier unique d'une famille très riche, qui, n'étant doué d'aucun sens de charité, non plus que d'aucune convoitise pour les biens les plus visibles de la vie, devait se trouver plus tard prodigieusement embarrassé de ses millions. [...] J'ai oublié de vous dire que la distribution, en ces cas solennels, et sans appel, et qu'aucun don ne peut être refusé.*
> (Baudelaire, « Les Dons des fées », *PPP,* 306)

Mais ce qui nous frappe ici est que les décisions de ces divinités n'ont pas vraiment le poids des vrais *fata* puisqu'elles se cristallisent sous la forme « d'une grâce accordée à celui qui n'avait pas encore vécu, une grâce pouvant déterminer sa destinée et devenir aussi bien la source de son malheur que de son bonheur » et non pas comme des lois imposées aux nouveau-nés, la chose qui confère à leur acte un aspect gratuit et absurde. De plus, ces éléments du récit qui sont disséminés dans le texte et qui ébranlent le caractère prophétique[122] des fées ne nous permettent pas de considérer ce poème plutôt comme une *parodie*[123] du mythe des Parques ? En effet, Baudelaire procède ici à une réécriture du récit originel sous mode de parodie par un glissement de valeurs accordées aux figures antiques de la destinée. Ce processus est d'autant plus révélateur par l'interpellation de la fée comme une « *Madame* » ou encore par sa soumission « *à la terrible loi du Temps* » suggérant, par la suite, une analogie entre celle-ci et l'être humain.

> *En vérité, elles étaient aussi ahuries que des ministres un jour d'audience, ou des employés du Mont-de-Piété quand une fête nationale autorise les dégagements gratuits. Je crois même qu'elles regardaient de temps à autre l'aiguille de l'horloge avec d'autant d'impatience que des juges humains qui, siégeant depuis le matin, ne peuvent s'empêcher de rêver au dîner, à la famille et à leurs chères pantoufles.*
> (Baudelaire, « Les Dons des fées », *PPP,* 306)

Cependant, cette parodie du mythe laisse transparaître, plus que tout, l'intention du poète, qui est d'euphémiser les pouvoirs maléfiques du Destin pour faire de ces « *déités impalpables* » que la pensée mythique associe au devenir, « *telles que les Fées, les Gnomes, les Salamandres, les Sylphides, les Sylphes, les Nixes, les Ondins et les Ondines* » des « *amies de l'homme* ».

---

122 Suivant la typologie des fées proposée par Sylvie-Ballestra Puech, nous classons les fées de Baudelaire dans la catégorie des fées prophétiques. « Les fées comme les Fata sont celle qui parlent et dont la parole est fatidique. », Voir *Les Parques, Essai sur les figures féminines du destin dans la littérature occidentale, op.cit.,* pp. 62–64.

123 Nous employons le terme de Gérard Genette dans son sens le plus large à savoir toute transformation ou transposition ludique mais non satirique d'un texte antérieur.

Afin d'oublier la puissance inexorable du temps qui pèse sur lui et le menace où qu'il soit « *sur les marches d'un palais, sur l'herbe verte* [ou] *dans la solitude morne de* [s]*a chambre* »,[124] le poète a recours à l'ivresse, négation du temps chronologique qu'incarne tout élément cosmique ou force naturelle. Pour Alain Montandon, la répétition « a partie liée avec le temps et le plaisir. [Elle] tend à annuler ou suspendre la temporalité, [...] elle fantasme l'éternité comme elle rêve l'identité ».[125] Ainsi, la répétition de l'impératif « Enivrez-vous » tout au long du poème favorise l'abolition de « *l'horrible fardeau du Temps* » et l'instauration d'une temporalité de délices : « *Il est l'heure de s'enivrer ! Pour n'être pas les esclaves martyrisés du Temps, enivrez-vous ; enivrez-vous sans cesse ! De vin, de poésie ou de vertu, à votre guise* ».[126]

Mais comme en témoignent *les Paradis Artificiels*, cette éternité de délices est précaire. À long terme, l'ivresse s'avère incapable de combattre les assauts ravageurs du temps et de reconstruire une temporalité mythique capable de retrouver le paradis perdu. « Ce n'est qu'à la condition d'être rejeté dans un lointain temporel » explique Ernest Cassirer, « d'être relégué dans les profondeurs du passé, qu'un contenu peut apparaître non seulement posé comme sacré et important pour le mythe et la religion, mais aussi en tant que tel justifié ».[127] C'est l'expérience de l'anamnèse qui permettra au poète de dépasser les limites du temps profanateur et de restituer l'univers du « *vert paradis des amours enfantines* ».

Le mythe de l'âge d'or

La nostalgie de l'âge d'or manifeste la croyance que la perfection se situe dans les premiers temps de l'humanité. Pierre Laforgue, pour sa part, souligne la présence d'un véritable cycle de l'origine[128] dans les poèmes de Baudelaire.

---

124 Charles Baudelaire, « Enivrez-vous », *Petits Poèmes en prose*, tome I, p. 337.

125 Alain Montandon, Salaheddine Chaouachi, *La Répétition*, Clermont-Ferrand, Association des Publications de la Faculté des Lettres et Sciences Humaines de Clermont-Ferrand, 1994, p. VII.

126 Charles Baudelaire, « Enivrez-vous », *op.cit.*, p. 337.

127 Ernst Cassirer, *La Philosophie des formes symboliques*, *op.cit.*, p. 133. Voir aussi Danièle Chauvin, « Mythe et Mémoire » in *Question de Mythocritique, op.cit.*, p. 230 : « [le mythe et la mémoire], tous deux portent, donc, témoignage de l'identité et de la permanence dans le flux temporel, de la lutte de l'homme contre l'écoulement du temps, [...] ».

128 Il s'agit de quatre poèmes : « *J'aime le souvenir de ces époques nues* », « La Vie antérieure », « Bohémiens en voyage » et « La Géante ». Voir son article « Figure et poétique de l'Origine dans *Les Fleurs du Mal* » in *Littérature et origine*, Actes du colloque international de Clermont-Ferrand, 17–18–19 novembre 1993, sous la direction de Simone Bernard-Griffiths, présentation par Christian Croisille, St-Genouph, Nizet, 1997, p. 72.

Dans cette étape de notre travail, nous examinerons ce processus de *regressus ad originem* chez l'écrivain ainsi que les procédés et les images qui lui sont associés.

Le temps des paradis perdus de l'enfance

S'inscrivant dans la lignée de ses prédécesseurs, Baudelaire rapporte que « tout poète lyrique, en vertu de sa nature, opère fatalement un retour vers l'Eden perdu ».[129] Ce désir qui ne cesse d'alimenter la rêverie de plusieurs écrivains est dû, en premier, à cette sacralité qui émane de ce lieu offrant la possibilité d'être immergé à nouveau dans le Grand Temps des commencements. Mais si cet espace de béatitude est, souvent, imaginé sous les auspices d'une temporalité biblique, l'imagerie de l'Eden baudelairien, en dépit des *Paradis artificiels*, s'inscrit dans un autre registre temporel puisque c'est dans le monde de l'enfance que le poète tente de retrouver son paradis perdu. Pour lui, ce paradis se définit comme un espace-temps idyllique qui correspond le plus souvent à celui de l'enfance reflétant, donc, une époque mythique où rien n'avait encore subi la dégradation consécutive à la chute.

Dans « L'Invitation au voyage », l'imagination poétique recrée le paradis de l'enfance à travers une rêverie d'évasion. La douceur euphorique et la quiétude totale du cadre se conjuguent parfaitement dans l'heureuse formule de « *luxe, calme et volupté* » qui scande le poème et fait surgir l'essence féminine de ce pays de rêve :

> *Mon enfant, ma sœur,*
> *Songe à la douceur*
> *D'aller là-bas vivre ensemble !*
> *Aimer à loisir,*
> *Aimer et mourir*
> *Au pays qui te ressemble !*
> [...]
> *Là, tout n'est qu'ordre et beauté,*
> *Luxe, calme et volupté.*
> (Baudelaire, « L'Invitation au voyage », *FM*, 53)

La féminisation de ce paysage utopique, suggéré au vers 6 par l'expression « *pays qui te ressemble* », crée un cadre propice au surgissement des rêveries de l'enfance. La volupté sensuelle à laquelle l'enfant goûte tout au long de la pièce rappelle bien l'imagerie d'une intimité maternelle. Ainsi, nous pouvons considérer cette invitation au voyage *ad originem*, adressée à l'enfant, comme un probable retour au sein maternel.

---

129 Charles Baudelaire, « Sur mes contemporains : Théodore de Banville », *Critique littéraire*, tome II, p. 165.

En se basant sur la psychanalyse de Freud, Mircea Eliade souligne que « le vrai primordial est le primordial humain, la première enfance ». « L'enfant, [ajoute-t-il] vit dans un temps mythique, paradisiaque ».[130] Il n'est donc pas étonnant d'insister ici sur l'importance de cette période dans l'écriture et la pensée baudelairienne. Aussi, le retour à cet âge innocent et heureux chez lui est-il souvent imprégné de nostalgie comme le démontre ce passage :

> *Comme vous êtes loin, paradis parfumé,*
> *Où sous un clair azur tout n'est qu'amour et joie,*
> *Où tout ce que l'on aime est digne d'être aimé,*
> *Où dans la volupté pure le cœur se noie !*
> *Comme vous êtes loin, paradis parfumé !*
>
> *Mais le vert paradis des amours enfantines,*
> *Les courses, les chansons, les baisers, les bouquets,*
> *Les violons vibrant derrière les collines,*
> *Avec les brocs de vin, le soir, dans les bosquets,*
> *—Mais le vert paradis des amours enfantines,*
> (Baudelaire, « Moesta et Errabunda », *FM,* 63–64)

Transposant son paradis à l'époque des « *amours enfantines* » et occultant la présence de la figure de l'Archange dans ce versant, Baudelaire est loin de se référer à la configuration archétypale de l'Eden. Nous pouvons rapprocher sa réflexion plutôt, en ce sens, avec la pensée de Freud et celle de Schopenhauer où ce dernier explique que « [...] l'enfance est le temps de l'innocence et du bonheur, le paradis de la vie, l'Eden perdu, vers lequel, durant tout le reste de notre vie, nous tournons les yeux avec regret ».[131] Cette nostalgie de l'enfance, comme nous l'avons déjà vu, apparaît chez notre écrivain comme l'expression d'une nostalgie plus profonde à savoir celle de l'âge d'or. Les senteurs de ce « *paradis parfumé* », qui s'ajoutent aux musiques et aux délices consommés « *le soir dans les bosquets* », permettent de restituer la trame temporelle d'un passé prospère et mythique. Les résonances de cet état de plaisir se poursuivent dans le même poème ayant cette fois-ci une portée autobiographique. La citation des moyens de transport maritimes, comme le wagon et la frégate aux premiers vers, ainsi que l'allusion à l'Inde et à la Chine évoquent la nostalgie des paysages

---

130 Mircea Eliade, *Aspect du mythe, op.cit.,* p. 100.
131 Arthur Schopenhauer, *Le Monde comme volonté et comme représentation,* traduit en français par A. Burdeau, (1966), Paris, PUF, 2004, p. 1125.

lointains que Baudelaire aurait pu connaître dans son voyage interrompu à l'île Maurice[132] :

> L'innocent paradis, plein de plaisirs furtifs,
> Est-il déjà plus loin que l'Inde et que la Chine ?
> Peut-on le rappeler avec des cris plaintifs,
> Et l'animer encor d'une voix argentine,
> L'innocent paradis plein de plaisirs furtifs ?
>
> (Baudelaire, « Moesta et Errabunda », FM, 64)

Si la magie poétique est un outil indispensable à l'écrivain dans sa quête des temps paradisiaques, il arrive parfois que cette magie se heurte à l'obstacle du réel puisque la réintégration à la plénitude initiale des temps des commencements se fait ici par le biais des « cris plaintifs ». Or en évoquant cet « innocent paradis » par de tels cris, Baudelaire ne voudrait-il pas plutôt mettre l'accent sur la déception de l'adulte qui a perdu son ivresse perpétuelle devant la splendeur de l'Univers ? Afin de répondre à cette question, nous renvoyons à cette séquence, extraite du poème ultime de la session « La Mort », où cette idée se fait plus précise :

> Pour l'enfant, amoureux de cartes et d'estampes,
> L'univers est égal à son vaste appétit.
> Ah ! que le monde est grand à la clarté des lampes !
> Aux yeux du souvenir que le monde est petit !
>
> (Baudelaire, « Le Voyage », FM, 129)

Dans sa critique d'art, Baudelaire explique que « rien ne ressemble plus à ce qu'on appelle l'inspiration que la joie avec laquelle l'enfant absorbe la forme et la couleur ».[133] Il s'avère, donc, que seul l'enfant est capable de « voir tout en nouveauté » car devenu grand, rien ne lui donnera la joie d'autrefois. Toute tentative de remémoration est vouée à l'échec puisque le monde évoqué est désormais « petit » pour son aspiration d'adulte.

---

132 Nous pouvons dire d'une façon approximative que le poème a été composé cinq ans après ce voyage qui a eu lieu en Juin 1841. Pour Claude Pichois la date de composition de ce poème est méconnue. Il cite Felix Leakey qui évoque une date de composition située entre 1845–1847. Voir Claude Pichois, l'Atelier de Baudelaire : « Les Fleurs du Mal », édition diplomatique, tome I, op.cit., p. 354.

133 Charles Baudelaire, « Le Peintre de la vie moderne », Critique d'art, tome II, p. 690. Voir à ce sujet le commentaire qu'il développe autour des Confessions d'un mangeur d'opium de Thomas de Quincey : « les enfants sont, en général, doués de la singulière faculté d'apercevoir, ou plutôt de créer, sur la toile féconde des ténèbres, tout un monde de visions bizarres. Cette faculté, chez les uns, agit parfois sans leur volonté. Mais quelques autres ont la puissance de les évoquer ou de les congédier à leur gré », « Un mangeur d'opium », Les Paradis artificiels, tome I, p. 480.

Nous pouvons conclure que la transposition de la scène dans le temps idyllique de l'enfance ne constitue pas forcément une promesse de l'éternel bonheur pour l'écrivain. Autrement dit, pour réaliser son immersion totale dans le temps des états paradisiaques, Baudelaire a besoin, avant tout, de récupérer le « *génie* » d'enfance. Car, pour lui, l'enfance est cette phase durant laquelle le rêve et l'imagination trouvent leur plein essor. Mais la rêverie baudelairienne est aussi alimentée par des souvenirs issus de sa propre jeunesse qui inscrivent sa poésie, cette fois-ci, dans une temporalité mythique à la coloration exotique.

Temps primordial et exotisme

La quête d'un temps merveilleux des états paradisiaques se concrétise d'une façon générale par un espace-temps marqué par la surabondance naturelle et par l'expérience d'une totalité harmonieuse. Mircea Eliade fait remarquer que « le mythe du Paradis perdu survit encore dans les images de l'Ile paradisiaque et du paysage édénique : territoire privilégié où les lois sont abolies, où le Temps s'arrête ».[134] De ce point de vue, aucun texte n'est plus révélateur que le « Parfum exotique » qui atteste de la présence d'un temps mythique de l'origine due aux réminiscences d'un univers exotique :

> Quand, les deux yeux fermés, en un soir chaud d'automne,
> Je respire l'odeur de ton sein chaleureux,
> Je vois se dérouler des rivages heureux
> Qu'éblouissent les feux d'un soleil monotone ;
>
> Une île paresseuse où la nature donne
> Des arbres singuliers et des fruits savoureux ;
> Des hommes dont le corps est mince et vigoureux,
> Et des femmes dont l'œil par sa franchise étonne.
> (Baudelaire, « Parfum exotique », *FM*, 25)

Ce poème s'ouvre sur un paysage édénique enraciné dans un temps immobile et voluptueux. En témoigne tout un effort syntaxique remarquable à travers la longue phrase qui s'étale sur l'espace de deux strophes et qui vise à suggérer cette sensation de fluidité et de nonchalance. Mais ce qui semble caractériser l'exotisme chez Baudelaire est cette puissance magique du parfum féminin qui recrée un éternel présent. En effet, l'odeur de la femme semble supprimer la durée profane et instaurer le temps sacrée. Les paysages qu'elle évoque ne connaissent ni la nuit, ni le froid,

---

134 Mircea Eliade, *Mythes, rêves et mystères, op.cit.*, p. 33.

et se succèdent sans limites spatiale ou temporelle traduisant, alors, cette tendance à retrouver le temps primordial.

La rêverie des origines se poursuit dans la pièce XII des *Fleurs du Mal* qui présente le rêve nostalgique d'un Eden perdu, connu peut-être dans une autre existence :

> *J'ai longtemps habité sous des vastes portiques*
> *Que les soleils marins teignaient de mille feux,*
> *Et que leurs grands piliers, droits et majestueux,*
> *Rendaient pareils, le soir, aux grottes basaltiques.*
>
> *Les houles, en roulant les images des cieux,*
> *Mêlaient d'une façon solennelle et mystique*
> *Les tout-puissants accords de leur riche musique*
> *Aux couleurs du couchant reflété par mes yeux.*
>
> *C'est là que j'ai vécu dans les voluptés calmes,*
> *Au milieu de l'azur, des vagues, des splendeurs*
> *Et des esclaves nus, tout imprégnés d'odeurs,*
>
> *Qui me rafraîchissent le front avec des palmes,*
> *Et dont l'unique soin était d'approfondir*
> *Le secret douloureux qui me faisait languir.*
> (Baudelaire, « La Vie antérieure », *FM*, 17–18)

On peut voir dans ce sonnet paru dans la *Revue des Deux Mondes* le 1er Juin 1855 et dont la date de composition est inconnue, l'épanouissement d'« un syndrome paradisiaque de l'âge d'or »[135] chez Baudelaire. Que retenir de cette rêverie obsédante ? En premier, les images de l'opulence et de la profusion des vertus primitives comme celle des « *soleils marins* » ou encore des « *voluptés calmes* » souvent associées chez l'écrivain au cadre exotique. Ensuite, le vaste réseau d'analogie et de correspondances qui évoquent la synesthésie des sens : la « *riche musique* » de la houle se mêle aux « *couleurs du couchant* » pour instaurer cet état idéal qui rappelle celui de l'enfant libéré de tout souci dans « l'Invitation au voyage ».

Toutefois, il convient d'ajouter que ces échos ne désignent pas seulement cette harmonie sensorielle mais scandent aussi les relais d'une mémoire qui vise à compenser cette nostalgie d'une perfection idéale. Aussi l'emploi des deux locutions verbales « *j'ai longtemps habité* » et « *j'ai vécu* » manifeste l'effort obstiné à restituer ce temps idyllique d'autrefois. Si une telle interprétation est plausible, on devine la

---

135 Mircea Eliade, *La Nostalgie des Origines, op.cit.*, p. 172.

nature du « *secret douloureux* » qui clôt la pièce : ce sonnet exprime la nostalgie d'un paradis souhaité impossible à obtenir puisqu'il n'existe pas sur terre et ne peut être évoqué dans un présent actuel. De même, dans une autre pièce en vers se trouve cette opposition antithétique de l'âge d'or rêvé et du présent hostile vécu. Alors que la première partie évoque avec complaisance les richesses des « *époques nues* »[136] favorisées par l'affleurement de la divinité Cybèle, « *fertile en produits généreux* », comparée à une « *louve au cœur gonflé de tendresses communes* » qui fait songer à celle de Rémus et Romulus, la deuxième séquence de cette pièce nous montre le caractère illusoire et fugitif de l'idéal baudelairien dont la temporalité édénique et voluptueuse est remplacée par l'intensité douloureuse d'un réel présent :

> *Le Poète aujourd'hui, quand il veut concevoir*
> *Ces natives grandeurs, aux lieux où se font voir*
> *La nudité de l'homme et celle de la femme,*
> *Sent un froid ténébreux envelopper son âme*
> *Devant ce noir tableau plein d'épouvantement.*
> (Baudelaire, « *J'aime le souvenir de ces époques nues … » , FM*, 12)

Enfin, il apparaît que l'évocation d'un temps mythique de l'origine a partie lié, chez le poète, avec des réminiscences exotiques, alimentées par des visions oniriques. « Le rêve », explique Albert Béguin, « fut l'état primitif de l'homme, à l'âge d'or où il était encore le verbe de la nature, et cette pensée inconsciente des temps mythiques était révélation totale de la nature divine ».[137]

L'étude de la mythologie de l'Univers chez Baudelaire nous a révélé la présence d'un axe fondateur incarné par le binôme sacré/profane. Observer les différentes représentations spatiales qui s'offrent à nous dans sa poésie telles que l'espace clos incarné par la chambre et le foyer, l'espace maritime et céleste, le désert, le gouffre et les enfers, nous a permis de dégager une autre ramification qui structure cette géographie mythique en plusieurs entités dialectiques basées sur la clôture et l'ouverture ou encore sur l'élévation et l'ensevelissement et confirmant, alors, les propos de Léon Cellier où il souligne que « l'irrationnelle juxtaposition des contraires est la seule expression satisfaisante de l'extase que provoque l'expérience du sacré ».[138]

---

136 Charles Baudelaire, « *J'aime le souvenir de ces époques nues … » , Les Fleurs du Mal*, tome I, p. 11.

137 Albert Béguin, *L'Âme romantique et le rêve*, Paris, Editions José corti, le livre de poche, 1991, p. 115.

138 Léon Cellier, « D'une rhétorique profonde : Baudelaire et l'oxymoron », *Cahiers internationaux de symbolisme*, n° 8, Presses du Centre interdisciplinaire d'études philosophiques de l'Université de Mons, Mons, Belgique, 1965, p. 7.

Assimilée à l'espace chtonien ou encore au labyrinthe crétois, la topographie parisienne vient compléter cette géographie mythique. Il est vrai que cet espace urbain est représenté, avant tout, sous le signe d'une modernité qui vise à mettre en premier plan chez Baudelaire les déambulations d'une âme lyrique dans un « *Paris* [qui] *change* »[139] mais par son caractère hybride et indécis, ce cadre spatial ne fait que persister l'idée de la perte, apanage de la « dimension inconsciente »[140] de l'espace labyrinthique. Cette notion de perte trouve son point culminant avec les habitants de la ville, égarés dans la misère et rongés par un sentiment de déréliction et d'abandon qui les identifie aux damnés des Enfers.

Régi par cette constante dialectique incarnée par le sacré et le profane, la quiétude et l'angoisse, le temps dans notre corpus participe de cette double structuration. Alors que la nuit, valorisée positivement dans les écrits de Baudelaire et assimilée souvent à la créature féminine, est source d'apaisement, les figures lunaires, comme Diane et Hécate, imprègnent le texte d'une atmosphère menaçante et inquiétante et favorisent avec d'autres imageries négatives l'émergence de l'archétype maléfique du monstre dévorant qu'incarne une temporalité mutilante et accablante. Ainsi, le temps de la quiétude et de l'intimité qui fut annoncé par un nocturne doux et apaisant chez le poète, se trouve altéré par une historicité destructive qui est renforcée, comme le remarque Max Milner, par des catégories temporelles négatives dans la poésie de Baudelaire telles que « l'Irrémédiable » ou « L'Irréparable », signe d'une « détérioration subie »[141] dans le temps. Se dégage alors un désir de se régénérer dans un temps de l'origine imprégné par le « *luxe* », le « *calme* » et la « *volupté* », notions chères à notre écrivain. Si cette temporalité peut être ressuscitée dans un paradis perdu de l'enfance, la rêverie exotique chez Baudelaire évoque aussi le mythe de l'âge d'or puisque c'est dans l'état de la rêverie que le temps s'immobilise, se soustrait à toute historicité pour se prolonger dans un présent atemporel.

Dans une de ses études consacrées à la poésie baudelairienne, Max Milner rapporte qu'« espace et temps [sont] les deux dimensions de l'être en poésie ».[142] Or pour bien étudier le statut de l'être dans le texte baudelairien, il importe d'examiner, avant tout, la relation que le moi entretient avec l'autre puisque, composite et hétérogène, l'être, chez l'écrivain, ne constitue pas une unité à part, mais plutôt un amalgame de plusieurs fragments multiples qui renvoient aussi bien au sujet lyrique qu'à des figures mythiques.

---

139 Charles Baudelaire, « Le Cygne », *Les Fleurs du Mal,* tome I, pp. 86.
140 Gaston Bachelard, *La Terre et les rêveries du repos, op.cit.,* p. 211.
141 Max Milner, « La poétique de la Chute » in *Regards sur Baudelaire, op.cit.,* p. 101.
142 *Ibid.*

Confronter ces divers « biographèmes »[143] et « mythologèmes »[144] qui émergent dans le texte constitue le deuxième temps de notre étude, consacré à révéler la nature double de l'être chez l'écrivain et à examiner les rapports qu'il entretient simultanément avec le je du poète et l'avatar mythique.

---

143 Voir Roland Barthes, *La Chambre claire, note sur la Photographie*, Paris, Gallimard, Collection « Le Seuil », Cahiers du cinéma, 1980, p. 54 : « J'aime certains traits biographiques qui, dans la vie des écrivains, m'enchantent à l'égal de certaines biographies ; j'ai appelé ces traits des « biographèmes » ».

144 Voir Carl Gustav Jung, *La Guérison psychologique*, Genève Georg Editeur S.A., 1987, pp. 251–252 : « les « mythologèmes «, sur lesquels reposent en dernière analyse toutes les religions, sont au moins pour notre compréhension, l'expression d'événements intérieurs et d'expériences vécues de l'âme ; ils rendent possible par l' « *anamnésis* culturelle » l'établissement d'un rapport permanent entre le conscient et l'inconscient, ce dernier étant et demeurant la matrice première et toujours active des images originelles ».

DEUXIÈME PARTIE

Biographèmes et Mythologèmes : L'autre et Le Moi

CHAPITRE TROIS

Mythologie et sujet lyrique : le poète et ses doubles

Ô pauvre enfant au ciel, tu chanterais en vain :
Ils ne comprendraient pas ton langage divin.
—THÉOPHILE GAUTIER, « ADIEUX À LA POÉSIE », ESPAÑA

Dans son article consacré à l'étude des formes énonciatives dans *Les Fleurs du Mal*, John E. Jackson met l'accent sur le « caractère oratoire » de la poésie baudelairienne. Il fait remarquer que « quatre-vingt douze sur cent trente six des poèmes contiennent une interpellation ».[1] Or s'il affleure dans les vers de Baudelaire un régime énonciatif où apostrophes et interjections se superposent pour témoigner de la présence d'un sujet lyrique, il se trouve que ce sujet même est souvent dédoublé dans ses textes par différentes figures mythiques ou poétiques, en mutation permanente.

Les études qui se sont penchées sur le sujet lyrique chez Baudelaire[2] et les rapports qu'il entretient avec l'autobiographie ainsi que sur la multiplication des voix

---

1   John E. Jackson, « Le jeu des voix : de l'interpellation et de quelques autres formes énonciatives dans *Les Fleurs du Mal* », *L'Année Baudelaire n° 6. De la Belle Dorothée aux Bons Chiens*, Paris, Honoré Champion, 2002, p. 69.

2   Avec l'article précédent, nous citons celui de Simone Delesalle, « Je, l'autre, les autres », *Europe*, n° 456–457, avril–mai 1967, ainsi que « La référence dédoublée » de Dominique Combe in *Figures du sujet lyrique* sous la direction de Dominique Rabaté, Paris, PUF, 1996.

que ce sujet peut refléter dans les textes[3] sont nombreuses et nous n'envisageons pas de revenir sur ces analyses. Toutefois, il est un point essentiel qui retiendra notre attention puisqu'il va de pair avec notre lecture mythocritique de l'œuvre. Il s'agit, en effet, de la notion d' « idéalisation mythique du sujet empirique, [...] caractéristique du lyrisme en général ».[4]

Dans sa critique littéraire, Baudelaire écrit que « tout mode lyrique de notre âme nous contraint à considérer les choses non pas sous leur aspect particulier, exceptionnel, mais dans les traits principaux, généraux, universels ».[5] Il poursuit cette réflexion en mettant l'accent sur « [cette] commodité et [cette] beauté [que] le poète trouve dans les mythologies et dans les allégories ». Ainsi, nous constatons que lyrisme et mythe sont souvent liés dans la pensée d'un écrivain comme Baudelaire. Il n'est donc pas étonnant de relever chez lui de nombreuses figures mythiques formant une constellation dans ses textes et représentant comme autant de fragments de lui-même.

Assimilées et intégrées à l'expérience de l'écrivain et parfois même à son être, ces figures participent de ce « dépassement de la singularité [vers] l'exemplarité »,[6] mais opèrent, en même temps, un glissement de la mythologie du poème vers le poète qui, désormais, en fait le lieu de toute une métamorphose. Car comme le rappelle Gisèle Castellani, « le poète ne se borne pas à exercer une activité mimétique. Il engage dans cet exercice sa propre vision du monde, et déforme le modèle, modifie ses traits, altère sa signification. Loin d'adhérer au discours du mythe, il impose à un premier contenu, tel que le lui livre la tradition, sa propre lecture critique ».[7]

Ainsi, nous nous pencherons sur ces figures mythiques qui, par leur évolution dans le texte poétique, deviennent des doubles du sujet lyrique. Dans un souci de clarté, elles seront classées selon deux axes précis qui semblent bien déterminer leur fonctionnement dans l'œuvre. Dans un premier temps, nous étudierons les figures de l'inspiration poétique qui, marquées par une présence féminine, participent de l'émergence d'une voix, à la fois sienne et autre, au cœur de l'instance lyrique.

---

3   « Le sujet lyrique, c'est la voix de l'autre qui me parle, c'est la voix des autres qui parlent en moi, et c'est la voix même que j'adresse aux autres ». Voir Jean-Michel Maulpoix, « la quatrième personne du singulier. Esquisse de portrait du sujet lyrique moderne » in *Figures du sujet lyrique, ibid.*, p. 160.

4   Dominique Combe, « La référence dédoublée », *op.cit.* p. 58.

5   Charles Baudelaire, « Sur mes contemporains : Théodore de Banville » in *Critique Littéraire*, tome II, *op.cit.*, p. 165.

6   Nous empruntons ce titre à Pascale Auraix-Jonchière dans son analyse sur le lyrisme chez Barbey d'Aurevilly. Voir Jules Barbey d'Aurevilly, « Un palais dans un labyrinthe ». Poèmes, édition et essai de Pascale Auraix-Jonchière, Paris, Honoré Champion, 2000, Chapitre II, p. 203.

7   Gisèle Castellani, *Mythe de l'Eros baroque*, Paris, PUF, 1981, p. 25.

Ensuite sera envisagé le personnel mythique qu'il convient de considérer comme emblème de l'exil et de la marginalité dans le texte, puisqu'il symbolise le poète solitaire dans une société où il se sent en perpétuel exil.

Figures de la parole et de l'inspiration poétique

Dans la poésie de Baudelaire affleurent des figures de l'inspiration, issues des mythologies antiques, qui se font l'écho de la propre voix de l'écrivain. Si toute une tradition poétique tente souvent d'assimiler le sujet lyrique à une figure orphique,[8] nous allons voir que l'écriture baudelairienne révèle de manière prégnante la présence d'une instance lyrique, féminine et mythique, présentée par Sapho et les Muses antiques.

« De la mâle Sapho l'amante et le poète »[9]

« Homère féminin »[10] ou « Dixième Muse »,[11] Sapho est désignée par Baudelaire comme un « *éternel martyre* ».[12] Toutefois et en se situant plus près du texte

---

8   Nous ne nous dissocions pas de l'étude de Jean-Michel Maulpoix dans ses deux ouvrages respectifs : *La Voix d'Orphée*, Paris, José Corti, 1989 et *Du Lyrisme*, Paris, José Corti, 2000, mais l'absence onomastique de la figure orphique dans l'œuvre poétique de Baudelaire, (le poète cite Orphée uniquement dans ses *Paradis artificiels* p. 384 et p. 428, dans son *Salon de 1859* p. 635 et enfin dans *Les Mystères galants* p. 997) ainsi que l'absence des mythèmes essentiels de la légende d'Orphée tels que le regard interdit, la descente aux Enfers et enfin la présence d'Eurydice ont contribué à la limitation de notre choix. C'est pourquoi nous avons choisi d'étudier les figures mythiques de la parole poétique qui se manifestent pleinement dans le texte baudelairien à travers une (re)composition d'un schéma dynamique qui renvoie au récit d'origine.

9   Il s'agit du v. 56 du poème « Lesbos », *Les Fleurs du Mal*, tome I, p. 151.

10 Claude Pichois, *l'Atelier de Baudelaire :* « Les Fleurs du Mal », édition diplomatique, tome I, *op.cit.*, p. 675.

11 Selon Pierre Brunel, ce terme est employé par Swinburne dans ses *Sapphics*. Nous mentionnons ici la traduction citée par Pierre Brunel qui est d'Edith Mora dans son livre, *Sappho, histoire d'un poète et traduction intégrale de son œuvre*, Flammarion, 1948 : « Ah ! le chant, ah ! le plaisir, la passion ! / Tous les amours pleurèrent, à les entendre ; malade d'angoisse, / se tenaient autour d'Apollon les neuf Muses couronnées ; / La crainte planait sure elles, / Tandis que la dixième chantait des choses merveilleuses qu'elles ignoraient. / Ah, la dixième, la Lesbienne ! […] ». Pierre Brunel rapporte aussi que « Swinburne s'est inspiré d'une épigramme attribuée à Platon lui-même : Il y a neuf Muses, dit-on combien étourdiment ! / Voici encore Sapho de Lesbos, la dixième ! » Voir son livre *Baudelaire antique et moderne*, *op.cit.*, p. 22 ainsi que son article sur Sapho dans le *Dictionnaire des mythes féminins*, *op.cit.*, p. 1656.

12 Charles Baudelaire, « Lesbos », *op.cit.*, p. 151.

de notre écrivain, nous remarquons que non seulement Sapho incarne la femme tourmentée, mais qu'elle renvoie aussi par son activité poétique et son mal d'existence à l'image propre du poète.

Plutôt qu'une analyse qui risquerait de reprendre des études qui ont réduit l'histoire de la dixième Muse à sa sexualité, nous aimerions interroger la figure mythique de la poétesse dans son intégralité. Car si les analyses visant à définir Sapho comme figure emblématique du lesbianisme[13] antique abondent, on constate que la question de Sapho poète est moins circonscrite. Comment évolue la figure mythique de la poétesse antique dans les vers de Baudelaire ? Quelles sont les caractéristiques qui font d'elle un double de notre écrivain ?

Les critiques qui ont été consacrées à Sapho soulignent l'ambiguïté et la complexité de cette figure mythique. En dépit de la polysémie et de la divergence des scénarios auxquels cette figure se révèle intimement associée, on ne peut manquer de s'attarder sur le fait que l'on a peu d'informations sur sa vie, comme le fait remarquer Ellen Greene : « curiosity about Sappho over the centuries has been fueled by the fragmentary condition of her poems, the lack of any concrete information about her life, and the implications of homoeroticism in her work ».[14] Pour Nicole Albert, « [Sapho] est doublement un mythe littéraire car [elle est] à la fois auteur d'une œuvre et objet de littérature ».[15] C'est justement cet aspect duel de Sapho qui retient notre attention, puisqu'il constitue un élément fondamental dans la palingénésie du mythe chez notre poète.

Dans sa critique d'art, Baudelaire ne cache pas sa grande admiration pour l'« ouvrage remarquable » d'Honoré Daumier[16] où celui-ci « s'est abattu brutalement

---

13 Voir à ce propos *Sappho, Poèmes,* traduit du Grec et présenté par Jackie Pigeaud, Paris, éditions Payot & Rivages, 2004, p. 13 où Jackie Pigeaud écrit : « Deux mots de l'homosexualité de [Sappho]. Pour moi elle est évidente, de même que sa bisexualité. Elle s'est mariée ; elle a eu une fille, Kléis. Si c'est la même Sappho, elle a aimé Phaon, au point de mourir. »

14 Ellen Greene, *Reading Sappho, contemporary approaches,* California, University of California Press, 1996, p. 1 :« La curiosité qu'a suscitée Sapho, à travers les siècles, a été alimentée par la condition fragmentaire de ses poèmes, par l'absence de toute information concrète sur sa vie et par les implications de son homoérotisme dans son œuvre ». Nous traduisons.

15 Nicole Albert, « Sappho décadente : réécriture d'un mythe ou réécriture d'une œuvre ? » in *Mythes de la décadence,* sous la direction de Alain Montandon, Clermont-Ferrand, Presses Universitaires Blaise Pascal, 2001, p. 87.

16 On retrouve ces mêmes propos dans son étude « Quelques caricaturistes français », voir Charles Baudelaire, *Critique d'art,* tome II, pp. 553–554.

sur l'antiquité et la mythologie, et a craché dessus »,[17] et pourtant l'écrivain des *Petits Poèmes en Prose* ne semble pas partager le jugement que le caricaturiste porte sur « la brûlante Sapho, cette patronne des hystériques ».[18]

En effet, l'œuvre poétique de Baudelaire nous permet d'observer la « valorisation primaire »[19] accordée à la Muse hellène qui « consiste plutôt à augmenter son mérite ou sa valeur symbolique ».[20] Ce processus de valorisation, « fonction d'un travail sur un épisode, [...] qui souligne l'importance de la dimension narrative attaché à la figure mythique »,[21] est au cœur du poème « Lesbos », une pièce en vers mettant en récit le drame de Sapho qui parut pour la première fois en 1850 dans l'anthologie intitulée *Les poëtes de l'amour, recueil des XVe, XVIe, XVIIe, XVIIIe et XIXe siècles, précédé d'une introduction par M. Julien Lemer* chez Garnier Frères. Ce quatre-vingtième poème des *Fleurs du Mal*[22] retiendra d'autant plus l'attention sept ans plus tard qu'il fera partie des six pièces condamnées de l'édition éditée par Poulet-Malassis et De Broise le 21 juin 1857 et sera donc supprimé comme il est dit dans une lettre envoyée à Flaubert[23] cinq jours après le procès des *Fleurs du Mal*.

Mais si la pièce s'ouvre sur les orgies des habitants de l'île de Lesbos « *où les Phrynés l'une l'autre s'attirent* »,[24] il convient de préciser qu'il n'est pas uniquement question des « mœurs de tribades »[25] si l'on reprend le terme du procureur général

---

17   Charles Baudelaire, « L'Ecole païenne », *Critique littéraire*, tome II, p. 46.

18   *Ibid.*

19   Gérard Genette, *Palimpsestes. La Littérature au second degré*, Paris, Editions du Seuil, 1982, p. 491.

20   *Ibid.*

21   Véronique Léonard-Roques, « Figures mythiques, mythes, personnages, quelques éléments de démarcation » in *Figures mythiques, fabriques et métamorphoses*, études réunies et présentées par Véronique Léonard-Roques, Clermont-Ferrand, Presses Universitaires Blaise Pascal, 2008, p. 34.

22   Voir à ce sujet le réquisitoire d'Ernest Pinard : « De la page 187 à la page 197, les deux pièces 80 et 81 intitulées : « Lesbos » et « Les Femmes damnées » sont à lire tout entières. Vous y trouverez dans leurs détails les plus intimes mœurs de tribades », Charles Baudelaire, *Dossier des Fleurs du Mal*, tome I, p. 1207.

23   Voir Charles Baudelaire, *Correspondance*, tome I, lettre à Gustave Flaubert datée du 25 août 1857, p. 424 : « la comédie s'est jouée jeudi. Cela a duré longtemps. Enfin 300 francs d'amende, 200 pour les éditeurs, suppression des numéros 20, 30, 39, 80, 81, et 87. »

24   Charles Baudelaire, « Lesbos », *op.cit.*, p. 150 : la Phryné est une courtisane grecque qui fut la maîtresse de Praxitèle et qui lui servit de modèle pour ses statues d'Aphrodite.

25   Le réquisitoire et la plaidoirie ont été publiés, sans indication de source, en 1885 dans *La Revue des grands procès contemporains*, dirigée par G. Lèbre, avocat à la Cour de Paris et seront publiés dans l'Appendice aux *Fleurs du Mal*.

de Paris lors du procès, puisque, en ce qui concerne Sapho, l'écrivain des *Fleurs du Mal* met en valeur son art oratoire à côté de son érotisme :

> *De la mâle Sapho, l'amante et le poète,*
> *Plus belle que Vénus par ses mornes pâleurs !*
> *—l'œil d'azur est vaincu par l'œil que tachette*
> *Le cercle ténébreux tracé par les douleurs*
> *De la mâle Sapho, l'amante et le poète !*
> (Baudelaire, « Lesbos », *FM*, 151)

Ce passage est assez révélateur, puisqu'il met l'accent sur la valorisation positive de la figure mythique de Sapho. Notons que pour célébrer la maîtresse des chants de Lesbos, Baudelaire choisit d'adopter une forme poétique régulière composée de plusieurs strophes encadrées ayant le même nombre d'alexandrins. Le retour du même vers à l'initiale et à la fin de chaque quintil, marqué ici par la coupe à l'hémistiche, crée une prosodie qui rappelle celle de la strophe saphique où « le rythme repose sur une alternance régulière de syllabes longues et brèves, où une longue égale deux brèves ».[26]

La valorisation de Sapho atteint son point culminant dans le vers 56 à travers la très signifiante expression : « [...] *la mâle Sapho, l'amante et le poète* » qui montre encore une fois que Baudelaire conçoit comme indissociables poésie et érotisme. Or, ce qui est remarquable dans la structure grammaticale de cette locution est que le masculin et le féminin ne s'annulent pas mais que, au contraire, ils trouvent leur plein sens au contact de l'autre si l'on se réfère à l'adjectif « *mâle* » qui joue autant sur le plan de la masculinité que sur celui de la féminité puisqu'il est précédé par l'article « *la* ».

De tout ce qui précède, il ressort que la figure mythique de Sapho est féminisée par son amour et masculinisée par sa poésie puisqu'elle est désignée en tant qu'« *amante* » mais reconnue comme étant « *le poète* » et non pas comme la poétesse. Ainsi, nous pouvons en déduire que ce procédé d'ambivalence accordée à la Muse hellène forme le substrat d'un imaginaire saphique propre à Baudelaire. Double de l'écrivain, Sapho devient le modèle d'un poète au féminin qui incarne à la fois la féminité érotique et la masculinité poétique.

À l'instar de Baudelaire, Lamartine reconnaît la suprématie de l'art poétique de Sapho puisqu'il voit en l'île de Lesbos le « souvenir poétique de la seule femme de l'antiquité dont la voix ait eu la force de traverser les siècles ».[27] La puissance

---

26 Marie-Ange Bartholomot Bessou, *L'Imaginaire du féminin dans l'œuvre de Renée Vivien. De mémoires en Mémoire*, Clermont-Ferrand, Presses Universitaires Blaise Pascal, 2004, p. 319.
27 Alphonse de Lamartine, *Voyage en Orient, op.cit.*, p. 518.

rhétorique de Sapho faisait déjà l'objet d'une des épîtres d'Ovide où la poétesse insiste sur l'importance de ce don de la divinité :

> Si la nature jalouse m'a refusé la beauté, le génie supplée au défaut de la beauté. Ma taille est petite : mais j'ai un nom qui peut remplir toute la terre ; c'est la taille de mon nom que je porte moi-même. [...] Cependant lorsque tu me lisais, moi aussi je te paraissais belle : tu jurais qu'à moi seule il convenait de parler toujours.[28]

La lecture du texte en vers à la lumière de cette séquence nous permet de constater le renversement opéré par Baudelaire en faveur de la dixième Muse. Dans la légende, la réussite que Sapho pourrait avoir au détriment de Vénus se limitait à son talent poétique tandis que chez l'écrivain, nous assistons à la mise en scène d'un triomphe complet de la poétesse sur la déesse de la beauté. L'emploi de la comparaison « *plus belle que Vénus* » qui scande toute une strophe témoigne de cette suprématie :

> —*Plus belle que Vénus se dressant sur le monde*
> *Et versant les trésors de sa sérénité*
> *Et le rayonnement de sa jeunesse blonde*
> *Sur le vieil Océan de sa fille enchantée ;*
> *Plus belle que Vénus se dressant sur le monde !*
> (Baudelaire, « Lesbos », *FM*, 152)

La puissance de ces vers contribue à amplifier les attributs positifs de la Muse hellène. Alors que Vénus, sortie des eaux, répand sa beauté et « *sa jeunesse blonde* » sur le monde, Sapho l'emporte par ses « *mornes pâleurs* » et son œil noir marqué « *par le cercle ténébreux* ». Encore faut-il ajouter que sa beauté est différente de celle de Vénus. C'est une beauté autre qui ne connaît ni éclat ni rayonnement puisqu'il s'agit bien d'« une grâce de la douleur ».[29] Mais l'on constate, par la suite, que la douleur de Sapho joue ici un rôle contradictoire, car si elle contribue à son triomphe, elle est aussi à l'origine de sa déchéance.

Selon la légende, Sapho tombe amoureuse du jeune Phaon lors de leur première rencontre aux jeux olympiques de Mytilène. Émerveillée par sa beauté, elle éprouve pour lui une passion irrévocable et incontrôlable dont elle décrit les symptômes dans un registre pathétique et émouvant :

> Il me paraît, celui là-bas, égal aux dieux, qui face à toi est assis, et tout près écoute ta voix suave et ton rire charmeur qui a frappé mon cœur d'effroi, dans ma poitrine ; tant il est vrai que si peu que je te regarde, alors il ne m'est plus possible de parler, pas même

---

28 Ovide, *Les Héroïdes*, *op.cit.*, p. 91.
29 Pierre Brunel, *Baudelaire antique et moderne*, *op.cit.*, p. 21.

une parole ; mais voici que ma langue se brise, et que subtil aussitôt sous ma peau court le feu ; dans mes yeux il n' y a plus un seul regard, mes oreilles bourdonnent ; la sueur coule sur moi ; le tremblement me saisit toute ; je suis plus verte que la prairie ; et je semble presque morte.[30]

C'est dans « La Parodie de Sapho », texte antérieur au poème « Lesbos »[31] que Baudelaire avait composé en commun avec Banville, Pierre Dupont et Vitu, que l'on retrouve à nouveau cette imagerie de la souffrance caractérisée par l'absence de « *la force* » et de « *la voix* » de l'amante :

> *Oui, Phaon, je vous aime ; et lorsque je vous vois,*
> *Je perds le sentiment et la force et la voix.*
> *Je souffre tout le jour le mal de votre absence,*
> *Mal qui n'égale pas l'heur de votre présence ;*
> (Baudelaire, « Parodie de Sapho. « Fragments Littéraires », *Cr. Litt.*, *OC II.*, 5)

Or, si cette parodie relate les propos pitoyables de la maîtresse de Lesbos en mettant l'accent sur l'altération qui contamine sa vie et sa poésie,[32] le malheur de Sapho devient d'autant plus frappant dans la pièce condamnée des *Fleurs du Mal* qu'il débouchera sur un véritable drame intensifié par son acte de suicide :

> —*De Sapho qui mourut le jour de son blasphème,*
> *Quand, insultant le rite et le culte inventé,*
> *Elle fit son beau corps la pâture suprême*
> *D'un brutal dont l'orgueil punit l'impiété*
> *De celle qui mourut le jour de son blasphème.*
> (Baudelaire, « Lesbos », *FM*, 152)

Afin de bien cerner les différentes modalités d'inscription de l'épisode relatif à la mort de la poétesse antique dans le texte baudelairien, il est indispensable de se référer au récit source qui relate cet événement tragique. La poésie saphique nous informe que l'écrivaine, victime de l'infidélité de son amant qui lui préfère les

---

30 Sappho, *Poèmes*, *op.cit.*, Fr. 31, p. 115.

31 « La Parodie de Sapho » a paru dans *Le Corsaire-Satan* le 25 novembre 1845.

32 Voir aussi Ovide, *Les Héroïdes*, *op.cit.*, p. 91 : « La douleur est un obstacle à l'art, et mes malheurs compriment tout mon génie : mes forces d'autrefois ne me soutiennent plus dans mes poétiques chants ; la douleur impose silence à mon luth, la douleur rend muette ma lyre. » Voir aussi Alphonse de Lamartine, « Sapho. Elégie antique », *Œuvres Poétiques Complètes*, *op.cit.*, v. 29–34, p. 114 : « Je chantais sur la lyre un hymne à la déesse : / Aux pieds de ses autels, soudain je t'aperçus ! / Dieux ! Quels transports nouveaux ! ô dieux ! comment décrire / Tous les feux dont mon sein se remplit à la fois ? / Ma langue se glaça, je demeurai sans voix, / Et ma tremblante main laissa tomber ma lyre ! »

Siciliennes,[33] et désespérée par le fait de ne pas être aimée, décide de mettre fin à sa vie : elle cède aux ordres de la Naïade et se lance du haut du rocher de Leucade.

> Oui, nymphe, je t'obéirai, et j'irai chercher le rocher que tu m'as indiqué : loin de moi la crainte, dont triomphait un fol amour. Mon sort, quoi qu'il arrive, sera plus doux que maintenant. Air, soutiens-moi : le poids de mon corps est léger. Et toi, tendre Amour, étends sur moi tes ailes pendant ma chute ; que ma mort ne soit pas le crime des eaux de Leucade.[34]

Mais aux yeux de Baudelaire, la faute de Sapho s'incarnerait-elle dans son saut emblématique présenté dans le tableau de Dugasseau dans le *Salon de 1845*[35] ? Ou trouverait-elle son plein sens par son infraction à la volonté des Dieux [36] ? En effet, la réponse nous est fournie à travers les vers extraits de la pièce condamnée où l'on constate que, pour Baudelaire, la faute de Sapho relève à double titre d'un ordre éthique et poétique. Pierre Brunel attire l'attention sur « l'idée du "blasphème" » qui, dans son analyse, « est moins mythologique mais plus importante »[37] que les autres composantes de la légende. Selon lui, « si "impiété" il y a, ce n'est plus cette fois impiété à l'égard de Vénus, mais impiété à l'égard de sa propre religion. La faute de Sapho est d'avoir renoncé à sa virginité, d'avoir trahi le rite et le culte qu'elle avait inventés. Elle a livré son corps en pâture à un brutal. »[38] Mais si la faute morale de Sapho est incarnée par son départ de Lesbos à cause de l'amour d'un homme, on observe qu'à cette trahison du culte dont elle était la grande prêtresse, s'en superpose, dans le texte de Baudelaire, une autre qui n'en est pas moins signifiante.

En se donnant la mort, Sapho manque à sa fonction de poétesse. Car si elle est une voix de la poésie, cette voix devient muette et se trouve remplacée par « *Un*

---

33 Voir à ce sujet Sapphô, *Odes et fragments*, traduction et présentation d'Yves Battistini, édition bilingue, Paris, Gallimard, 2005, Fr. 95–96, p. 53 : « Les Siciliennes t'offrent maintenant de nouvelles conquêtes. Qu'ai-je à faire à Lesbos, te dis-tu ? Je veux rester Sicilien. Renvoyez un infidèle de votre territoire, ô femmes, ô filles de Nisée. Ne vous laissez pas tromper par les doux mensonges de sa bouche. Ce qu'il vous dit, il me l'avait dit auparavant. »

34 *Ibid.*, Fr. 169, p. 92.

35 Baudelaire apporte un jugement favorable à ce tableau dans sa critique d'art lorsqu'il écrit : « Sa *Sapho* faisant le saut de Leucade est une jolie composition ». *Salon de 1845*, p. 372.

36 Voir à ce sujet Sapphô, *Odes et fragments, op.cit.*, Fr. 201, p. 153 : « Mourir est un mal / Les dieux en ont jugé ainsi ».

37 Pierre Brunel, *Charles Baudelaire, Les Fleurs du Mal, entre « fleurir » et « défleurir »*, *op.cit.*, p. 41.

38 *Ibid.*

soupir [qui] *ne resta* [jamais] *sans écho* ».[39] La déchéance de la poétesse trouve toute son ampleur dans la 14ème strophe du poème « Lesbos ». Contrairement aux autres strophes encadrées du texte et caractérisées par la reprise du même vers à l'initiale et à la fin de la strophe, nous remarquons que l'occurrence onomastique de la dixième Muse dans cette stance est réduite à la présence du démonstratif « *celle* » au vers 70 ébranlant, alors, la forme fixe du poème. Tout se passe ici comme si c'était la disparition de la poétesse qui était à l'origine de cette irrégularité.

À cet égard, nous pouvons avancer que l'absence physique de Sapho entraîne non seulement son absence dans le texte mais entrave même la création poétique. La mise en scène de cette double absence favorise l'émergence d'un je masculin identifié à l'écrivain qui se substitue à la figure féminine de Sapho :

> *Car Lesbos entre tous m'a choisi sur la terre*
> *Pour chanter le secret de ses vierges en fleurs,*
> *Et je fus dès l'enfance admis au noir mystère*
> *Des rires effrénés mêlés aux sombres pleurs ;*
> *Car Lesbos entre tous m'a choisi sur la terre.*
> (Baudelaire, « Lesbos », *FM*, 151)

De ce fragment se dégage tout un réseau d'échos thématiques témoignant de l'assimilation entre Baudelaire et la maîtresse des chants. Placée sous l'égide du « *noir mystère* » depuis son jeune âge, la figure de l'écrivain tisse un lien étroit avec celle de Sapho et devient, alors, son double poétique et érotique. En effet, la puissance évocatoire de ces vers nous fait remarquer que non seulement le poète est choisi pour remédier au retrait de la parole poétique dont fut victime Sapho, mais il se livre même à la célébration des secrets les plus intimes à savoir ceux des « *vierges en fleurs* ».

Or si le poète a été initié dès son enfance aux rites de Lesbos, la suite du poème nous informe qu'il revendique la place accordée à la Muse hellène. En surveillant le retour de son « *cadavre adoré* » depuis le rocher de Leucade avec un regard « *perçant et sûr* », Baudelaire procède encore une fois à la valorisation positive de la figure mythique de Sapho, seule capable de célébrer l'hymne « *aux jeux latins et aux voluptés grecques* » de l'île :

> *Et depuis lors je veille au sommet de Leucate,*
> *Comme une sentinelle à l'œil perçant et sûr,*
> *Qui guette nuit et jour brick, tartane ou frégate,*
> *Dont les formes au loin frissonnent dans l'azur ;*
> *Et depuis lors je veille au sommet de Leucate*

---

39 Charles Baudelaire, « Lesbos », *op.cit.*, p. 150.

Pour savoir si la mer est indulgente et bonne,
Et parmi les sanglots dont le roc retentit
Un soir ramènera vers Lesbos qui pardonne,
Le cadavre adoré de Sapho, qui partit
Pour savoir si la mer est indulgente et bonne !
(Baudelaire, « Lesbos », *FM*, 151)

Ainsi, nous pouvons constater que le poète transmute quelques matériaux de la légende en les infléchissant au gré de son imagination. Par la fonction affective accordée aux flots maritimes et dont témoigne l'emploi d'un lexique optimal comme « *indulgente* » et « *bonne* », Baudelaire veut peut-être suggérer une version moins tragique du mythe qui vise à ressusciter la figure de Sapho. Car en ramenant son corps « *vers Lesbos qui pardonne* », ces eaux à la valeur baptismale et expiatrice pourraient bien contribuer à l'immortalisation de la dixième Muse confirmant, donc, ses propres paroles :

Les Muses m'ont donné la vraie richesse
Par elle je suis objet d'envie ; même morte
Il n'y aura pas oubli de moi.[40]

De la Muse antique à la Muse moderne du poète : dégradation et perversion

Si Sapho chez Baudelaire est valorisée par son art oratoire, il apparaît que la figure de la Muse inspiratrice est plutôt liée à un contexte macabre et corrosif. Car à l'image des neuf Muses antiques, maîtresses de la poésie et des beaux-arts,[41] se substitue celle d'une Muse moderne solitaire[42] et déchue. Tel est l'exemple de la

---

40 Sapphô, *Odes et fragments, op.cit.*, « Reliques » Fr. 193, p. 151.

41 Voir Hésiode, *La Théogonie,* traduction, introduction et notes d'Yves Gerhard, Lausanne, Les Travaux et les Jours, traduction et postface de Lucien Dallinges, Editions de l'Aire, collection « Le chant du monde », 2005 p. 24 : v. 35–36 « Eh bien ! commençons donc par les Muses, qui charment / de leurs hymnes l'esprit de Zeus le père, dans l'Olympe, » et p. 25 v. 75–79 : « Voilà ce que chantaient les Muses siégeant dans l'Olympe, / les neuf sœurs qui sont nées de Zeus, le dieu puissant, / Euterpe et Melpomène, Clio, Terpsichore, / Polymnie, Erato, Thalie et Uranie, / et Calliope enfin, excellente entre toutes. »

42 José-Luis Diaz souligne qu'à l'époque du romantisme « c'est « la » Muse, au singulier, qui est invoquée […] et [qu'] elle ne renvoie qu'à la seule poésie, divine, intransitive et immatérielle ». Voir son article « Avatars de la muse à l'époque romantique » in *Masculin/ Féminin dans la poésie et les poétiques du XIXᵉ siècle,* sous la direction de Christine Planté, Lyon, Presses Universitaires de Lyon, Collection « Littérature et idéologie », 2002, p. 123.

« *Prêtresse de Thalie* »,[43] Muse de la comédie et de la poésie pastorale, homologuée désormais aux « *monstres disloqués* » des « Tableaux parisiens » ou encore de la Muse affaiblie de la pièce VII, « *malade* » dans son corps et dans son âme :

> *Ma pauvre muse, hélas ! qu'as-tu donc ce matin ?*
> *Tes yeux creux sont peuplés de visions nocturnes,*
> *Et je vois tour à tour réfléchis sur ton teint*
> *La folie et l'horreur, froides et taciturnes.*
>
> *Le succube verdâtre et le rose lutin*
> *T'ont-ils versé la peur et l'amour de leurs urnes ?*
> *Le cauchemar, d'un poing despotique et mutin,*
> *T'a-t-il noyée au fond d'un fabuleux Minturnes ?*
> (Baudelaire, « La Muse malade », *FM*, 14)

Ce passage est assez significatif puisqu'il condense les défaillances pathologiques de la Muse, annoncées dès le titre de la pièce. En témoigne l'accumulation de certaines images, tout au long de ces vers, qui place cette figure mythique de l'inspiration poétique dans un registre de déchéance et de désenchantement comme celle des « *yeux creux* » hantés par les « *visions nocturnes* » ou encore la métaphore du « *teint* » qui, par sa pâleur, devient le réceptacle de cette faiblesse commune à la chair et à l'esprit incarnée par « *la folie* » et « *l'horreur* ».

Mais il est une allusion qui informe, entre toutes, de manière frappante la dégradation de cette figure mythique, à savoir celle du « *succube verdâtre* ». Dans la légende, les Muses chantent les dieux sous la conduite d'Apollon, dieu de la musique de la poésie d'où son surnom de « musagète ».[44] Or chez Baudelaire, la Muse enchanteresse est privée des oracles apolloniens et se trouve, au contraire, sujette à la terreur que lui insuffle cette créature démoniaque. De plus, l'évocation de la noyade dans les marais de « Minturnes »[45] ne fait que majorer cette sensation effrayante puisqu'elle rappelle la constellation archétypale de l'eau marécageuse et noire.

Ainsi, plongée dans une atmosphère morbide et dépossédée de ses pouvoirs, la Muse baudelairienne échoue dans sa fonction d'inspiratrice. La musicalité qu'elle

---

43 Charles Baudelaire, « Les Petites Vieilles », *Les Fleurs du Mal,* tome I, p. 90.

44 Voir Hésiode, *La Théogonie, op.cit.,* p. 26, v. 94–95 : « De la lignée des Muses et de l'archer Apollon / Proviennent donc sur terre aèdes et joueurs de lyre ; »

45 « C'est dans ces boues que Marius, poursuivi par les soldats de Sylla, chercha un refuge après la prise de Préneste. Ils l'y découvrirent, mourant de froid et de faim [et] couvert de fange ». Voir la rubrique « Minturnes » in *Le Grand Dictionnaire Universel du XIXe siècle,* tome XI, première partie, *op.cit.,* p. 307.

suggérait autrefois à travers ses « *chants* », ses « *beaux vers* » et ses « *syllabes antiques* » est pervertie par des sonorités qui se dégagent du déversement de son sang.

De la sorte, nous pouvons dire que cette Muse altérée n'est plus celle de la tradition antique. Frappée par la maladie qui affecte son corps et qui épuise toutes les facultés nécessaires à la composition prosodique, la Muse de Baudelaire semble perdre sa dimension mythique à travers tout un processus de décomposition du récit fondateur. Elle est, alors, dévaluée et devient le double du poète qui est en proie à une souffrance perpétuelle comme il le mentionne dans une lettre adressée à sa mère : « [s]i jamais homme fut malade sans que cela puisse concerner la médecine, c'est bien moi ».[46]

La décadence de la Muse archaïque se poursuit dans une pièce voisine[47] des *Fleurs du Mal* qui forme avec « La Muse malade » une chaîne associative puisqu'elle dessine le portrait de la deuxième bonne sœur[48] :

> *Ô muse de mon cœur, amante des palais,*
> *Auras-tu, quand Janvier lâchera ses Borées*
> *Durant les noirs ennuis des neigeuses soirées,*
> *Un tison pour chauffer tes deux pieds violets ?*
>
> *Ranimeras-tu donc tes épaules marbrées*
> *Aux nocturnes rayons qui percent les volets ?*
> *Sentant ta bourse à sec autant que ton palais,*
> *Récolteras-tu l'or des voûtes azurées ?*
> (Baudelaire, « La Muse vénale », *FM*, 15)

Si le premier obstacle à l'absence de l'inspiration de la Muse est présenté par sa maladie, c'est de sa pauvreté qu'il s'agit dans cet extrait. Cette détresse matérielle qui pèse sur son âme endolorie confère au texte une portée autobiographique puisque cette Muse démunie pourrait bien trouver son image dans celle de l'écrivain opprimé par la pauvreté et le besoin. Or ce qui importe à nos yeux, c'est cette destruction du référent mythologique qui définissait la figure de la Muse antique. En effet, le poète multiplie les éléments textuels, s'inscrivant dans un champ lexical de l'impuissance et de l'indigence, au profit des composants de la légende mythique. Notons tout d'abord l'absence de la voix de la Muse qui, interpellée par l'écrivain au premier vers, est plongée dans une passivité poétique et un mutisme

---

46   Charles Baudelaire, *Correspondance*, tome I, lettre à Mme Aupick datée du 25 décembre 1857, p. 437.

47   Les deux pièces sont originaires de l'édition de 1857 des *Fleurs du Mal*.

48   Il s'agit d'une pièce des *Fleurs du Mal* intitulée « Les Deux bonnes sœurs ».

absolu. Ensuite, la soumission de cette Muse inspiratrice à une misère colossale, qui, accentuée par l'image des « *pieds violets* », a pour but d'amplifier sa décadence et rappelle alors la mendiante rousse,[49] figure archétypale de la pénurie chez l'écrivain. A l'instar de cette mendiante, caractérisée par son « *haillon trop court* » et ses « *bas troués* », la Muse baudelairienne succombe aux lois de la société et pratique des activités anodines au lieu d'être vénérée :

> *Il te faut, pour gagner ton pain de chaque soir,*
> *Comme un enfant de chœur, jouer de l'encensoir,*
> *Chanter des Tè Deum auxquels tu ne crois guère,*
>
> *Ou, saltimbanque à jeun, étaler tes appas*
> *Et ton rire trempé de pleurs qu'on ne voit pas,*
> *Pour faire épanouir la rate du vulgaire.*

(Baudelaire, « La Muse vénale », *FM*, 15)

Nous remarquons donc qu'à la divinité antique qui célèbre sur sa lyre les plus beaux hymnes se substitue une Muse moderne de l'impuissance qui, assimilée à d'autres figures de la déchéance comme le « *saltimbanque* » ou encore l'« *enfant de chœur* », devient l'emblème d'un culte étranger qui incarne « *la rate du vulgaire* ».

La même idée se rencontre dans une pièce en prose publiée pour la première fois en 1865 dans *l'Indépendance belge*. Violaine Boneu propose de considérer ce morceau, qualifié par Baudelaire de « bagatelle »,[50] comme « un contre-chant paradoxal saturé d'ironie, qui réinvestit les lieux communs du lyrisme de façon ostentatoire et subversive ».[51] Elle fait remarquer que si l'emploi du verbe « chanter » conduit à penser que « *la Muse est de retour* »[52] avec son lyrisme et ses chants, « la musicalité de [cette] prose, est […] violemment paradoxale, le mouvement d'élévation propre au lyrisme étant sans cesse contredit par un mouvement contraire, qui rabat le chant sur les réalités les moins nobles »[53] :

> *Arrière la muse académique ! Je n'ai que faire de cette vieille bégueule. J'invoque la muse familière, la citadine, la vivante pour qu'elle m'aide à chanter les bons chiens, les pauvres chiens,*

---

49   Charles Baudelaire, « A Une mendiante rousse », *Les Fleurs du Mal*, tome I, p. 84.

50   Voir Charles Baudelaire, *Correspondance*, tome II, lettre à Mme Ancelle datée du 28 juin 1865 p. 509 : « Je vous ai envoyé une bagatelle qui a été publiée malgré moi dans l'Indépendance ».

51   Violaine Boneu, « Une lecture des *Bons Chiens* », *l'Année Baudelaire n° 11–12 : Réflexions sur le dernier Baudelaire*, Paris, Honoré Champion, 2009, p. 50.

52   Charles Baudelaire, « Avril », *Poésies diverses*, tome I, p. 220.

53   *Ibid.*, p. 52.

les chiens crottés, ceux-là que chacun écarte, comme pestiférés et pouilleux, excepté le pauvre
dont ils sont les associés, et le poète qui les regarde d'un œil fraternel.
(Baudelaire, « Les Bons chiens », *PPP,* 360)

Ce mouvement contraire qui reflète aussi le conflit entre la « *vieille bégueule* » et la Muse moderne prend sens à travers l'opposition des deux registres, poétique et prosaïque, incarnés par les deux Muses. En effet, la forme poétique de cette pièce en prose semble être au service d'une dérision qui prend projet dans un lyrisme versifié et éloquent qui fut l'apanage de la « *muse académique* ». Suzanne Bernard observe à propos des *Petits Poèmes en prose* de Baudelaire que l'ironie est l'« un des "tons" les plus neufs et les plus frappants du recueil ».[54] En la qualifiant de « cruelle » et de « mystificatrice », elle met l'accent sur l'ambivalence de cette ironie, « arme à double tranchant qui s'exerce aussi bien contre le poète lui-même, raillé, mésestimé, avili, que contre la vulgarité humaine ».[55] C'est justement sur cet aspect dialectique ironique et déceptif[56] que se fonde la pièce XXXVIII en prose intitulée « Laquelle est la vraie ? ». Ce titre n'apparaît que dans l'édition posthume de 1869. La première publication dans *Le Boulevard* le 14 juin 1863 ne portait pas de titre. Cependant, la seconde publication postérieure d'une semaine à la mort de Baudelaire parut dans *La Revue nationale et étrangère* le 7 septembre 1867 sous le titre « L'Idéal et le Réel », titre qui annonça la construction binaire de ce morceau :

J'ai connu une certaine Bénédicta, qui remplissait l'atmosphère d'idéal, et dont les yeux ré-
pandaient le désir de la grandeur, de la beauté, de la gloire et de tout ce qui fait croire à
l'immortalité.
Mais cette fille miraculeuse était trop belle pour vivre longtemps ; aussi est-elle morte quelques
jours après que j'eus fait sa connaissance, et c'est moi-même qui l'ai enterrée, un jour que le

---

54   Suzanne Bernard, *Le Poème en prose de Baudelaire jusqu'à nos jours*, Paris, A.-G. Nizet, 1994, p. 123.

55   *Ibid.*

56   Plusieurs critiques soulignent cette tension récurrente et dialectique qui confère une structure duelle à une bonne partie des poèmes en prose. Patrick Labarthe parle d'un « double mouvement » signalée par un « « mais » cruel (« le Gâteau »), un « toutefois » douloureux (« Le Confiteor de l'artiste ») ou un « cependant « déceptif (« Le Fou et la Vénus », « Une mort héroïque ») ». Voir la Note 4 dans son article « Les couples féminins allégoriques chez Baudelaire : Laquelle est la vraie ? » in *Masculin/Féminin dans la poésie et les poétiques du XIXᵉ siècle, op.cit.,* pp. 280–281. Voir aussi J. A. Hiddleston, « Baudelaire et le temps du grotesque » in *Cahiers de l'Association internationale des études Françaises,* 1989, n° 41, pp. 276–277 où elle attire l'attention sur « [ce] passage brusque et subit d'un état idéal à la banalité et à l'imperfection la plus désolante. » dans les pièces en prose que nous venons de citer. (http://www.persee.fr/web/revues/home/prescript/article/caief_0571–5865_1989_num_ 41_1_1719) consulté le 29 novembre 2011.

printemps agitait son encensoir jusque dans les cimetières. C'est moi qui l'ai enterrée, bien
close dans une bière d'un bois parfumé et incorruptible comme les coffres de l'Inde.
Et comme mes yeux restaient fichés sur le lieu où était enfoui mon trésor, je vis subitement
une petite personne qui ressemblait singulièrement à la défunte, et qui, piétinait sur la terre
fraîche avec une violence hystérique et bizarre, disait en éclatant de rire : « C'est moi la vrai
Bénédicta ! c'est moi une fameuse canaille ! Et pour la punition de ta folie et de ton aveugle-
ment, tu m'aimerais telle que je suis ! »
Mais moi, furieux j'ai répondu : « Non ! non ! non ! » Et pour mieux accentuer mon refus,
j'ai frappé si violemment la terre du pied que ma jambe s'est enfoncée jusqu'au genou dans la
sépulture récente, et que comme un loup pris au piège, je reste attaché, pour toujours peut-être,
à la fosse de l'idéal.
(Baudelaire, « Laquelle est la vraie », *PPP,* 342)

Mais il importe de signaler que cette structure duelle, qui domine le récit révélant
un schéma antinomique, concerne avant tout les deux figures opposées : Bénédicta,
la « *femme miraculeuse* » et sa rivale, la femme « *canaille* ». Aussi bien se superposent dans le texte de nombreuses images antithétiques qui mettent en scène
leur rapport conflictuel : la grandeur de Bénédicta qui s'oppose à « *l'hystérie* » de
la créature maléfique ou encore la disparition de la première et la présence accablante de la femme rebelle. Toutefois, nous décernons tout un jeu de ressemblances
et de dissemblances entre ces deux figures qui permet de les considérer comme
les deux versants d'un couple allégorique de l'inspiration féminine : La Bénédicta
qui « *remplissait l'atmosphère d'idéal* » pourrait bien incarner la Muse à la beauté
antique, tandis que le portrait de la « *Malédicta* » se donne d'ailleurs comme son
double inversé à la coloration négative. De plus, c'est sur la domination de cette
figure rebelle, variante dégradée de la femme bénie que s'achève le texte. Par sa
violence « *hystérique* »[57] accentuée par l'anaphore « *c'est moi* », cette Muse grotesque
induit une rupture avec le lyrisme romantique et s'affirme au détriment du poète et
de sa Muse parfaite, ensevelis tous les deux dans « *la fosse d'idéal* ».

Enfin, nous pouvons croire en l'analyse de Patrick Labarthe où il explique
que cet acte d'enfouissement est plutôt celui de « l'élan propre à l'idéalité romantique [qui] fa[it] ici l'épreuve d'une chute dans la "fosse" d'un réel radicalement
désidéalisé ».[58]

Ce phénomène de la chute de l'idéal romantique peut se voir renforcer dans
les textes de Baudelaire à travers la perversion d'une des plus célèbres femmes

---

57 Dans la variante de 1867, l'écrivain emploie l'adjectif « frénétique » au lieu d'« hystérique »
    pour décrire cette violence.
58 Patrick Labarthe, « Les couples féminins allégoriques chez Baudelaire : Laquelle est la
    vraie ? », *op.cit.,* p. 284.

médiatrices dans l'univers mythologique. Figure emblématique de l'inspiration poétique, la Béatrice affleure implicitement dans une pièce de la section « Spleen et Idéal » qui fut publié le 9 avril 1851 dans *Le Messager de l'Assemblée*, sous le titre de « La Béatrix ».[59] Or si ce titre renvoie à l'hypotexte dantesque, la pièce nous révèle qu'il y a un grand écart entre la médiatrice italienne et celle de Baudelaire. Alors que la jeune florentine assure la protection de Dante et l'accompagne dans son parcours mystique jusqu'aux hauteurs du mystère divin, la Béatrice ici est une figure de l'absence. Son apparition réduite au pronom « *Toi* » semble restreindre ses pouvoirs salutaires :

> *J'implore ta pitié, Toi, l'unique que j'aime,*
> *Du fond du gouffre obscur où mon cœur est tombé.*
> *C'est un univers morne à l'horizon plombé,*
> *Où nagent dans la nuit l'horreur et le blasphème ;*
> (Baudelaire, « De Profundis Clamavi », *FM*, 32)

En effet, l'imploration du poète, annoncée par le nouveau titre « De profundis Clamavi », qui rappelle le « Cantique des montées » dans la tradition hébraïque ainsi que le psaume pénitentiel[60] dans la liturgie chrétienne poussé des profondeurs infernales, se solde par un échec. Car contrairement à la légende dantesque, la Muse florentine, dans cet exemple, n'intervient pas pour sauver l'écrivain. Par son mutisme et son insouciance, elle se métamorphose en « déité de l'ombre »[61] et livre le poète à la déréliction et à l'effroi.

Dans un déroulement sacrilège, la pièce éponyme[62] en vers vient compléter ce profil négatif que Baudelaire attribue à la Muse dantesque. Ancrée dans un contexte maléfique, aux antipodes des paradis de *La Divine Comédie*, la figure de la

---

59   Voir Claude Pichois, *L'Atelier de Baudelaire :* « Les Fleurs du Mal », tome I, *op.cit.*, p. 241.

60   Voir Psaume 130 /129, De profundis, Cantique des montées. « Des profondeurs, je crie vers toi, Yahvé : / Seigneur écoute mon appel. / Que ton oreille se fasse attentive / à l'appel de ma prière !», *La Bible de Jérusalem*, texte intégral et photographies, Paris, éditions du Cerf 1998, éditions de la Martinière 2003, p. 956.

61   En conférant une telle dénomination à la Béatrice baudelairienne, Pascale Auraix-Jonchière établit une similitude entre cette médiatrice et Proserpine la reine des Enfers. Voir son article « Baudelaire et les déités de l'ombre », *op.cit.*, p. 170.

62   Baudelaire a commenté ce titre dans deux jeux d'épreuves pour l'édition de 1857 : « Epreuve A. Beatrix / Beatrice ?
      Epreuve B. remarquez que Béatrix est français, et Beatrice italien, et qu'ici Beatrice est forcément italien, voulant dire : la déité, la maîtresse du poète. » Voir Charles, Baudelaire, tome I, p. 1067.

Béatrice subit une subversion : loin d'illuminer la pensée de l'écrivain, elle devient la compagne des « *démons vicieux* » affichant par la suite son aspect infernal :

> *J'aurais pu (mon orgueil aussi haut que les monts*
> *Domine la nuée et le cri des démons)*
> *Détourner simplement ma tête souveraine,*
> *Si je n'eusse pas vu parmi leur troupeau obscène,*
> *Crime qui n'a pas fait chanceler le soleil !*
> *La reine de mon cœur au regard nonpareil*
> *Qui riait avec eux de ma sombre détresse*
> *Et leur versait parfois quelque sale caresse.*
>
> (Baudelaire, « La Béatrice », *FM*, 117)

La perversion de la Muse médiévale, chaste et angélique, se confirme par l'image érotique des « *sale*[s] *caresse*[s] » destinées aux démons maléfiques. De surcroît, l'emploi d'un vocabulaire rappelant le schème ascensionnel chez Dante comme « *haut* », « *monts* » et « *souveraine* », dans un contexte sombre et maléfique, a pour but de fixer l'attention sur la démonisation de celle qui fut pour le poète « *la reine d*[e] [son] *cœur* ».

Distante et perfide, telles sont donc les caractéristiques essentielles qui identifient la Béatrice dans notre corpus. Par son regard indifférent et son rire démoniaque, elle est corrompue sous la plume de l'écrivain et se trouve vouée à la perte d'une souveraineté dont le récit dantesque avait promu la valeur. Le passage où Barbey d'Aurevilly parle de cette Muse dantesque nous paraît, à ce stade, exemplaire :

> La Muse du Dante a rêveusement vu l'Enfer, celle des *Fleurs du Mal* le respire d'une narine crispée comme celle du cheval qui hume l'obus ! L'une vient de l'Enfer, l'autre y va. Si la première est plus auguste, l'autre est peut-être plus émouvante. Elle n'a pas le merveilleux épique qui enlève si haut l'imagination et calme ses terreurs dans la sérénité dont les génies, tout à fait exceptionnels, savent revêtir leurs œuvres les plus passionnées. Elle a, au contraire, d'horribles réalités que nous connaissons, et qui dégoûtent trop pour permettre même l'accablante sérénité du mépris.[63]

Or si la Muse baudelairienne s'avère impuissante et dévaluée, elle se démarque aussi par sa froideur et son insensibilité. À la fin de la pièce, nous constatons qu'elle participe par son abandon de l'affliction de l'écrivain et de la négation de son sujet :

---

63 Jules Barbey d'Aurevilly, *Les Œuvres et les hommes (1ère série)—III. Les Poètes*, Paris, Amyot, 1862, p. 380.

« *Contemplons à loisir cette caricature*
Et cette ombre d'Hamlet imitant sa posture,
Le regard indécis et les cheveux au vent.
N'est-ce pas grand- pitié de voir ce bon vivant,
Ce gueux, cet histrion en vacances, ce drôle,
Parce qu'il sait jouer artistement son rôle,
Vouloir intéresser au chant de ses douleurs
Les aigles, les grillons, les ruisseaux et les fleurs,
Et même à nous, auteurs de ces vieilles rubriques,
Réciter en hurlant ses tirades publiques ? »
(Baudelaire, « La Béatrice », *FM*, 117)

Nous pouvons observer dans ces vers une réduction importante du moi poétique. En témoigne la juxtaposition des attributs diminutifs placés soit à la rime tels que « *caricature* », « *bon vivant* » et « *drôle* », ou soit dans un seul vers comme le vers 17 qui, marqué par la coupe métrique (2/8/2), amplifie la déchéance du poète délaissé par sa Muse. La référence à Hamlet est loin de conférer au poète sa puissance d'autrefois puisqu'elle est réduite à l'apparition d'une silhouette évanescente et déplorable.

En conséquence de cette dérision et à la lumière de cette analyse nous pouvons dire que le statut de l'écrivain est renversé : devenu désormais une figure de la déficience, il est dépourvu de son don poétique et ses vers ne sont plus que des « *vieilles rubriques* ». Cette image de l'artiste risible et affligé se réalise aussi dans « Le Fou et la Vénus ». Cette pièce en prose publiée le 26 août 1862 dans *La Presse* met en scène une figure dévorée par la tristesse implorant l'amour de la Vénus, déesse sublime mais implacable :

Aux pieds d'une colossale Vénus, un de ces fous artificiels, un de ces bouffons volontaires char-gés de faire rire les rois quand le Remords ou l'Ennui les obsède, affublé d'un costume éclatant et ridicule, coiffé de cornes et de sonnettes, tout ramassé contre le piédestal, lève des yeux pleins de larmes vers l'immortelle Déesse.
Et ses yeux disent :—« Je suis le dernier et le plus solitaire des humains, privé d'amour et d'amitié, et bien inférieur en cela au plus imparfait des animaux. Cependant je suis fait, moi aussi, pour comprendre et sentir l'immortelle Beauté ! Ah ! Déesse ! ayez pitié de ma tristesse et de mon délire ! »
Mais l'implacable Vénus regarde au loin je ne sais quoi avec ses yeux de marbre.
(Baudelaire, « Le Fou et la Vénus », *PPP*, 283–284)

Insister sur la robuste fermeté de la Vénus a pour effet de souligner sa supériorité qui se base essentiellement sur l'opposition entre cette déesse gigantesque et le su-jet mélancolique moderne qui attend vainement de sa Muse cruelle, un regard qui légitimera son dire poétique. De plus, si ce fou est une figure élective de l'artiste, sa réduction au statut du « *bouffon volontaire* » renforce l'orgueil de la Muse jadis romantique. Ainsi, voué à une identité qui n'est plus que celle du poète déchu en manque d'inspiration, le sujet n'a d'autre avenir que celui d'une prostration implorante. Sans doute retrouve-t-on en lui la nostalgie romantique de « *l'immortelle Beauté* », mais cette nostalgie est déclinée sur l'humble mode d'une prière muette. L'on ne se doute pas d'ailleurs de la présence d'un lexique dévalorisant par lequel le sujet s'essaie à définir son identité : « *dernier* », « *solitaire* », « *privé* » et « *inférieur* », autant de qualifications négatives qui figent le poète dans sa propre caricature. Notons aussi que cette confrontation entre la divinité majestueuse et l'artiste risible devient frappante à travers la comparaison entre les yeux du poète « *plein de larmes* » avec les « *yeux de marbre* » de la déesse.

Mais cette Vénus cruelle dont le regard se perd dans l'indétermination ne rappelle-t-elle pas la beauté « *aux larges yeux* » d'une pièce éponyme des *Fleurs du Mal* ? Car au même titre que la statue de Vénus, la beauté figée en pierre est une figure de l'abandon et de l'incommunicabilité. Par ses « *grandes attitudes* », elle se fait distante et implacable. L'image du sein qui manque à sa fonction nourricière renforce cette idée puisqu'il insuffle au poète une passion « *muette* » dénuée de toute affection :

> *Je suis belle, ô mortels ! comme un rêve de pierre,*
> *Et mon sein, où chacun s'est meurtri tour à tour,*
> *Est fait pour inspirer au poète un amour*
> *Éternel et muet ainsi que la matière.*
> [...]
> *Les poètes, devant mes grandes attitudes,*
> *Que j'ai l'air d'emprunter aux plus fiers monuments,*
> *Consumeront leurs jours en d'austères études ;*
>
> *Car j'ai, pour fasciner ces dociles amants,*
> *De purs miroirs qui font toutes choses plus belles :*
> *Mes yeux, mes larges yeux aux clartés éternelles !*
> (Baudelaire, « La Beauté », *FM*, 21)

Dans « À Une passante », poème publié le 15 octobre 1860 dans *L'Artiste*,[64] le poète situe son texte dans un cadre inquiétant où surgit une femme à « *la jambe de statue* » assimilée aux figures sculptées et impénétrables comme le marbre.

> *La rue assourdissante autour du moi hurlait.*
> *Longue, mince, en grand deuil, douleur majestueuse,*

---

64 Selon Claude Pichois, la date de la composition de cette pièce reste imprécise. A défaut nous mentionnons ici la date de la première parution que Baudelaire cite dans une lettre adressée à sa mère datée du 8 octobre 1860. Voir *Correspondances*, tome II, p. 96.

Une femme passa, d'une main fastueuse
Soulevant, balançant le feston et l'ourlet ;
Agile et noble, avec sa jambe de statue.
Moi, je buvais, crispé comme un extravagant,
Dans son œil, ciel livide où germe l'ouragan,
La douceur qui fascine et le plaisir qui tue.
(Baudelaire, « À Une passante », *FM*, 92)

Or si nous pouvions considérer avec Claude Leroy que cette passante « *a quelque chose d'une muse* »,[65] il s'agirait bel et bien d'une Muse désenchantée qui, par sa présence fugace, souligne plutôt son incapacité à compenser une vocation poétique perdue dans un espace- temps dépourvu de la grandeur des temps mythiques puisque ce sont les hululations de la rue « *assourdissante* » qui prédominent sur toute autre voix. Judith Wulf propose de considérer le mutisme de la passante comme « emblématique de cette interlocutrice indéfinie »[66] qui participe de la coloration inquiétante du récit puisqu'il inscrit le discours dans « une zone indéterminée et éphémère ». Aussi serait-il intéressant de s'interroger sur l'ambivalence du regard minéral de cette figure poétique[67] qui fait renaître l'écrivain et lui procure également « *un plaisir qui tue* », rappelant ainsi l'archétype de la femme pétrifiante d'une pièce en prose qui « donne le désir de mourir lentement sous son regard ».[68] De son côté, Hédia Abdelkéfi attire l'attention sur « [cette] focalisation sur le regard [qui] laisse comprendre les limites de la communication et accrédite la suprématie

---

65 Claude Leroy, *Le Mythe de la Passante de Baudelaire à Mandiargues*. Paris, PUF, Coll. « Perspectives littéraires », 1999, p. 12.

66 Voir Judith Wulf, « L'adresse lyrique dans Les Fleurs du Mal » in *Lectures des Fleurs du Mal*, sous la direction de Steve Murphy, Rennes, Presses Universitaires de Rennes, 2002, p. 172.

67 Le statut mythique de la passante reste discutable, à notre sens, du fait de l'absence d'un récit fondateur qui relate ce mythe car comme l'explique Véronique Léonard-Roques dans son avant-propos : « [les figures mythiques] sont-en liaison avec un scénario ou tout au moins une image considérés comme fondateurs, fondamentaux ou dominants-, la somme jamais close de leurs incarnations ». Voir *Figures mythiques, fabrique et métamorphoses, op.cit.*, p. 13. Si Claude Leroy fournit, dans son ouvrage sur le mythe de la passante, une analyse qui légitime, selon lui, l'emploi du mot mythe, il reconnaît, pourtant, que « le mythe de la passante ne saurait […] relever l'adhésion à un récit fondateur, de la croyance à une fable de légitimation ou d'un rituel visant périodiquement à le rajeunir et à l'actualiser ». Voir *Le Mythe de la Passante de Baudelaire à Mandiargues, op.cit.*, pp. 68–69. Pour les raisons que nous venons de citer et suivant l'approche que nous avons adoptée dans notre étude, nous désignons la passante comme une figure poétique susceptible de redoubler d'autre figures mythiques comme la Muse décadente.

68 Charles Baudelaire, « Le Désir de peindre », *Petits Poèmes en prose,* tome I, p. 340.

inéluctable du non-verbal sur le verbal dans un univers qui relègue au second plan l'homme ».[69]

Ainsi pouvons-nous conclure que la figure de la passante présente des différences importantes avec celle de la Muse classique : impérieuse et marmoréenne, elle passe de l'image d'une éventuelle égérie à celle d'une Muse-méduse qui sert de repoussoir plus que de modèle d'inspiration. Séparé de sa Muse, le poète est désormais contraint à « [s'] *exercer seul à* [s]*a fantasque escrime / flairant dans tous les coins les hasards de la rime* »[70] et se trouve en marge dans une société où tout ne fait qu'aiguiser sa solitude. De cet isolement témoignent encore, d'une manière plus frappante, d'autres figures mythiques à l'œuvre dans les écrits de Baudelaire.

Figures de l'exil et de la solitude

Ce chapitre s'attachera à étudier le personnel qui imprègne l'univers mythique de Baudelaire autour de la thématique de l'exil et de la solitude. Notre analyse portera essentiellement sur les figures d'Andromaque et du dandy, doubles du poète, autour desquelles gravite un certain nombre d'exilés issus de différents contextes historiques, légendaires ou poétiques.

Situer la veuve d'Hector et le dandy[71] au même plan de notre analyse peut paraître discutable et mérite quelques éclaircissements que nous aimerions fournir dans cette partie. Si la veuve classique subit une exclusion géographique c'est, en effet, à une autre modalité d'exil que le dandy se trouve confronté au milieu d'une société moderne.

D'Andromaque au Cygne : le chemin d'exil de soi à soi

Dans son étude consacrée à Andromaque, Pierre Brunel souligne l'importance de l'expérience de l'exil dans les différentes réécritures de ce mythe. Il fait remarquer

---

69 Hédia Abdelkéfi, « L'allusion à une passante : Charles Baudelaire et Tristan Corbière » in *L'Allusion en Poésie, op.cit.,* p. 235.

70 Charles Baudelaire, « Le Soleil », *Les Fleurs du Mal,* tome I, p. 83.

71 Dans son étude sur « L'Honnête homme et le dandy », Alain Montandon rapporte que la figure du dandy « […] est devenue très rapidement littéraire et « mythique » bien plus que réelle ». Voir son article in *L'Honnête homme et le dandy*, édité par Alain Montandon, Tübingen, Gunter Narr Velarg Tübingen, 1993, p. 262. Aussi Frédéric Monneyron commente -t- il dans un autre article du même volume, le titre de l'étude d'Emilien Carassus sur *Le Mythe du dandy* et souligne même que ce titre est « fort contestable », Voir son article « le dandy fin de siècle : entre l'androgyne et le misogyne » in *Ibid.,* p. 195.

que si la veuve d'Hector est une « figure du deuil, [elle] est aussi une figure de l'exil, et même très exactement de la déportation. De là vient la force [...] de son image mythique ».[72] Dans cette partie, nous nous intéressons à l'ancrage de la figure mythique d'Andromaque dans le texte ainsi qu'aux mutations que lui fait subir l'imagination de Baudelaire. Notre propos consiste à mettre l'accent sur la réécriture de son mythe où son image d'exilée devient inhérente au destin propre du poète.

Après la guerre de Troie où son mari Hector, chef des Troyens, a été tué par Pyrrhus, Andromaque fut exilée de sa ville conjugale et emmenée en captivité par le fils d'Achille dans son royaume en Epire. C'est dans « Le Cygne », poème dédié[73] à Victor Hugo durant son exil à Guernesey, qu'on assiste à un tableau émouvant représentant cette célèbre veuve accablée par la douleur :

Andromaque, je pense à vous ! Ce petit fleuve,
Pauvre et triste miroir où jadis resplendit
L'immense majesté de vos douleurs de veuve,
Ce Simoïs menteur qui par vos pleurs grandit,

A fécondé soudain ma mémoire fertile,
Comme je traversais le nouveau Carrousel.
Le vieux Paris n'est plus (la forme d'une ville
Change plus vite, hélas ! que le cœur d'un mortel) ;

Je ne vois qu'en esprit tout ce camp de baraques,
Ces tas de chapiteaux ébauchés et de fûts,
Les herbes, les gros blocs verdis par l'eau des flaques,
Et, brillant aux carreaux, le bric-à-brac confus.
(Baudelaire, « Le Cygne », *FM*, 85–86)

Même si l'on se réfère aux lettres adressées[74] à Pier Angelo Fiorentino, Charles Monselet, Nestor Roqueplain et Paul de Saint-Victor, trois ans après la parution

---

72 Pierre Brunel, *Dix mythes au féminin*, Paris, Librairie d'Amérique et d'Orient, 1999, p. 85.
73 Voir la lettre envoyée à Hugo le 7 décembre 1859 et qui est antérieure à la 1ère parution du poème : « Voici des vers faits pour vous et en pensant à vous [...]. Ce qui était important pour moi, c'était de dire vite tout ce qu'un accident, une image, peut contenir de suggestions, et comment la vue d'un animal souffrant pousse l'esprit vers tous les êtres que nous aimons, qui sont absents et qui souffrent, vers tous ceux qui sont privés de quelque chose d'irretrouvable ». Charles Baudelaire, *Correspondances,* tome I, pp. 622–623.
74 Dans ces quatre lettres respectives, datées du 11 mai 1863, Baudelaire demande à ces personnes d'assister à cette pièce qui a eu lieu le mercredi 13 mai 1863 à L'Odéon. Voir *Correspondances,* tome II, pp. 297–298.

de ce poème, on serait incapable de savoir si Baudelaire était intéressé par la représentation d'Andromaque au théâtre ou plutôt par la prestation de Mme Deschamps, l'actrice débutante qui incarne le rôle de ce personnage mythique. Or ce qui nous paraît indéniable est que le souvenir de la veuve antique chez notre poète vient essentiellement de l'*Enéide* de Virgile,[75] lieu commun des études humanistes, et que lui, excellent latiniste, connaissait sans doute depuis ses années de collège. Car hormis l'épigraphe[76] qu'accompagne la première version de ce poème paru le 22 janvier 1860 dans *La Causerie*, l'Andromaque baudelairienne, parallèlement à celle de Virgile, déplore la disparition de son mari devant un cénotaphe, un « *falsi* tombeau » comme l'est déjà « *ce Simoïs menteur* » puisque le récit homérique rapporte que les mânes d'Hector se trouvent à Troie et non pas à Buthrote.

Mais il importe de signaler que le récit baudelairien se démarque du passage virgilien par cette « représentation visuelle » de la douleur d'Andromaque, un des mythèmes majeurs qui confère au récit sa dynamique[77] et qui, par la suite, ne fait qu'aiguiser les nostalgies du poète dans une prise de conscience de l'irréversible. Car tout comme la figure antique, l'écrivain s'attriste devant l'ancien Paris qui n'existe plus. En effet, dans la quatrième strophe, la discontinuité du rythme et des vers traduit cette rupture d'identité d'un narrateur qui est en quête de soi dans une

---

75 Voir Lowry Nelson, « Baudelaire and Virgil : A reading of « Le Cygne » in *Comparative Literature*, Vol. 13, No. 4, Autumn 1961, Eugene, Or, Duke University Press on behalf of the University of Oregon, (http://www.jstor.org/stable/1768663), consulté le 22/8/2011, p. 332 où il écrit que Baudelaire n'emprunte pas uniquement des mots et des phrases de *l'Enéide* mais intègre, dans son texte, toutes les résonances renvoyant à l'épisode virgilien d'Andromaque : "He [Baudelaire] not only borrows words and phrases from the *Aeneid,* but incorporates all the resonance of the episode to which he alludes into his own poem." Et aussi la note n° 2 p. 333 : "Il y a, évidemment, une ressemblance entre l'Andromaque de Racine et celle de Virgile mais l'on peut uniquement reconnaître chez Baudelaire la présence de l'Andromaque virgilienne : " There are of course general resemblances between Virgil's and Racine's Andromache ; still, in Baudelaire, only Virgil can be discerned." Nous traduisons.

76 Il s'agit du vers 302 du Chant III de l'Enéide « *falsi Simoentis ad undam* », Voir Virgile, *L'Enéide, op.cit.*, p. 93. Cette épigraphe sera remplacée par la dédicace à Hugo dans la deuxième publication du poème en 1861 où elle fut ajoutée aux autres poèmes des *Fleurs du Mal* dans la section des « Tableaux Parisiens ». Il en est de même pour la troisième parution de 1868.

77 Voir Pascale Auraix-Jonchière, « Voix de femmes, voies du mythe chez Barbey d'Aurevilly » in *La Voix dans la culture et la littérature françaises 1713–1875*, études réunies et présentées par Jacques Wagner, Clermont-Ferrand, Presses Universitaires Blaise Pascal, 2001, p. 335 : « […] La notion de « syntagme » comme celle de « mythème », empruntée à Lévi-Strauss, font également appel à une dynamique, et favorisent *a priori* une représentation visuelle ».

antériorité disparue remplacée par une modernité en plein désordre : « *baraques* », « *chapiteaux* » et « *fûts* » s'entassent pour former un « *bric-à-brac confus* ». Or ce « *bric-à-brac* » est aussi celui de la mémoire poétique déclenchée au milieu d'un paysage urbain dans lequel le poète ne trouve aucun repère. Par conséquent, nous pouvons dire que l'identification entre la figure lyrique du poète et celle d'Andromaque trouve son plein sens dans l'imagerie de leur perte respective dans cette ville de substitution. Toutefois, il serait intéressant de montrer que cette identification est perceptible dans d'autres imageries qui se superposent dans le poème LXXXIX des *Fleurs du Mal*.

En conférant à la veuve d'Hector le statut d'une interlocutrice au premier vers de cette pièce, contrairement à ce qui se passe dans l'épisode virgilien,[78] Baudelaire opère une actualisation de cette figure mythique et la rend contemporaine du « *je* » puisqu'il supprime l'écart temporel qui les sépare et ramène le présent de l'énonciation et le présent de la pensée au même plan. De son côté, Steve Murphy rapporte que c'est la « proximité affective », substitut de « la réalité effective [et] historique » entre le personnage mythique et la figure du poète, qui permet de transcender cette « distance temporelle et culturelle ».[79] Aussi, ne pourrions-nous pas rapprocher l'adhésion entre ces deux figures de celle de « l'éternelle Mélancolie » et du rêveur passager qui l'admire ? En effet, dans cet extrait du *Salon de 1859*, texte antérieur au poème en vers, la Mélancolie personnifiée qui « mire son visage […] dans les eaux d[u] bassin »[80] pourrait bien renvoyer à la posture penchée d'Andromaque. De même que le passager qui regarde cette créature « aux membres […] alanguis par une peine secrète [et] dit : Voilà ma sœur »[81] redoublerait, en ce sens, la figure du poète dans « Le Cygne ».

Ainsi, en s'assimilant à cette « Mélancolie au miroir »,[82] la figure d'Andromaque s'intériorise pour devenir un alter ego du « je » du poète. L'étude que Jean Starobinsky consacre au poème vient confirmer notre propos : « la figure penchée, c'est d'abord l'être—lointain, imaginaire- vers lequel se tourne la pensée du "moi lyrique". Et cette figure penchée, Andromaque, est-elle-même habitée par la *pensée* réminiscente d'un pays perdu […] ».[83]

---

78 C'est Andromaque qui raconte à Enée l'épisode de sa transportation à Buthrote. Voir Virgile, *L'Enéide*, III, v. 300–330, *op.cit.*, p. 93.
79 Steve Murphy, « Personnalité et impersonnalité du Cygne » in *1857 Baudelaire et Les Fleurs du Mal, op.cit.*, p. 118.
80 Charles Baudelaire, « Salon de 1859», *Critique d'art*, tome II, p. 669.
81 *Ibid.*
82 Il s'agit du titre de l'ouvrage de Jean Starobinski, *La Mélancolie au miroir. Trois lectures de Baudelaire*, Paris, Julliard, 1990.
83 *Ibid.*, p. 56.

Mais à travers la remémoration du « pays perdu » de la veuve de Troie, qui va de pair avec le spectacle de la défiguration de Paris, surgit l'imagerie du cygne, une autre figure de l'exil et de l'esclavage chez l'écrivain. C'est dans ces vers de la pièce éponyme que nous assistons à son évocation saisissante :

Là je vis, un matin, à l'heure où sous les cieux
Froids et clairs le Travail s'éveille, où la voirie
Pousse un sombre ouragan dans l'air silencieux,

Un cygne qui s'était évadé de sa cage,
Et, de ses pieds palmés frottant le pavé sec,
Sur le sol raboteux traînait son blanc plumage.
Près d'un ruisseau sans eau la bête ouvrant le bec

Baignait nerveusement ses ailes dans la poudre,
Et disait, le cœur plein de son beau lac natal :
« Eau, quand donc pleuvras-tu ? quand tonneras—tu foudre ? »

Je vois ce malheureux, mythe étrange et fatal,
Vers le ciel quelquefois, comme l'homme d'Ovide,
Vers le ciel ironique et cruellement bleu,
Sur son cou convulsif tendant sa tête avide,
Comme s'il adressait des reproches à Dieu !
(Baudelaire, « Le Cygne », *FM*, 86)

Alors que, dans son *Ornithologie passionnelle*, livre que Baudelaire avait lu avec grand intérêt,[84] Alphonse Toussenel désigne le cygne comme « le plus noble [...] de tous les rémipèdes »,[85] cet extrait nous informe que le palmipède est loin d'incarner cet idéal de pureté chez notre poète. Eloigné de son « *beau lac natal* », ce cygne devient l'habitant d'un hétéroclite désert urbain et symbolise désormais l'esprit prisonnier de la matière. Sous ses pieds palmés, le pavé reste « *sec* », et sous son blanc plumage, le sol est « *raboteux* ». Pour son bec, le ruisseau est « *sans eau* », et il n'a, pour y baigner ses ailes, qu'une poussière aride. Ainsi, nous constatons que se condensent, dans ces vers, plusieurs métaphores qui font porter l'accent

---

84 Voir Charles Baudelaire, *Correspondance*, tome I, lettre à Alphonse Toussenel datée du 21 janvier 1856, p. 336 : « il y a bien longtemps que je rejette presque tous les livres avec dégoût. Il y a bien longtemps aussi que je n'ai lu quelque chose d'aussi *absolument instructif et amusant*. Le chapitre du faucon et des oiseaux qui chassent pour l'homme est une œuvre, à lui tout seul. »

85 Alphonse Toussenel, *Le Monde des oiseaux, Ornithologie passionnelle*, consulté sur Google Livres, Paris, Librairie Phalanstérienne, 1853, volume I, p. 292.

sur la déchéance et l'exil du palmipède, or ce qui importe ici est de considérer son identification symbolique avec la figure du poète. A ce stade, plusieurs remarques s'imposent.

Tout d'abord, la présence insolite du cygne dans l'ancien quartier proche de celui du Doyenné, présence qui pourrait bien trouver source dans un fait-divers paru à l'époque[86], crée une rupture dans la mémoire du poète et l'éloigne, comme il en est pour l'animal, de son paysage natal. De plus, l'identification entre le poète et le palmipède se fait plus nette encore à travers l'anthropomorphisation du cygne, remarquable dans le texte, dans la coordination de deux verbes : « *baignait nerveusement* » et « *disait* » à l'ouverture des vers 21 et 22 ainsi que dans l'expression : « *le cœur plein de son beau lac natal* ». Baudelaire procède ici à une cohérence entre le registre animal et humain, puisqu'il confère au cygne une spiritualité égale à celle d'Andromaque, au cœur plein de son époux « *natal* » ou encore à celle du sujet au cœur plein de son Paris d'autrefois :

> *Paris change ! mais rien dans ma mélancolie*
> *N'a bougé ! Palais neufs, échafaudages, blocs,*
> *Vieux faubourgs, tout pour moi devient allégorie,*
> *Et mes chers souvenirs sont plus lourds que des rocs.*
> (Baudelaire, « Le Cygne », *FM*, 86)

Mais cette anthropomorphisation culmine dans l'analogie du cygne avec l'homme d'Ovide. Cette allusion qui rappelle le visage de l'homme dressé vers le ciel dans le livre I des *Métamorphoses*[87] fait de l'animal le porte parole d'une revendication adressée à une divinité céleste. A ce point, une question s'impose : en quoi consiste au juste cette revendication ? En effet, la réponse nous est fournie dans le vers 28 où, exilé comme l'homme d'Ovide, l'oiseau reproche à Dieu de n'offrir qu'un simulacre de son « *lac natal* » miroité par un ciel « *ironique et cruellement bleu* ».

Ainsi, en attribuant au cygne une gestuelle humaine et en lui accordant une prosopopée marquée par un chiasme si expressif : « *Eau, quand donc pleuvras-tu ? quand tonneras-tu, foudre ?* », Baudelaire ne fait pas seulement de l'oiseau un double de l'homme d'Ovide qu'un Dieu cruel a « *chassé du paradis latin* »[88] mais lui confère

---

86 Il s'agit d'un fait divers du 16 mars rapporté dans *Le Corsaire Satan* : « Avant-hier, quatre cygnes sauvages sont venus s'abattre sur le grand bassin des Tuileries et ils sont restés à prendre leurs ébats jusqu'au moment où on a ouvert le robinet du grand jet d'eau ».

87 Voir Ovide, *Les Métamorphoses*, *op.cit.*, v. 84–86, p. 43 : « Et, tandis que les autres animaux, penchés vers le sol, n'ont d'yeux que pour lui, à l'homme il donna un visage tourné vers le ciel, dont il lui proposa la contemplation, en l'invitant à porter vers les astres ».

88 Charles Baudelaire, « Horreur sympathique », *Les Fleurs du Mal,* tome I, p. 77.

une dimension universelle. Cette idée se fait encore plus précise dans la suite du poème où ce cygne, « *mythe étrange et fatal* », qui sert de liaison entre tradition et modernité, devient même le symbole de tous les exilés de leurs lieux d'origine puisque son moi individuel s'agrandit à la proportion d'un moi collectif :

> *Aussi devant ce Louvre une image m'opprime :*
> *Je pense à mon grand cygne, avec ses gestes fous,*
> *Comme les exilés, ridicule et sublime,*
> *Et rongé d'un désir sans trêve ! et puis à vous,*
>
> *Andromaque, des bras d'un grand époux tombée,*
> *Vil bétail, sous la main du superbe Pyrrhus,*
> *Auprès d'un tombeau vide en extase courbée ;*
> *Veuve d'Hector, hélas ! et femme d'Hélénus !*
>
> *Je pense à la négresse, amaigrie et phtisique,*
> *Piétinant dans la boue, et cherchant, l'œil hagard,*
> *Les cocotiers absents de la superbe Afrique*
> *Derrière la muraille immense du brouillard ;*
>
> *À quiconque a perdu ce qui ne se retrouve*
> *Jamais, jamais ! à ceux qui s'abreuvent de pleurs*
> *Et tètent la Douleur comme une bonne louve !*
> *Aux maigres orphelins séchant comme des fleurs !*
> (Baudelaire, « Le Cygne », *FM*, 86)

Cette tendance du cygne à se déplacer pour s'incarner dans d'autres figures d'exil, antiques ou poétiques, rappelle bien les propos de Baudelaire adressés au poète des *Châtiments* dans sa lettre de dédicace où il précise que « la vue d'un animal souffrant pousse l'esprit vers tous les êtres que nous aimons, qui sont absents et qui souffrent, vers tous ceux qui sont privés de quelque chose d'irretrouvable ».[89] C'est justement cette quête de « *ce qui ne se retrouve* », renforcée par la répétition de l'adverbe « *Jamais, jamais !* » au vers 46 qui semble réunir les trois figures d'exilés dominantes dans le texte.

Rythmé par la répétition anaphorique de l'expression « *Je pense* » qui, selon Jean Starobinski, « [est] adressé[e] à des êtres malheureux, eux- même pensifs et tourmentés par le regret d'autres êtres ou d'autres lieux »,[90] le poème se construit

---

89 Charles Baudelaire, *Correspondance*, tome I, Lettre à Hugo, datée de 7 décembre 1859, pp. 622–623.

90 Jean Starobinski, *La Mélancolie au miroir. Trois lectures de Baudelaire, op.cit.*, p. 76.

en fonction de tout un système d'échos qui, rassemblant les figures d'exilés éparses dans le texte, met l'accent, sur le réseau triptyque de la veuve d'Hector, du Cygne et de la négresse, tous privés de leur paysage natal, contrairement aux réfugiés d'une autre pièce de jeunesse soulagés par l'apparition lointaine de leur terre d'origine :

> *Une petite consolation leur reste dans ce grand malheur : c'est que portés dans le voisinage de la patrie, à travers le fleuve connu, ces exilés voient au loin les collines obscures et les châteaux si chers de leurs pères, et ils respirent un air qui a peut-être caressé les fleurs aux jardins du pays natal.*

(Baudelaire, « L'Exilé », *Poésies diverses*, 230)

Alors que les exilés de cette pièce qui valut à Baudelaire le 1ᵉʳ prix de vers latins du collège Louis-le-Grand en 1837 traversent un « *fleuve connu* », le fleuve au bord duquel siège Andromaque est un *falsi Simoïs* abreuvé par ses larmes. Notons aussi que malgré leur « *grand malheur* », ces exilés parviennent à apercevoir « *les châteaux* » de leurs pères contrairement à la négresse dans « Le Cygne » qui, entourée par « *une muraille immense de brouillard* », est incapable de trouver un simulacre des « *cocotiers absents de la superbe Afrique* ».

Ainsi nous remarquons que ces deux textes offrent deux versions contrastées de l'exil dans notre corpus. Par l'emploi de tout un réseau d'images dysphoriques, comme celle des orphelins qui tètent la douleur ou encore, celle de la négresse dont la faiblesse est mise en valeur par la coupe à l'hémistiche, Baudelaire ne fait qu'amplifier, à l'inverse de la pièce de jeunesse, le sentiment de perte et de manque des exilés parisiens.

Mais il est une image, entre toutes, qui informe de manière frappante cette douleur de l'exil. Il s'agit de la veuve de Troie qui réapparaît dans la seconde moitié du texte où le poète consacre une strophe à sa vie de captive. Aussi, Baudelaire procède-t-il à la réduction du mythe d'Andromaque en occultant toute allusion au royaume de Chaonie[91] qui revient à Hélénus après la mort de Pyrrhus et en multipliant les images qui reflètent la déchéance de la veuve d'Hector comparée désormais à un « *vil bétail* ». À la lumière de cette analyse, nous constatons que l'écrivain s'éloigne du récit virgilien et développe le mythe de la veuve de Troie au gré des métaphores négatives basées sur le contraste entre sa noble origine et son statut actuel tout en mettant l'accent sur son exil physique et temporel.

Or, derrière le portrait de ces figures centrales, l'on décèle la présence camouflée du poète, perceptible dans l'accumulation du possessif dans des locutions

---

91 Voir Virgile, *L'Enéide*, III, v. 332–335, *op.cit.*, p. 93 : « A la mort de Pyrrhus, Une part de ses terres revint à Hélénus, / qui du nom de Chaon le Troyen, appela ce pays Chaonie, / Et qui sur les hauteurs, comme un autre Pergame, / Eleva d'Ilion cette autre citadelle ».

comme « *mon grand cygne* » et « *mon esprit s'exile* » ou encore dans l'emploi des ex-
clamations qui expriment l'émotion de l'écrivain tout au long de la pièce. Accablé
par ce « *vieux Souvenir* » qui ne cesse de hanter son esprit, Baudelaire rejoint ce
cercle des exilés qui, « […] mêlés à lui, en une confusion du moi et du non-moi »,[92]
dépassent l'espace parisien pour englober les expatriés des îles rappelant par la
suite la figure du poète réfugié dans l'île de Guernesey.

> *Ainsi dans la forêt où mon esprit s'exile*
> *Un vieux Souvenir sonne à plein souffle du cor !*
> *Je pense aux matelots oubliés dans une île,*
> *Aux captifs, aux vaincus ! … à bien d'autres encor !*
> (Baudelaire, « Le Cygne », *FM*, 87)

Reste à ajouter que l'image de l'écrivain tourmenté et exilé ne se limite pas, dans
notre corpus, à celle des « pauvres du Cygne »,[93] Dolf Oehler fait remarquer que
« tous les animaux baudelairiens de l'Albatros aux bons chiens sont en premier
lieu des symboles de l'homme souffrant ».[94] Cette idée se retrouve, encore, plus
insistante, dans l'un des poèmes les plus célèbres des *Fleurs du Mal*, « L'Albatros »,
absent de l'édition de 1857 et qui occupe la deuxième place dans l'édition de 1861
et dans celle, posthume, de 1868 :

> *Ce voyageur ailé, comme il est gauche et veule !*
> *Lui, naguère si beau, qu'il est comique et laid !*
> *L'un agace son bec avec un brûle-gueule,*
> *L'autre mime, en boitant, l'infirme qui volait !*
>
> *Le Poète est semblable au prince des nuées*
> *Qui hante la tempête et se rit de l'archer ;*
> *Exilé sur le sol au milieu des huées,*
> *Ses ailes de géant l'empêchent de marcher.*
> (Baudelaire, « L'Albatros », *FM*, 10)

Cette pièce dessine un portrait ironique qui détruit radicalement l'image illusoire
de souveraineté et de dignité qui s'attachait encore au « *voyageur ailé* » : le renversement dramatisé de la beauté en laideur, la lourdeur comique et enfin la dérision
soulignent la chute de l'oiseau dans un milieu étrange et hostile. Parallèlement
à cet albatros qui ne peut se mouvoir ou s'adapter loin de son territoire, le poète

---

92 Charles Mauron, *Le dernier Baudelaire*, Paris, José Corti, 1966, p. 81.
93 Charles Mauron, *Le dernier Baudelaire, op.cit.*, p. 81.
94 Dolf Oehler, « Carrousel de cygnes » in *L'Année Baudelaire n° 5 : Hommage à Claude Pichois, Nerval, Baudelaire, Colette,* Paris, Klincksieck, 1999, p. 81.

incarne dans le monde contemporain l'image d'un « *exilé* » en quête de sa propre identité.

Au terme de cette étude, nous constatons que « L'Albatros » prolonge donc « Le Cygne » en dévoilant une image moderne de l'exil dans laquelle Baudelaire pressent son propre destin. Mais l'expérience de l'exil n'est pas toujours liée au déplacement géographique. Il est aussi des exils intérieurs dont atteste la figure du dandy dans la poésie de Baudelaire. Dominé par le culte de l'originalité et par une volonté de distinction, nous allons voir que le dandy baudelairien représente un modèle en marge d'une société dont il veut se démarquer.

Le dandysme baudelairien : solitude et rupture

L'importance de la notion du dandysme au sein de l'œuvre baudelairienne est bien connue. Le poète des *Fleurs du Mal*, tout en étant lui-même un « dandy précoce »,[95] a longtemps nourri l'idée d'un ouvrage indépendant sur *Le Dandysme littéraire*,[96] un projet qui n'a jamais vu le jour. De plus, le poète a parlé dans un feuillet intitulé « Théâtre », publié par Jacques Crépet en 1938, du catholique dandy, « *personnage épisodique ou principal* [...][97] » qui renvoie à Baudelaire et à Barbey d'Aurevilly lors de leur épisode ensemble. Mais, c'est dans le chapitre IX de son essai *Le Peintre de la vie moderne* consacré à Constantin Guys et rédigé vers la fin du 1859 que Baudelaire développe sa théorie du dandysme.

Il ne s'agira pas ici de retracer l'histoire de ce courant esthétique et social lancé en Grande-Bretagne par George B. Brummell,[98] ou « le beau Brummell », qui inspira Barbey d'Aurevilly lorsqu'il écrivit son traité fondateur su le dandysme en 1844. Notre but sera plutôt de s'interroger sur les caractéristiques de cette figure énigmatique qui, renvoyant à un archétype, participe de l'élaboration du mythe de

---

95 Voir Charles Baudelaire, « Fusées », *Journaux intimes*, tome I, *op.cit.*, p. 661 : « j'aimais ma mère pour son élégance. J'étais donc un dandy précoce ».

96 Voir la lettre adressée à Auguste Poulet-Malassis datée du 4 février 1860, tome I p. 664 : « cette vie-là m'est intolérable et j'ai profité d'une invitation de *La Presse* pour livrer [à Calonne] *Monsieur G.*, *peintre de mœurs, L'Art enseignant*, et *Le Dandysme littéraire* ou *la grandeur sans convictions* (de celui-là je ne vous avais pas parlé). Quand sera-ce imprimé ? Quand toucherai-je l'argent, je n'en sais rien ».

97 Voir Charles Baudelaire, « Théâtre », *Idées et listes de Pièces projetées*, tome I, p. 645 : « Nous communierons ensemble, et ensemble nous nous agenouillons, humblement, le poing sur la hanche ».

98 Patrice Bollon rapporte que Baudelaire n'avait que 19 ans à la mort de George Brummel décédé le 29 mars 1840 à l'asile du Bon-Sauveur de Caen. Voir son article sur « la figure du dandy » *Magazine Littéraire*, n° 273, Janvier 1990, p. 42.

l'androgyne dans notre corpus. Et c'est uniquement à ce prix qu'il sera possible de conférer au dandy son statut parmi les autres figures mythiques de notre étude.

Analysant la place du dandysme dans l'œuvre de Baudelaire et de Barbey d'Aurevilly, Marie Miguet-Ollagnier précise que « l'androgynie, ainsi que la supériorité ascétique et dédaigneuse de l'esprit, [...] sont les deux traits du dandysme selon l'auteur de l'essai sur Brummell ».[99] De son côté, Jules Lemaître rapporte que « le dandy a quelque chose d'anti-naturel, d'androgyne par où il peut séduire infiniment ».[100] Or, les poèmes de Baudelaire nous mettent face à un dandy qui, par ses actes et ses postures, inaugure une rupture avec tout ce qui l'entoure pour imposer sa singularité. Si cette figure composite réunit en elle les attributs symboliques de l'androgyne, elle représente, néanmoins, un « androgyne [...] de l'Histoire »[101] destiné à la séparation et à la fragmentation puisqu'il est ancré dans le « monde temporel et historique de l'existence humaine », deuxième niveau ontologique qui correspond au deuxième mouvement du schéma tertiaire du mythe de l'androgyne comme le fait remarquer Frédéric Monneyron :

> A l'androgynie initiale, symbole de l'unité originelle du monde, succède, alors que l'Homme pénètre dans le devenir, la bipolarité sexuelle. La perte de l'unité et de l'androgynie premières constitue la dégradation d'un état privilégié qu'il convient dès lors de reconquérir par la dualité des sexes. Cette structure immuable qui glisse sur le schéma unité / dualité / unité repose sur deux niveau ontologique différents : celui du monde a-temporel et a-historique des essences et celui du monde temporel et historique de l'existence humaine.[102]

Selon Roger Kempf, « le dandy oppose des airs et des qualités qui découragent l'approche [...]. Par les silences dont il s'enveloppe et les commentaires qu'il lâche, il énonce désagréablement son insularité.[103] C'est dans une pièce en prose, parue dans *La Presse* le 27 août 1862, que cette citation trouve sa cristallisation

99 Marie Miguet-Ollagnier, « Barbey d'Aurevilly et Baudelaire : Dandysme et Hermaphrodisme » in *L'Image de l'Anglo-saxon : types et stéréotypes, conformisme et subversion*, Actes du colloque de mars 1991, Centre de Recherches ALSO, Besançon, 1992, p. 80.

100 Jules Lemaître, *Les Contemporains*, Paris, Lecène, Oudin et cie, 1895 cité in Frédéric Monneyron, « Le dandy fin de siècle : entre l'androgyne et le misogyne », *op.cit.*, p. 197.

101 Jules Amédée Barbey d'Aurevilly, « Du Dandysme et de George Brummell », *Œuvres romanesques complètes*, tome II, texte présenté et annoté par Jacques Petit, Paris, Gallimard, « Bibliothèque La Pléiade », 1966, p. 718.

102 Frédéric Monneyron, *L'Androgyne décadent. Mythe, figure, fantasmes*, Grenoble, Ellug, 1996, p. 7.

103 Roger Kempf, *Dandies. Baudelaire et Cie*, Paris, Éditions du Seuil, 1977, p. 35.

parfaite. Dans ce texte à caractère autobiographique, le poète exprime son désir de « self-purification and anti-humanity »[104] dans une solitude difficilement conquise :

> *Enfin ! Seul ! On n'entend plus que le roulement de quelques fiacres attardés et éreintés. Pendant quelques heures, nous posséderons le silence, sinon le repos. Enfin ! la tyrannie de la face humaine a disparu, et je ne souffrirai plus que par moi-même.*
>
> *Enfin ! il m'est donc permis de me délasser dans un bain de ténèbres ! D'abord, un double tour à la serrure. Il me semble que ce tour de clef augmentera ma solitude et fortifiera les barricades qui me séparent actuellement du monde.*
>
> (Baudelaire, « À Une heure du matin », *PPP*, 287)

Dans son ouvrage sur « le mythe du dandy », Emilien Carassus montre que « le dédain du monde et [la] conviction d'une supériorité individuelle sont les traits fondamentaux de l'esprit dandy qui seront ensuite adoptés par le dandysme littéraire ».[105] Ce « dédain du monde », reflété chez Baudelaire à travers le concept d'autosuffisance, est devenu frappant dans ce texte par ce « *double tour à la serrure* » qui, loin d'incarner une attitude quotidienne, prend ici les proportions d'un geste qui sépare le poète du monde et le protège de « *la tyrannie de la face humaine* ». Cet « espèce de culte de soi-même, qui peut survivre à la recherche du bonheur à trouver dans autrui […] »,[106] une des caractéristiques du dandy selon l'essai de Baudelaire, se rencontre encore une fois dans la pièce XXIII des *Petits poèmes en prose*. Ce poème, qui fait partie des textes écrits en hommage à C. F. Denecourt en 1855, illustre bien le rejet de ce « goût invincible de la prostitution »[107] chez l'écrivain, véritable obstacle contre l'affirmation de sa propre singularité :

> *« Ce grand malheur de ne pouvoir être seul ! …. » dit quelque part La Bruyère, comme pour faire honte à tous ceux qui courent s'oublier dans la foule, craignant sans doute de ne pouvoir se supporter eux-mêmes.*
>
> *« Presque tous nos malheurs nous viennent de n'avoir pas su rester dans notre chambre », dit un autre sage, Pascal, je crois, rappelant ainsi dans la cellule du recueillement tous ces affolés qui cherchent le bonheur dans le mouvement et dans une prostitution que je pourrais appeler fraternitaire, si je voulais parler la belle langue de mon siècle.*
>
> (Baudelaire, « La Solitude », *PPP*, 314)

L'affirmation d'une singularité radicale débouche naturellement dans la révolte contre tout ce qui exalte la solitude du dandy puisque « l'homme de génie veut être

---

104 Charles Baudelaire, « Fusées », *Journaux intimes*, tome I, *op.cit.*, p. 659.
105 Emilien Carassus, *Le Mythe du dandy*, Paris, Armand Coli, 1971, p. 3.
106 Charles Baudelaire, « Le Peintre de la vie moderne », *Critique d'art*, tome II, *op.cit.*, p. 710.
107 Charles Baudelaire, « Fusées », *Journaux intimes*, tome I, *op.cit.*, p. 700.

un, donc solitaire ».[108] En effet, le dandy chez Baudelaire éprouve un besoin ardent de se retrancher de la collectivité et de briser toute trivialité monotone. C'est en se séparant de ces « *affolées* » qu'il pourrait se dresser contre l'uniformité de son siècle et s'élever au dessus de la prostitution fraternitaire de l'humanité.

Ce désir de solitude trouve son écho dans le refus de gagner sa vie par un travail utilitaire. En effet, l'esprit supérieur du dandy ne se compromet pas dans le monde de la matérialité, il côtoie celui des idées. Exercer un métier, pour lui, est une obligation forcée, incompatible avec l'indépendance de sa pensée. Ainsi en est-il pour le dandy du morceau intitulé « À une heure du Matin », avili par son activité qu'il mène au quotidien :

> *Horrible vie ! Horrible ville ! Récapitulons la journée : avoir vu plusieurs hommes de lettres, dont l'un m'a demandé si l'on pouvait aller en Russie par voie de terre [...] ; avoir disputé généreusement contre le directeur d'une revue, qui à chaque objection répondait : « – C'est ici le patri des honnêtes gens », ce qui implique que tous les autres journaux sont rédigés par des coquins ; avoir salué une vingtaine de personnes, dont quinze me sont inconnues ; avoir distribué des poignées de main dans la même proportion, et cela sans avoir pris la précaution d'acheter des gants ; être monté pour tuer le temps pendant une averse chez une sauteuse qui m'a prié de lui dessiner un costume de Vénustre ; avoir fait ma cour à un directeur de théâtre, qui m'a dit en me congédiant : « – Vous feriez peut-être bien de vous adresser à Z ... ; c'est le plus lourd, le plus sot et le plus célèbre de tous mes auteurs, avec lui vous pourriez peut-être aboutir à quelque chose. Voyez-le, et puis nous verrons » ; m'être vanté (pourquoi ?) de plusieurs vilaines actions que je n'ai jamais commises, et avoir lâchement nié quelques autres méfaits que j'ai accomplis avec joie, délit de fanfaronnade, crime de respect humain ; avoir refusé à un ami un service facile, et donné une recommandation écrite à un parfait drôle ; ouf ! est-ce bien fini ?*
> (Baudelaire, « À Une heure du matin », *PPP*, 287–288)

Ce passage est assez significatif puisqu'il condense les humiliations et le malaise de l'écrivain causés par son contact quotidien avec une galerie de personnages[109] annoncés, dès le début du récit, par l'anaphore « *Horrible ville ! Horrible vie* ». Remarquons que les activités du jour sont associées, ici, à l'ignorance et la vulgarité dont témoignent respectivement l'épisode de l'homme de lettres qui désire se rendre en Russie par « *voie de terre* » ainsi que celle de la sauteuse qui transforme maladroitement la déesse Vénus en « *Vénustre* ». Cette dévalorisation que

---

108 Charles Baudelaire, « Fusées », *Journaux intimes*, tome I, *op.cit.*, p. 700.

109 Baudelaire parle aussi de l'antipathie qu'il éprouve pour ces gens dans ses *Journaux intimes* où il classe les « portraits de magistrats, de fonctionnaires, de directeurs de journaux [...] » parmi les « jolis portraits de quelques imbéciles ». Voir « Mon cœur mi à nu », *Journaux intimes*, tome I, p. 685.

le poète fait subir à la déesse antique renforcée par un lexique trivial comme le vocable « *coquins* » ou encore le syntagme « *fanfaronnade* », confère au texte une tonalité sarcastique car « le ton d'ironie glacée », explique Suzanne Bernard, « tient une part de sa vertu de la banalité, de la transparence que Baudelaire impose volontairement à son style [...] ».[110] Cette dérision est accentuée par la superposition des phrases heurtées, un des procédés rythmiques qui caracté-rise au mieux la prose poétique baudelairienne, « correspondant, par différents moyens [...] aux "soubresauts" de la conscience, et donc souvent à un certain ton d'ironie ou de sarcasme »[111] De plus, l'alignement de ces phrases crée un staccato musical conforme à l'imagerie de la médiocrité menaçante de la foule humaine. L'emploi de l'interjection « *Ouf ! Est ce bien fini ?* » qui clôt le récit, semble traduire simultanément l'exaspération du dandy contre les outrages divers qu'il subit ainsi que contre une musicalité accablante et discordante qui perturbe sa solitude.

Nombreuses sont les images qui attestent de l'angoisse du dandy vis-à-vis d'une défection dans le multiple mais il est une image, entre toutes, qui informe de manière frappante son « horreur de la face humaine »[112] à savoir, celle des salutations que ce dandy donne à des inconnues « *sans avoir pris la précaution d'acheter des gants* ». En effet, Baudelaire rapporte, dans une de ces critiques d'art, que « la poignée de main trop fréquente avilit le caractère ».[113] Cette ci-tation pourrait bien nous éclairer sur l'importance que le dandy accorde à cette étiquette vestimentaire : le gant représente pour lui cette barrière qui le protège et l'éloigne physiquement et moralement de ses semblables. Encore serait-il in-téressant d'ajouter que si Barbey d'Aurevilly « avai[t] résolu de fermer cette main trop souvent ouverte »,[114] Baudelaire, de son côté, réaffirme à nouveau le be-soin de cet élément d'habillement dans ses *Journaux intimes* : « beaucoup d'amis, beaucoup de gants ».[115]

Ainsi, nous remarquons que l'immersion du dandy dans le collectif urbain n'est que le revers d'une élection de la solitude. C'est le repli sur soi qui devient, en ce sens, la garantie d'un rétablissement d'une identité narcissique pour cette figure

---

110 Suzanne Bernard, *Le Poème en prose de Baudelaire jusqu'à nos jours*, op.cit., p. 127.

111 *Ibid.*, p. 129.

112 Charles Baudelaire, *Correspondance*, tome II, lettre à sa mère datée de 10 août 1862, p. 254.

113 Charles Baudelaire, « L'Œuvre et la vie de Delacroix », *Critique d'art*, tome II, p. 761.

114 Jules Amédée Barbey d'Aurevilly, « Premier Memorandum [Déc. 1836]», *Œuvres roma-nesques complètes*, tome II, op.cit., 791.

115 Charles Baudelaire, « Fusées », *Journaux intimes*, tome I, op.cit., p. 660.

comme l'attestent d'ailleurs les répliques de « L'Étranger » exprimant son refus à toute appartenance sociale ou patriotique :

> *« Qui aimes-tu le mieux, homme énigmatique, dis ? ton père, ta mère, ta sœur ou ton frère ?*
> *– Je n'ai ni père, ni mère, ni sœur, ni frère.*
> *– Tes amis ?*
> *– Vous vous servez là d'une parole dont le sens m'est resté jusqu'à ce jour inconnu.*
> *– Ta patrie ?*
> *– J'ignore sous quelle latitude est située.*
> (Baudelaire, « L'Étranger », *PPP*, 277)

N'obéissant qu'aux tropismes des nuages comme le montre la fin de ce poème initial du *Spleen de Paris*, cet « *homme énigmatique* » est étranger et étrange. Par ses réponses négatives, présentées plutôt sous formes d'énumérations, il surprend la voix interrogatrice qui est impatiente de lui assigner une identité repérable et affiche le visage froid du dandy baudelairien qui éprouve « le plaisir d'étonner et la satisfaction orgueilleuse de ne jamais être étonné ».[116] Aussi faut-il noter que par son déni de toute filiation nationale et sociale, cet « *extraordinaire étranger* », devient un apatride qui maintient une hauteur vis -à- vis de son appartenance au monde terrestre. Il abandonne le critère des insignes mondains en faveur d'une supériorité spirituelle représentée par l'intérêt qu'il montre pour « *les merveilleux nuages* » et reflète, par la suite, l'esprit élitiste du dandy qui repousse les choses convenues.

Dans une optique similaire, le vieux saltimbanque d'une pièce éponyme publiée dans la *Revue fantaisiste en 1861*, refuse de subir la trivialité environnante et préfère s'exiler pour ne pas s'engluer dans le contagieux jubilé populaire :

> *Au bout, à l'extrême bout de la rangée de baraques […], il s'était exilé lui-même de toutes ces splendeurs, je vis un pauvres saltimbanque, voûté, caduc, décrépit, […]. Il était muet et immobile. Il avait renoncé, il avait abdiqué. Sa destinée était faite.*
> (Baudelaire, « Le Vieux Saltimbanque », *PPP*, 296)

Retiré de cette fête frénétique où dominent le gain et la débauche, où les parfums ont une « *odeur de friture* », ce vieux saltimbanque exprime son refus de succomber à des plaisirs médiocres. Il affiche une attitude d'essence stoïque[117] qui trouve son ampleur dans l'absence de communication avec le monde qui l'entoure. A ce stade, une question s'impose : comment interpréter l'exclusion de ce vieux saltimbanque ? Serait-elle un acte choisi ou un acte subi ? En effet, la réponse nous est fournie par

---

116 Charles Baudelaire, « Le Peintre de la vie moderne », *op.cit.*, p. 710.
117 Voir Charles Baudelaire, « Le Peintre de la vie moderne », *op.cit.*, p. 710 : « Le dandysme confine au spiritualisme et au stoïcisme ».

l'emploi du verbe pronominal dans la sentence « *il s'était exilé lui-même de toutes les splendeurs* » qui montre bien le désir de cette figure à la vertu stoïcienne d'affirmer une image de sa supériorité sur une foule vulgaire et avide de jouissances. Isolé, ce vieux solitaire compense l'humiliation qui émane d'une société hostile en se créant une nouvelle personnalité, impassible et silencieuse. Il devient l'avatar du dandy qui s'invente une façade glaciale de sa personne afin d'abriter ses émotions.

Aussi bien pouvons-nous conclure que loin d'être l'homme à la mode ou l'élégant dandy, ce saltimbanque défavorisé affirme, par sa froideur et son exil volontaire, l'image grandiose d'un « dandy avec un habit chiffonné »[118] qui se détache d'une société matérialiste et médiocre afin de préserver sa singularité.

Hormis son spiritualisme et son insularité, le dandy baudelairien affiche une ambigüité sexuelle qui défie les modèles dominants de la masculinité et de la féminité renvoyant, donc, à la construction androgyne de l'ancêtre mythique. Tel est l'exemple de Samuel Cramer, le personnage initial de *La Fanfarlo* qui offre selon Claude Pichois, « le meilleur portrait du poète à vingt-cinq ans ».[119]

Dans cette nouvelle parue en 1847 dans *le Bulletin de la Société des gens de lettres* sous le pseudonyme de Charles Defayis, nom de jeune fille de Madame Aupick, Samuel est désigné en tant que jeune dandy, impertinent et impassible qui a « souvent étonné le monde [mais] ne s'étonnait guère »[120] et dont l'identité sexuelle est indéterminée. « Comédien par tempérament »,[121] ce protagoniste affiche un « goût naturel pour l'excessif » qui se révèle d'une façon plus intense dans ses comportements :

> Samuel, un soir, eut l'idée de sortir ; le temps était beau et parfumé. [...] Il se peigna, se lava, sut en quelques minutes retrouver le costume et l'aplomb des gens chez qui l'élégance est chose journalière ;
> (Baudelaire, *La Fanfarlo*, OCI, 568)

Mais le dandysme de Samuel n'est pas uniquement connoté par sa vanité et son paraître, un trait majeur de sa personnalité va nous retenir dans notre analyse puisqu'il va contribuer par la suite à l'ébauche du mythe de l'hermaphrodisme.

---

118 Voir Jules Amédée Barbey d'Aurevilly, « Du Dandysme et de George Brummell », *op.cit.*, p. 673 : « La réalité du dandysme est humaine, sociale et spirituelle. Ce n'est pas un habit qui marche tout seul ! Au contraire ! C'est une certaine manière de la porter qui crée le dandysme. On peut être dandy avec un habit chiffonné ».
119 Claude Pichois, « Baudelaire en 1847 », *Revue des Sciences Humaines*, Janvier-Mars 1958, p. 122.
120 Charles Baudelaire, *La Fanfarlo*, tome I, p. 568.
121 *Ibid.*, p. 554.

« Produit contradictoire d'un blême Allemand et d'une brune Chilienne »,[122] ce vaniteux dandy incarne avec ses valeurs masculines, une personnalité efféminée. Une indétermination sexuelle apparaît dans son portrait physique : si le « menton carré et despote » suggère une certaine virilité, Baudelaire semble se souvenir de la beauté féminine en parlant de la chevelure de Samuel telle qu'elle est vue par le peintre italien puisque l'emploi de l'adjectif « raphaélesque »[123] met l'accent sur un trait qui évoque plutôt la sensualité féminine. La suite du récit apporte d'autres caractéristiques de ce « dieu moderne et hermaphrodite »[124] que nous décelons dans son portrait :

> Il était toujours le doux, le fantasque, le paresseux, le terrible, le savant, l'ignorant, le débraillé, le coquet Samuel Cramer, la romantique Manuela de Monteverde. Il raffo-lait d'un ami comme d'une femme, aimait une femme comme un camarade.
> (Baudelaire, *La Fanfarlo*, OC I, 555)

L'hermaphrodisme de Samuel est remarquable dans ce passage à travers la conjonction des deux essences masculines et féminines : le nom de Manuela de Monteverde qui, par son côté sensuel et méridional, évoque le portrait de la mère, la « brune chilienne », renvoie aussi à Samuel l'auteur de « quelques folies romantiques ». Mais loin de donner l'image de l'unité originaire des sexes comme il est en question dans le discours d'Aristophane dans *Le Banquet* de Platon[125] relatant la plénitude de l'ancêtre mythique, ce jeune dandy fait persister une image double de l'être qui récuse toute forme d'intégralité. Mircea Eliade souligne que « chez les écrivains décadents, l'androgyne est compris uniquement comme un hermaphro-dite dans lequel les deux sexes coexistent anatomiquement et physiologiquement. Il s'agit, non pas d'une plénitude due à la fusion des sexes, mais d'une surabon-dance des possibilités érotiques ».[126] Cette citation nous paraît très importante puisqu'elle nous amène vers ce qui traduit le mieux la spécificité de cet arrière-plan mythique qui va de pair avec l'image du dandy chez notre écrivain.

En effet, un épisode central dans le texte témoigne de cette fusion marquée par les deux polarités masculines et féminines. Dans cet épisode intime entre Samuel et la Fanfarlo, l'union amoureuse des deux sexes est empêchée dans le moment même où elle semble s'instaurer :

---

122 *Ibid.*, p. 553.

123 *Ibid.*

124 *Ibid.*

125 Voir Platon, *Le Banquet*, [189c–193d], présentation et traduction inédite par Luc Brisson, Paris, Flammarion, 1998, pp. 114–121.

126 Mircea Eliade, *Méphistophélès et l'androgyne,* Paris, Editions Gallimard, 1995, p. 144.

C'est au fond de ce ravissant taudis, qui tenait à la fois du mauvais lieu et du sanctuaire, que Samuel vit s'avancer vers lui la nouvelle déesse de son cœur, dans la splendeur radieuse et sacrée de sa nudité. [...] Mais voilà que Samuel, pris d'un caprice bizarre, se mit à crier comme un enfant gâté : Je vaux Colombine, rends-moi Colombine ; rends-la-moi telle qu'elle m'est apparue le soir qu'elle m'a rendu fou avec son accoutrement fantasque et son corsage de saltimbanque !

(Baudelaire, *La Fanfarlo*, OC I, 576–577)

La rupture s'exprime dans cet exemple à travers le « caprice bizarre » de Samuel qui n'est pas sans rappeler le comportement mystérieux du dandy. En cherchant à étonner sa compagne, ce jeune dandy maintient la distance et l'indépendance et prive le mythe de l'androgyne de la réintégration des sexes qui en constitue le fondement. La tension bipolaire et dynamique qui devrait s'établir entre les deux amoureux afin de revivifier l'unité primordiale se trouve contrebalancée par un désir de solitude :

Du reste, comme il arrive aux hommes exceptionnels, il était souvent seul dans son paradis, nul ne pouvant l'habiter avec lui ; et si, de hasard, il l'y ravissait et l'y traînait presque de force, elle restait toujours en arrière : aussi, dans le ciel où il régnait, son amour commençait à être triste et malade de la mélancolie du bleu, comme un royal solitaire.

(Baudelaire, *La Fanfarlo*, OC I, 576–577)

Dans cet exemple, nous remarquons que la figure de l'androgyne manque à sa vocation première : les retrouvailles intimistes des deux pôles opposés cèdent la place à une représentation séparatrice entraînant l'isolement du dandy, qui s'affiche en tant qu'un « royal solitaire » et confirmant, donc, un trait essentiel qui semble définir son androgynie et qui se déploie à travers l'imagerie de la rupture et de la répulsion. Ainsi, nous pouvons confirmer avec Frédéric Monneyron que « le dandy décadent est loin d'instaurer avec la femme une communication et une complicité que l'on serait en droit d'attendre. [...] [S]on androgynie n'est jamais que la marque de sa propre complétude qu'il traque et épuise dans un isolement superbe et mortifère ».[127]

Une autre séquence extraite du dialogue échangé entre Samuel et Madame de Cosmelly, jeune dame de la noblesse que celui-ci « avait aimé [...] en province »,[128] nous permet de démontrer, encore une fois, la coalescence irréalisable entre les deux sexes dans notre texte. Bien que ses traits aient « la grâce profonde et décente

---

127 Frédéric Monneyron, « Le dandy fin de siècle : entre l'androgyne et le misogyne », *op.cit.*, p. 199.
128 Charles Baudelaire, *La Fanfarlo*, *op.cit.*, p. 556.

de l'honnête femme » et apparaissent « mûris et engraissés par quelques années de pratique »,[129] la « rêverie humide » de Mme de Cosmelly qui brille encore au fond de ses yeux ne suggère pas davantage la passion immarcescible et idéale de la rêverie de l'unité. En effet, la force transcendante de l'amour comme réminiscence de l'unité première se trouve pervertie par une « mauvaise fin » :

> Ce qu'il y a de plus désolant, dit-il, c'est que tout amour fait toujours une mauvaise fin, d'autant plus mauvaise qu'il était plus divin, plus ailé à son commencement [...] Figurez-vous qu'au moment où vous vous appuyez sur l'être de votre choix, et que vous lui dites : Envolons-nous ensemble et cherchons le fond du ciel ! – une voix implacable et sérieuse penche à votre oreille pour vous dire que nos passions sont des menteuses, que c'est notre myopie qui fait les beaux visages, et notre ignorance les belles âmes, et qu'il vient nécessairement un jour où l'idole, pour le regard plus clairvoyant, n'est plus qu'un objet, non pas de haine, mais de mépris et d'étonnement !
> (Baudelaire, *La Fanfarlo*, OC I, 561)

Il semble bien que la pensée de Baudelaire rejette avec insistance en la personne de La Fanfarlo ou Mme de Cosmelly, la possibilité d'associer à la femme et à l'amour une durable perfection capable d'incarner une imagerie romantique de l'androgyne. L'honnête femme est « plus forte, plus escarpée » qu'elle n'en a l'air. Elle manœuvre Samuel avec une habileté consommée afin de parvenir à ses fins. Quant à la danseuse, elle incarne de façon plus typique encore la féminité périlleuse et ensorcelante : par la puissance évocatoire des images, Baudelaire fait d'elle une divinité redoutable et effrayante. Mais en représentant la personne féminine comme une créature dangereuse, l'attitude du poète ne rappelle-t-elle pas celle du dandy hostile et misogyne[130] ? En effet, son mépris pour l'idéalisation de la femme, qu'elle soit noble épouse ou danseuse entretenue, fait obstacle à toute possibilité de réduction de différence et transforme la rêverie d'androgyne en une misogynie souvent décadente.

Dans l'essai consacré à *Madame Bovary*, l'écriture baudelairienne fait preuve, encore une fois, de cette misogynie incompatible avec la rêverie androgynique. Si l'héroïne flaubertienne est désignée par Baudelaire comme un « bizarre androgyne », l'on constate que la conjonction des deux pôles masculins et féminins n'a rien ici d'une unité primordiale des sexes, elle est plutôt expression d'une hybridité qui a pour but de souligner la suprématie du pôle masculin. Pour notre écrivain,

---

129 *Ibid.*

130 Voir Charles Baudelaire, « Mon cœur mis à nu », *Journaux intimes,* tome I, p. 677 : « la femme est le contraire du Dandy. Donc, elle doit faire horreur ».

Emma « est restée un homme »[131] alors que son aspect féminin est réduit à « un charmant corps » dont la seule fonction se limite à abriter les « séductions de l'âme virile ».

Dans sa belle étude sur le monstre, Evanghélia Stead note que « masculiniser à outrance la femme […] est un des moyens fin -de- siècle d'affirmer le monstre ».[132] Cette citation nous paraît importante puisqu'elle nous aide à interpréter la présence des deux figures mythiques de la femme redoutable que Baudelaire assimile à l'héroïne flaubertienne. Ainsi l'émergence de la « Pallas armée », qui n'est autre qu'Athéna la déesse guerrière, et de la « bizarre Pasiphaé », mère du Minotaure, dans le texte, ne pourrait-elle pas révéler un autre aspect de la figure féminine telle qu'elle est perçue par notre écrivain ?

---

131 Charles Baudelaire, « Madame Bovary par Gustave Flaubert », *Critique littéraire*, tome II, p. 81.
132 Evanghélia Stead, *Le Monstre, le singe et le fœtus. Tératogonie et décadence dans l'Europe fin de siècle*, Genève, Droz 2004, p. 134.

CHAPITRE QUATRE

Bestiaire mythique et monstruosités féminines

Chimère ardente, effort suprême
De l'art et de la volupté,
Monstre charmant, comme je t'aime
Avec ta multiple beauté !
—THÉOPHILE GAUTIER, « CONTRALTO », *ÉMAUX ET CAMÉES*

Dans l'univers monstrueux de Baudelaire, affleurent, en premier lieu, des figures issues du règne animal. Le poème liminaire des *Fleurs du Mal* fournit un tableau saisissant d'une « *ménagerie infâme* »[1] où cohabitent plusieurs figures appartenant au bestiaire féroce.

De plus, le célèbre rêve de Baudelaire, qui fait l'objet de la lettre envoyée à Charles Asselineau le 13 mars 1856 et qui inspire Michel Butor dans son *Histoire extraordinaire*, est sans doute un des textes les plus connus qui informe l'essence de la tératologie baudelairienne puisqu'il s'agit d'un dialogue imaginaire entre l'écrivain et une créature difforme et hybride à « l'appendice monstrueux qui lui part

---

1   Voir Charles Baudelaire, « Au Lecteur », *Les Fleurs du Mal*, tome I, p. 6. : *Mais parmi les chacals, les panthères, les lices, / Les singes, les scorpions, les vautours, les serpents, / Les monstres glapissants, hurlants, grognants, rampants*, / Dans la ménagerie infâme de nos vices ».

de la tête » et qui « tourne plusieurs fois autour de ses membres, comme un gros serpent ».[2]

Toutefois « le monstre baudelairien est moins une invention de rêves individuels qu'une allégorie rendue vivante par le style, dynamisée ».[3] Car en étudiant de près les textes en vers comme en prose, nous constatons que c'est à travers les portraits de diverses figures poétiques et mythiques qu'émergent les imageries animales et hybrides qui alimentent l'écriture baudelairienne.

Mais ce qui caractérise le plus ces imageries animales est cette dangereuse contiguïté entre le monstrueux et le féminin qui se trouve au cœur de l'imaginaire de Baudelaire. Gilbert Durand explique que dans « la mythologie héroïque, aryenne ou sémitique, la femme a mauvaise presse. Aphrodite est la vraie responsable de la Guerre de Troie. Pandore, comme Eve, est à l'origine de tous les maux de l'humanité ».[4] De même, se répercute dans la poésie Baudelaire un schéma d'un personnel mythique, féminin et maléfique, ayant pour emblème Vénus et l'Éros féminin. Nous envisageons, dans ce chapitre, de nous interroger sur la présence de cette Beauté monstrueuse ainsi que sur les formes hybrides qu'elle revêt dans le texte. Certaines bêtes monstrueuses comme le sphinx ou la Méduse sont particulièrement caractéristiques de cette Beauté baudelairienne. Nous essayons de les appréhender tout en dégageant la manière dont ces monstres agissent sur la notion.

Analysant les figures animales chez l'écrivain, Patrick Labarthe rapporte que « s'il est un théâtre de l'animalité dans l'œuvre de Baudelaire c'est bien celui de l'Éros ».[5] Mais l'érotisme chez le poète est surtout lié à une représentation féminine du monstre. Ainsi, notre étude portera sur ces constellations mythiques où femme séductrice et bestiaire mythique fusionnent ensemble rendant de plus en plus monstrueuse l'image de l'Éros antique.

Beauté et tératologie

L'ambiguïté inhérente à la beauté chez Baudelaire est souvent renforcée par des images dialectiques qui parsèment sa poésie. Lorsqu'elle n'est pas idéalisée, Vénus

---

2   Michel Butor, *Histoire extraordinaire. Essai sur un rêve de Baudelaire*, Editions Gallimard, Collection « Folio Essais », 1961, p. 13.

3   Jean-Luc Steinmetz, « Essai de tératologie baudelairienne » in *Baudelaire Les Fleurs du Mal, l'Intériorité de la Forme, op.cit.*, p. 162.

4   Gilbert Durand, « Le Décor mythique de la chartreuse de Parme. Contribution à l'esthétique du romanesque », Paris, Editions José Corti, 1961, p. 108.

5   Patrick Labarthe, *Baudelaire et la tradition de l'allégorie, op.cit.*, p. 471.

apparaît, sous la plume de notre écrivain, comme une figure tour à tour insensible et rigide qui confine au monstrueux.

Ce sont les facettes hybrides et pétrifiantes de cette beauté que nous allons examiner.

Les monstres thériomorphes : le sphinx et la Méduse

Parmi les différentes images qui représentent la Beauté dans le texte de Baudelaire s'impose celle du sphinx antique. Dans plusieurs pièces des deux recueils se remarque cette association entre la Beauté antique et la bête mythique.

Dans la pièce éponyme des *Fleurs du Mal*, parue le 9 avril 1851 dans *Le Messager de l'Assemblée*, affleure la figure du « *sphinx incompris* » assimilée à la beauté de pierre dont la fascination demeure une énigme :

> *Je suis belle, ô mortels ! comme un rêve de pierre,*
> *Et mon sein, où chacun s'est meurtri tour à tour,*
> *Est fait pour inspirer au poète un amour*
> *Éternel et muet ainsi que la matière.*
>
> *Je trône dans l'azur comme un sphinx incompris ;*
> *J'unis un cœur de neige à la blancheur des cygnes ;*
> *Je hais le mouvement qui déplace les lignes,*
> *Et jamais je ne pleure et jamais je ne ris.*
> (Baudelaire, « La Beauté », *FM*, 21)

La métaphore de la Beauté au vers premier, renforcée par celle de l'amour « *muet* » et solidifié en matière semble annoncer l'apparition du sphinx dont la résurgence a pour effet de mettre l'accent sur l'impassibilité de cette froide Beauté qui « *jamais ne pleure* […] *et jamais* […] *ne ri*[t] ». Le poète multiplie les indices qui laissent passer en filigrane l'image du sphinx immobile de l'Egypte. Car rigide et insensible, cette Beauté affiche des « *grandes attitudes* » qu'elle emprunte aux « *grands monuments* » rappelant, alors, la posture de ce sphinx au repos. Toutefois, si le mythe de la Sphinge thébaine est occulté au profit de son homologue égyptien, le texte n'est pas sans suggérer l'imagerie archétypale de la féminité monstrueuse. Cette monstruosité qui s'annonce à travers la meurtrissure infligée par le sein de cette Beauté de pierre atteint son paroxysme à la fin de cette prosopopée où se dresse le profil de la « Beauté méduséenne »,[6] figure

---

6   Mario Praz, *La Chair, la mort et le diable dans la littérature du XIXe siècle. Le romantisme noir*, Paris, Editions Denoël, 1977, p. 47.

archétypale de l'insensibilité et de la pétrification dont le regard fatal intensifie la douleur de son admirateur :

> *Car j'ai, pour fasciner ces dociles amants,*
> *De purs miroirs qui font toutes choses plus belles :*
> *Mes yeux, mes larges yeux aux clartés éternelles !*
> (Baudelaire, « La Beauté », *FM*, 21)

Tout se passe ici comme si le mystère qui enveloppe le « *sphinx incompris* » trouvait son pendant dans l'apparition de la Méduse qui a pour but de mettre au premier plan l'incommunicabilité qui s'instaure entre le poète et cette Beauté énigmatique.

La même thématique est au cœur d'une pièce en prose intitulée « Le Fou et la Vénus » où l'association entre la transcendance inaccessible et la féminité fascinante et cruelle, est encore plus frappante. En effet, le genre poétique de la pièce favorise cette « esthétique de la condensation », si l'on en croit l'analyse de Nathalie Vincent-Munnia où elle explique que « non soumise aux contraintes métriques, prosodiques ou phoniques de la poésie versifiée, la langue du poème en prose peut se permettre d'aller à l'essentiel ».[7] Aussi serait-il intéressant de noter que la prière de l'être risible qui clôt le poème est rendue d'autant plus patente par l'emploi de la prose poétique, qui, selon la définition de Baudelaire dans sa préface dédiée à Arsène Houssaye, est « assez souple et assez heurtée pour s'adapter aux mouvements lyriques de l'âme, aux ondulations de la rêverie [et] aux soubresauts de la conscience […] ».[8] On a déjà observé, dans un chapitre précédent, l'affliction de l'artiste dans sa poursuite de l'idéal inaccessible chez un écrivain comme Baudelaire,[9] mais ce qui nous paraît essentiel dans cette étape de notre analyse est de mettre l'accent sur le visage monstrueux de cette « *immortelle Beauté* ».[10] Car si aucune occurrence explicite du sphinx ou de la Méduse est présente dans le texte, on décèle l'imagerie du monstre pétrifiant à travers la métonymie des « *yeux de marbre* ».

La monstruosité de cette Beauté aux yeux étincelants est d'autant plus éclatante chez notre écrivain qu'elle se trouve dans un morceau absent de la première

---

7   Nathalie Vincent-Munnia, *Les Premiers poèmes en prose : généalogie d'un genre dans la première moitié du dix-neuvième siècle français*, Paris, Honoré Champion 1996, p. 144.

8   Charles Baudelaire, « Préface des *Petits Poèmes en prose* », tome I, pp. 275–276.

9   Cette affliction de l'artiste fait aussi le sujet d'une autre pièce où la conclusion prend, également, la forme d'un gémissement intime et personnel : « *Ah ! faut-il éternellement souffrir, ou fuir éternellement le beau ? Nature, enchanteresse sans pitié, rivale toujours victorieuse, laisse-moi ! Cesse de tenter mes désirs et mon orgueil ! L'étude du beau est un duel où l'artiste crie de frayeur avant d'être vaincu* ». Charles Baudelaire, « Le *Confiteor* de l'artiste », *op.cit.*, pp. 278–279.

10 Charles Baudelaire, « Le Fou et la Vénus », *op.cit.*, p. 284.

édition des *Fleurs du Mal* et qui n'apparaît qu'en 1860, c'est-à-dire neuf ans après la publication de « la Beauté ».[11] Cet Hymne illustre l'incertitude du poète quant à l'essence numineuse de la Beauté. Sa structure dichotomique renforce l'aspect énigmatique de la créature implacable qui semble unir en elle les deux caractéristiques symétriques du monstre terrifiant à savoir le *mysterium tremendum* et le *mysterium fascinans*. Néanmoins, c'est surtout le vers 22 où figure le vocatif « Ô Beauté » accompagné de l'apposition « *monstre énorme, effrayant, ingénu* »[12] qui constitue la vraie énigme puisqu'il met l'accent sur l'identité mystérieuse de ce monstre.

Partant de l'interprétation de Michael Rifaterre qui voit en ce vers « une résurgence du monstre virgilien, le Cyclope »,[13] Pascale Auraix-Jonchière suggère de rapprocher plutôt cette créature effrayante du « *sphinx incompris* » de la pièce voisine puisque tous deux, « relèv[ent] de l'informulable ».[14] Dans ses travaux, Pierre Brunel fait observer que « c'est du mystère que va naître le mythe, la disposition mentale favorable au mythe étant la disposition interrogeante ».[15] Toutefois, si le motif du mystère et de l'indéchiffrable constitue un élément essentiel dans l'ébauche du mythe du sphinx, il apparaît que l'affleurement de ce mythe sous la plume de Baudelaire est caractérisé, avant tout, par une hybridité textuelle et sémantique qui va de pair avec une écriture ornée d'images et de métaphores comme en témoigne la pièce XXVII des *Fleurs du Mal* :

Avec ses vêtements ondoyants et nacrés,
Même quand elle marche on croirait qu'elle danse,
Comme ces longs serpents que les jongleurs sacrés
Au bout de leurs bâtons agitent en cadence.

Comme le sable morne et l'azur des déserts,
Insensibles tous deux à l'humaine souffrance,
Comme les longs réseaux de la houle des mers,
Elle se développe avec indifférence.

---

11 Selon la critique, la date de composition de la pièce pourrait bien remonter aux années 1840–1850 et qu'elle pourrait bien faire partie des *Limbes*. Claude Pichois pense que la publication tardive est due à la volonté de Baudelaire d'« éviter un risque de répétition avec *La Beauté* ». Voir Charles Baudelaire, *Les Fleurs du Mal,* tome I, note pp. 876–877.

12 Charles Baudelaire, « Hymne à la Beauté », *Les Fleurs du Mal,* tome I, p. 24.

13 Michael Riffaterre, « Sémiotique de la poésie », Paris, Seuil, 1983, p. 41 cité in Pascale Auraix-Jonchière, « Allusion mythologique et poésie : le sphinx dans la poésie baudelairienne », *op.cit.,* p. 253.

14 *Ibid.*

15 Pierre Brunel, *Mythocritique, théorie et parcours, op.cit.,* p. 18.

> *Ses yeux polis sont faits de minéraux charmants,*
> *Et dans cette nature étrange et symbolique*
> *Où l'ange inviolé se mêle au sphinx antique,*
>
> *Où tout n'est qu'or, acier, lumière et diamants,*
> *Resplendit à jamais, comme un astre inutile*
> *La froide majesté de la femme stérile.*
> (Baudelaire, « *Avec ses vêtements ondoyants et nacrés* », FM, 29)

L'hybridité du sphinx baudelairien trouve son plein sens à travers la condensation de plusieurs éléments issus de différents registres qui montrent bien l'originalité du traitement de ce mythe chez notre écrivain. Notons la juxtaposition des deux allusions mythologiques, antique et biblique, au vers 11, représentées par « *l'ange* » et le « *sphinx* ». Cette hybridation se manifeste, également, au niveau de l'indétermination du récit mythique.

En effet, les attributs ophidiens qui émergent dans le texte, à travers l'image des vêtements nacrés de la « *femme stérile* » rappelant les écailles luisantes du serpent ou encore celle de sa marche onduleuse et cadencée comparée au mouvement serpentin, peuvent bien attester de la nature féminine du sphinx de Thèbes. Cette figure féminine dont il est question dans *La Théogonie* d'Hésiode se nomme plutôt PHIX. Elle est la fille d'Echidna la femme-vipère et d'Orthos le chien de Géryon à qui l'on attribue, dans d'autres légendes, le corps d'un serpent[16] :

> Elle [Echidna] enfanta encore, après avoir subi la loi d'Orthos,
> Phix la pernicieuse, désastre pour les Cadméens, et le lion de Némée.[17]

Mais l'émanation de la géographie aride dans la strophe suivante de la même pièce, soulignée par « *le sable morne* » et « *l'azur du désert* », n'est pas sans évoquer le sphinx masculin du désert de Gizeh, rendant encore plus complexe l'identité de l'animal mythique et figeant sa présence en l'image du monument royal.

Toutefois, le vers final du même quatrain semble pencher pour la féminisation du sphinx égyptien puisqu'il informe la difformité monstrueuse de la figure mythique incarnée par la bête qui « *se développe avec indifférence* ». Cette féminisation s'enrichit, là encore, d'une seconde référence. L'éclat dur et minéral qui émane des « *yeux polis* » du sphinx rappelle la figure de la Méduse énigmatique, pétrifiante

---

16   Voir à ce propos la rubrique « Orthros ». Pierre Grimal, *Dictionnaire de la Mythologie grecque et romaine, op.cit.*, p. 334.

17   Hésiode, *La Théogonie* ; *Les Travaux et Les Jours* ; *Le Bouclier*, v. 326–327, *op.cit.* p. 43.

et minéralisante, présentée dans un morceau précédent et dont l'évocation est légitimée par les symboles ophidiens qui irriguent le texte. Les propos de Lise Revol-Marzouk concernant « l'identité similaire, tout à la fois généalogique, formelle et métaphorique [qui] unit [...] la sphinx à la Méduse » renforce cette idée :

> Monstre des Enfers, dotée d'ailes, de grandes dents, de serres de cuivre et d'une chevelure de serpent, fille selon Hésiode, des divinités marines Phorcys et Céto, Méduse connaît chez les mythographes tardifs, une autre filiation, au plus près d[u] [...] sphinx. Hygin lui confère pour mère la Gorgone, elle-même descendante comme la sphinx, d'Echidna et de Typhon. Ce lien de parenté, associé à l'identité des quelques traits physiques ailés, rapaces ou serpentins, contribue assurément au rapprochement entre le monstre thébain et la créature légendaire au regard pétrifiant ».[18]

À la lumière de cette analyse, nous pouvons déduire que loin d'être une questionneuse comme c'est le cas dans le récit oedipien, parce que souvent muette, la figure de la sphinx chez Baudelaire est retournée. Pierre Brunel a montré à plusieurs reprises dans ses travaux qu'un mythe pouvait, au cours des différentes récritures qu'il subit, connaître un bouleversement radical. Il nomme ce phénomène « la réversion des mythes ».[19]

Il en va de même pour la bête femelle chez notre poète, qui se voit attribuer une puissance pétrifiante à la place de sa fonction de porteuse d'énigme. Tout se passe ici comme si l'aspect monstrueux de la sphinx thébaine provenait essentiellement du syncrétisme qui s'instaure avec la Gorgone. Le sphinx mâle est dépourvu, à son tour, de sa valeur symbolique et ne fait que confronter deux mythologies, grecque et égyptienne, comme nous l'avons déjà observé dans « Les Chats » qui, coursiers de l'Érèbe

> [...] *prennent en songeant les nobles attitudes*
> *Des grands sphinx allongés au fond des solitudes,*
> [et] *semblent s'endormir dans un rêve sans fin* ;
> (Baudelaire, « Les Chats », *FM*, 66)

Dans ces vers, le sphinx n'est autre que la bête pharaonique, représentation divine d'un ancêtre royal, au même titre que le chat, puissant et protecteur de la maison.[20] Toutefois, ce qui importe pour notre analyse est d'insister, encore une fois, sur la

---

18   Lise Revol-Marzouk, *Le Sphinx et l'Abîme. Sphinx maritimes et énigmes romanesques dans Moby Dick et Les Travailleurs de la mer*, Grenoble, Editions ELLUG, Université Stendhal, 2008, p. 12.

19   Pierre Brunel, *Mythocritique, théorie et parcours, op.cit.*, pp. 65–71.

20   Rappelons que le chat dans la mythologie égyptienne renvoie à la Divinité Bastet.

réduction du mythe du sphinx chez Baudelaire. La pièce LXXVI du Spleen nous fournit un exemple saisissant :

> *Désormais tu n'es plus, ô matière vivante !*
> *Qu'un granit entouré d'une vague épouvante,*
> *Assoupi dans le fond d'un Sahara brumeux ;*
> *Un vieux sphinx ignoré du monde insoucieux,*
> *Oublié sur la carte, et dont l'humeur farouche*
> *Ne chante qu'aux rayons du soleil qui se couche.*
> (Baudelaire, « Spleen (*J'ai plus de souvenirs …*) », *FM*, 73)

Dans la tradition pharaonique, « le sphinx d'Egypte symbolisait le roi Harmakhis, c'est-à-dire le soleil éclairant et vivifiant le monde, et aussi la puissance formidable du Pharaon, répandant ses bienfaits sur le pays ».[21] Or dans ce poème, cette figure énigmatique manque à sa fonction d'origine : déchu et dépourvu de tout attribut royal comme en témoigne tout un lexique de la dégradation et de la dévalorisation qui le réduit en « *vieux sphinx ignoré* », cet animal pharaonique n'est plus « lieu du secret »,[22] car assimilé à toute matière vivante et mortelle, il est frappé, désormais, par l'insouciance et l'oubli. Encore faut-il ajouter que par ce procédé de réduction, Baudelaire enlève à ce sphinx le dynamisme propre au mythe et le transforme en pure présentation iconographique qui se donne à lire à travers la statue de Memnon qui, elle aussi, chantait aux rayons du soleil levant.

De tout ce qui précède, nous pouvons conclure que l'émergence du sphinx dans ce texte correspond à une conception esthétique qui échappe à toute fonction symbolique propre au mythe. Commentant l'affleurement de la figure du sphinx dans certains morceaux des *Fleurs du Mal*, Pascale Auraix- Jonchière fait remarquer que « l'objectif de ces poèmes n'est pas de susciter une hypothétique nomination, mais de montrer la vanité même de toute nomination, puisque le nom fait énigme en renvoyant à un hors-texte problématique ».[23] Or, c'est précisément cette référence nominale, vide et pourtant signifiante, qui domine dans « Chacun sa chimère ».

Nous savons que le sphinx et la chimère se trouvent intimement liés dans plusieurs textes dont le plus célèbre est le dialogue imaginé par Flaubert entre ces deux monstres mythiques. Cependant, il est intéressant de noter que la publication de *La Tentations de Saint-Antoine*[24] est postérieure à celle de la pièce en prose qui apparaît

---

21   Pierre Brunel, *Dix mythes au féminin*, *op.cit.*, p. 65.
22   *Ibid.*, p. 67.
23   Pascale Auraix-Jonchière, « Allusion mythologique et poésie : le sphinx dans la poésie baudelairienne », *op.cit.*, p. 252.
24   *La Tentation de Saint Antoine* est publiée en 1874.

pour la première fois dans *La Presse* le 26 août 1862 sous le titre « Chacun la sienne ». Pour bien observer l'ancrage de la chimère dans la poésie baudelairienne, il nous faut préciser, dans un premier temps, que les deux textes respectifs de Baudelaire et Flaubert n'offrent pas de parentés de détails quant à l'investissement de l'animal fabuleux dans la pensée imaginaire des deux écrivains. Loin de se référer donc au dialogue flaubertien, le rapprochement que nous suggérons d'établir entre les deux bêtes monstrueuses est fondé, avant tout, sur leur traitement similaire qui est opéré par la pensée de Baudelaire. Car pareillement au sphinx mâle, le statut mythique de la chimère dans ce texte en prose est ébranlé. Le mythe de la fauve féroce est remplacé par une allégorie nominale, abstraite et picturale, qui rappelle la planche 42 des *Los Caprichos* de Goya,[25] « Tu que no puedes », où figurent deux paysans portant sur le dos, tels que les voyageurs de la pièce, deux bêtes assez lourdes :

> *Chacun d'eux portait sur son dos une énorme Chimère, aussi lourde qu'un sac de farine ou de charbon, ou le fourniment d'un fantassin romain.*
>
> *Mais la monstrueuse bête n'était pas un poids inerte ; au contraire, elle enveloppait et opprimait l'homme de ses muscles élastiques et puissants ; elle s'agrafait avec ses deux vastes griffes à la poitrine de sa monture, et sa tête fabuleuse surmontait le front de l'homme, comme un de ces casques horribles par lesquels les anciens guerriers espéraient ajouter à la terreur de l'ennemi.*
>
> [...]
>
> *Chose curieuse à noter : aucun de ces voyageurs n'avait l'air irrité contre la bête féroce suspendue à son cou et collée à son dos ; on eût dit qu'il la considérait comme faisant partie de lui-même.*
>
> (Baudelaire, « Chacun sa chimère », *PPP*, 282–283)

Ce passage nous invite à observer la spécificité de la réécriture du mythe de la chimère chez notre poète. En effet, Baudelaire infléchit le mythe afin de l'adapter à ses exigences poétiques en substituant au mythème de la voracité le motif de l'écrasement qui domine la pièce. Car si la « *monstrueuse bête* » garde toujours ces « *deux vastes griffes* », elle les emploie non pas pour dévorer les voyageurs mais plutôt pour peser de tout son poids « *aussi lourd* [...] *qu'un sac de farine ou de charbon* » sur leurs épaules. Aussi pouvons-nous résumer que par ce traitement

---

25   Voir l'article critique de Baudelaire sur Goya où il écrit : « *Los Caprichos* sont une œuvre merveilleuse, non seulement par l'originalité des conceptions, mais encore par l'exécution. J'imagine devant *Les Caprices* un homme, un curieux, un amateur, n'ayant aucune notion des faits historiques auxquels plusieurs de ces planches font allusion, [...], il éprouvera toutefois au fond de son cerveau, une commotion vive, à cause de la manière originale, de la plénitude et de la certitude des moyens de l'artiste, et aussi de cette atmosphère fantastique qui baigne tous ses sujets ». Charles Baudelaire, « Quelques caricaturistes étrangers », *Critique d'art*, tome II, pp. 567–568.

allégorique de la figure animale, le poète met en scène une tension à la fois douloureuse et exaltante qui, sans renvoyer à un scénario mythique précis, reprend
une réflexion existentielle. La bête accablante, qui s'incruste dans la chair même
de l'être n'insinue-t- elle pas, en quelque sorte, l'absurdité de sa quête vers l'idéal ?

D'une façon analogue, dans « Bohémiens en voyage », les « *chimères absentes* »
s'insèrent dans cette quête de l'idéal impossible dont l'objectif est moins d'édifier
une figure monstrueuse dynamique que de participer à cette représentation pittoresque dressée dans les deux quatrains :

> *La tribu prophétique aux prunelles ardentes*
> *Hier s'est mise en route, emportant ses petits*
> *Sur son dos, ou livrant à leurs fiers appétits*
> *Le trésor toujours prêt des mamelles pendantes*
>
> *Les hommes vont à pied sous leurs armes luisantes*
> *Le long des chariots où les leurs sont blottis,*
> *Promenant sur le ciel des yeux appesantis*
> *Par le morne regret des chimères absentes.*
> (Baudelaire, « Bohémiens en voyage », *FM*, 18)

Mais cette représentation picturale, inspirée des deux premières eaux-fortes de
Callot, s'ouvre sur un paradoxe. De quelle chimère s'agit-il ? de la bête mythologique à la tête de lion au corps du chèvre ou du caractère fabuleux de la quête
spirituelle ? Pour bien élucider ce paradoxe, nous proposons de lire en parallèle un
poème de Gautier intitulé « Le Sphinx », qui mérite d'être mentionné dans cette
partie de notre analyse :

> Dans le Jardin Royal où l'on voit les statues,
> Une Chimère antique entre toutes me plaît ;
> Elle pousse en avant deux mamelles pointues,
> Dont le marbre veiné semble gonflé de lait.
> [...]
> Les jeunes nourrissons qui passent devant elle
> Tendent leurs petits bras et veulent avec cris
> Coller leur bouche ronde à sa dure mamelle ;
> Mais, quand ils l'ont touchée, ils reculent surpris.
>
> C'est ainsi qu'il en est de toutes nos chimères ;
> La face en est charmante et le revers bien laid.
> Nous leur prenons le sein ; mais ces mauvaises mères
> N'ont pas pour notre lèvre une goutte de lait.[26]

---

26 Théophile Gautier, « Le Sphinx », *Poésies diverses 1838, œuvres complètes, op.cit.*, p. 248.

Dans ce poème, publié pour la première fois dans *La France Littéraire* en août 1836 sous le titre « Nos Chimères », Gautier chante les charmes de la chimère dont le nom désigne à la fois le monstre antique et le rêve des poètes. Mais ce qu'il faut retenir est cette image des « seins gonflés de lait » qui, à nos yeux, entre en résonance avec celle des « *mamelles pendantes* »[27] du texte de Baudelaire. Car pareillement à ces « jeunes nourrissons » affamés devant la bête fauve, les voyageurs des *Fleurs du Mal*, ne sont-ils pas accablés par cette chimère aux appas féminins ?

Ainsi pouvons-nous constater la polysémie des images rattachées à l'animal fabuleux dans les écrits de Baudelaire. Loin d'adhérer à un système cohérent, la figure de la chimère chez le poète relève d'un mélange de références mythologiques et iconographiques qui, retravaillées par sa pensée, alimentent l'imaginaire monstrueux dans sa poésie.

Pour Jean-Luc Steinmetz, « la facilité qu'a Baudelaire pour créer des monstres allégoriques prend dans son recueil une dimension obsessive. Il y va là d'un très conscient désir de destruction dans sa création même et du plaisir de la déformation ».[28] Cette analyse, qui nous aide mieux à interpréter les monstrueuses beautés chez l'écrivain, trouve son application dans « Le Masque », pièce parue dans *La Revue contemporaine* en 1859 qui remplace le poème condamné « Les Bijoux » dans l'édition de 1861.

Dans ce morceau inspiré par la statuette de Christophe qui porte d'ailleurs, le même nom,[29] Baudelaire œuvre pour un idéal plastique monstrueux à travers une mise en scène de la beauté qui combine féminité et animalité. Au début de la pièce, la statuette apparaît comme la somme des valeurs féminines. L'accumulation des adjectifs « *divines* », « *miraculeux* » et « *somptueux* » à la rime met l'accent sur la suprématie de cette Beauté divine :

> *Contemplons ce trésor de grâces florentines ;*
> *Dans l'ondulation de ce corps musculeux*
> *L'Élégance et la Force abondent, sœurs divines.*
> *Cette femme, morceau vraiment miraculeux,*
> *Divinement robuste, adorablement mince,*
> *Est faite pour trôner sur des lits somptueux,*
> (Baudelaire, « Le Masque », *FM*, 23)

---

27 L'on peut songer aussi à la « *bonne louve* » dans « Les Tableaux parisiens » qui, avatar de la louve romaine, fait téter à ses petits la douleur au lieu du lait maternel. Voir, Charles Baudelaire, « Le Cygne », *op.cit.*, p. 87.

28 Jean-Luc Steinmetz, « Essai de tératologie baudelairienne », *op.cit.*, p. 164.

29 Baudelaire parle de cette statuette dans son *Salon de 1859*. Voir Charles Baudelaire, *Critique d'art*, tome II, pp. 678–679.

Mais cette divinité est soudainement renversée puisqu'on assiste à l'anéantisse-ment des vertus promises par cette beauté dont l'identité monstrueuse a été dis-similée sous le masque. Ce masque, comme le précise Baudelaire dans un passage extrait de sa critique d'art, n'est qu'un « joli éventail dont une main habile se sert pour voiler aux yeux du monde la douleur ou le remords »[30] :

> *Ô blasphème de l'art ! ô surprise fatale !*
> *La femme au corps divin, promettant le bonheur,*
> *Par le haut se termine en monstre bicéphale !*
> *—Mais non ! ce n'est qu'un masque, un décor suborneur,*
> (Baudelaire, « Le Masque », *FM*, 23–24)

Trompeuse et hybride, telles sont les caractéristiques qui semblent bien déterminer la Beauté chez Baudelaire dont la manifestation trouve son plein sens dans la figure archétypale d'une féminité monstrueuse et néfaste.

Dans le même registre, « Danse macabre », pièce dédiée à Ernest Christophe redouble l'image de cette beauté illusoire et tarissable en évoquant un squelette paré en lequel se combinent les attributs de la féminité élégante et terrible :

> *Fière autant qu'un vivant, de sa noble stature,*
> *Avec son gros bouquet, son mouchoir et ses gants,*
> *Elle a la nonchalance et la désinvolture*
> *D'une coquette maigre aux airs extravagants.*
>
> *Vit-on jamais au bal une taille plus mince ?*
> *Sa robe exagérée, en sa royale ampleur,*
> *S'écroule abondamment sur un pied sec que pince*
> *Un soulier pomponné, jolie comme une fleur.*
> (Baudelaire, « Danse Macabre », *FM*, 96–97)

Ce qui nous frappe dans ce texte des « Tableaux parisiens » est la valorisation ironique de ce squelette rendue sensible à travers la superposition des images am-bivalentes qui incarnent bien le principe de la réconciliation des contraires chez le poète comme celle du squelette vivant « *aux airs extravagants* ». Car comme l'observe J. D. Hubert,[31] Baudelaire joue ironiquement de l'ambiguïté des mots qui peuvent s'appliquer tout aussi bien au « *squelette* » qu'à la « *coquette* ». Mais curieusement, cette « *vivante carcasse* » ne dissimule pas son aspect atroce, comme

---

30 Charles Baudelaire, « Salon de 1859 », *Critique d'art*, tome II, p. 678.

31 J.-D. Hubert, *L'Esthétique des Fleurs du Mal. Essai sur l'ambiguïté poétique*, Genève, Slatkine Reprints, 1993, p. 47.

il en est pour la Beauté dans « *Le Masque* ». En se montrant au bal, elle va rendre ses vérités visibles à tous et révéler son identité funeste.

Ainsi Baudelaire fait-il preuve, dans ce morceau, d'une ironie qui vise à démontrer sa propre vision de cette beauté ambivalente qui conjuguent à la fois chagrin et volupté comme il l'explique dans ses *Journaux intimes* :

> Une tête séduisante et belle, une tête de femme, veux-je dire, c'est une tête qui fait rêver à la fois,—mais d'une manière confuse,—de volupté et de tristesse ; qui comporte une idée de mélancolie, de lassitude, même de satiété,—soit une idée contraire, c'est-à-dire une ardeur, un désir de vivre, associé avec une amertume refluante, comme venant de privation ou de désespérance. Le mystère, le regret sont aussi des caractères du Beau.
> (Baudelaire, « Fusées », *Jr. Int*, OCI, 657)

Les monstres de l'imperfection

L'examen des deux recueils qui constituent notre corpus montre qu'hormis les monstres thériomorphes qui représentent la Beauté dans la poésie baudelairienne, il existe des monstres laids et difformes, qui, disséminés dans les textes, font partie de l'imaginaire monstrueux de cette Beauté. Si la dissemblance entre la Beauté et ces monstres qui la côtoient, ou qu'elle engendre, vaut comme un repoussoir, nous allons voir qu'il s'agit souvent, chez notre écrivain, d'un effet de séduction et non d'un rejet.

En réalité l'idéal esthétique chez Baudelaire ne se limite pas à celui que vénèrent plusieurs écrivains. L'auteur de *La Fanfarlo* soutient aussi que le laid, le bizarre et l'horrible entrent de plein droit dans la composition du beau comme il l'explique dans sa lettre rédigée à Eraste concernant son article sur Henri Heine[32] :

> Pourquoi donc toujours la joie ? Pour vous divertir peut-être. Pourquoi la tristesse n'aurait-elle pas sa beauté ? Et l'horreur aussi ? Et tout ? Et n'importe quoi ?
> (Baudelaire, « Lettre à Jules Janin », *Cr. Litt.*, OC II, 237)

Plutôt que de se baser uniquement sur les principes théoriques qui traitent ce statut paradoxal de la Beauté et à laquelle la critique baudelairienne a consacré plusieurs textes, nous proposons d'examiner, dans ce chapitre, les incarnations imparfaites de cette Vénus dans ses écrits.

---

32 Jules Janin avait publié dans l'*Indépendance belge* du 12 février 1865 sous le pseudonyme d'Eraste un article intitulé « Henri Heine et la jeunesse des poètes ».

Dans l'ouverture du *Tannhäuser*, Baudelaire exprime dans une exégèse saisissante la dégradation de cette déesse antique :

> La radieuse Vénus antique, l'Aphrodite née de la blanche écume, n'a pas impunément traversé les horrifiques ténèbres du Moyen Âge. Elle n'habite plus l'Olympe ni les rives d'un archipel parfumé. Elle est retirée au fond d'une caverne magnifique, il est vrai, mais illuminée par des feux qui ne sont pas ceux du bienveillant Phœbus. En descendant sous terre, Vénus s'est rapprochée de l'enfer, et elle va sans doute, à de certaines solennités abominables, rendre régulièrement hommage à l'Archidémon, prince de la chair et seigneur du péché. (Baudelaire, « Richard Wagner et *Tannhäuser* à Paris », OC II, 790–791)

Dans ces lignes consacrées au prélude du *Tannhäuser*, Baudelaire souligne le destin décadent de l'Aphrodite, qui loin de l'antre séduisant, a désormais pour séjour l'enfer du christianisme où elle honore Satan. Ainsi cette Beauté « radieuse » sous le soleil de la Grèce est-elle à présent terrifiante : altérée par son exil chtonien, elle coïncide avec le « péché ».

Dans l'exaltation des beautés monstrueuses et bizarres chez l'auteur des *Paradis artificiels*, se dresse, dans une pièce en vers, la figure de la géante. Dans ce sonnet éponyme, Baudelaire fait référence au 1er vers à un épisode de la *Théogonie*. Gaïa, donna le jour à Kronos et aux Titans, aux Cyclopes. Les Titans étant douze, six de chaque sexe. En raison de ses dimensions impressionnantes et sa puissance souveraine, le poète voit en elle l'une de six filles de Gaïa. Relisons ces vers où l'énergie de cette jeune géante se manifeste pleinement :

> *Du temps que la Nature en sa verve puissante*
> *Concevait chaque jour des enfants monstrueux,*
> *J'eusse aimé vivre auprès d'une jeune géante,*
> *Comme aux pieds d'une reine un chat voluptueux.*
>
> *J'eusse aimé voir son corps fleurir avec son âme*
> *Et grandir librement dans ses terribles jeux ;*
> *Deviner si son cœur couve une sombre flamme*
> *Aux humides brouillards qui nagent dans ses yeux ;*
> *Parcourir à loisir ses magnifiques formes ;*
> *Ramper sur le versant de ses genoux énormes,*
> *Et parfois en été, quand les soleils malsains,*
>
> *Lasse, la font s'étendre à travers la campagne,*
> *Dormir nonchalamment à l'ombre de ses seins,*
> *Comme un hameau paisible au pied d'une montagne.*
> (Baudelaire, « La Géante », FM, 22–23)

Dans ce passage, l'écrivain déploie les images qui attestent des caractéristiques surnaturelles de cette géante. Notons, à titre d'exemples, la métaphore de ses yeux semblables à un lac ou à un étang où défilent « *des brouillards humides* », ainsi que celle de son corps qui fleurit comme la campagne au printemps. Mais si cette géante terrible à l'énergie redoutable rappelle les créatures du Chaos originel, il faut préciser qu'elle est loin d'incarner une monstruosité cruelle et terrifiante. La comparaison qui clôt la pièce et qui assimile le gigantisme de ses attributs féminins à une montagne où gît « *un hameau paisible* » suggère une rêverie douce et heureuse qui permet d'observer la valorisation esthétique que Baudelaire fait subir à cette géante forte et impressionnante.

Dans un versant ironique, « Une charogne » redouble cette constellation symbolique de la fécondité créatrice des forces cosmiques. S'identifiant avec la « *grande Nature* », elle parodie l'accouplement bestial de la Terre mère avec le soleil, dieu mâle et fécondant :

> *Rappelez-vous l'objet que nous vîmes, mon âme,*
> *Ce beau matin d'été si doux :*
> *Au détour d'un sentier une charogne infâme*
> *Sur un lit semé de cailloux,*
> *Les jambes en l'air, comme une femme lubrique,*
> *Brûlante et suant les poisons,*
> *Ouvrait d'une façon nonchalante et cynique*
> *Son ventre plein d'exhalaisons.*
> *Le soleil rayonnait sur cette pourriture,*
> *Comme afin de la cuire à point,*
> *Et de rendre au centuple à la grande Nature*
> *Tout ce qu'ensemble elle avait joint ;*
> (Baudelaire, « Une charogne », *FM*, 31)

À travers un réseau thématique de la lubricité et de la sexualité déréglée, le poète met en scène des noces obscènes qui, malgré leur atrocité, renvoient à ce temps où « *la Nature en sa verve puissante / concevait chaque jour des enfants monstrueux* ». Par l'expression « *rendre au centuple* » au vers 11, Baudelaire évoque la prolifération des créatures qui caractérise le Chaos. La fécondité déréglée qui donne naissance à l'informe semble restaurer l'époque mythique des maternités monstrueuses de Gaïa comme on l'a déjà observé dans un morceau précédent.

De plus, la suite du poème associe ce processus multiplicateur au rythme alterné des forces naturelles telles que le mouvement descendant et ascendant de la vague (v. 21) ou encore l'élan du vent (v. 24), dynamisés par la présence des enjambements dans les deux vers.

Mais paradoxalement, cette « *beauté* » qui se rattache à la grande Nature, sera elle-même victime de cette divinité. Rongée par la vermine à la fin de la pièce et décomposée par le devenir cosmique, elle devient une « *ordure* » sans formes que guette « *une chienne inquiète* », animal dévorant qui participe aussi de cette force destructrice :

Oui ! telle vous serez, ô la reine des grâces,
Après les derniers sacrements,
Quand vous irez, sous l'herbe et les floraisons grasses,
Moisir parmi les ossements.

Alors, ô ma beauté ! dites à la vermine
Qui vous mangera de baisers,
Que j'ai gardé la forme et l'essence divine
De mes amours décomposés !
(Baudelaire, « Une charogne », *FM*, 32)

L'ambivalence des images dans ce passage est d'autant plus patente qu'elle met au premier plan l'intention du poète à réhabiliter le mal par la valorisation esthétique. Car malgré les atrocités qu'elle évoque, cette charogne reste, pour l'écrivain, une « *reine des grâces* ». Aussi pouvons-nous observer cette valorisation positive dans les deux derniers vers de la pièce où Baudelaire oppose le processus de décomposition opéré par la nature à la création de l'artiste : si la nature efface les formes de cette beauté terrible, l'artiste préserve « *l'essence divine de* [s]*es amours décomposés* ».

Ainsi, il en résulte que l'euphémisation de ces beautés difformes chez l'écrivain est due, alors, au rôle exceptionnel de l'art qui sait retrouver dans l'imperfection et la cruauté de la nature tout le parfum de l'idéal, si l'on se réfère aux propos de Baudelaire dans son article sur Gautier : « C'est un des privilèges prodigieux de l'Art que l'horrible artistement exprimé, devienne beauté et que la *douleur* rythmée et cadencée remplisse l'esprit d'une *joie* calme ».[33]

Il est une autre vision qui se rattache aux monstres de la Beauté chez l'écrivain. Dans plusieurs poèmes de notre corpus se répercute l'imagerie d'une monstruosité affaiblie qui renvoie à une beauté décadente et avilie. Les monstres d'une pièce des *Tableaux Parisiens* illustrent bien cette faillite de l'idéal féminin :

Ces monstres disloqués furent jadis des femmes,
Éponine ou Laïs ! Monstres brisés, bossus
Ou tordus, aimons-les ! ce sont encor des âmes.
Sous des jupons troués et sous de froids tissus
[…]

---

33   Charles Baudelaire, « Théophile Gautier », *Critique littéraire*, tome II, p. 123.

Ils trottent, tout pareils à des marionnettes ;
Se traînent, comme font les animaux blessés,
Ou dansent, sans vouloir danser, pauvres sonnettes
Où se pend un Démon sans pitié ! Tout cassés
(Baudelaire, « Les Petites vieilles », *FM,* 89)

Qu'elles aient été des vertueuses épouses ou de belles courtisanes, ces « *Èves octo-génaires* » n'incarnent plus la beauté d'autrefois. En elles, toute féminité a disparu et le poète ne parle d'elles qu'au masculin comme le désigne l'anaphore du pronom personnel « *ils* » qui scandent le poème.

Pourtant, en s'arrêtant sur l'image de ces monstres, l'on décèle moins une connotation terrible qu'une affection sensible puisque leur évocation est régie par des attributs de la déchéance et de l'impuissance : « *pauvres* », « *brisés* », « *bossus* » et « *cassés* ». De plus, les coupes multipliées par une forte ponctuation semblent suggérer cette imagerie du fracassement qui va de pair avec le mouvement de ces « *êtres singuliers, décrépits, et charmants* ». Monstres pathétiques plutôt que malé-fiques, les petites vieilles reflètent, donc, la dégradation d'une beauté fragmentée et altérée à travers le temps.

De même, la « *bonne vieille* »,[34] retirée dans sa « *solitude éternelle* » et pleurant « *dans un coin* », dans une pièce en prose, a perdu la séduction dangereuse de la beauté fatale. Rapetissée et déformée, elle se voit repousser par un « *joli enfant* ». Toutefois, on ne peut manquer de s'interroger sur les traits communs que le poète établit entre la vieille et l'enfant : en les montrant, tous deux fragiles, sans dents et sans cheveux, l'écrivain des *Fleurs du Mal* veut-il dire que tout « *joli être* » est condamné à une métamorphose qui est, selon Léon Cellier, « une sorte d'étale-ment dans le temps de la monstruosité »[35] ? Le portrait de « Mademoiselle Bistou-ri » vient s'ajouter au tableau de ces monstres bizarres et tragiques chez l'écrivain. Par sa manie compulsive, dont elle méconnaît les causes, ce « *monstre innocent* » apparaît comme la victime d'une volonté supérieure qui fait naître dans l'esprit « *le goût de l'horreur pour convertir* [le] *cœur comme la guérison au bout d'une lame* ».[36] Mais si la pièce se clôt sur un plaidoyer en faveur des monstres qui « [ne] sa[vent] *pourquoi ils existent, comment ils se sont faits et comment ils auraient pu ne pas se faire* », elle ne fait pas pourtant exclure l'atrocité de cette « *bizarrerie* » dont la référence onomastique vaut comme indice. La collection de portraits des médecins qu'elle exhibe ainsi que son désir pour le « *petit interne* » avec ses habits tâchés de sang

---

34   Charles Baudelaire, « Le Désespoir de la vieille », *Petits Poèmes en prose,* tome I, p. 277.
35   Léon Cellier, *Parcours initiatiques,* Neuchâtel, Editions de la Baconnière et les Presses Universitaires de Grenoble, 1977, p. 250.
36   Charles Baudelaire, « Mademoiselle Bistouri », *Petits Poèmes en prose,* tome I, p. 356.

évoque un érotisme terrifiant que l'affleurement de la femme prédatrice et fatale permettra d'explorer.

Les Monstres de l'Éros

L'écriture du monstre dans la poésie baudelairienne est alimentée par les représentations maléfiques que le poète assimile à la figure de l'Éros.

Nous verrons que cette mythologie chez Baudelaire, ne tend pas essentiellement à traduire l'expérience de l'amour, mais plutôt à exprimer une relation libidinale qui convoque le mythe du vampire et les esprits maléfiques de la nature.

Le vampire : monstre de la luxure

La Figure de l'Éros chez Baudelaire a pour corollaire celle du vampire que plusieurs textes de notre corpus mettent en évidence car tout comme pour la sphinx, la Méduse ou la géante titanesque, la monstruosité féminine dans la poésie baudelairienne gravite aussi autour de la figure vampirique. En effet, la femme vampire hante l'univers poétique de notre écrivain. Séductrice et cruelle, elle évoque un érotisme néfaste et dangereux qui détruit les atouts positifs de la relation amoureuse et instaure un climat effrayant et sinistre.

Dans ses études sur le vampire, Jean Markale rapporte que « le vampire féminin, dont les caractéristiques sont à peu près constantes (douceur- plutôt non brutalité, souplesse, faiblesse qui se transforme en force, fascination, le tout incarné par le serpent), peut fort bien symboliser une obsession de la sexualité ».[37] Cette analyse s'applique parfaitement à la locutrice du poème condamné, « Les Métamorphoses du vampire », puisqu'elle conjugue l'attraction sensuelle et les menaces cruelles du vampire érotique :

> *La femme cependant, de sa bouche de fraise,*
> *En se tordant ainsi qu'un serpent sur la braise,*
> *Et pétrissant ses seins sur le fer de son busc,*
> *Laissait couler ces mots tout imprégnés de musc :*
> *— « Moi, j'ai la lèvre humide, et je sais la science*
> *De perdre au fond d'un lit l'antique conscience.*
> *Je sèche tous les pleurs sur mes seins triomphants,*
> *Et fais rire les vieux du rire des enfants.*
> *Je remplace, pour qui me voit nue et sans voiles,*

---

37 Jean Markale, *L'Enigme des vampires,* Paris, Editions Pygmalion, 1991, p. 129.

La lune, le soleil, le ciel et les étoiles !
Je suis, mon cher savant, si docte aux voluptés,
Lorsque j'étouffe un homme en mes bras redoutés,
Ou lorsque j'abandonne aux morsures mon buste,
Timide et libertine, et fragile et robuste,
Que sur ces matelas qui se pâment d'émoi,
Les anges impuissants se damneraient pour moi ! »
(Baudelaire, « Les Métamorphoses du vampire », *FM*, 159)

Dans cet univers de l'érotisme fatal, s'exprime la hantise vampirique du désir charnel. Le lecteur est frappé, dès la première strophe, par les images à forte connotation sexuelle comme celles de la « *bouche de fraise* » (v. 1) et de « *la lèvre humide* »
(v. 4) ainsi que l'image des « *seins triomphants* » qui occupe la moitié de l'alexandrin
au vers 7 et qui a pour but de mettre au premier plan cette lubricité du vampire
féminin. On reconnaît à nouveau cette dimension sexuelle à travers l'affleurement
du serpent au v. 2 qui, animal symbolique du mal, est aussi « figure de la libido
sexuelle ».[38] Ainsi, reprise par la femme périlleuse elle-même qui « *étouffe un homme
en [s]es bras redoutés* », la comparaison avec l'animal reptile vient intensifier la violence érotique du vampire dont les paroles « *coulent* » comme un attirant venin
et démontrer que « le champ symbolique de la femme vampire est dominé par le
thème ophidien ».[39] De plus, cette puissance maléfique qui « *fait perdre au fond d'un
lit l'antique conscience* » atteint son apogée à travers la comparaison avec les astres
cosmiques, marquée par l'enjambement au vers 9 et 10. Mircea Eliade fait remarquer que la plupart des divinités associées au cycle cosmique sont au centre d'une
constellation symbolique qui groupe la femme, la fertilité et la sexualité déréglée.[40]
En se substituant aux symboles lunaires et solaires, ce vampire « *si docte en voluptés* » est même capable de faire succomber les anges.

Mais cet attrait irrésistible n'est pas sans évoquer une ambivalence qui rend
de plus en plus hybride l'imagerie de ce monstre lubrique. En effet, la juxtaposition des attributs antithétiques de cette créature maléfique « *fragile* » et « *robuste* »,

---

38   Gilbert Durand, *Les Structures anthropologiques de l'imaginaire, op.cit.*, p. 74. De plus, dans
     une pièce en prose, Baudelaire fait du serpent un accessoire vestimentaire qui accompagne
     la tenue de l'Eros : « *Autour de sa tunique de pourpre était roulé, en manière de ceinture, un
     serpent chatoyant qui, la tête relevée, tournait langoureusement vers lui ses yeux de braise* ». Voir
     Charles Baudelaire, « Les Tentations ou Eros, Plutus et la gloire », *Petits Poèmes en prose*,
     tome I, p. 308.
39   Jean Perrin, « La femme vampire dans la poésie romantique anglaise », in *Les Vampires*,
     colloque de Cerisy, ouvrage publié avec le concours du centre national des lettres sous la
     direction de Antoine Faivre, Paris, Editions, Albin Michel, 1993, p. 115.
40   Mircea Eliade, *Traité d'histoire des religions, op.cit.*, p. 177.

emphatisée par le rythme binaire de l'alexandrin au vers 14 semble annoncer une contradiction encore plus frappante qui s'exprime à travers la transformation effroyable de ce « *mannequin puissant* ». En réalité, la volupté érotique et monstrueuse, attribuée à la souveraine tentatrice et incarnée par l'acte de succion, est vidée de son sens puisqu'elle est incapable d'assurer sa survie. Victime d'un affaiblissement progressif, suggéré par l'adverbe « *languissamment* » (v. 18), cette amante vampirique se transforme en « *débris de squelette* », abject et dégoûtant :

> *Quand elle eut de mes os sucé toute la moelle,*
> *Et que languissamment je me tournai vers elle*
> *Pour lui rendre un baiser d'amour, je ne vis plus*
> *Qu'une outre aux flancs gluants, toute pleine de pus !*
> (Baudelaire, « Les Métamorphoses du vampire », *FM*, 159)

Aussi pouvons-nous observer la spécificité de la puissance maléfique que l'écrivain attribue à ce vampire, qui puise son sens dans l'union d'Éros et Thanatos comme l'indiquent ces propos de Jean Markale : « l'attitude érotique des vampires [...] conduit à une négation, à une destruction, [...] qui est évidemment le contraire de l'amour ».[41]

Dans « Les Bijoux », si le syntagme « vampire » est absent dans la pièce, l'on est quand même sensible à plusieurs indices qui permettent de suggérer sa présence à travers la figure féminine dont les organes

> *S'avançaient, plus câlins que les Anges du mal,*
> *Pour troubler le repos où mon âme était mise,*
> (Baudelaire, « Les Bijoux », *FM*, 158)

Par sa nature bestiale qui l'assimile au « *tigre dompté* », cette belle créature est la parfaite incarnation de « *la candeur unie à lubricité* ». Son caractère composite est favorisé par l'émergence de la figure d'Antiope dont le nom renvoie à la reine des Amazones ainsi qu'à la fille de Nyctée au charme exquis.[42] Toutefois, c'est vers la fin de la pièce que le lecteur arrive à déchiffrer l'essence vampirique de cette féminité. L'imagerie de la peau teintée de sang ainsi que celle du foyer gémissant rappellent bien la figure double du vampire et de sa proie et suggère la mort et l'exténuation :

> *Et la lampe s'étant résignée à mourir,*
> *Comme le foyer seul illuminait la chambre,*
> *Chaque fois qu'il poussait un flamboyant soupir,*
> *Il inondait de sang cette peau couleur d'ambre !*
> (Baudelaire, « Les Bijoux », *FM*, 159)

---

41   Jean Markale, *L'Enigme des vampires, op.cit.*, p. 182.
42   Voir à ce propos Pierre Grimal, *Dictionnaire de la Mythologie grecque et romaine, op.cit.*, p. 39.

Chez Baudelaire, nombreux sont les exemples où se déploient les souffrances de la victime amoureuse qui sont infligées par La *Belle Dame sans merci*, figure archétypale de la féminité érotique et néfaste. Telle est l'image dominante de la pièce LV des *Fleurs du Mal*, qui n'est pas sans rappeler celle de la « *femme impure* », « *buveu[se] du sang du monde* »[43] dans un autre poème de l'édition 1857 :

> *Ta main se glisse en vain sur mon sein qui se pâme ;*
> *Ce qu'elle cherche, amie est un lieu saccagé*
> *Par la griffe et la dent féroce de la femme.*
> (Baudelaire, « *Causerie* », *FM*, 56)

De ce passage, nous constatons qu'aux caresses amoureuses se substituent les griffes de la femme fatale, bête dévorante et féroce dont les atrocités l'assimilent au vampire érotique.

La force libidineuse du vampire féminin se rencontre dans une pièce en vers où l'accent est mis cette fois-ci sur l'infamie de l'esclavage érotique infligé à la victime. En témoigne la répétition des comparaisons entre le vampire et sa proie qui confère au texte une coloration macabre :

> *Toi qui, comme un coup de couteau,*
> *Dans mon cœur plaintif es entrée ;*
> *Toi qui, forte comme un troupeau*
> *De démons, vins, folle et parée,*
>
> *De mon esprit humilié*
> *Faire ton lit et ton domaine ;*
> *–Infâme à qui je suis lié*
> *Comme le forçat à la chaîne,*
>
> *Comme au jeu le joueur têtu,*
> *Comme à la bouteille l'ivrogne,*
> *Comme aux vermines la charogne,*
> *—Maudite, maudite sois-tu !*
> (Baudelaire, « Le Vampire », *FM*, 33)

La violence de la femme vampire se renforce dans le texte par la récurrence de ses attributs néfastes au détriment de la victime dont le référent est réduit à un simple possessif. Placés au début du vers ces qualificatifs, tels que « *infâme* » et

---

43   Charles Baudelaire, « *Tu mettras l'univers entier dans ta ruelle* », *Les Fleurs du Mal*, tome I, p. 28.

« *maudite* », marquent bien cette « infinie dépossession du moi par l'infinie présence de l'autre, le moi [étant] la victime du Toi ».[44]

Mais la symbolique sexuelle de cette domination suggère le ton d'une relation sado-masochiste où la torture devient source de plaisir. En effet, le dénouement de la pièce indique que la victime participe de la réviviscence de la figure monstrueuse par ses propres « *baisers* » :

> « *Imbécile !—de son empire*
> *Si nos efforts te délivraient,*
> *Tes baisers ressusciteraient*
> *Le cadavre de ton vampire !* »
> (Baudelaire, « Le Vampire », *FM*, 34)

On peut donc conclure à une perversion extrême qui se dégage de la relation entre la femme vampire et sa victime dans le texte baudelairien et admettre avec Jean Perrin que « l'érotisme lié au vampirisme, et au vampirisme féminin en particulier, met en jeu les perversions voisines et complémentaires que sont le sadisme, le masochisme et l'algolagnie ».[45]

Dans un même versant, l'on rencontre dans une pièce en vers qui, selon Jean Prévost,[46] commence par les trois strophes les plus sadiques que Baudelaire a écrites, cette notion du sado-masochisme qui se manifeste pleinement dans l'attitude ambiguë du vampire à l'égard de sa victime. Au début, ce monstre s'affiche comme un tourmenteur : il inflige à sa proie ses pulsions sadiques qui trouvent leur paroxysme à travers la métaphore des « *eaux de la souffrance* » puisque « le sadisme conduit à désirer l'aimée en deuil ou en larmes »[47] :

> *Je te frapperai sans colère*
> *Et sans haine, comme un boucher,*
> *Comme Moïse le rocher !*
> *Et je ferai de ta paupière,*
>
> *Pour abreuver mon Sahara,*
> *Jaillir les eaux de la souffrance.*
> (Baudelaire, « L'Héautontimorouménos », *FM*, 78)

---

44 Jérôme Thélot, *Baudelaire, violence et poésie*, Paris, Editions Gallimard, 1993, p. 419.

45 Jean Perrin, « La femme vampire dans la poésie romantique anglaise », *op.cit.*, p. 118.

46 Jean Prévost, *Baudelaire, essai sur l'inspiration poétique*, Paris, Mercure de France, 1953, p. 64.

47 George Blin, *Le Sadisme de Baudelaire*, Paris, José corti, 1948, p. 33.

Aussi, Baudelaire procède-t-il à une palingénésie du mythe biblique des eaux de Meriba[48] pour renforcer le caractère sadique de ce vampire. L'assimilation du geste du monstre à celui de Moïse fait persister la cruauté de ce dernier puisqu'il fait subir à la « *paupière* » de sa proie les mêmes coups que le prophète donna au rocher de Meriba. Ajoutons que loin de s'abreuver des eaux de vie comme il en est question dans l'épisode biblique, ce prédateur assouvit sa soif dans les larmes de sa victime, qui, fluide corporel comme le sang, se substituent ici à la substance vitale du vampire en général.

Mais ce vampire est aussi, comme l'indique le titre de la pièce, bourreau de soi-même. C'est à travers un jeu d'effet et de contre-effet renvoyant au schéma de « *la victime et* [du] *bourreau* » qu'il se dévoile à la fois comme martyre et vampire :

> *Je suis la plaie et le couteau !*
> *Je suis le soufflet et la joue !*
> *Je suis les membres et la roue,*
> *Et la victime et le bourreau !*
>
> *Je suis de mon cœur le vampire,*
> *— Un de ces grands abandonnés*
> *Au rire éternel condamnés,*
> *Et qui ne peuvent plus sourire !*
> (Baudelaire, « L'Héautontimorouménos », *FM*, 79)

Il en ressort que la figure du vampire introduit par cette aliénation et cette torture de soi une autre caractéristique de ce monstre chez le poète puisqu'elle indique à quel point la soumission effroyable de l'être tourmenté est capable de réanimer en lui un vrai désir du vampirisme. Dans un curieux rêve de vengeance, l'écrivain incarne les attributs qui sont si fréquemment dans son œuvre, l'apanage du vampire féminin et qui sont présentés, ici, par « *les baisers froids* » de l'astre maléfique et les « *caresses du serpent* », animal reptile qui, comme nous l'avons déjà souligné, est lié à ce monstre hostile.

Comparé aux « *anges à l'œil fauve* » et doté d'une terreur numineuse qui s'amplifie dans l'univers des ténèbres, ce monstre inflige à la femme les tourments qu'il avait subis auparavant. Tout se passe ici comme si pour triompher de la femme vampire, monstre érotique et sadique, la victime était contrainte de lui emprunter ses armes :

> *Comme les anges à l'œil fauve,*
> *Je reviendrai dans ton alcôve*
> *Et vers toi glisserai sans bruit*
> *Avec les ombres de la nuit ;*

---

48   Voir *Les Nombres* 20 / 10–13 in *La Bible, L'ancien & le nouveau testament, op.cit.*, p. 162.

> *Et je te donnerai, ma brune,*
> *Des baisers froids comme le lune*
> *Et des caresses de serpent*
> *Autour d'une fosse rampant.*
> (Baudelaire, « Le Revenant », *FM*, 64)

De même se répercute dans « À celle qui est trop gaie », pièce condamnée de l'édition 1857, cette soumission de l'être à une sensualité terrifiante dont « le vampire amoureux »[49] est le sujet. L'adjectif « *nouvelles* » qui qualifie les lèvres de cet amant semble annoncer sa métamorphose monstrueuse puisque, contrairement aux lèvres ordinaires, celles-ci lui permettent d'« *infuser* [s]*on venin* » à la victime. Notons que c'est le motif du sang qui remplace le vocable « *venin* » dans l'épreuve corrigée de 1857[50] :

> *Pour châtier ta chair joyeuse,*
> *Pour meurtrir ton sein pardonné,*
> *Et faire à ton flanc étonné*
> *Une blessure large et creuse,*
>
> *Et, vertigineuse douceur !*
> *À travers ces lèvres nouvelles,*
> *Plus éclatantes et plus belles,*
> *T'infuser mon venin, ma sœur !*
> (Baudelaire, « À celle qui est trop gaie », *FM*, 157)

Ce tableau à la fois érotique et obscène reflète bien la dimension sadique qui caractérise la figure du vampire chez notre écrivain. L'édition Crépet-Blin comme le rapporte Claude Pichois met l'accent sur l'emploi du vocable « *ma sœur* » et souligne que dans ce morceau « la frénésie sadique para[ît] d'autant plus monstrueuse qu'elle s'exerce sur un être plus cher ».[51] Or ce qui est spécialement remarquable dans cette scène, c'est que l'on est en présence d'un monstre macabre qui semble s'attacher au corps de sa victime comme formant une totalité.

En effet, ce que le vampire cherche dans sa victime dépasse le stade de la monstruosité, car ce qui le différencie nettement des monstres traditionnels est ce besoin ardent de l'autre pour assurer sa survie si l'on se réfère à l'analyse de

---

49 Il s'agit du titre d'un chapitre issu de l'ouvrage de Jean Markale, *L'Enigme des vampires*, *op.cit.*, p. 181.

50 Claude Pichois, *L'Atelier de Baudelaire :* « Les Fleurs du Mal », *op.cit.*, p. 689.

51 Charles Baudelaire, « À celle qui est trop gaie », *Les Fleurs du Mal*, tome I, p. 1133, note N° 3.

Pascale Auraix-Jonchière pour qui « la caractéristique principale du vampire est en effet l'incomplétude ; être morcelé, il est à la recherche d'une forme d'unité. Cette énergie qu'il puise sans cesse en l'autre pallie cette faille intérieure sans jamais la combler vraiment ».[52]

Nous pouvons alors mieux comprendre l'essence néfaste de l'érotisme qu'incarne le vampire chez le poète. Loin de suggérer une fusion amoureuse, le vampire incarne dans notre corpus, un érotisme dévastateur qui vise à absorber l'énergie vitale de la partenaire pour régénérer ses forces.

Dans « La Fontaine de sang », le rôle maléfique de l'Éros se déploie dans un cauchemar hémophilique où « *la fontaine aux sanglots rythmiques* » rappelle bien le motif mortuaire. Selon Gaston Bachelard, « contempler l'eau, c'est s'écouler, c'est se dissoudre, c'est mourir. L'eau tient vraiment la mort dans sa substance ».[53] Mais c'est surtout cette imagerie du « *matelas d'aiguilles* » qui assouvit le désir des « *cruelles filles* » dans le dernier tercet qui confère à l'amour son aspect monstrueux et sinistre. Ces « *cruelles filles* » ne redoublent-elles pas comme le propose Albert Feuillerat,[54] la débauche et la mort, désignées ironiquement dans une pièce précédente en tant que « [...] Deux bonnes sœurs » ?

> *J'ai cherché dans l'amour un sommeil oublieux ;*
> *Mais l'amour n'est pour moi qu'un matelas d'aiguilles*
> *Fait pour donner à boire à ces cruelles filles !*
> (Baudelaire, « La Fontaine de sang », *FM*, 115)

Inspiré d'une gravure de Goltzius,[55] « l'Amour et le crâne » accentue l'angoisse hémophile qu'éprouve l'être face à l'Éros baudelairien. Dans ce morceau, Baudelaire prête à « l'Humanité », symbolisée par le crâne, une tragique prosopopée où, asservie et dépossédée de ses principes vitaux, elle proteste contre la tyrannie d'un amour libertin qui se manifeste à travers un caprice lugubre et frivole :

> *J'entends le crâne à chaque bulle*
> *Prier et gémir :*
> *« Ce jeu féroce et ridicule,*
> *Quand doit-il finir ?*

---

52 Pascale Auraix-Jonchière, *L'Unité impossible. Essai sur la mythologie de Barbey d'Aurevilly*, Saint-Genouph, Editions A.-G. Nizet, 1997, p. 234.
53 Gaston Bachelard, *L'Eau et les rêves, op.cit.*, p. 122.
54 Albert Feuillerat, *L'Architecture des Fleurs du Mal*, Yale University Press, 1941, p. 278.
55 C'est « l'Homo Bulla » de Goltzius qui inspire à Baudelaire « l'Amour et le crâne ».

> « *Car ce que ta bouche cruelle*
> *Éparpille en l'air,*
> *Monstre assassin, c'est ma cervelle,*
> *Mon sang et ma chair !* »
> (Baudelaire, « L'Amour et le crâne. Vieux Cul -de- lampe », *FM,* 120)

Enfin, si la figure vampirique représente dans notre texte les hostilités de l'amour, il est chez notre poète d'autres figures mythiques qui sans être directement liées au vampirisme, participe de l'univers monstrueux de l'Éros.

Les monstres de la nature : les satyres et les nymphes

Monstres des bois au comportement lubrique, mi-homme mi-cheval, les satyres affleurent à deux reprises dans la poésie baudelairienne. Tout d'abord, dans le poème des *Fleurs du Mal* « Femmes damnées » où l'écrivain emploie le terme au féminin pour désigner ces « *Chercheuses d'infini, dévotes et satyres* ».[56]

Ensuite dans le poème en vers « L'Avertisseur » où ces satyres ou plutôt ces « *satyresses* » sont surdéterminées par l'imagerie maléfique de « *l'insupportable Vipère* ».

> *Plonge tes yeux dans les yeux fixes*
> *Des Satyresses ou des Nixes,*
> *La Dent dit :* « *Pense à ton devoir !* »
> *Fais des enfants, plante des arbres,*
> (Baudelaire, « L'Avertisseur », *FM,* 140)

Si l'imagerie ophidienne est perceptible dans la pièce à travers la métonymie de la dent qui confère au texte une force charge négative, elle n'est pas moins indirectement liée à celle des satyres, qui selon la légende, « sont douées d'une longue et large queue »[57] rappelant ainsi la forme serpentine. Mais ce qui importe à notre sens est cette féminisation de ces satyres[58] qui s'opère sous la plume de notre écrivain. En effet, Baudelaire omet tout trait qui peut insinuer la masculinité de ces figures des bois et opte pour la forme féminine du terme « Satyresses » qui

---

56 Charles Baudelaire, « Femmes damnées », *Les Fleurs du Mal,* tome I, p. 114

57 Voir Pierre Grimal, *Dictionnaire de la Mythologie grecque et romaine, op.cit.,* p. 416.

58 Jacques Crépet s'arrête sur ce terme en parlant de l'exemplaire de la première édition des *Fleurs du Mal* adressé à Félix Bracquemeond. Voir à ce sujet Jacques Crépet, *Propos sur Baudelaire,* rassemblés et annotés par Claude Pichois, Paris, Mercure de France, 1957, pp. 87–88.

devient encore plus patent avec l'émergence des « Nixes » au même vers. Les Nixes, rappelons-le, sont des figures aquatiques dans la mythologie germanique. Dans une version de la légende,[59] elles sont des féminités redoutables qui séduisent les hommes afin de les noyer dans leurs eaux inquiétantes et pernicieuses. Toutefois, l'écrivain retient un seul élément qui dans le récit d'origine fut l'apanage de ces esprits de la nature, à savoir la fertilité. Car, si Baudelaire fait allusion au devoir de l'homme qui consiste à « *fai*[re] *des enfants* » et à « *plant* [er] *des arbres* », il nous paraît que cet homme puise cette force fécondante dans le regard de ces « Satyresses ».

Il est une autre figure de l'imaginaire de l'eau qui, contrebalancée, par la pensée du poète a partie liée avec les ondines maléfiques. Dans un morceau de la Section « Spleen et Idéal » paru dans *L'Artiste* en 1860, se condensent les imageries qui reflètent l'érotisme de la « *Nymphe ténébreuse et chaude* » comme celle de la chair parfumée ou encore celle des « *poses langoureuses* ». Or, ce qui retient notre attention est cette ambivalence qui frappe la nymphe dans le texte baudelairien. Divinité des fleuves dans la mythologie antique, la nymphe baudelairienne apparaît comme une créature ambiguë dont « [l]*a tête a les attitudes / De l'énigme et du secret* ». Incarnant un amour doux et féroce à la fois, elle rejoint en elle les traits de la féminité séductrice et néfaste comme il en est question dans cet extrait :

Quelquefois, pour apaiser
Ta rage mystérieuse,
Tu prodigues, sérieuse,
La morsure et le baiser ;
(Baudelaire, « Chanson d'après-midi », *FM*, 60)

D'une façon analogue, le désir charnel qu'évoque « la nymphe macabre »[60] se trouve exprimé dans une autre pièce des *Fleurs du Mal* où la versification a partie liée avec l'imagerie de cette féminité aquatique. La superposition des rimes (provoque/choque) accentue le caractère négatif de la nymphe tandis que

---

59 Voir à ce propos Paul Hermann, *La Mythologie allemande*, traduction, notes et bibliographies de Michel- François Demet, Wilhelm-Engelmann, 1898, Plon, 2001 pour la traduction française, pp. 114–115.

60 Nous trouvons également ces « nymphes macabres » dans «« Le Peintre de la vie moderne » : « Dans un chaos brumeux et doré, non soupçonné par les chastetés indigentes, s'agitent et se convulsent des nymphes macabres et des poupées vivantes dont l'œil enfantin laisse échapper une clarté sinistre […] ». Charles Baudelaire, *Critique d'art*, tome II, p. 721.

le rythme binaire des octosyllabes a pour effet de ressortir son ambivalence monstrueuse :

> *Par sa luxure et son dédain*
> *Ta lèvre amère nous provoque ;*
> *Cette lèvre, c'est un Éden*
> *Qui nous attire et qui nous choque.*
> *Quelle luxure ! et quel dédain !*
> (Baudelaire, « Le Monstre ou le Paranymphe d'une nymphe macabre », *FM*, 165)

De tout ce qui précède, nous constatons que la figure de la nymphe subit une métamorphose afin de s'adapter à la pensée mythique de Baudelaire.[61] Divinité de naissance dans la mythologie antique, elle s'affiche dans sa poésie comme un « *vieux monstre* » inspirant la « *luxure* » et le « *dédain* » et participe, alors, comme les figures précédemment observées, de l'imaginaire monstrueux de l'Éros.

En conclusion de cette partie, l'exploration de ces différentes figures mythiques chez Baudelaire telles que Sapho et les Muses ou encore la sphinx et le vampire nous a permis d'observer l'utilisation récurrente des mythes multiples dans un imaginaire mis au service de l'expression du *moi* et de ses doubles. Par le sens qu'elles connotent et les fonctions qu'elles assument, ces figures confèrent à l'écriture du mythe chez notre écrivain son caractère ambivalent et complexe. Alors que, par sa poésie, la figure de Sapho fait allusion à la verve poétique du sujet lyrique et subit une valorisation positive sous la plume de Baudelaire, les Muses antiques sont déformées dans le texte par un renversement parodique pour communiquer une image de la déchéance.

Mais ce qui caractérise surtout le sujet lyrique dans l'écriture baudelairienne est cette fragmentation qui est rendue d'autant plus frappante par l'hétérogénéité et la discontinuité des figures qui l'incarnent. En effet, la profusion des images qui va de pair avec la figure d'Andromaque ainsi que l'échec de la rêverie androgynique à laquelle renvoie le dandy, ont pour effet d'emphatiser cette solitude de l'être, marque de sa déchirure et son écartèlement. Dans son ouvrage intitulée *Le Monstre, le singe et le fœtus. Tératogonie et décadence dans l'Europe fin de siècle*, Evanghélia Stead rapporte que « le monstre (se) procrée presque par division, comme une amibe ».[62] Or c'est justement cette atmosphère de la division et de la

---

61 Dans une parodie de la poésie de Racine, Baudelaire peint une image insolite de la nymphe « dont la face est toute souillée ». Voir Charles Baudelaire, « La Nymphe de la Senne », *Amœnitaes Belgicœ*, tome II, p. 969–970.

62 Evanghélia Stead, *Le Monstre, le singe et le fœtus. Tératogonie et décadence dans l'Europe fin de siècle, op.cit.*, p. 197.

déformation qui favorise l'émergence de toute hybriditation sous-jacente à l'être et qui participe de la genèse des créatures tératologiques.

Composite et souvent féminine, la figure du monstre dans la poésie baudelairienne gravite autour de la Beauté et de l'Éros. La Beauté, « *dur fléau des âmes* »[63] oscille, chez le poète, entre une tératologie thériomorphe et une monstruosité insolite représentée par des figures gigantesques ainsi que par des instances déformées, tandis que l'Éros baudelairien puise son essence monstrueuse dans la figure de la femme vampire, incarnation parfaite des pulsions sadiques. Les monstres de la nature viennent compléter ce bestiaire redoutable où, retravaillés par l'imaginaire du poète, ils confèrent à l'Univers de l'Eros son aspect maléfique.

Mais au-delà de leurs différentes caractéristiques, les monstres chez Baudelaire renvoient à d'autres dimensions. Nous savons que dans les légendes et récits mythiques, la confrontation avec le monstre, si elle n'aboutit pas à une victoire du héros, donne lieu à un châtiment imposé par les dieux et les pouvoirs surnaturels. Aussi Baudelaire s'interroge-il- sur cette idée dans une lettre envoyée à Alphonse Toussenel : « J'ai pensé bien souvent que les bêtes malfaisantes et dégoûtantes n'étaient peut-être que la vivification, corporification, éclosion à la vie matérielle, des *mauvaises pensées* de l'homme.—Aussi la nature entière participe du péché originel ».[64]

Ainsi, et à partir de cette réflexion, il sera important, pour notre étude, de s'arrêter sur la notion du châtiment dans la pensée baudelairienne. Pour ce faire, nous nous pencherons sur l'exploration des mythes de la faute chez notre écrivain où, hormis les monstres et les prodiges, s'entrecoisent différentes figures antiques et bibliques pour traduire une perception métaphysique de son imaginaire.

---

63   Charles Baudelaire, « Causerie », *Les Fleurs du Mal,* tome I, p. 56.

64   Charles Baudelaire, *Correspondance,* tome I, lettre à Alphonse Toussenel datée du 21 janvier 1856, p. 337.

TROISIÈME PARTIE

Mythologie et Métaphysique

CHAPITRE CINQ

Mythes de la faute et du châtiment

Fut-il un fils ? Certes, mais révolté,
Qui insulta son père, et décida
De mourir, par désordre de son orgueil !
—Yves Bonnefoy, « un Dieu », *La Longue chaîne de l'ancre*

Dans sa critique musicale, Baudelaire s'attarde sur la notion de péché dans l'œuvre wagnérienne en évoquant le périple de *Tannhäuser* :

> On craignait la longueur de ce morceau, et cependant le récit contient, comme on l'a vu, une puissance dramatique invincible. La tristesse, l'accablement du pécheur pendant son rude voyage, son allégresse en voyant le suprême pontife qui délie les péchés, son désespoir quand celui-ci montre le caractère irréparable de son crime, et enfin le sentiment presque ineffable, tant il est terrible, de la joie dans la damnation ; tout est dit, exprimé, traduit, par la parole et la musique, d'une manière si positive, qu'il est presque impossible de concevoir une autre manière de le dire.
> (Baudelaire, « Richard Wagner et *Tannhäuser* à Paris », OC II, 797)

Ces lignes qui clôturent le commentaire de Baudelaire dédié à la composition wagnérienne décrivent le châtiment infligé au chevalier qui, malgré tout, trouve « de la joie dans la damnation ». Mais plus que tout, ce passage nous révèle une caractéristique essentielle de l'écriture baudelairienne à savoir l'ambivalence qui commande la notion de faute dans sa poésie.

Car tout comme *Tannhäuser,* plusieurs textes de Baudelaire sont dominés par une hantise accablante de la faute et du châtiment où les personnages sont souvent les artisans de leur propre malheur. Au fait, l'examen des poèmes en vers comme en prose nous montre que l'expression de la faute dans la pensée mythique de l'écrivain se constitue essentiellement à partir de deux catégories à savoir celles de l'*hybris* et de la révolte, incarnées par différentes figures mythiques. C'est à partir de ce personnel antique et biblique que nous tenterons de cerner l'univers mythique de la faute dans notre corpus tout en mettant l'accent sur l'ancrage de ces figures dans le texte poétique ainsi que sur le traitement que l'écrivain leur fait subir : il ne s'agira donc pas d'identifier tels ou tels mythes mais d'en faire apparaître le déploiement et de justifier leur rapprochement qui parfois, peut nous paraître inédit. Toutefois, en adoptant une telle perspective, une remarque s'impose à notre analyse : en transgressant un interdit ou en se révoltant contre une divinité suprême, ces personnages ont commis une faute qui appelle un châtiment individuel. Mais par la symbolique de leur acte, ils participent à une réflexion d'ordre métaphysique qui met en enjeu la condition de l'homme dans le monde.

Pour Georges Gusdorf, « l'homme perdu dans le monde et dans le temps découvre la nécessité […] d'établir son lieu propre dans l'univers indéfini. Le mythe est la première forme de cette adaptation spirituelle de la communauté humaine à son environnement ».[1] À la lumière de cette réflexion, il sera intéressant d'observer comment Baudelaire allie, dans le même texte poétique, récit mythique et réflexion métaphysique et comment se déploie à partir de ces différents récits le caractère existentiel de sa pensée mythique.

La faute de l'*hybris*

L'*hybris*, arrogance qui pousse à violer les limites et à franchir l'interdit, est au cœur de la pensée mythique de Baudelaire puisqu'elle reflète sa volonté d'accéder à un idéal inaccessible. Dans la tradition antique, les récits mythiques abondent en orgueilleux et en ambitieux châtiés. Ce chapitre sera donc centré sur l'exploration des différents mythes de l'*hybris* qui sont convoqués dans l'écriture baudelairienne pour traduire l'« excès dans le mal »[2] qu'éprouvent certains personnages.

---

1   Georges Gusdorf, *Mythe et métaphysique. Introduction à la Philosophie*, Paris, Flammarion, 1953, p. 266.

2   Pierre Brunel, *Baudelaire antique et moderne, op.cit.*, p. 75.

Le « confiteor » d'un Icare

Enfermé par le roi Minos dans le labyrinthe, Icare parvient à s'échapper avec Dédale au moyen d'ailes attachées avec de la cire. Transgressant les ordres de son père et cédant au désir d'accéder au ciel, il s'approche trop du soleil qui fait fondre la cire et le condamne à une chute dans la mer qui, depuis, porte son nom comme le rapporte Ovide dans le livre VIII des *Métamorphoses*.[3]

La figure d'Icare se rencontre chez Baudelaire dans « Les Plaintes d'un Icare » qui, publiée pour la première fois dans *Le Boulevard* du 28 décembre 1862 et destinée à devenir la pièce CIII dans l'édition posthume des *Fleurs du Mal* en 1868, est placée, comme son titre l'indique, sous l'égide de cette figure de la démesure. Mais à y regarder de près, nous remarquons que le poète combine des détails empruntés à d'autres mythes comme celui d'Ixion, qui voulant séduire Héra, embrasse un tas de nuages que Zeus lui avait substitué :

> *Les amants des prostituées*
> *Sont heureux, dispos et repus ;*
> *Quant à moi, mes bras sont rompus*
> *Pour avoir étreint des nuées.*
> (Baudelaire, « Les Plaintes d'un Icare », *FM,* 143)

Dans ce quatrain, le châtiment du roi des Lapithes, imposé par Zeus pour son amour interdit à la Déesse, est renforcé par la comparaison aux « *amants des prostituées* » à qui, selon Baudelaire, est épargnée une telle souffrance. De plus, Il serait intéressant de noter que cette allusion répond en écho à celle que le poète des *Fleurs du Mal* mentionne dans ses *Journaux intimes*. Il s'agit en effet d'un sonnet de Théophile de Viau réimprimé en 1861 en Belgique dans *Le Parnasse satyrique* sur lequel Baudelaire interroge Sainte-Beuve en janvier 1866[4] et dont nous citons ici un extrait :

> *Je songeais cette nuit que Philis revenue,*
> *Belle comme elle était à la clarté du jour,*
> *Voulait que son fantôme encore fît l'amour,*
> *Et que, comme Ixion, j'embrasse une nue.*
> (Baudelaire, « Mon cœur mis à nu », *Jr. Int*, OC I, 708)

---

3   Voir la légende d'Icare, Livre VIII / v. 192–230 in Ovide, *Les Métamorphoses, op.cit.*, pp. 209–210.

4   Voir à ce sujet Charles Baudelaire, *Correspondances*, tome II, *op.cit.*, Lettre à saint-Beuve datée du 2 janvier 1866, pp. 563–564 : « De qui est ce sonnet extrait d'un *Parnasse satyrique*, réimprimé en Belgique ? Saint-Victor a parié pour Théophile de Viau, Malassis pour Racan (!!!), et moi, pour Maynard, Nous avons peut-être tort tous les trois ».

Dans ce passage, il paraît que l'écrivain fait advenir la figure d'Ixion pour montrer la vanité de ses aventures amoureuses, tandis que chez Baudelaire, c'est le mythème de la faute qui est mis au premier plan. Mais si le poète des *Paradis artificiels* expose dans le morceau en vers la faute d'Ixion, il opère, cependant, une réduction quant à son supplice. En effet, l'épisode mythique nous informe que les bras d'Ixion ont été cassés sous une roue enflammée à laquelle il a été lié par Zeus et dont la course dans le ciel ne s'arrête jamais. Or ici, il nous semble que l'intention de Baudelaire consiste moins à décrire le châtiment d'Ixion qu'à mettre l'accent sur le mythème de l'*hybris*, point nodal qui lie le récit de l'amant d'Héra à celui d'Icare.

Les critiques ont analysé dans différentes études l'allusion au mythe d'Ixion dans cette pièce. Pierre Brunel explique qu'il s'agit « d'une sorte d'inadvertance, pour ne pas dire d'incompétence en matière de mythologie ».[5] Claude Pichois et Jean Pommier, quant à eux, infirment l'idée de « confusion » entre les deux mythes et rapportent que « plutôt que de confusion, c'est de contamination qu'il faudrait parler ».[6] Dans son étude consacrée au mythe d'Icare dans la poésie française du XIXᵉ siècle, Marc Eigeldinger rapporte que « Baudelaire associe les légendes d'Ixion et peut-être de Phaéton à celle d'Icare par un amalgame signifiant, il enrichit et agrandit le mythe icarien en l'assimilant à d'autres mythes de l'exaltation et de la connaissance, qui se heurtent à l'interdit et le transgressent par le mouvement insurrectionnel de la démesure ».[7] Nous nous inscrivons dans le sillage de cette analyse en proposant, plutôt, de voir dans ce procédé de réécriture un « syncrétisme poétique »[8] qui semble prendre sens et forme à partir des quatre médaillons gravés par Hendrick Goltzius[9] représentant respectivement le châtiment d'Ixion, d'Icare, de Phaéton et de Tantale. La gravure d'Icare, rapporte Jean Pommier, est accompagnée d'une légende latine dont il nous fournit la traduction :

> Savoir appartient à Dieu ; c'est chose divine que de vouloir connaître, mais à condition— c'est la loi—de se tenir dans ses limites. Quand on suit chacun son goût sans avoir l'œil sur les règles du juste, on a le sort d'Icare, qui donne son nom aux flots icariens.[10]

C'est à cette légende que renvoient les deux derniers quatrains de la pièce où émerge le mythe d'Icare. Or, il est un autre détail dans la gravure d'Icare qui nous

---

5   Pierre Brunel, *Mythe et Utopie. Leçons de Diamante, op.cit.,* p. 29.

6   Voir l'édition des *Fleurs du Mal*, établie par Jean Pommier et Claude Pichois, Club des Libraires de France, 1959, p. 383.

7   Marc Eigeldinger, *Lumières du mythe*, Paris, PUF, 1983, p. 114.

8   Voir Pierre Brunel, *Mythocritique. Théorie et parcours, op.cit.,* p. 77.

9   Ces quatre médaillons se trouvent au Rijks Museum et datent de 1588.

10   Charles Baudelaire, *Les Fleurs du Mal,* édition établie par Jean Pommier et Claude Pichois, *op.cit.,* p. 383.

permet de mieux comprendre la palingénésie de ce mythe chez notre écrivain. Dans la gravure de Goltzius, Icare est aveuglé, dans sa chute, par l'astre solaire, c'est pourquoi il est présenté avec sa main qui couvre les yeux. Les vers de Baudelaire reproduisent la même imagerie de ce châtiment imposé par une divinité hostile présentée métonymiquement à travers l'expression des « *souvenirs de soleils* ».

C'est grâce aux astres nonpareils,
Qui tout au fond du ciel flamboient,
Que mes yeux consumés ne voient
Que des souvenirs de soleils.
(Baudelaire, « Les Plaintes d'un Icare », *FM*, 143)

L'on constate que ces vers ne sont pas sans rappeler le châtiment de Phaéton, le fils d'Hélios,[11] qui défiant les dieux est également puni, par l'« *œil de feu* ». Méconnaissant son père, Phaéton a été obligé de subir les moqueries de ses compagnons. Devenu grand, il s'obstine pour obtenir une preuve par laquelle tout l'univers le reconnaîtrait pour le fils de Dieu et exige de conduire le chariot du Soleil pendant un jour. Mais l'attelage s'écarte de son cours normal et Phaéton, foudroyé par Zeus, tombe les cheveux en flamme, comme une étoile filante. Ce rapprochement entre le supplice de Phaéton et celui d'Icare est, également, remarquable dans une séquence de *La Divine Comédie* où les deux châtiés sont voués à une descente aux Enfers :

Plus grand frayeur ce ne fut j'imagine,
Quand Phaéton abandonna les rênes
et, comme encor se voit, les cieux brûlèrent ;
ni quand le triste Icare à ses épaules
sentit fondre la cire et choir ses plumes,
et son père criait : « A mort t'en vas ! »[12]

La lecture en parallèle des deux textes de Dante et de Baudelaire nous est essentielle pour mieux observer l'évolution de la figure icarienne chez l'écrivain des *Fleurs du Mal* ainsi que les transformations qu'il fait subir aux références mythologiques. Tout d'abord, il faut mentionner que Baudelaire omet la présence de Dédale, le père d'Icare, dans sa pièce, et attribue la chute de son fils, non pas à

11 Pierre Grimal rapporte qu'il est deux versions différentes quant à la généalogie de Phaéton ou « Phaéthon » : « L'une en fait le fils d'Eos (l'Aurore) et de Céphale, l'autre, celui, du Soleil (Hélios) et de l'Océanide Clyméné », *Dictionnaire de la Mythologie grecque et romaine*, *op.cit.*, p. 363.
12 Dante, *La Divine Comédie*, Enfer, chant XVII, (v. 106–v. 110), *op.cit.*, p. 990.

la fonte des ailes de cire comme le cas des deux récits ovidien et dantesque, mais plutôt à une rupture des ailes :

> *En vain j'ai voulu de l'espace*
> *Trouver la fin et le milieu ;*
> *Sous je ne sais quel œil de feu*
> *Je sens mon aile qui se casse ;*
> (Baudelaire, « Les Plaintes d'un Icare », *FM*, 143)

À cette chute mortelle qui frappe le fils de Dédale, s'ajoute un autre châtiment, chez Baudelaire, qui marque bien l'originalité du traitement de ce mythe dans sa poésie. Contrairement au récit source où la figure icarienne trouve le repos dans une sépulture maritime, elle est privée chez l'écrivain de

> […] *l'honneur sublime*
> *De donner mon nom à l'abîme*
> *Qui me servira de tombeau.*
> (Baudelaire, « Les Plaintes d'un Icare », *FM*, 143)

Analysant le mythe d'Icare dans la poésie du XIXᵉ siècle, Marc Eigeldinger s'interroge sur la « fin ambiguë de l'aventure [où] d'une part, le héros est châtié de sa démesure et de l'autre il acquiert un prestige glorieux, [et] s'immortalise en donnant son nom à la mer dans laquelle il est tombé ».[13] Nous avons vu que Baudelaire accorde parfois à l'espace mortuaire une fonction consolatrice comme le soulignent ces deux vers extraits de la pièce XXXIII dans la section « Spleen et Idéal » :

> *Le tombeau, confident de mon rêve infini*
> (*Car le tombeau toujours comprendra le poète*),
> (Baudelaire, « Remords posthumes », FM, 35)

De plus, nous avons relevé des exemples où certaines figures damnées, qu'elles soient, mythiques ou poétiques, sont privées, comme Icare, du privilège de la tombe,[14] telle que Sapho dont le cadavre ne connaît pas de repos puisqu'il est perdu dans la mer ou encore le « *ridicule pendu* » :

> *Habitant de Cythère, enfant d'un ciel si beau,*
> *Silencieusement, tu souffrais ces insultes*
> *En expiation de tes infâmes cultes*
> *Et des péchés qui t'ont interdit le tombeau.*
> (Baudelaire, « Un voyage à Cythère », *FM*, 119)

---

13   Marc Eigeldinger, *Lumières du mythe, op.cit.*, p. 93.
14   Aussi pourrions-nous penser au mythe d'Andromaque qui pleure son défunt mari devant un « *falsi tombeau* » incarné par le « *Simoïs menteur* » dans « Le Cygne »., *op.cit.*, p. 85.

Ainsi, en adoptant un dénouement marqué par l'absence de l'espace tombal dans « Les Plaintes d'un Icare », Baudelaire confère au texte une forte charge négative qui a pour effet de dramatiser le sort de ce transgresseur. Car il faut préciser que l'évocation de « *l'Icarie* » dans *Les Fleurs du Mal* ne se limite pas seulement à l'aventure du fils de Dédale, mais s'élargit pour acquérir la dimension d'une société utopique prêchée par Etienne Cabet dans son ouvrage intitulée *Voyage en Icarie* publiée en 1840[15] et à laquelle Baudelaire renvoie dans « Le Voyage » lorsqu'il écrit :

> *Mon âme est un trois-mâts cherchant son Icarie.*
> (Baudelaire, « Le Voyage », *FM*, 130)

L'orgueil de l'Icare baudelairien trouve son pendant dans une pièce des *Limbes* publiée en 1850 à travers le personnage du théologien. Dans ce texte, Baudelaire reprend métaphoriquement la même structure verticale qui commande « les plaintes d'un Icare » pour marquer la chute de l'impénitent de l'idéal vers l'abîme. Faisant partie de « *ces temps merveilleux où la Théologie / Fleurit avec le plus de sève et d'énergie* », ce savant docteur jouit d'une puissance surnaturelle présentée par une constellation symbolique d'images archétypales comme celle de l'ascension vers le ciel au v. 5 ou encore celle de la toute puissance spirituelle, rendue plus frappante par l'enjambement au v. 6 et 7 :

> *On raconte qu'un jour un docteur des plus grands,*
> [...]
> *Après avoir franchi vers les célestes gloires*
> *Des chemins singuliers à lui-même inconnus,*
> *Où les purs Esprits seuls peut-être venus,*
> *Comme un homme monté trop haut, pris de panique,*
> *S'écria, transporté d'un orgueil satanique :*
> *« Jésus, petit Jésus ! je t'ai poussé bien haut !*
> *Mais, si j'ai voulu t'attaquer au défaut*
> *De l'armure, ta honte égalerait ta gloire,*
> *Et tu ne serais plus qu'un fœtus dérisoire ! »*
> (Baudelaire, « Châtiment de l'orgueil », *FM*, 20)

Toutefois, il nous importe de préciser que la faute de ce savant ne consiste pas uniquement dans son puissant savoir, similaire à celui de la divinité, mais plutôt dans

---

15   Voir à ce sujet, Pierre Brunel, « Deuxième Leçon. L'Icarie selon Baudelaire et selon Cabet », *Mythe et Utopie. Leçons de Diamante, op.cit.*, p. 20 : « Le livre, [celui de Cabet], avait suscité des polémiques et des protestations. Baudelaire le connaissait donc, et il est hors de doute que c'est à l'Icarie de Cabet qu'il fait allusion dans le vers 33 du « Voyage ».

sa volonté de défier cette souveraineté divine. Poussé par l'orgueil et la démesure, cet impénitent est plongé dans le chaos et les ténèbres du « *silence* » et de la « *nuit* », et renvoie, donc, à l'abîme d'Icare, sombre perspective qui donne tout son sens à son aventure téméraire.

Mais ce qui retient notre attention dans cette aventure chez Baudelaire est ce double châtiment qui frappe le fils de Dédale et qui présuppose une double transgression. Rappelons qu'au même titre qu'Ixion et Phaéton, Icare est victime de son orgueil puisqu'il a eu l'ambition d'être semblable ou supérieur aux dieux. Ixion a voulu prendre la place de Zeus auprès d'Héra tandis que Phaéton a voulu se substituer à Hélios, dieu du Soleil. Quant à Icare, il a tenté de défier la puissance divine en convoitant un idéal inaccessible :

> *En vain j'ai voulu de l'espace*
> *Trouver la fin et le milieu ;*
> *Sous je ne sais quel œil de feu*
> *Je sens mon aile qui se casse ;*
>
> *Et brûlé par l'amour du beau*
> *Je n'aurai pas l'honneur sublime*
> *De donner mon nom à l'abîme*
> *Qui me servira de tombeau.*
> (Baudelaire, « Les Plaintes d'un Icare », *FM*, 143)

Encore fait-il souligner que la transgression d'Icare chez Baudelaire ne se limite pas à sa conquête de l'infini mais prend une dimension esthétique qui converge vers la quête de la beauté parfaite et inaccessible. Icare, ici, n'est pas uniquement coupable d'*hybris,* mais il a été poussé et même « *brûlé par l'amour du beau* ». Ainsi, l'on décèle derrière la défaite d'Icare, l'épuisement de l'artiste qui a tenté de s'élever au sublime. Mais l'idéal trop élevé du poète le condamne métaphoriquement à une chute parallèle à celle d'Icare dont l'audace dans cette aventure s'oppose à la sagesse ingénieuse de son père Dédale qui est absent du texte baudelairien.

Il est un autre élément qui permet d'aborder ce rapprochement entre la figure icarienne et celle du poète. Baudelaire procède à une intériorisation de cette figure mythique rendant de plus en plus explicite son identification avec le « je » de l'artiste. Pour Marc Eigeldinger, le titre de la pièce dans *Les Fleurs du Mal* vaut comme indice : « le poème ne s'intitule pas *Les Plaintes d'Icare*, qui renverrait immédiatement à la figure mythique, mais d'*un Icare*, impliquant que le héros est comme détaché du contexte universel de la mythologie pour être individualisé et assimilé au destin du locuteur ».[16] En réduisant l'épisode mythique d'Icare et en la

---

16 Marc Eigeldinger, *Lumières du mythe, op.cit.,* p. 115.

focalisant sur son châtiment, Baudelaire fait de son texte un lieu d'interrogation sur la destinée de l'artiste dominé par la passion du Beau. Mais l'interrogation que mène l'artiste sur sa condition a partie liée chez Baudelaire avec la notion de confession du mal qui puise son sens dans le principe de « l'intériorisation de la faute ». En effet, cette intériorisation de la faute qui détermine « le mouvement progressif de la faute à la culpabilité », comme l'explique Paul Ricœur dans ses études sur la symbolique du mal,[17] est remarquable chez le poète en raison de la prédominance du « je », qui confère à son langage poétique une tonalité élégiaque et l'inscrit dans le dispositif de l'aveu. Ainsi s'opère un rapprochement profond entre les propos d'Icare et ceux de l'artiste dans une pièce en prose parue le 26 août 1862 dans *La Presse*. À l'instar d'Icare, l'artiste ne peut confronter l'Infini qui se manifeste dans la « *Nature* » sans mettre en péril son propre moi. Face à cette « *rivale enchanteresse* », la poursuite de l'idéal esthétique est, donc, pour lui une perpétuelle tentation qui se solde par un perpétuel échec comme le confirme, d'ailleurs, la sentence finale de son aveu : « *l'étude du beau est un duel où l'artiste crie de frayeur avant d'être vaincu* ».[18]

Pour résumer notre propos, nous pouvons dire que le mythe d'Icare informe de façon profonde le drame du poète que ressuscite en sa mémoire sa quête de l'absolu au-delà des limites de l'espace. Nous allons examiner d'autres références mythiques et poétiques[19] qui renvoient à ce drame et qui sont multiples dans la poésie de Baudelaire.

Le châtiment de l'artiste

Pour Mircea Eliade, « les images, les symboles [et] les mythes ne sont pas des créations irresponsables de la psyché, ils répondent à une nécessité et remplissent une fonction : mettre à nu les plus secrètes modalités de l'être ».[20] Ainsi en est-il du mythe de Sisyphe qui s'ajoute à l'ensemble des textes baudelairiens qui méditent sur la condition du poète dans le monde. Dans la tradition antique, la figure du roi de Corinthe est au cœur de divers récits mythiques qui illustrent son *hybris* et associent son image à la notion de l'éternel supplice. Or, si cette imagerie de la

---

17 Paul Ricœur, *Philosophie de la volonté tome II. Finitude et culpabilité*, Aubier, 1993, pp. 172–176.

18 Charles Baudelaire, « Le *confiteor* de l'Artiste », *Petits Poèmes en prose*, tome I, p. 279.

19 La figure d'Icare chez Baudelaire rappelle aussi celle de l'Albatros, désigné dans le passé comme un « *Prince des nués* ». Ayant cédé à l'attrait de la mer, ce « *roi de l'azur* » devient la victime du comportement sarcastique des « *hommes d'équipages* » et se trouve privé, comme Icare, de tout élan ascensionnel. Voir « L'Albatros », *op.cit.*, p. 9.

20 Mircea Eliade, *Images et symboles, op.cit.*, pp. 13–14.

damnation affleure dans *Les Fleurs du Mal* pour représenter un des mythes du châtiment chez l'écrivain, elle entre, toutefois, en opposition avec quelques éléments de la version adoptée par les mythographes.

La figure de Sisyphe affleure à deux reprises dans les récits homériques[21] : la première dans le chant VI de *L'Iliade* où il en est question de sa généalogie[22] et la deuxième dans une scène de *L'Odyssée* qui se déroule au royaume d'Hadès :

> Je vis aussi Sisyphe, en proie à ses tourments : ses deux bras soutenaient la pierre gigantesque, et, des pieds et des mains, vers le sommet du tertre, il la voulait pousser ; mais à peine allait-il en atteindre la crête, qu'une force soudain la faisant retomber, elle roulait au bas, la pierre sans vergogne ; mais lui, muscles tendus, la poussait derechef ; tout son corps ruisselait de sueur, et son front se nimbait de poussière.[23]

Très significative dans cet extrait du récit d'Ulysse est cette description de Sisyphe accomplissant son châtiment sous forme d'éternel et inutile effort, rendue plus saisissante par tout un champ lexical de la douleur comme « tourments », « muscles tendus » ainsi que l'imagerie de la sueur. La même représentation est fournie, d'ailleurs, dans *Les Métamorphoses* dans l'épisode d'Athamas et Ino mais d'une manière beaucoup plus réductible.[24] Il est vrai que ces deux textes sont à la base de plusieurs réécritures de ce mythe corinthien, mais ce qui frappe, malgré tout, chez les deux écrivains, est cette focalisation sur la damnation de Sisyphe majorée de l'absence de tout élément renvoyant à sa faute qui, engendrée par son *hybris,* donne lieu à plusieurs interprétations du mythe.[25]

Cette observation peut trouver aussi son champ d'application dans le onzième morceau de la section « Spleen et Idéal », publié pour la première fois

---

21 Sisyphe apparaît chez Homère sous le nom de *Sisyphos.*

22 Homère, *L'Iliade,* VI / 153, traduction, introduction et notes par Robert Flacelière, Editions Gallimard, coll. « Bibliothèque de la Pléiade », Paris, 1955, p. 192.

23 Homère, *L'Odyssée,* XI / 593–598, traduction par Victor Bérard, introduction et notes par Jean Bérard, Editions Gallimard, coll. « Bibliothèque de la Pléiade », Paris, 1955, p. 710.

24 C'est Junon, qui comme Ulysse, accède à l'Hadès et rencontre les suppliciés qui y demeurent. Voir Ovide, *Les Métamorphoses, op.cit.,* IV / 416, p. 123 : « Toi, Sisyphe, tu cherches à saisir ou à rouler ton rocher qui va choir ».

25 Voir Pierre Brunel, « Sisyphe » in *Dictionnaire des Mythes Littéraires, op.cit.,* p. 1244 : « Coupable, Sisyphe l'est pourtant pour avoir tenté de faire échec aux dieux. Ou bien il a trahi leur secret, en croyant rester impuni. Ou bien il a rusé avec la mort, […]. Ou bien, trop confiant dans sa force ou dans sa ruse, cet homme trop heureux de vivre s'est cru au-dessus de la condition mortelle. Unanimement reconnu comme intelligent, Sisyphe aurait péché par excès d'intelligence »

dans *La Revue des Deux Mondes* le 1er juin 1855, où l'allusion à Sisyphe se résume seulement à son acte :

Pour soulever un poids si lourd
Sisyphe, il faudrait ton courage !
Bien qu'on ait du cœur à l'ouvrage,
L'Art est long et le Temps est court.
(Baudelaire, « Le Guignon », *FM*, 17)

Mais loin d'engendrer une douleur quelconque comme on l'a déjà vu dans les textes antiques, l'acte de Sisyphe acquiert ici une autre signification qui informe bien la transposition de son mythe dans notre corpus. Car à l'immense supplice de Sisyphe évoqué dans les récits antiques, se substitue chez Baudelaire une volonté héroïque, obstinée et absurde, qui sert de modèle à « l'Artiste inconnu »,[26] comme en témoigne la superposition à la rime des deux syntagmes « *courage* » et « *ouvrage* » qui renvoient successivement à la figure de Sisyphe et à celle de l'artiste affaibli.

Commentant ces vers du « Guignon », Aeneas Bastian attire l'attention sur l'adjectif que Baudelaire attribue à son Sisyphe : « *courage*, le mot peut surprendre. À Sisyphe en effet est attaché moins une réputation de vaillance qu'un paradigme d'intelligence, de ruse même. »[27] Or ce n'est pas la ruse que Baudelaire semble solliciter pour pouvoir accomplir sa création d'art. En revanche, le poète convoque le mythe de Sisyphe pour mettre l'accent sur un des aspects essentiels de son drame, comme c'est le cas dans une lettre envoyée à sa mère où il écrit « qu'il n'a pas encore exécuté le tiers de ce qu'il a à faire dans ce monde »[28] et dont l'intensité est soulignée ici par la césure (4+4) de l'octosyllabe « *L'Art est long et le Temps est court* ». Notons aussi qu'à la substitution d'un des composants du mythe du fils d'Eole dans le texte baudelairien, s'ajoute l'omission de tout repère spatial renvoyant à l'Hadès, espace mythique où se déroule le séjour éternel des suppliciés.

Il en résulte que par une telle réduction, la réécriture de la légende de Sisyphe chez Baudelaire est loin d'instaurer une intertextualité avec le mythe antique. Selon Gilbert Durand, « le mythe ne commence pas par un nom de baptême, mais par une structure mythogénique [...], par une structure figurative, [...] [qui] fait appel aux contenus symboliques et spécialement aux mythèmes que signalent, dans

---

26   « L'Artiste inconnu » fut le premier titre de ce poème, envoyé sous forme de manuscrit à Théophile Gautier pour *La Revue de Paris* entre fin 1851 et début janvier 1852.

27   Aeneas Bastian, Pierre Brunel, *Sisyphe et son rocher,* Paris, Editions du Rocher, 2004, p. 17.

28   Voir Charles Baudelaire, *Correspondance*, tome II, *op.cit.,* lettre à Mme Aupick datée du 6 mai 1861, p. 154.

le *sermo*, leur redondance ».[29] Ainsi et à partir de cette analyse, nous pouvons avancer que l'ancrage de la figure sisyphienne dans la poésie baudelairienne vise moins à ressusciter son mythe qu'à mettre au premier plan l'image de l'artiste accablé par les lois de l'existence. En effet, c'est à travers la douleur de l'artiste que Baudelaire ressent l'immensité du geste de Sisyphe : à l'instar de son rocher qui oblige sa victime à recommencer sans cesse son labeur, le temps se dresse pour l'écrivain comme une force aveugle, lourde et hostile, qui entrave sa création.

L'imagerie de l'artiste moderne écrasé et affaibli par son guignon se rencontre à plusieurs reprises dans les écrits de Baudelaire. Ainsi, dans sa critique d'art, le poète des *Paradis artificiels* fait allusion à cet « ange aveugle de l'expiation [qui] s'est emparé de certains hommes, et les fouette à tour de bras pour l'édification des autres ».[30] Aussi s'interroge-t-il sur l'existence d'« une Providence diabolique qui prépare le malheur dès le berceau [...] », rendant de plus en plus difficile l'existence des écrivains tels que Balzac, Poe ou encore Hoffmann et Vigny. Toutefois, « le Guignon » qui accable l'artiste dans la pièce en vers relève, à double titre, d'une dimension esthétique et métaphysique puisqu'il représente la difficulté de la réalisation de tout projet artistique au même titre que « La Rançon » qui réaffirme, par l'imagerie des fleurs arrosées par « *les pleurs salés* », les tourments de tout être aspirant à la beauté en faisant même de sa douleur une condition indispensable de son labeur :

> *Pour obtenir la moindre rose,*
> *Pour extorquer quelques épis,*
> *Des pleurs salés de son front gris*
> *Sans cesse il faut qu'il les arrose.*
>
> *L'un est l'Art, et l'autre l'Amour.*
> (Baudelaire, « La Rançon », *FM*, 173)

Aussi pouvons-nous avancer que toute élaboration artistique pour Baudelaire exige un achèvement douloureux. N'avait-il pas déclaré, également, dans ses *Journaux intimes* son incapacité à concevoir « un type de Beauté où il n'y ait du *Malheur* »[31] ? Mais cette douleur qui trouve dans sa comparaison avec la figure de Sisyphe sa

---

29 Gilbert Durand, « Fluctuations biographiques. Shakespeare et le mythe du printemps sacrifié » in *Mythe, thèmes et variations*, sous la direction de Gilbert Durand et Chaoying Sun, Paris, Desclée de Brouwer, 2000, p. 75.

30 Charles Baudelaire, « Etudes sur Poe », *Critique littéraire, op.cit.*, pp. 249.

31 Charles Baudelaire, « Fusées », *Journaux intimes,* tome I, p. 658.

meilleure expression semble se transformer dans « Le Guignon » en une expiation qui condamne l'artiste à sa propre mort :

> *Loin des sépultures célèbres,*
> *Vers un cimetière isolé,*
> *Mon cœur, comme un tambour voilé,*
> *Va battant des marches funèbres.*
> (Baudelaire, « Le Guignon », *FM*, 17)

Là encore, on décèle une allusion à la figure de Sisyphe à travers l'imagerie des « *sépultures célèbres* » qui renvoie au Sisypheion, le palais que ce dernier avait construit sur l'Acrocorinthe et dans lequel il avait été enterré par sa femme Méropé après avoir détrompé Thanatos. Mais ce qui importe surtout, à notre sens, est de cerner les implications du châtiment de Sisyphe dans le texte baudelairien.

Commentant l'évocation de l'espace mortuaire dans la pièce et en se basant sur la comparaison que Baudelaire établit entre Sisyphe et l'artiste, Pierre Brunel rapporte que « la tombe modeste du "cimetière isolé" s'oppos[e] au tombeau de Sisyphe. La référence mythologique, explicite puis implicite, assure l'unité des deux quatrains. On passe d'un châtiment à l'autre, du "rouler de la pierre" au tombeau-palais ».[32] Mais, le rapprochement de ces deux châtiments ne confère-t-il pas, paradoxalement, à Sisyphe une autre caractéristique que celui du réprouvé ? En effet, si Sisyphe a pu construire son « tombeau-palais », acte qui incarne pleinement sa « tendance hybristique »,[33] c'est parce qu'il a pu soulever son rocher jusqu'au sommet de l'Acrocorinthe. En admettant donc cette hypothèse, Sisyphe n'est plus considéré comme un réprouvé puisque son obstination à défier la divinité a été couronnée de succès comme le souligne Salomon Reinach dans sa belle étude sur Sisyphe : « on perpétuait ainsi, sans doute à Corinthe même, le souvenir d'un travail étonnant auquel le nom de Sisyphe était attaché. Cette image glorifiait la force et l'adresse de Sisyphe, mais ne représentait nullement un châtiment infernal ».[34] C'est cette réécriture du mythe que Baudelaire, à notre sens, semble développer dans sa poésie puisque tout concourt chez lui, comme on vient déjà de le montrer, à faire de la figure sisyphienne un emblème du courage et de la détermination.

---

32 Pierre Brunel, *Mythocritique, théorie et parcours, op.cit.*, p. 152.
33 Voir Aeneas Bastian, Pierre Brunel, *Sisyphe et son rocher, op.cit.*, p. 28 : « Sisyphe représente un cas de démesure, cette *hybris* que dénonçaient si souvent les Grecs parce qu'ils en avaient fondamentalement peur. Et jamais durant sa vie il n'a davantage manifesté cette tendance hybristique que lorsqu'il a fait construire ce qui devait être son palais sur l'Acrocorinthe ».
34 Salomon Reinach, « Sisyphe aux Enfers et quelques autres damnés », in *Culte, Mythes et Religions,* édition établie présentée et annotée par Hervé Duchêne, Paris, Editions Robert Laffont, 1996, pp. 728–729.

Toutefois, l'émergence de l'imagerie du tombeau grandiose du roi de Corinthe dans la pièce a pour effet d'insister encore une fois sur cette supériorité qui le distingue de la figure de l'artiste. Alors que le fils d'Eole agit courageusement contre le châtiment qui lui a été infligé et transforme, sous la plume de l'écrivain, son acte de damnation en acte de victoire, l'artiste ne fait qu'accepter son infériorité. Cette défaite trouve son paroxysme dans l'allégorie de la mort qui se profile à travers la métaphore sinistre du cortège funèbre ainsi que dans l'image suivante :

> —*Maint joyau* [qui] *dort enseveli*
> *Dans les ténèbres et l'oubli,*
> *Bien loin des pioches et des sondes ;*
> (Baudelaire, « Le Guignon », *FM,* 17)

Mais curieusement la mort semble revêtir, dans ce passage, un visage euphémisant. Dans les « *ténèbres et l'oubli* » du « *cimetière isolé* », le poète ignoré du monde ne subira pas les hostilités divines ou humaines : il connaîtra uniquement les douceurs de la refuge tombale au même titre que la

> [...] *fleur* [qui] *épanche à regret*
> *Son parfum doux comme un secret*
> *Dans les solitudes profondes.*
> (Baudelaire, « Le Guignon », *FM,* 17)

L'imagerie de la mort qui console l'artiste se poursuit également dans un poème publié le 9 avril 1851 dans *Le Messager de l'Assembleé* où elle apparaît comme l'objet d'une longue et douloureuse quête effectuée par l'artiste maudit dans ce monde d'ici-bas :

> *Et ces sculpteurs damnés et marqués d'un affront,*
> *Qui vont se martelant la poitrine et le front,*
>
> *N'ont qu'un espoir, étrange et sombre Capitole !*
> *C'est que la Mort, planant comme un soleil nouveau,*
> *Fera s'épanouir les fleurs de leur cerveau !*
> (Baudelaire, « La Mort des artistes », *FM,* 127)

De cette analyse, il ressort que Baudelaire inscrit la figure de l'artiste dans un univers de la damnation et de la déchéance. Or, paradoxalement, la figure mythique de Sisyphe, telle qu'elle apparaît dans sa poésie et à laquelle l'artiste se trouve confronté, dégage une forte impression de puissance et informe, par la suite, les modalités de la réécriture baudelairienne du mythe corinthien. Cette opération de transposition se poursuit chez notre écrivain dans les mythes de la révolte où la confusion entre la figure du coupable et celle de la victime se fait encore plus remarquable.

Les mythes de la révolte

Ce qui caractérise surtout la révolte est le fait qu'elle présuppose, contrairement à la faute de l'*hybris*, la présence d'un acte arbitraire, initial et provocateur. Chez Baudelaire, la révolte se manifeste essentiellement dans l'univers biblique puisqu'elle découle *a priori* de l'injustice du Tout-Puissant.

La révolte de Caïn

La figure mythique de Caïn jouit d'un statut particulier chez les écrivains du XIXᵉ siècle comme Lord Byron, Baudelaire, Nerval et Leconte de Lisle. Entre tradition biblique et transposition romantique, le mythe du premier meurtre dans l'Histoire acquiert une nouvelle interprétation qui n'incarne plus le crime, mais représente plutôt la sainte insurrection de l'Homme contre l'injustice divine. C'est sur cette image de l'iniquité yahviste que Baudelaire s'attarde en priorité dans sa réécriture du mythe afin d'exposer les motivations de la révolte de Caïn.

Le mythe biblique d'Abel et Caïn est au cœur d'une pièce centrale de la section « Révolte » des *Fleurs du Mal*. L'intégration de ce mythe au sein de la poésie en vers est favorisée par la structure bipartite de la composition sous forme de seize distiques. L'alternance des invocations croisées « *race d'Abel* » / « *race de Caïn* » dans le texte a pour effet de mettre l'accent sur les « schèmes contraires »[35] qui structurent ce scénario du chapitre IV de la Genèse, comme le fait remarquer Véronique Léonard-Roques dans son étude consacrée au mythe de Caïn. De plus, le traitement des coupes tout au long de la pièce participe de cette analogie entre le thème et la structure. La césure liée à l'évocation d'Abel (4+4) qui diffère de celle de son frère Caïn (5+3), confère au texte un rythme particulier qui annonce le portrait de chacun des deux frères si l'on en croit l'analyse de Robert-Benoît Chérix : « Abel et Caïn est la geste de la haine fait rythme, rythme haché, rythme saccadé, rythme infernal ».[36]

---

35 Voir Véronique Léonard-Roques, *Caïn et Abel. Rivalité et responsabilité*, Paris, Editions du Rocher, 2007, p. 11 : « [l'histoire de Caïn et Abel] abonde en oppositions structurales (aîné/cadet, agriculteur/pasteur, rejet/agrément, errance/sédentarité, meurtre/création …) ».

36 Robert-Benoît Chérix, *Commentaire des Fleurs du Mal. Essai d'une critique intégrale*, Genève, Slaktine Reprints, 1993, p. 437.

Dans la première partie de cette pièce, Baudelaire développe une opposition terme à terme entre l'opulence insolente de la lignée d'Abel et la misère frappante de celle de Caïn : à ce dernier sont associés « *la fange* », « *le supplice* », « *la faim* », « *le froid* » et l'errance, tandis que, favorisé par Yahvé, Abel connaît la satiété et la prospérité :

> *Race de Caïn, dans ton antre*
> *Tremble de froid, pauvre chacal !*
>
> *Race d'Abel, aime et pullule !*
> *Ton or fait aussi des petits.*
> (Baudelaire, « Abel et Caïn », *FM,* 123)

La présentation d'Abel en capitaliste souligne la spécificité du traitement du mythe caïnique chez Baudelaire, qui consiste surtout à faire resurgir l'imagerie d'une divinité cynique et impitoyable. À cet effet, l'écrivain modifie les activités traditionnellement associées aux deux frères de la Genèse. Berger, la victime biblique devient sédentaire et cultivateur :

> *Race d'Abel, vois tes semailles*
> *Et ton bétail venir à bien ;*
>
> *Race de Caïn, tes entrailles*
> *Hurlent la faim comme un vieux chien.*
> (Baudelaire, « Abel et Caïn », *FM,* 122)

Cette querelle entre les deux frères pour les appétits charnels répond en écho à celle de la « *guerre fratricide* » des deux enfants sauvages du poème en prose « Le Gâteau ». Dans cette pièce parue dans *La Presse* en 1862, Baudelaire met en scène deux enfants déguenillés aux yeux creux qui luttent sauvagement pour conquérir un bout de pain. Mais dans cette lutte farouche, le prix du combat s'évanouit et la rêverie des deux enfants s'estompe.

> Le gâteau voyageait de main en main et changeait de poche à chaque instant ; mais, hélas ! il changeait aussi de volume ; et lorsque enfin, exténués, haletants, sanglants, ils s'arrêtèrent par impossibilité de continuer, il n'y avait plus, à vrai dire, aucun sujet de bataille ; le morceau de pain avait disparu, et il était éparpillé en miettes semblables aux grains de sable auxquels il était mêlé.
> (Baudelaire, « Le Gâteau », *PPP,* 298–299)

C'est la fin de la pièce qui parodie la rivalité des deux frères bibliques : l'enjeu des conflits humains pourrait trouver sens et forme dans les querelles les moins signifiantes.

MYTHES DE LA FAUTE ET DU CHÂTIMENT | 223

Pour Frank Lestringant, « Abel et Caïn » de Baudelaire est commandé par une série de renversements qui « tourn[ent] le dos à toutes les récupérations optimistes d'un personnage promu tour à tour héraut de l'humanité travailleuse et souffrante ou figure du prolétariat opprimé et bientôt soulevé ».[37] Ainsi, solidement installé ici-bas par les activités qui furent attribuées dans la Genèse à Caïn, Abel n'est plus le passant détaché des biens terrestres que peint la tradition. Il se fait même patriarche, « *chauff*[ant][s]*on ventre* », et promis à une prolifique descendance. « Face à la sécurité bien pesante de ce sédentaire nanti, Caïn trouve son rôle de vagabond. Plutôt qu'un prolétaire, c'est un paria dénué de tout, qui n'invente rien et se destine à la révolte et au désespoir. Cités terrestre et céleste lui sont interdites ».[38] Loin du héros civilisateur, Caïn rejoint la tradition qui ne voit en lui que le condamné à l'errance perpétuelle et au malheur comme le montre la première partie du poème

> *Race de Caïn, dans ton antre*
> *Tremble de froid, pauvre chacal !*
> [...]
> *Race de Caïn sur les routes*
> *Traîne ta famille aux abois.*
> (Baudelaire, « Abel et Caïn », *FM*, 123)

Paria rejeté, Caïn dans cette séquence peut bien évoquer une version moderne du mythe du juif errant où le dessein de l'ancêtre mythique n'est plus l'expiation de sa faute devant le Christ ou « la conquête d'une sagesse acquise péniblement durant quelques siècles d'errance, mais la fuite désespérée de l'homme angoissé et impuissant [...] ».[39] Or, il convient de rappeler que la condamnation à l'errance chez Baudelaire n'est que le fruit de l'injustice divine, puisqu'elle précède le crime qui fait ici objet d'une ellipse, mais dont les conséquences sont évoquées métonymiquement dans la deuxième partie :

> *Ah ! race d'Abel, ta charogne*
> *Engraissera le sol fumant !*
> (Baudelaire, « Abel et Caïn », *FM*, 123)

Toutefois, il est à noter qu'aucune référence n'est faite au signe conféré au fratricide afin que le premier venu ne le tue, ni à la fondation de la première ville, Hénoch,

---

37 Frank Lestringant, « L'errance de Caïn : D'Aubigné, Du Bartas, Hugo, Baudelaire », *Revue des Sciences Humaines*, n° 245, janvier–mars, 1997, p. 32

38 *Ibid.*, p. 29.

39 Edgar Knecht, *Le Mythe du Juif errant. Essai de mythologie littéraire et religieuse*, Grenoble, Presses universitaires de Grenoble 1977, p. 332.

comme le rapporte le récit génésiaque.[40] L'occultation de ces éléments induit une incohérence dans le fil chronologique du scénario qui structure le poème. Ainsi, nous décelons à travers cette ellipse narrative majorée de l'anachronisme temporel que Baudelaire fait subir au récit source, les premières prémices de la révolte de Caïn : les tourments endurés par celui-ci avant le fratricide constituent un motif puissamment évocateur. Car si la pièce relate l'épisode biblique des deux frères, l'émergence du motif de la révolte métaphysique dans ces vers est indéniable. En effet, la réduction de l'acte meurtrier chez Baudelaire ne vise pas seulement à innocenter l'impénitent, mais tend, avant tout, à contester l'idée d'un certain despotisme divin qui a réparti arbitrairement le bon et le mauvais sort, privilégiant le conformisme et l'oisiveté. La complicité yahviste atteint son point culminant dans l'évocation des flatteries qui s'exprime à travers l'imagerie du sourire complaisant et la métaphore de l'encens qui enivre les séraphins courtisans. Accablé d'injustice et dépourvu des biens matériels, Caïn incarne le révolté criminel, projection terrestre de son maître, l'Ange rebelle, Satan[41]

> *Race d'Abel, dors, bois et mange ;*
> *Dieu te sourit complaisamment.*
>
> *Race de Caïn, dans la fange*
> *Rampe et meurs misérablement.*
>
> *Race d'Abel, ton sacrifice*
> *Flatte le nez du Séraphin !*
> (Baudelaire, « Abel et Caïn », *FM*, 122)

L'arrière-plan d'actualité historique ne peut que donner un ton moderne à un antagonisme qui est au cœur de la pensée baudelairienne. Il se situe entre la révolte violente, primitive du moi singulier, de ce « *cœur qui brûle* », rebelle à tout conformisme, et la soumission servile, le plus souvent inconsciente, des êtres qui croissent et « *brout*[ent] / *comme les punaises des bois* ». Ainsi, l'interprétation sociale du poème peut lui donner une couleur locale qui évoque la lutte des classes.

---

40 Voir Genèse IV/15–17 « Et le Seigneur mit un signe sur Caïn, afin que ceux qui le trouvaient ne le tuassent point. Caïn, s'étant retiré devant la face du Seigneur, fut vagabond sur la terre, et il habita vers la région orientale d'Eden. Et ayant connu sa femme, elle conçut et enfanta Hénoch. Il bâtit ensuite une ville qu'il appela Hénoch, du nom de son fils », in *La Bible, L'ancien & le nouveau testament*, *op.cit.*, p. 10.

41 Voir Véronique Léonard-Roques, *Caïn et Abel. Rivalité et responsabilité*, *op.cit.*, p. 72 : « Dans certains textes de la traduction juive, Caïn ne serait pas comme Abel le fils d'Adam, mais il aurait pour père Samaël, l'ange du mal ».

La rédaction d' « Abel et Caïn » se situe dans les années 1847–1852, période de l'ivresse révolutionnaire de Baudelaire dont les événements de février 1848 sont les plus marquants.[42] De même, écrit autour de 1864, le poème en prose « Assommons les pauvres » qui s'achève par l'apostrophe « *Qu'en dis-tu, Citoyen Proudhon ?* » dénonce par un ton sarcastique et un humour noir les mensonges des « *entrepreneurs de bonheur public* ».[43] Le mépris que Baudelaire éprouve alors pour le socialisme se lit aussi dans les notes que constitue *Pauvre Belgique* !, violent récit rédigé quatre ans plus tard contre un pays qu'il estime voué au matérialisme. C'est dans ce cadre qu'apparaît, encore une fois, le personnage de Caïn dans ses textes. Commentant un feuillet de *La Rive Gauche*, Baudelaire fait référence à la figure biblique pour critiquer le rassemblement des étudiants lors du Congrès de Liège :

CONGRÈS ET PARLERIES
MŒURS POLITIQUES.
Toast à Ève.
Toast à Caïn.
(Baudelaire, *Pauvre Belgique* !, OC II, 918)

Ainsi et à travers ce discours, nous pouvons dire que la figure de Caïn chez Baudelaire s'inscrit dans la lignée du Caïn romantique et devient même le symbole du prolétaire révolté. Pour Antoine Adam, « l'idée de faire d'Abel un boutiquier et de Caïn un prolétaire » est liée aux « troubles de 1848 et des années qui suivent ».[44] Prenant la défense de l'exploité, Baudelaire oppose l'animalité d'Abel et ses préoccupations matérielles aux aspirations idéales de Caïn à une égalité des conditions de vie. L'avant-dernier distique du poème en vers appelle à la révolte dans ses deux dimensions sociale et métaphysique :

Race d'Abel, voici ta honte :
Le fer est vaincu par l'épieu !
(Baudelaire, « Abel et Caïn », *FM*, 123)

Cependant, on voit dans le poème que l'épieu, arme du chasseur certes, mais surtout instrument primitif et arme du crime, l'emporte sur le fer, symbole du progrès, car c'est la révolte pratiquée par Caïn qui triomphe dans l'époque moderne et met en échec la descendance passive d'Abel. Cette révolte, motivée à plusieurs reprises

---

42   Baudelaire y voit surtout l'occasion de se venger de son beau-père qu'il encourage à fusiller.
43   Charles Baudelaire, « Assommons les pauvres », *Petits Poèmes en prose*, tome I, p. 357.
44   Voir Charles Baudelaire, *Les Fleurs du Mal*, édition présentée et annotée par Antoine Adam, Paris, Garnier, 1994, p. 422.

tout au long de la pièce, fait de Caïn une nature opposée à toute modération, ani-mée par le désir de supprimer et de conquérir le pouvoir suprême et absolu. En d'autres termes, si la race de Caïn veut monter au ciel, ce n'est pas pour emporter le Paradis d'un seul coup mais pour jeter à terre un Dieu injuste et renverser la tyrannie monstrueuse que les impératifs sociaux, éthiques et religieux exercent sur ce personnage sauvage trop longtemps opprimé.

> Race de Caïn, au ciel monte,
> Et sur la terre jette Dieu !
> (Baudelaire, « Abel et Caïn », *FM*, 123)

D'une façon analogue, le motif de la rébellion contre une divinité usurpatrice et inique parcourt l'ensemble du poème « Le Reniement de saint-Pierre ». Dans cette pièce préliminaire de la section « Révolte » adressée à Gautier pour *La Revue de Paris* entre septembre 1851 et janvier 1852, Baudelaire réclame sa révolte contre un Dieu jaloux comparé à un « *tyran gorgé de viandes et de vins* », avide de sang, qui jouit voluptueusement des « *sanglots des martyrs et des suppliciés* » :

> Qu'est-ce que Dieu fait donc de ce flot d'anathèmes
> Qui monte tous les jours vers ces chers Séraphins ?
> Comme un tyran gorgé de viande et de vins,
> Il s'endort au doux bruit de nos affreux blasphèmes.
>
> Les sanglots des martyrs et des suppliciés
> Sont une symphonie enivrante sans doute,
> Puisque malgré le sang que leur volupté coûte,
> Les cieux ne s'en sont point rassasiés !
> (Baudelaire, « Le Reniement de saint Pierre », *FM*, 121)

Comme dans « Abel et Caïn », les figures bibliques sont envisagées sous la plume du poète dans une perspective hétérodoxe qui leur ôte toute dimension reli-gieuse et les projette dans le monde de l'humanité révolutionnaire. Car comme le rapporte Dolf Oehler dans son une étude consacré à l'intertextualité biblique chez Baudelaire et Heine, Baudelaire appelle, dans l'avant-dernière section des *Fleurs du Mal* de 1857, à « une révision radicale du texte de la Bible, à un ren-versement de son sens qui se traduit par une pratique politique et spirituelle. *Le Reniement de saint Pierre* constitue une récriture succincte de la passion du Christ [...]. *Abel et Caïn*, réfutation vibrante du texte de la Genèse, se termine par un appel anarchiste aux déshérités [...] Enfin *Les Litanies de Satan* vont pa-rachever ce renversement blasphématoire de toutes les croyances chrétiennes et créer un pendant poétique pour les idées les plus radicales de la Révolution au

XIXᵉ siècle ».[45] La lecture de cette analyse nous montre que le supplice du Christ dans la pièce CXVIII des *Fleurs du Mal* est le symbole exemplaire du destin que réserve la tyrannie divine à l'homme. La crucifixion qui fait de son corps une cible, la souillure des crachats, la couronne d'épines et enfin, la sueur de sang sont les marques dérisoires de sa « *divinité* » et mettent au premier plan le sort qu'un Dieu cruel inflige en lui à « *l'immense Humanité* » :

> —*Ah ! Jésus, souviens-toi du Jardin des Olives !*
> *Dans ta simplicité tu priais à genoux*
> *Celui qui dans son ciel riait aux bruits des clous*
> *Que d'ignobles bourreaux plantaient dans tes chairs vives,*
> (Baudelaire, « Le Reniement de saint Pierre », *FM*, 121)

Car ce qu'il faut noter c'est que le Christ, dans ce poème, n'est pas le Dieu qui s'est fait Homme, mais l'Homme qui a voulu être Dieu. Il a tenté de « *remplir l'éternelle promesse* » et de faire de ce monde l'authentique Terre Promise. Il a cru, en toute « *simplicité* » que Dieu répondrait à ses prières. Or, c'est avec une ironie amère et méchante que le poète interroge le Christ crucifié :

> *Rêvais-tu de ces jours si brillants et si beaux*
> *Où tu vins pour remplir l'éternelle promesse,*
> *Où tu foulais, monté sur une douce ânesse,*
> *Des chemins tout jonchés de fleurs et de rameaux,*
> (Baudelaire, « Le Reniement de saint Pierre », *FM*, 121)

La bonté du Christ consistait à croire que Dieu répondrait à ses prières, que l'action deviendrait enfin « *la sœur du rêve* ». Mais la fonction mystique de la « *victime éternelle et volontaire* » se solde par un échec. Ainsi, nous pouvons observer qu'au Dieu céleste Baudelaire attribue les caractéristiques habituelles des puissances infernales : cruauté, malice, amour des jouissances matérielles. Plutôt que ses « *chers Séraphins* », ses véritables associés ne sont-il pas les « *ignobles bourreaux* » et la « *crapule du corps de garde et des cuisines* » ? La « *douce ânesse* » que monte le Christ est au contraire l'image même de l'instinct docile et soumis. Toutefois, l'inversion de valeurs se manifeste plus nettement encore dans l'emploi de l'arme diaïrétique[46] qui n'est pas sans rappeler l'épieu de Caïn dans « Abel et Caïn ». Dans cette optique, le

---

45 Dolf Oehler « Heine et Baudelaire : de l'usage moderne de la Bible en poésie », *Revue Iris*, n° 11, « Bible et Imaginaire », 1991, p. 109.

46 Nous renvoyons aux symboles diaïrétiques analysés par Gilbert Durand comme le sceptre et le glaive. Voir *Les Structures anthropologiques de l'imaginaire, op.cit.*, pp. 178–202.

glaive n'est plus un symbole ascendant mais une force qui ranime le réprouvé pour faire abaisser ce qui l'opprime :

> *Puissé—je user du glaive et périr par le glaive !*
> *Saint Pierre a renié Jésus … Il a bien fait !*
> (Baudelaire, « Le Reniement de saint Pierre », *FM*, 122)

Le défi à la divinité à l'œuvre dans *Les Fleurs du Mal*, rejoint celui qu'exprime le « Qaïn » delislien. Dans ce morceau paru en 1896 dans *Le Parnasse*, Leconte de Lisle va plus loin que Baudelaire dans son accusation lancée à Yahvé : il fait de Dieu le véritable responsable du meurtre d'Abel, dont les circonstances sont quasiment occultées, comme pour mieux effacer la faute de Qaïn.

> Dieu de la foudre, Dieu des vents, Dieu des armées,
> Qui roules au désert les sables étouffants,
> Qui te plais aux sanglots d'agonie et défends
> La pitié, Dieu qui fait aux mères affamées,
> Monstrueuses, manger la chair de leurs enfants !
>
> Dieu triste, Dieu jaloux qui dérobes ta face,
> Dieu qui mentais, disant que ton œuvre était bon.[47]

De tout ce qui précède, nous pouvons constater que si par ses revendications, le Qaïn delislien rappelle son homonyme baudelairien, il s'en distingue pourtant par sa victoire. Alors que chez Baudelaire, Caïn parvient à accéder au ciel pour détrôner Dieu, le Qaïn des *Poèmes Barbares* annonce la mort de Dieu, s'empare de ses richesses et devient alors une figure hostile et impitoyable comme le remarque Danièle Chauvin : « l'énergie de la révolte libératrice peut se retourner et asservir l'humanité. Sans vigilance, le libérateur n'est jamais très loin du tyran ».[48]

> Je ferai bouillonner les mondes dans leur gloire ;
> Et qui t'y cherchera ne t'y trouvera pas.
> Et ce sera mon jour ! […]
> […]
> Et toi, mort et cousu sous la funèbre toile,
> Tu t'anéantiras dans ta stérilité.[49]

---

47 Charles-Marie Leconte de Lisle, « Qaïn », *Poèmes Barbares*, Paris, Gallimard, 1985, p. 41.

48 Danièle Chauvin, « Figures … vous avez dit figures ? Mythocritique et typologie. L'exemple de Wiliam Blake » in *Figures Mythiques, fabriques et métamorphoses, op.cit.*, p. 183.

49 Charles-Marie Leconte de Lisle, « Qaïn », *op.cit.*, p. 42.

Commentant la pièce de Baudelaire, les propos de Frank Lestringant complètent l'analyse de Danièle Chauvin et reprennent l'idée de la rébellion indomptable et anarchique. Pour le critique, « le sursaut de haine de Caïn opère une régression vers la sauvagerie primitive. Sa révolte nous replonge loin en arrière, en pleine préhistoire. Et de fait toute l'histoire de l'humanité est abolie dans ce duel terminal ».[50]

Loin du héros triomphant de Delisle ou du rebelle exposé par Baudelaire, la figure de Caïn chez Hugo est dominée par la terreur. Obsédée par la présence métonymique de Yahvé à travers « l'œil » qui le persécute comme le remords qui hante sa « conscience », elle subit tout au long du texte une dégradation croissante qui trouve sont point culminant à travers l'imagerie de l'ensevelissement dans la refuge tombale :

> Alors il dit : « Je veux habiter sous la terre
> Comme dans son sépulcre un homme solitaire ;
> Rien ne me verra plus, je ne verrai plus rien. »
> On fit donc une fosse, et Caïn dit « C'est bien ! »
> Puis il descendit seul sous cette voûte sombre ;
> Quand il se fut assis sur sa chaise dans l'ombre
> Et qu'on eut sur son front fermé le souterrain,
> L'œil était dans la tombe et regardait Caïn.[51]

Toujours vertical, le mouvement ascensionnel qui exprime la montée du Caïn baudelairien s'inverse et prend la forme d'une descente abyssale dans la tombe. Mais ne pourrions-nous pas voir derrière cette imagerie de l'ensevelissement motivée par une volonté de fuir la persécution divine, un acte de repentir ? En effet, la version coranique du mythe de Caïn nous informe qu'après avoir tué son frère, « Dieu envoie un corbeau pour gratter le sol afin d'enseigner au meurtrier comment enterrer le cadavre de son frère ».[52] Ainsi nous pouvons suggérer qu'en s'enfermant dans la sépulture, Caïn accomplit l'acte imposé par le Tout-puissant et tente de regagner son pardon.

La réhabilitation de Satan

Dans son étude sur « Le Satan de Baudelaire », Paul Bénichou note que le Diable baudelairien « n'a que l'unité d'un nom » et insiste sur les « deux figures

---

50 Frank Lestringant, « L'errance de Caïn : D'Aubigné, Du Bartas, Hugo, Baudelaire », *op.cit.*, p. 31.

51 Victor Hugo, « La Conscience » in *La Légende des siècles*, Paris, Gallimard, 1950, p. 26.

52 Voir la Sourate 5 / 27–31 in *Le Coran, op.cit.* : « Malheur à moi, j'ai échoué à être aussi intelligent que ce corbeau et enterrer le corps de mon frère ».

contradictoires sous ce même nom », les « deux visages inconciliables, dont l'un repousse et l'autre exalte et conseille. L'un est le Mal sans le remède de Dieu, l'autre le Bien quand Dieu a été rejeté ».[53] De même, John E. Jackson recense les diverses acceptions que Baudelaire attribue au syntagme « Satan » tels que « *mauvais anges* », « *Démon* », « *démons* », « *Démons* », etc.[54] Observer les différentes manifestations de la figure satanique dans la poésie baudelairienne nous permettra de mieux cerner la réhabilitation de l'Ange rebelle opérée par la pensée de l'écrivain. Comment se manifeste la figure de Satan chez Baudelaire et à quels Diables littéraires Baudelaire fait-il allusion ? comment le poète procède -t-il pour réhabiliter la figure de l'ange déchu ?

En fait, le poète de *Fleurs du Mal* utilise les trois plus grands modèles romantiques à savoir celui de Milton, Satan grandiose dans son abnégation et son dévouement à la cause qui le fait tomber, le Méphistophélès de Goethe, stimulant tentateur et enfin Lucifer, archange déchu et figure rebelle par excellence, qui, comme Caïn, est victime de l'iniquité divine. Le premier modèle, perverti sous la plume du poète, fait apparition dans ses journaux intimes : « je ne conçois guère un type de beauté virile où il n'y ait du malheur [...] Appuyé sur, d'autres diraient obsédé par ces idées, on conçoit qu'il me serait difficile de ne pas conclure que le plus parfait type de Beauté virile est Satan, à la manière de Milton ».[55]

Dans « Le Joueur généreux », pièce en prose parue dans *Le Figaro* en 1864 et deux ans plus tard en dans la *Revue du XIXᵉ siècle* ayant pour titre « Le Diable », l'on décèle, malgré le procédé de l'occultation onomastique, la présence de Méphisto dans la parodie du pacte conclu avec le narrateur. C'est autour de la description de la demeure souterraine du diable et de sa proposition onéreuse que s'articule l'essentiel du récit ou plutôt de la description, car le poème en prose comme genre poétique favorise l'inscription de passages descriptifs au sein de l'œuvre :

> *Afin de compenser la perte irrémédiable que vous avez faite de votre âme, je vous donne l'enjeu que vous auriez gagné si le sort avait été pour vous, c'est-à dire la possibilité de soulager et de vaincre, pendant toute votre vie, cette bizarre affection de l'Ennui, qui est la source*

---

53 Paul Bénichou, « Le Satan de Baudelaire », in *Les Fleurs du Mal* : Actes du colloque de la Sorbonne, des 10 et 11 janvier 2003, édités par André Guyaux et Bertrand Marchal, Presses de l'Université de Paris-Sorbonne, 2003, p. 15.

54 Voir John E. Jackson, *Baudelaire sans fin, Essais sur Les Fleurs du Mal*, Paris, José Corti, 2005, pp. 93–107.

55 Charles Baudelaire, « Fusées », *op.cit.*, p. 658.

de toutes vos maladies et de tous vos misérables progrès. Jamais un désir ne sera formé par vous, que je ne vous aide à le réaliser ; vous régnerez sur vos vulgaires semblables ; vous serez fourni de flatteries et même d'adorations ; l'argent, l'or, les diamants, les palais féeriques, viendront vous chercher et vous prieront de les accepter, sans que vous ayez fait un effort pour les gagner ; vous changerez de patrie et de contrée aussi souvent que votre fantaisie vous l'ordonnera ; vous vous soûlerez de voluptés, sans lassitude, dans des pays charmants où il fait toujours chaud et où les femmes sentent aussi bon que les fleurs, – et caetera, et caetera …
(Baudelaire, « Les Joueur généreux », *PPP,* 327)

Ainsi, la valorisation accordée au Diable dans ce morceau fait de lui l'incarnation d'un pouvoir absolu qui permet à l'homme d'échapper aux limites temporelles, spatiales ou toutes contraintes qui accablent sa condition. Dans une parodie de liturgie catholique, « Les Litanies de Satan », pièce contemporaine d' « Abel et Caïn »,[56] réhabilite le moi sauvage, le venge et le libère d'un impérialisme totalitaire et sectaire, celui des règles morales et sociales qui l'ont maintenu dans sa trop « *longue misère* ». Satan ne porte plus ici un masque horrible et effrayant. Baudelaire lui rend au contraire l'aspect traditionnel de l'ange de lumière avant sa chute.[57] Il est « *le plus beau des anges* » et le « *plus savant* » puisqu'il connaît les mystères de l'être.

Ô Prince de l'exil, à qui l'on a fait tort,
Et qui, vaincu, toujours te redresse plus fort,

Ô Satan, prends pitié de ma longue misère !

Toi, qui sais tout, grand roi des choses souterraines,
Guérisseur familier des angoisses humaines,

Ô Satan, prends pitié de ma longue misère !
(Baudelaire, « Les Litanies de Satan », *FM,* 124)

Assimilé au Christ, Satan devient le « *guérisseur familier* » de l'humanité. Le refrain qui scande la pièce et qui revient à chaque distique met au premier plan ce pouvoir qui « *prend* […] *pitié de* [notre] *longue misère* ». Ainsi, nous remarquons que Baudelaire transforme le masque horrifiant de l'archange indomptable en un

---

56 Voir Charles Baudelaire, *Œuvres Complètes*, tome I, *op.cit.*, p. 1083 : « Les *Litanies de Satan* sont une pièce assez ancienne. Leur titre est cité dans un recueil constitué avant ou en 1853 par un admirateur de Baudelaire ».

57 A l'origine Satan fut Lucifer, l'ange de lumière. Dans sa chute, il devient Satan l'agent du mal.

visage bienveillant. Valorisé sous la plume du poète, le Satan des « Litanies » se dissocie du « *Satan Trismégiste* »

> *Qui berce longuement notre esprit enchanté,*
> *Et le riche métal de notre volonté*
> *Est tout vaporisé par ce savant chimiste.*
> (Baudelaire, « Au Lecteur », *FM*, 5)

ou encore d' « *Hermès* » dont l'écrivain expose les forces maléfiques dans « l'Alchimie de la douleur » :

> *Hermès inconnu qui m'assistes*
> *Et qui toujours m'intimidas,*
> *Tu me rends l'égal de Midas,*
> *Le plus triste des alchimistes ;*
>
> *Par toi je change l'or en fer*
> *Et le paradis en enfer ;*
> (Baudelaire, « Alchimie de la douleur », *FM*, 77)

En revanche, dans la pièce finale de la session « Révolte », Baudelaire restitue à Hermès Trismégiste le rôle que lui attribuaient les Anciens. Dans l'Antiquité, Hermès est le dieu qui guide et protège les âmes dans leur exploration des enfers souterrains. Il détient aussi les secrets de l'alchimie, la transmutation des métaux symbolisant la transformation de l'âme au cours de l'initiation mystique. Aussi dans « Les Litanies de Satan », le poète accorde-t-il à Satan un pouvoir similaire à celui de l'Alchimiste, emphatisé par l'homonyme à la rime « *souffre* » / « *souffre* » :

> *Toi qui, pour consoler l'homme frêle qui souffre,*
> *Nous appris à mêler le salpêtre et le souffre,*
> (Baudelaire, « Les Litanies de Satan », *FM*, 125)

La jouissance sexuelle que l'écrivain assimile souvent à l'Enfer se métamorphose ici en un paradis que peuvent connaître même les « *lépreux* » et les « *parias maudits* ». Aux victimes de l'ordre moral, social ou religieux, aux forces du moi sauvage, Satan accorde aide et protection. Il satisfait magiquement les désirs de richesses, de puissance, de jouissance et de vengeance que nourrissent les opprimés face à l'injustice divine :

> *Père adoptif de ceux qu'en sa noire colère*
> *Du paradis terrestre a chassés Dieu le Père,*
>
> *Ô Satan, prends pitié de ma longue misère !*
> (Baudelaire, « Les Litanies de Satan », *FM*, 125)

Dans ce poème encore, Baudelaire attribue au Dieu céleste les caractéristiques coutumières des puissances infernales : colère, cruauté, iniquité. Le noir même, couleur des ténèbres infernales, est associé à la divinité diurne. La prière qui termine le poème inverse le signe des valeurs célestes et infernales :

> Gloire et louange à toi, Satan, dans les hauteurs
> Du Ciel, où tu régnas, et dans les profondeurs
> De l'Enfer où, vaincu, tu rêves en silence !
> Fais que mon âme un jour, sous l'Arbre de Science,
> Près de toi se repose, à l'heure où sur ton front
> Comme un Temple nouveau ses rameaux s'épandront !
> (Baudelaire, « Les Litanies de Satan », FM, 125)

Notons que l'âme du poète associe son destin à celui de Satan détrôné. Elle rêve de partager sa revanche, de reconquérir l'Eden perdu où s'épandront les rameaux de l'Arbre de Science. L'Arbre sacré est l'image de la réalité absolue, du centre cosmique par excellence. La Science qu'il confère est le suprême Savoir : il donne l'immortalité.[58]

Le savoir que Baudelaire accorde à Satan devient d'autant plus frappant dans le sonnet destiné à servir d'introduction à la seconde édition des *Fleurs du Mal* qu'il s'agit d'une « « *rhétorique* » satanique :

> Lecteur paisible et bucolique,
> Sobre et naïf homme de bien,
> Jette ce livre saturnien,
> Orgiaque et mélancolique.
>
> Si tu n'as fait ta rhétorique
> Chez Satan, le rusé doyen,
> Jette ! tu n'y comprendrais rien,
> Ou tu me croirais hystérique.
> (Baudelaire, « Epigraphe pour un livre condamné », FM, 137)

On retrouve dans ces quatrains le conflit des valeurs diurnes et des valeurs nocturnes. Au « *lecteur paisible et bucolique* », s'oppose « *le livre condamné* ». Le « *naïf et sobre homme de bien* » ne peut voir dans ce livre que l'expression d'une influence maléfique ou démoniaque, celle de Saturne, dieu du temps néfaste, ou de Satan, qui provoque la Chute ou, dans une image analogue, une manifestation d'hystérie. Inversement, ces vers expriment le dédain du poète pour le « *sobre et naïf*

---

58   Voir à ce sujet Mircea Eliade, *Traité d'histoire et des religions, op.cit.*, pp. 275–276.

homme de bien », pour l'esclave docile de la morale conventionnelle. Baudelaire
ne s'adresse, en fin de compte, qu'aux adeptes de ce culte satanique, c'est-à-dire
à l'être « *curieux* » et rebelle qui « *va* [...] *cherchant son paradis* ».[59] A ce stade de
notre analyse, nous pouvons constater que l'image assimilée à la figure de Satan
chez le poète contribue, avant tout, à faire de lui l'emblème de la révolte comme
le confirme d'ailleurs Antoine Adam sans son édition des *Fleurs du Mal* où il écrit
que Satan est perçu, dans plusieurs poèmes en vers, comme un « inspirateur de la
Révolution ».[60]

D'autres attributs de la figure satanique viennent compléter le processus de la
transvalorisation opérée par la pensée de l'écrivain. Ainsi, dans « Les Tentations
ou Eros, Plutus et la Gloire », l'apparence physique des deux Satans et de la Diablesse, au centre d'une constellation où se mêlent les valeurs diurnes et nocturnes,
et devient la marque même de leur domination

> *Deux superbes Satans et une Diablesse,* [...] *sont venus se poser glorieusement devant moi,*
> [...]. *Une splendeur sulfureuse émanait de ces trois personnages, qui se détachaient ainsi du
> fond opaque de la nuit. Ils avaient l'air si fier et si plein de domination, que je les pris d'abord
> tous les trois pour des vrais Dieux.*
> (Baudelaire, « Les Tentations ou Eros, Plutus et La Gloire », *PPP,* 307–308)

Dans cette pièce en prose que Baudelaire se proposait d'abord de traiter en vers
et où se reflète sa « soif diabolique de jouissance, de gloire et de puissance »[61]
comme il indique dans sa lettre envoyée à sa mère le 4 novembre 1856, l'écrivain
peint le portrait de trois figures infernales qui prennent au début de la pièce un
aspect fascinant qui trouve son sens à travers les images de la splendeur lumineuse, la souveraineté et la divinité. Le premier Satan, qui n'est autre qu'Eros,
apparaît sous la forme féminoïde des anciens Bacchus. Par ses « *beaux yeux lan-
guissants, d'une couleur ténébreuse et indécise, ressemblaient à des violettes chargées
encore des lourds pleurs de l'orage* » et ses lèvres qui « *exhal* [aient] *la bonne odeur
d'une parfumerie* », cette figure est l'incarnation parfaite du Satan romantique.
L'invitation qu'il propose au sujet, orchestrée par l'ivresse contagieuse de son
« *violon* », renvoie au rêve d'un au-delà de la différenciation sexuelle : la fusion de

---

59 Charles Baudelaire, « Epigraphe pour un livre condamné », *Les Fleurs du Mal*, tome I,
    p. 137.
60 Charles Baudelaire, *Les Fleurs du Mal*, édition présentée et annotée par Antoine Adam,
    op.cit., p. 424.
61 Charles Baudelaire, *Correspondance*, tome I, lettre à sa mère datée du 4 novembre 1856,
    p. 360.

son âme avec celles d'autrui est la parfaite incarnation du mythe de l'Androgyne romantique.

> *Il me regarda avec ses yeux […] d'où s'écoulait une insidieuse ivresse, et il me dit d'une voix chantante : « Si tu veux, si tu veux, je te ferai le seigneur des âmes, et tu seras le maître de la matière vivante, plus encore que le sculpteur peut l'être de l'argile ; et tu connaîtras le plaisir, sans cesse renaissant, de sortir de toi-même pour t'oublier dans autrui, et d'attirer les autres âmes jusqu'à les confondre avec la tienne. »*
> (Baudelaire, « Les Tentations ou Eros, Plutus et La Gloire », *PPP*, 308)

La puissance du second Satan, Plutus, consiste dans l'immensité de ses formes qui l'assimile plutôt à une créature gigantesque. « *Homme vaste* » au « *gros visage sans yeux* », ses jouissances de gourmand se laissent lire dans l'imagerie de sa lourde bedaine de bourgeois, tatouée des mille détresses sur lesquelles sa richesse s'est minutieusement édifiée ainsi que dans le champ lexical de la monstruosité qui trouve son ampleur dans le syntagme « *énorme rire* », qui évoque le rire satanique de Melmoth.[62]

> *Le **gros** Satan tapait avec son poing sur **son immense ventre**, d'où sortait alors un long et retentissant cliquetis de métal, qui se terminaient en un vague de gémissement fait de nombreuses voix humaines. Et il riait, en montrant impudemment ses dents gâtées, d'un **énorme** rire imbécile, comme certains hommes de tous les pays quand ils ont trop bien dîné.*
> (Baudelaire, « Les Tentations ou Eros, Plutus et La Gloire », *PPP*, 310)

Quant à la Diablesse prénommée la Gloire, elle possède la force fascinatrice et la magie pénétrante de la féminité, mais sa beauté a quelque chose d'équivoque. La tonalité de sa voix qui évoque « *le souvenir des contralti les plus délicieux et aussi un peu de l'enrouement des gosiers incessamment lavés par l'eau-de-vie* » fait accentuer son charme bizarre, qui revêt à la fois, comme l'observe Henri Lemaître « l'apparence prestigieuse de la cantatrice et l'apparence sordide de l'ivrognesse ».[63] L'aspect énigmatique et ambivalent de cette diablesse participe de l'abdication de l'homme pour la figure satanique chez l'écrivain. C'est sur cette soumission de l'être au pouvoir satanique, qui n'est pas sans rappeler l'aventure faustienne, que l'écrivain clôt ce rêve. La fin du poème qui coïncide avec le moment du réveil précipite en effet le sujet des hauteurs du rêve vers le gouffre des supplications où la faiblesse de

---

62   Voir Charles Baudelaire, « De l'essence du rire », *critique d'art, op.cit.*, p. 534 : « […] le rire terrible de Melmoth […] se croyant toujours près de se débarrasser de son pacte infernal ».
63   Charles Baudelaire, *Petits Poèmes en prose*, édition d'Henri Lemaître, Paris, Classiques Garnier, 1958, p. 104.

l'homme souligne encore une fois sa dépendance à ces figures sataniques et prend la forme d'un remord assez frappant :

> *Et je les invoquai à haute voix, les suppliant de me pardonner, leur offrant de me déshonorer aussi souvent qu'il le faudrait pour mériter leurs faveurs ; mais je les avais sans doute forte-ment offensés, car ils ne sont jamais revenus.*
> (Baudelaire, « Les Tentations ou Eros, Plutus et La Gloire », *PPP*, 310)

Dans d'autres textes de notre corpus, l'ambiguïté du satanisme baudelairien est d'autant plus saisissante qu'elle bascule de la grandeur et la beauté miltoniennes dans la perversité inspirée par Edgar Allan Poe. On en trouve un bel exemple dans « Le Mauvais vitrier » des *Petits Poèmes en prose*, qui casse inopinément et méchamment les vitres sous l'effet d'une impulsion absurde et mystérieuse qui « [...] *nous autorise [...] à croire que des Démons malicieux se glissent en nous et nous font accomplir à notre insu, leurs plus absurdes volontés* ».[64] Cette « *humeur hystérique* » attend son paroxysme à la fin de la pièce à travers une réflexion que le poète donne sur l'essence satanique de cette impulsion : « *Ces plaisanteries nerveuses ne sont pas sans péril et on peut souvent les payer cher. Mais qu'importe l'éternité de la damnation à qui a trouvé dans une seconde l'infini de la jouissance ?* ».[65] Ainsi, et à la lumière de cet extrait, nous pouvons avancer que le Satan de Milton cède ici la place au Démon de la perversité de Poe.[66]

Cette perversité se rencontre dans la pièce CIX des *Fleurs du Mal*. Dans ce quatorzain paru le 1ᵉʳ juin 1855 dans la *Revue des Deux Mondes*, se condensent les appâts maléfiques tendus par Satan pour faire tomber l'homme dans ses pièges. Sa puissance omniprésente prend la forme d'une essence maléfique qui agit sur les éléments de la Nature. Ainsi, l'air que respire le poète dans cette pièce est chargé d'une véritable matière de destruction puisqu'il agit comme un « *philtre infâme* » :

> *Sans cesse à mes côtés s'agite le Démon ;*
> *Il nage autour de moi comme un air impalpable ;*
> *Je l'avale et le sens qui brûle mon poumon*
> *Et l'emplit d'un désir éternel et coupable.*
> (Baudelaire, « La Destruction », *FM*, 111)

---

64 Charles Baudelaire, « Le Mauvais Vitrier », *op.cit.*, p. 286.

65 *Ibid.*, p. 287.

66 Voir à ce sujet Max Milner, *Le Diable dans la littérature française de Cazotte à Baudelaire*, tome II, p. 459 : « Il semble que Poe ait fourni [à Baudelaire], magnifiquement formulée, cette notion d'une perversité gratuite, d'un amour du mal pour le mal, qui n'était pas clairement impliquée dans la tradition du péché originel ».

Plus loin dans la pièce, le démon détourne à son profit le « *grand amour de l'Art* » qu'éprouve le poète et qui traduit son aspiration passionnée à la perfection idéale : « *La forme de la plus séduisante des femmes* » devrait conduire l'écrivain conformément à la doctrine des Correspondances célestes vers la source originelle de cette beauté. Or c'est le mouvement inverse qui semble prendre le relais : l'amour n'élève pas l'homme au-dessus de sa condition. Au contraire, les voluptés érotiques le laissent « *haletant et brisé de fatigue* » dans un lieu de solitude, privé de la protection divine et où l'on trouve

> *Des vêtements souillés, des blessures ouvertes,*
> *Et l'appareil sanglant de la Destruction !*
> (Baudelaire, « La Destruction », *FM*, 111)

Ainsi se conjugue, dans un satanisme qui mobilise rêverie et beauté, le plaisir simultané de détruire et de séduire, qui n'est pas sans rappeler la contradiction célèbre du dualisme baudelairien : « Il y a en tout homme à toute heure, deux postulations simultanées, l'une vers Dieu, l'autre vers Satan. L'invocation à Dieu ou spiritualité est un désir de monter en garde, celle de Satan ou animalité est une joie de descendre ».[67] Or le Lucifer baudelairien, à la différence du Satan romantique, ne remonte pas du gouffre, il reste dans les profondeurs infernales du « *Styx bourbeux* » comme il en est dit dans le morceau en vers « L'irrémédiable » :

> *Une Idée, une Forme, un Être,*
> *Parti de l'azur et tombé*
> *Dans un Styx bourbeux et plombé*
> *Où nul œil du Ciel ne pénètre ;*
>
> *Un Ange, imprudent voyageur*
> *Qu'a tenté l'amour du difforme,*
> *Au fond d'un cauchemar énorme*
> *Se débattant comme un nageur,*
> (Baudelaire, « L'Irrémédiable », *FM*, 79)

Mais dans son séjour abyssal, l'ange n'est pas seul. L'être humain présenté à travers ces attributs rationnels au v. 1 participe de cette imagerie de la Chute. Mais de quel péché l'être est-il coupable ? Il vit dans l'univers de la Chute, tel l'ange déchu, mais il n'en est pas responsable. Le Créateur n'est-il pas à la fois l'auteur et la victime du Mal ? « En d'autres termes, la création ne serait-elle pas la chute de Dieu ? »[68] comme le souligne Baudelaire dans ses *Journaux intimes* ?

---

67 Charles Baudelaire, « Mon cœur mis à nu », *op.cit.*, p. 691.
68 *Ibid.*, p. 688.

Ainsi Dieu n'est-il pas un être capricieux qui a plongé des créatures innocentes dans une chute imméritée ? N'a-t-il pas condamné l'homme à demeurer dans l'état d'insatisfaction ? Si tel est le cas, n'est-ce pas vers Dieu que l'homme devrait lancer les malédictions dont il accable Satan ? La providence divine n'est-elle pas en réalité d'essence diabolique ? Baudelaire s'interroge sur cette question :

> Y a -t-il donc une Providence diabolique qui prépare le malheur dès le berceau ? Tel homme, dont le talent sombre et désolé vous fait peur, a été jeté avec *préméditation* dans un milieu qui lui était hostile. [...] Le cauchemar des *Ténèbres* enveloppera-t-il toujours ces âmes d'élite ? En vain elles se défendent, elles prennent toutes leurs précautions, elles perfectionnent la prudence. Bouchons toutes les issues, fermons la porte à double tour, calfeutrons les fenêtres.[69] Oh ! nous avons oublié le trou de la serrure ; le Diable est déjà entré.
>
> (Baudelaire, « Etudes sur Poe », OC II, 250)

Si une telle Providence était l'œuvre de Dieu, c'est Dieu qui serait le Diable, et la révolte légitime. D'ailleurs, il importe de souligner que dans plusieurs textes de Baudelaire, se répondent en écho les imageries divines et les imageries infernales : Aux « Correspondances »[70] divines, les « *correspondances* » infernales d' « Horreur sympathique ».[71] Au « [...] *phare allumé sur mille citadelles* »,[72] le « *phare ironique, infernal* » de « l'Irrémédiable »,[73] au « Flambeau vivant »,[74] le « *flambeau des grâces sataniques* ».[75] Ainsi nous pouvons croire en l'analyse de Pierre Emmanuel : « Satan c'est le damné dans sa ressemblance parfaite à Dieu, ou alternativement, l'image de Dieu dans l'esprit absolument privé de Dieu ».[76]

Au terme de ce chapitre, nous pouvons avancer cette conclusion sur la signification de la figure satanique chez Baudelaire. Au lieu d'être son ennemi, la figure de Satan apparaît souvent au poète comme un frère de misère, voué, comme lui par une divinité féroce et tyrannique à un destin de souffrance. En d'autres termes, Satan peut garder son attrait aux yeux du poète tout en retenant son aspect maléfique. Par la fascination qu'il exerce sur l'écrivain, le péché est réhabilité sous sa plume et devient même un des moteurs qui anime les âmes avides de vengeance.

---

69   Une image semblable se trouve dans Charles Baudelaire, « L'irréparable » *op.cit.*, p. 55 : « *Le diable a tout éteint aux carreaux de l'Auberge* ».

70   Charles Baudelaire, « Correspondances », *op.cit*, p. 11.

71   Charles Baudelaire, « Horreur sympathique », *op.cit*, p. 77.

72   Charles Baudelaire, « Phares », *op.cit*, p. 14.

73   Charles Baudelaire, « L'Irrémédiable », *op.cit*, p. 80.

74   Charles Baudelaire, « Flambeau vivant », *op.cit*, p. 43.

75   Charles Baudelaire, « L'Irrémédiable », *op.cit.*, p. 80.

76   Pierre Emmanuel, *Baudelaire, la femme et Dieu*, Paris, Editions du Seuil, 1982, p. 107.

Mythologie de la mort

> *Vous voudriez percer le secret de la mort*
> *Mais comment y parvenir sans aller le chercher au cœur de la vie ?*
> —GIBRAN KHALIL GIBRAN, *LE PROPHÈTE*

L'univers mythique de la mort chez Baudelaire s'inscrit dans une catégorie méta-physique si l'on se réfère à la classification établie par Michel Guiomar dans son étude sur les *Principes d'une esthétique de la Mort*. En effet, la mythologie de la mort chez le poète revêt deux aspects distincts : un premier, *infernal*, « choix méta-physique de la Mort et du Mal [...], dominé par le Diabolique »[1] et présenté dans notre corpus, à travers les figures de la Mère terrible et de la Vierge profanée, et un deuxième *apocalyptique* qui, « révélation lumineuse de l'Au-delà de la Mort »,[2] trouve sa cristallisation parfaite chez le poète dans l'*Odyssée* de la mort.

La Mère terrible et la Vierge profanée

C'est dans une pièce à tonalité biblique de la section « Spleen et Idéal » dont le titre représente pour J. D. Hubert un « travestissement de l'Annonciation et de

---

1   Michel Guiomar, *Principes d'une esthétique de la Mort*, Paris, José Corti, 1967, p. 144.
2   *Ibid.*

l'Immaculée conception »[3] qu'affleure le portrait de la mère terrible dans *Les Fleurs du Mal*. Publié le 1ᵉʳ juin 1855 dans *La Revue de deux mondes*, « Bénédiction » établit un parallélisme entre la naissance du poète et celle de Jésus et s'entoure d'une atmosphère surnaturelle. Cette naissance est l'effet d'un « *décret des puissances suprêmes* » : c'est Dieu lui-même qui a décidé que « *le Poète appar*[aîtrait] *en ce monde ennuyé* », tout comme il envoya son divin fils. Le poète devient alors un avatar du dieu sacrifié pour assurer le salut des hommes. Il a une mission sotériologique : il doit délivrer l'humanité du péché suprême de l'Ennui.

Or, l'attitude de la mère est à l'opposé de celle de la Vierge : elle ne se sent pas bénie « *entre toutes les femmes* ». Son « *triste mari* », quant à lui, n'accueille pas non plus cette naissance avec le respect et la joie que manifesta Saint Joseph en de semblables circonstances. La colère de cette mère terrible, chargée de porter et d'enfanter, est telle qu'elle ne sait pas distinguer les deux opérations. Elle emploie l'expression « *mettre bas* » qui ne convient qu'aux animaux pour exprimer l'acte d'enfantement et confond la reproduction des ophidiens avec celles des mammifères[4] :

> *Ah ! que n'ai-je mis bas tout un nœud de vipères,*
> *Plutôt que de nourrir cette dérision !*
> *Maudite soit la nuit aux plaisirs éphémères*
> *Où mon ventre a conçu mon expiation !*
> (Baudelaire, « Bénédiction », *FM*, 7)

Fruit de ses entrailles, le poète est maudit par cette mère : il constitue pour elle « *l'instrument maudit* » des méchancetés divines. Un « *monstre rabougri* » auquel elle préférerait un « *nœud de vipères* ». Ainsi, la conception du poète, ici, n'a eu rien d'immaculé car il est né d'une « *nuit aux plaisirs éphémères* » et sa naissance est l'expiation de la joie charnelle. Au lieu d'assurer la rédemption des hommes, sa conception fera leur damnation. L'Humanité ne le suivra pas dans son élévation vers « *les puissances suprêmes* ». Au contraire, elle tentera de le maintenir dans les régions inférieures. J. D. Hubert attire l'attention sur le mouvement de descente suggéré par les actions de « *rejeter dans les flammes* », de tordre « *l'arbre misérable* »[5] pratiquées par cette mère épouvantable :

> « *Je ferai rejaillir ta haine qui m'accable*
> *Sur l'instrument maudit de tes méchancetés,*
> *Et je tordrai si bien cet arbre misérable,*
> *Qu'il ne pourra pousser ses boutons empestés !* »
> (Baudelaire, « Bénédiction », *FM*, 7)

---

3   J. D. Hubert, *L'Esthétique des Fleurs du Mal, op.cit.*, p. 222.

4   Voir Charles Baudelaire, « Sépulture », *op.cit.*, p. 69 où se reproduit la même imagerie de l'enfantement : « *L'araignée y fera ses toiles, / Et la vipère ses petits* ».

5   J. D. Hubert, *L'Esthétique des Fleurs du Mal, op.cit.*, p. 223.

Comparée à une « *mer écumante* », cette mère sera condamnée à subir elle-même le destin qu'elle a voulu faire subir à son fils : elle sombrera « *au fond de la géhenne* » où elle connaîtra « *les bûchers consacrés aux crimes maternels* ».[6] La suite du poème reprend le parallèle entre le poète et le Christ. La jeunesse de « *l'Enfant* », dont la nature sacrée est soulignée par la majuscule (v. 21), se passe comme celle d'un héros mythique sous la tutelle d'un être surnaturel. Le poète a pour guide invisible un Ange et « *s'enivre de soleil* », image traditionnelle de la perfection spirituelle. « *Dans tout ce qu'il boit et dans tout ce qu'il mange* », il retrouve la nourriture des dieux, « *l'ambroisie et le nectar vermeil* ».[7] Mais cette enfance heureuse est en réalité un « *pèlerinage* », l'étape initial du « *chemin de la croix* ». La litote au v. 26 montre qu'il s'enivre d'une montée au calvaire et non d'une ascension, durant laquelle il va connaître les épreuves réservées au dieu sacrificiel. Cette idée trouve son écho dans une autre pièce en vers. Dès lors, on songe au « Châtiment de l'orgueil » :

> « *Jésus, petit Jésus ! je t'ai poussé bien haut !*
> *Mais, si j'avais voulu t'attaquer au défaut*
> *De l'armure, ta honte égalerait ta gloire,*
> *Et tu ne seras plus qu'un fœtus dérisoire !* »
> (Baudelaire, « Châtiment de l'orgueil », *FM*, 20)

Figure dominante dans la pièce, la mère terrible surgit à nouveau sous les traits de l'épouse à la strophe 10. Si la foule avait peur de l'apparition du Christ au v. 28, celle-ci au contraire a toutes les audaces d'une prostituée :

> *Sa femme va craint sur les places publiques :*
> « *Puisqu'il me trouve assez belle pour m'adorer,*
> *Je ferai le métier des idoles antiques,*
> (Baudelaire, « Bénédiction », *FM*, 8)

Baudelaire procède, encore une fois, au renversement de la figure biblique : si la Mère terrible est l'incarnation profane de la Vierge, cette épouse-prostituée est le portrait renversé de la pécheresse biblique qui lavait de ses pleurs les pieds de Jésus et les essuyait de sa chevelure. Ainsi, il importe d'observer que la femme du poète inverse les rôles. Comme les catins antiques, elle veut « *se dorer* » pour être « *adorée* » et se soûler de tous les « *hommages* » réservés traditionnellement à la divinité :

> « *Et je me soûlerai de nard, d'encens, de myrrhe,*
> *De génuflexions, de viandes et de vins,*
> *Pour savoir si je puis dans un cœur qui m'admire*
> *Usurper en riant les hommages divins !*
> (Baudelaire, « Bénédiction », *FM*, 8)

---

6 Charles Baudelaire, « Bénédiction », *op.cit.*, p. 7.
7 *Ibid.*

Il est une autre image qui souligne l'atrocité de cette épouse qui fait pendant à celle de la mère. Contrairement aux tortures que lui font subir les autres hommes,[8] celles que la prostituée inflige au Christ ne fait que renvoyer au poète le sadisme de certains poèmes mettant au premier plan l'imagerie de la femme tortionnaire et meurtrière :

> —*Ta main se glisse en vain sur mon sein qui se pâme ;*
> *Ce qu'elle cherche, amie, est un lieu saccagé*
> *Par la griffe et le dent féroce de la femme.*
> *Ne cherchez plus mon cœur ; les bêtes l'ont mangé.*
> (Baudelaire, « Causerie », *FM*, 56)

De même dans « Bénédiction », la femme assassine veut usurper dans le cœur du Poète la place du Dieu authentique. Par ces « *farces impies* », elle se transforme en une créature infernale. Lorsque de ses ongles, « pareils aux ongles des harpies », elle projette d'ouvrir la poitrine du Poète pour lui arracher le cœur, elle accomplit un acte analogue à celui de la déesse lunaire. Or, nous remarquons que tout comme le mythe d'Artémis, le destinataire du cœur est une bête dévorante. Dans une version du mythe, Artémis divinité féminine, nocturne et lunaire fit aussi dévorer Actéon par ses chiens.

Aussitôt pourrions-nous résumer que la figure de la mère dans ce morceau est placé sous l'égide des hostilités nocturnes. Figure maléfique, elle donne la mort au lieu de donner la vie, renverse les valeurs optimales des figures bibliques telles que la vierge et la pécheresse de Naïm et participe, alors, de l'instauration d'un climat profane et lugubre.

« La Corde », pièce en prose publiée dans le 7 février 1864, semble avoir pour figure centrale la Mère terrible. En effet, c'est loin de ses parents que l'enfant a trouvé le paradis. Son goût immodéré pour le sucre et les liqueurs peut avoir pour cause profonde la nostalgie d'une douceur maternelle qui lui a toujours été refusée. Ne cherche-t-il pas à remplacer par l'euphorie de la gourmandise et de l'ivresse les délices de l'intimité tendre auxquels il n'a jamais goûtés ? « *Cet enfant, débarbouillé, devint charmant, et la vie qu'il menait chez moi lui semblait un paradis, comparativement à celle qu'il aurait subie dans le taudis paternel* »[9] rapporte le narrateur de ce « conte cruel ».[10] Or, c'est la menace d'être renvoyé à ses parents qui l'a poussé à

---

8 « *Tous ceux qu'il veut aimer l'observe avec crainte, / Ou bien, s'enhardissant de sa tranquillité, / Cherchent à qui saura lui tirer une plainte, Et font sur lui l'essai de leur férocité.* », Charles Baudelaire, « Bénédiction », *op.cit.*, p. 8.

9 Charles Baudelaire, « La Corde », *Petits Poèmes en prose*, tome I, p. 329.

10 Charles Baudelaire, *Petits Poèmes en prose*, édition de Robert Kopp, Paris Gallimard, 2000, p. 117.

se pendre. À la nouvelle de sa mort,[11] la mère demeure impassible et ne verse pas une larme. Les seules marques d'intérêt qu'elle manifeste sont provoquées par la cupidité : elle fera commerce de la corde qui a servi d'instrument au suicide de son enfant. La réflexion que le peintre expose au début de la pièce nous aide à comprendre combien cette mère se dissocie des femmes dévouées et la classe parmi celles des créatures terribles et bizarres :

> *S'il existe un phénomène évident, trivial, toujours semblable, et d'une nature à laquelle il soit impossible de se tromper, c'est l'amour maternel. Il est aussi difficile de supposer une mère sans amour maternel qu'une lumière sans chaleur ; n'est-il pas donc légitime d'attribuer à l'amour maternel toutes les actions et les paroles d'une mère, relatives à son enfant ? Et cependant écoutez cette petite histoire, où j'ai été singulièrement mystifié par l'illusion la plus naturelle.*
> (Baudelaire, « La Corde », *PPP*, 328)

Mais à cet amour maternel désigné par un lexique simple « *évident et trivial* » se substitue le goût du bizarre et de l'insolite qui favorise l'ancrage la figure de la mère impassible dans le texte. En effet, plusieurs indices font de cette pièce un récit à la coloration fantastique rappelant donc les contes de Poe qui correspond bien au portrait de la femme terrible. Citons par exemple : la vision hallucinatoire du petit cadavre avec ses « *yeux tout grands ouverts avec une fixité effrayante* » et dont « *le fantôme* » après sa mort, revient hanter le poète de « *ses yeux fixes* » ou encore le réel dénié par le peintre qui se manifeste par les modèles qu'a fait subir à l'enfant :

> *Il a posé plus d'une fois pour moi, et je l'ai transformé tantôt en petit bohémien, tantôt en ange, tantôt en Amour mythologique. Je lui ai fait porter le violon du vagabond, la Couronne d'Épines et les Clous de la Passion, et la Torche d'Éros.*
> (Baudelaire, « La Corde », *PPP*, 329)

Bohémien, ange, Cupidon, Christ aux outrages, le petit enfant a servi de plusieurs modèles. Pourtant, c'est la couronne des « *Clous de la Passion* » qui semble annoncer cette tragédie personnelle puisqu'elle l'identifie à la figure christique et donne à sa souffrance une dimension universelle. Mais ce qui importe à nos yeux, c'est l'inscription de la mère terrible dans cette évocation fantastique. En effet, la réclamation qu'elle fait pour la « *ficelle fort mince qui était entrée profondément dans les chairs* » et qu'il faut « *avec de minces ciseaux* », aller chercher « *entre les deux bourrelets de l'enflure* » mérite toute notre attention : la mère commande uniquement cette « *corde* », instrument fantastique de la mort, elle ne s'intéresse pas aux tableaux du peintre. Cette

---

11   Il faut rappeler que ce morceau qui relate un fait-divers à savoir le suicide du petit Alexandre, modèle de Manet pour « L'Enfant aux cerises » ou l'estampe « Le Garçon et le chien », retrouvé pendu dans l'atelier du maître, peut-être durant l'été 1860.

idée concourt à faire de cette figure féminine à l'instinct meurtrier un obstacle à la création artistique, une « *vierge inféconde* » qui entrave l'accouchement de l'art.

Les réseaux thématiques de cette image de la femme stérile dont les différentes facettes sont présentées par la vierge inféconde ou encore par la Madone hostile parcourent la poésie de Baudelaire. Dans la pièce éponyme des *Fleurs du Mal*, l'allégorie n'est autre qu'une figure de la prostitution sacrée,[12] une « *vierge inféconde* » qui n'est pas sans rappeler la vierge profanée de « Bénédiction » :

> *Elle croit, elle sait, cette vierge inféconde*
> *Et pourtant nécessaire à la marche du monde,*
> *Que la beauté du corps est un sublime don*
> *Qui de toute infamie arrache le pardon.*
> (Baudelaire, « Allégorie », *FM*, 116)

L'allusion au récit mythique de Phryné, comme le note Robert Benoît Chérix[13] à propos de la source des deux derniers vers de ce quatrain, met le motif de la prostitution au premier plan. Selon l'histoire, la célèbre courtisane Phryné était jugée pour impiété. Au cours de sa plaidoirie, son avocat, le célèbre orateur Hypéride, dénuda la gorge de sa cliente pour en faire admirer la beauté. Aussi, dans la pièce LVII de la Section « Spleen et Idéal », la Madone est-elle une figure de la féminité redoutable. C'est une « *mortelle Madone* », non seulement parce qu'elle est une femme divinisée par l'amour du poète, mais parce qu'elle peut lui infliger les souffrances les plus cruelles et les plus irrémédiables. « *Volupté noire* […] *des sept péchés capitaux* », elle possède les attributs des déesses nocturnes bien connues de la mythologie comme Artémis, Hécate et Perséphone,[14] à savoir « *la lune d'argent* » et le « *Serpent* » qui torture le poète :

> *Si je ne puis, malgré tout mon art diligent,*
> *Pour Marchepied tailler une Lune d'argent,*
> *Je mettrai le Serpent qui me mord mes entrailles,*
> *Sous tes talons afin que tu foules et railles,*
> (Baudelaire, « À une Madone », *FM*, 58)

L'enchantement mortifère ou L'Odyssée de la Mort

Dès l'épopée homérique aux poètes latins, le mythe de Circé n'a cessé d'alimenter la littérature du XIXe siècle et donne lieu à des interprétations multiples. C'est le

---

12 Charles Baudelaire, *Les Fleurs du Mal*. édition d'Antoine Adam, *op.cit.*, p. 134–135.
13 Robert Benoît Chérix, *commente les Fleurs du Mal*, *op.cit.*, p. 412–413.
14 Mircea Eliade, *Traité d'histoire de religions*, *op.cit.*, p. 149–150.

mythème de l'enchantement qui semble imprégner la poésie de Baudelaire. Dès le vers 12 du poème « Le Voyage » émerge la figure de Circé : « *La Circé tyrannique aux dangereux parfums* »[15] dont certains voyageurs fuient les charmes « *pour n'être pas changés en bête* »[16] à l'instar des compagnons d'Ulysse, au chant X de l'Odyssée. À la fin de la pièce la référence odysséenne se fait plus insistante et participe de la mythologie de la mort chez le poète.

« Le Voyage » ne faisait pas partie de l'édition originale. Ce n'est que deux ans après la parution des *Fleurs du Mal* et le procès conséctif que le poème fut imprimé pour la première fois, en février 1859, à Honfleur, sous la forme d'un placard adressé à quelques amis. Il fut publié le 10 avril suivant dans *La Revue française* et devient la pièce CXXVI et finale du recueil dans l'édition de 1861. Composé probablement au début de l'année 1859, au cours du séjour que Baudelaire a fait auprès de sa mère dans le port normand, il avait été envoyé à Barbey d'Aurevilly, avec « l'Albatros », dans une lettre à laquelle Barbey répondit le 4 février. Le même jour Baudelaire l'avait adressé, sous un autre titre « Les Voyageurs » à son éditeur Poulet-Malassis, en lui présentant le poème comme une « nouvelle fleur ». Près de trois semaines plus tard, le 23, il expédia un manuscrit du « Voyage » au dédicataire officiel du poème, le chantre du progrès et grand voyageur Maxime Du Camp.[17]

L'édition de 1857 des *Fleurs du Mal* s'achevait, sur une section intitulée « La Mort ». Ce thème de prédilection chez l'écrivain y était présent dans trois sonnets : « La Mort des amants », « La Mort des pauvres » et « La Mort des artistes ». À ce corpus, Baudelaire ajoute dans l'édition de 1861 trois nouvelles variations sur la mort : deux autres sonnets : « La Fin de la journée » et « Le Rêve d'un curieux » ainsi que « Le Voyage », composé quant à lui de trente-six quatrains d'alexandrins à rimes croisées.

Du premier recueil au second, la tonalité de la dernière section a sensiblement changé. Une certaine euphémisation de la mort se dégageait du triptyque initial : « La Mort des amants » réunit ceux qui s'aiment dans l'éternité,[18] « La Mort des pauvres » soulage les souffrances d'une vie de labeur,[19] « La Mort des artistes » permet aux amoureux d'avoir enfin accès à l'idéal de beauté auquel ils ont tendu

---

15 Charles Baudelaire, « Le Voyage », *op.cit.*, p. 130.

16 *Ibid.*, p. 131.

17 Chronologie établie par Claude Pichois dans son édition des *Fleurs du Mal*, tome I, *op.cit.*, pp. 1096–1097.

18 Charles Baudelaire, « La Mort des amants », *Les Fleurs du Mal*, tome I, p. 126 : « *Nos deux cœurs serons deux vastes flambeaux, / Qui réfléchiront leurs doubles lumières / dans nos deux esprits, ces miroirs jumeaux.* »

19 Charles Baudelaire, « La Mort des pauvres », *Les Fleurs du Mal*, tome I, p. 126 : « *C'est la Mort qui console, hélas ! et qui fait vivre ; / c'est le but de la vie, et c'est le seul espoir* ».

toute leur vie.[20] C'est donc sous l'angle apaisant du dénouement que le poète, au terme du parcours douloureux exposé dans *Les Fleurs du Mal*, envisageait l'entrée dans l'au-delà en 1857.

En 1861, la note est plus sombre. « La Fin de la journée », en reprenant le thème de l'association du trépas au sommeil quotidien, place la mort sous le signe un peu terne du repos et de l'oubli. « Le Rêve d'un curieux » établit le poète dans une attente où la curiosité le dispute à l'angoisse, mais l'excitation retombe une fois que « *le rideau* » a été levé, et le « spectacle » désiré se change en « *la vérité froide* » du néant :

> *J'étais comme l'enfant avide du spectacle,*
> *Haïssant le rideau comme on hait un obstacle*
> *Enfin la vérité froide se révéla :*
>
> *J'étais mort sans surprise, et la terrible aurore*
> *M'enveloppait.- Eh, quoi ! n'est-ce donc que cela ?*
> *La toile était levée et j'attendais encore*
> (Baudelaire, « Le Rêve d'un curieux », *FM*, 129)

Quant au « Voyage », c'est sur l'existence qu'il jette un voile d'ombre, en contrepartie, le poème propose de considérer la fin de la vie autrement : la mort y revêt à la fin l'aspect d'un périple libérateur, un voyage sans retour sous-tendu par un désir ardent de connaissance :

> *Ô Mort, vieux capitaine, il est temps ! Levons l'ancre !*
> *Ce pays nous ennuie, Ô Mort ! Appareillons !*
> [...]
> *Verse-nous ton poison pour qu'il nous réconforte !*
> *Nous voulons, tant ce feu nous brûle le cerveau,*
> *Plonger au fond du gouffre, Enfer ou Ciel qu'importe ?*
> *Au fond de l'Inconnu pour trouver du nouveau !*
> (Baudelaire, « Le Voyage », *FM*, 134)

Mais il importe de souligner que ce périple ultime ne se place pas sur le même plan que les voyages précédents qui composent la pièce. Après l'errance, pour ainsi dire horizontale, à la surface de la planète, vient le temps décisif d'un voyage vertical, chute vertigineuse et irréversible dans « *le gouffre* » de la mort, qui forme en même temps la chute du poème, et la chute du recueil.

---

20 Charles Baudelaire, « La Mort des artistes », *Les Fleurs du Mal*, tome I, p. 127 : « *Et ces sculpteurs damnés et marqués d'un affront /* [...] *N'ont qu'un espoir, étrange et sombre Capitole ! / C'est que la Mort, planant comme un soleil nouveau, / Fera s'épanouir les fleurs de leur cerveau !* ».

La mise en image de la mort ne sera pas le propre fruit de la pensée de l'écrivain si celui-ci s'est contenté de poursuivre sur le même registre, en déplaçant seulement le périple sur la « *Mer des Ténèbres* » (v. 125) simple transposition du *Mare Tenebraum* de Poe. En revanche, c'est la combinaison de plusieurs éléments qui permet de considérer ce texte sous l'angle de la mythologie de la mort : mouvement vertical de l'imaginaire marin, d'une part, mais aussi le surgissement de plusieurs éléments mythiques :

> *Nous nous embarquerons sur la mer des Ténèbres*
> *Avec le cœur joyeux d'un jeune passager.*
> *Entendez-vous ces voix, charmantes et funèbres,*
> *Qui chantent : « Par ici ! vous qui voulez manger*
>
> « *Le Lotus parfumé ! c'est ici qu'on vendange*
> *Les fruits miraculeux dont votre cœur a faim,*
> *Venez vous enivrer de la douceur étrange*
> *De cette après-midi qui n'a jamais de fin ?* »
> (Baudelaire, « Le Voyage », *FM*, 133)

C'est à la faveur de quelques allusions odysséennes que s'opère le passage de l'horizontalité close à la verticalité posthume. L'analogie thématique qu'il faudrait esquisser entre « Le Voyage » et *L'Odyssée*, la grande épopée marine de l'Antiquité, se cristallise à travers l'émergence des deux figures mythiques qui sont sollicitées par Baudelaire et qui méritent d'être soulignées ici.

La plus explicite de ces figures est celle des Lotophages. Elle est amenée directement par l'évocation du « *Lotus parfumé* ». Au chant IX de l'Odyssée, Ulysse et ses hommes sont emportés par une tempête sous une étrange latitude. Là, il reçoivent un accueil bienveillant de la part des Lotophages. Comme leur nom l'indique, ces « mangeurs de Lotos » se caractérisent essentiellement par leur régime alimentaire, tout à fait exotique. Ce peuple, explique Homère, a pour nourriture une fleur : le *lotos*. Or cette nourriture mystérieuse a une propriété magique : telle une drogue, elle permet à ceux que le consomment d'oublier les peines de l'existence. Parce qu'ils ont goûté au *lotos*, certains compagnons d'Ulysse oublient ainsi les soucis de retour. Baudelaire, quant à lui, a changé la fleur en fruit. Mais l'effet reste bien celui d'une drogue qui procure une douce ivresse et permet d'oublier les soucis de la vie.

La seconde allusion odysséenne est plus implicite. Le passage au discours direct : « *Par ici ! vous qui voulez manger / Le Lotus parfumé !* […] » prend effet par les « *voix, charmantes et funèbres* » des Sirènes. Au chant XII de *L'Odyssée*, Ulysse croise ces deux créatures énigmatiques qui perdent les marins en les conduisant par leurs voix mélodieuses à une mort dont les modalités ne sont pas très claires.

Encore faut-il rapporter que les Sirènes de l'Odyssée ne séduisent pas les marins avec du *lotos*, c'est leur chant lui-même qui provoque la perte du retour et de l'oubli de la partie. En mettant cette tentation dans la bouche des Sirènes, Baudelaire a donc associé deux épisodes distincts du poème d'Homère. Ainsi, écouter le chant fatal des Sirènes qui invitent à la consommation du *lotos* devient pour Baudelaire une invitation à la mort.

La figure mythique des Lotophages est au cœur de la pièce XXIX en prose. Le cadre spatial de la scène est celui de l'antre parisien du diable. La description de ce lieu souterrain répond en écho aux vers du « Voyage » : comme dans le dernier poème des *Fleurs du Mal*, elle sollicite le cadre charmant du pays des Lotophages et provoque une nouvelle fois l'émergence de ce mythe odysséen :

> *Là régnait une atmosphère exquise, quoique capiteuse, qui faisait oublier presque instantané-ment toutes les fastidieuses horreurs de la vie ; on y respirait une béatitude sombre, analogue à celle que durent éprouver les mangeurs de lotus quand, débarquant dans une île enchantée, éclairée des lueurs d'une éternelle après-midi, ils sentirent naître en eux, aux sons assoupis-sants des mélodieuses cascades, le désir de ne jamais [...] remonter sur les hautes lames de la mer.*
> (Baudelaire, « Le Joueur généreux », *PPP*, 325)

La double allusion aux Lotophages dans les deux pièces en vers et en prose est renforcée par la reprise d'un indice temporel déjà associé à cette contrée dans « Le Voyage » : dans la pièce en prose, il est question d'une « *éternelle après-midi* », de même que dans la pièce ultime des *Fleurs du Mal*, on évoque une « *après-midi qui n'a jamais de fin* ». Mais l'inscription de cette référence temporelle dans « Le Joueur généreux » se démarque par un effet de rupture qui s'exprime à travers l'image-rie de la prise de conscience du sujet parlant et qui souligne une caractéristique essentielle des poèmes en prose comme l'explique Nathalie Vincent-Munnia : « [le poème en prose] déconstruit sa linéarité au profit d'effets de succion et de morcellement ne relevant pas de la continuité traditionnelle de la prose et contras-tant avec la fluidité de la prose poétique ».[21] Paradoxalement, la métaphore qui clôture le « Voyage » laisse dégager une sensation de fluidité qui devient frappante à travers l'imagerie de la survie après la mort :

> *Plonger au fond du gouffre, Enfer ou Ciel qu'importe ?*
> *Au fond de l'Inconnu pour trouver du nouveau !*
> (Baudelaire, « Le Voyage », *FM*, 134)

Enfin, nous constatons que la poésie de Baudelaire est dynamisée par une *Odyssée* de la Mort : réseaux thématiques et figures mythiques s'émaillent en plusieurs

---

21 Voir Nathalie Vincent-Munnia, *Les Premiers poèmes en prose : généalogie d'un genre dans la première moitié du dix-neuvième siècle français, op.cit.,* pp. 157–158.

endroits afin de conférer à ce voyage vers l'au-delà une coloration envoûtante. Mais cette *Odyssée* symbolise surtout la volonté de fonder la vie à partit d'un autre versant. Dans cette optique, la mort devient « une révélation » :[22] elle est l'étape nécessaire qui prépare à la résurrection de l'être. C'est sur ce concept de régénération que se fonde le projet des *Fleurs du Mal*[23] qui s'illustre dans l'imagerie de l'éclosion d'une fleur poétique, belle et rare, comme l'annonce Baudelaire dans une des Préfaces des *Fleurs du Mal*, « *Une fleur qui ressemble à* [s]*on rouge idéal* ».[24]

---

22 Il s'agit du titre d'un chapitre de l'ouvrage de John E. Jackson, *La Mort Baudelaire, Essai sur Les Fleurs du mal, Etudes Baudelairiennes X,* Neuchâtel, A La Baconnière, 1982, p. 117.

23 « Des poètes illustres s'étaient partagé depuis longtemps les provinces les plus fleuries du domaine poétique. Il m'a paru plaisant, et d'autant plus agréable que la tâche était plus difficile, d'extraire la *beauté* du Mal ». Charles Baudelaire, « Préface des *Fleurs du Mal* », tome I, p. 181.

24 Charles Baudelaire, « L'Idéal », *Les Fleurs du Mal,* tome I, p. 22.

Conclusion

C'est à la fois par la poésie et à travers la poésie, par et à travers la musique que l'âme entrevoit les splendeurs situées derrière le tombeau.
—Charles Baudelaire, Nouvelles sur Edgar Poe.

« Congédier la passion et la raison, c'est tuer la littérature. Renier les efforts de la société précédente, chrétienne et philosophique, c'est se suicider, c'est refuser la force et les moyens de perfectionnement »,[1] écrit Baudelaire. De fait, sa poésie, qui, à l'instar des récits et poèmes des autres écrivains du XIXᵉ siècle comme Hugo, Nerval et Leconte de Lisle, est riche en efflorescences mythiques, a incontestablement une dimension symbolique. Ces efflorescences sur lesquelles nous avons fondé notre étude, attestent que l'image conventionnelle de la poésie baudelairienne, réputée pour son mépris pour la tradition antique,[2] doit être nécessairement rectifiée ou, du moins, modalisée.[3]

---

1   Charles Baudelaire, *l'Ecole païenne, op.cit*, p. 47.
2   Voir *Ibid*, p. 46 : « Depuis quelque temps, j'ai tout l'Olympe à mes trousses, et j'en souffre beaucoup ; je reçois des dieux sur la tête comme on reçoit des cheminées ».
3   Yoshio Abé souligne cette « évolution dans la prise de position théorique de Baudelaire [qui] répond à un changement de perspective : au début [Baudelaire] critiqua l'abus de la mythologie antique constituée en un répertoire d'expressions allégoriques, puis, s'intéressant de plus en plus aux croyances primitives des peuples, religions ou superstitions, il en vint à concevoir le mythe en tant que phénomène religieux proprement dit, digne d'intérêt ». Voir Yoshio Abé, « Baudelaire et la mythologie », *op.cit.*, p. 281.

C'était l'objet de notre entreprise : identifier le corpus mythologique qui structure la poésie de Baudelaire à partir des schèmes archétypaux latents ou apparents dans *Les Fleurs du Mal* et *Les Petits Poèmes en prose*. L'enjeu de notre travail était d'ériger le mythe à la fois comme modalité opératoire de l'œuvre et comme le signe d'une écriture poétique qui traduit la pensée imaginaire de l'écrivain. Or, on a découvert au fil de ces pages combien cette entreprise doit être subordonnée, non pas aux occurrences mythiques qui affleurent dans le texte et qui renvoient à la tradition gréco-romaine et biblique ou encore à la mythologie germanique[4] et égyptienne, mais bien aux réseaux d'images qu'elles suscitent comme le confirme l'analyse de Pascale Auraix-Jonchière : « s'il est vrai que faire allusion au mythe ne suffit pas à donner une dimension véritablement mythique à une œuvre, en revanche, la citation de noms ou de thèmes mythiques devient pertinente si elle complète ou génère un ensemble d'images qui l'éclairent ».[5] Ainsi, nous avons procédé à l'examen des images et des métaphores inhérentes à l'écriture baudelairienne qui peuvent attester de la présence du mythe dans son oeuvre. La chose se vérifie dans cette puissance évocatoire que le poète attribue à ces images qui reflètent sa pensée singulière comme celle de l'espace parisien dynamisé par l'archétype du labyrinthe et le schème de la descente aux enfers, ou encore celle de la décadence de la figure de l'inspiration poétique représentée par la Muse antique. Sans doute nous sommes-nous insuffisamment concentrés sur quelques allusions mythiques comme celle des trois juges des Enfers dans « Le Mauvais Vitrier ».[6] L'objet, pensons-nous à présent, après avoir dégagé ces occurrences récurrentes dans notre corpus, est de démontrer comment elles participent de la recomposition d'un schéma dynamique qui renvoie au récit fondateur « condensable » comme le rapporte Véronique Gély, et qui est « […] centré sur un "syntagme de base", suffisant pour évoquer la totalité d'une histoire qui prendrait sens et fonction de ce noyau, visuel et conceptuel »,[7] et comment ces allusions régénèrent une écriture poétique et mythique qui définit Baudelaire comme un artisan du mythe conformément à sa propre conception qu'il 'ébauche dans son essai sur Richard Wagner paru en 1861 :

> De là, je me voyais nécessairement amené à désigner le mythe comme matière idéale du poète. Le mythe est le poème primitif et anonyme du peuple, et nous le retrouvons

---

4   Il s'agit des Nixes. Voir le chapitre consacré aux Nymphes et aux Satyres.

5   Pascale Auraix-Jonchière, *L'Unité impossible. Essai sur la mythologie de Barbey d'Aurevilly*, *op.cit.*, p. 106.

6   Il s'agit de Minos, d'Eaque et de Rhadamante. Voir Charles Baudelaire, « Le Mauvais Vitrier », *op.cit.*, p. 286.

7   Véronique Gély, *L'Invention d'un mythe : Psyché. Allégorie et fiction, du siècle de Platon au temps de la Fontaine*, Paris, Honoré Champion, 2006, p. 335.

à toutes les époques repris, remanié sans cesse à nouveau par les grands poètes des périodes cultivées ».

(Baudelaire, « Richard Wagner et Tannhäuser à Paris », OC II, 791)

Ainsi, cette conception du mythe met l'accent sur le lien indissoluble entre le mythe et la poésie et évoque la question de la « création mythologique »[8] baudelairienne. Or cette fabrication qui se fonde sur une intertextualité mythique revêt, en général, un double statut dans toute réécriture poétique : soit elle peut rester fidèle à son sens primitif et conserve sa charge symbolique originelle par laquelle elle enrichit le texte littéraire, soit elle le transforme pour le soumettre aux exigences de l'écrivain. C'est plutôt le deuxième processus qui semble définir la palingénésie baudelairienne : pervertis par cette mutation poétique opérée par la pensée de l'écrivain, le mythe d'Andromaque est transposé dans l'espace parisien et la figure de Sapho est valorisée pour ses talents de poétesse.

Mais l'écriture mythique chez Baudelaire est tributaire des modalités de l'inscription du mythe dans un corpus composé de deux genres poétiques : les poèmes en vers et les poèmes en prose. Ainsi, la représentation de la figure caïnique dans *Les Fleurs du Mal* est régie par un dispositif énonciatif qui favorise la structure binaire de ce récit biblique. Aussi, les données stylistiques et syntaxiques peuvent témoigner parfois de la spécificité du traitement du mythe dans la poésie en vers : la superposition de la rime « *mer/amer* » dans « l'Albatros » a pour effet de souligner les hostilités de l'espace maritime et le rythme binaire des octosyllabes qui composent « Le Monstre ou le Paranymphe d'une nymphe macabre » reflète l'ambivalence de cette figure mythique. Dans cette optique, le sens du poème ne réside pas dans l'histoire source ou dans la figure de Caïn ou l'espace mythique de la mer, mais il est donné par sa capacité d'insérer le mythe dans un genre qui reflète les préoccupations et la poétique de l'auteur. Dans son étude sur le poème en prose, Michel Brix donne l'exemple de quelques images et thèmes dont l'insertion dans la prose poétique met l'accent sur la spécificité de ce genre littéraire :

> Pour comparer un « pays de Cocagne » à « une magnifique batterie de cuisine » (*L'Invitation au voyage*) ou pour parler de sa bien-aimée comme d'une « petite folle monstrueuse aux yeux verts » (*La Soupe et les nuages*), la poésie ne pouvait convenir et

---

8   Nous empruntons le terme à la thèse de Pierre Albouy, *La Création mythologique chez Victor Hugo*, Paris, José Corti, 1968. Voir aussi p. 304 : « Le mythe renferme le mystère et toutes les puissances du langage, emprunté ou inventé, il réanime, chez les grands écrivains, les archétypes les plus profonds, et, par là, permet encore d'approcher encore du mystère de la création ».

la prose s'imposait, à l'évidence, comme elle s'était, au demeurant, toujours imposée en pareil contexte.[9]

Cette réflexion vient confirmer notre propos : le ton de l'ironie, une des caractéristiques essentielles des *Poèmes en prose* selon Suzanne Bernard, fait advenir chez Baudelaire des imageries qui évoquent la déchéance et montrent que la modernité de ce genre poétique va de pair avec une modernité décadente. Robert Kopp s'attarde sur cet aspect des poèmes en prose en montrant que « les divinités de la nouvelle mythologie sont celles de la rue, du hasard des rencontres, de la banalité ».[10] Ainsi, nous avons analysé la figure de Bénédicta, avatar de la muse moderne chez l'écrivain en montrant son évolution dans une prose, qui, régi par une tension dialectique, fait majorer sa déchéance puisqu'elle l'expose à la Muse parfaite de l'Antiquité. Reste un trait qui permet, encore une fois, de considérer le poème en prose comme un réceptacle de certaines figures mythiques à savoir l'hybridité de cette poésie. Le caractère indécis de ce genre hybride va de pair avec la plurivocité propre au mythe : la demeure de Satan dans « Le Joueur généreux » renvoie au mythe des Lotophages tandis que la figure satanique rappelle celle de Méphistophélès.

Selon Jean Gaudon, « la superposition des textes fait apparaître des réseaux d'images dont la combinaison aboutit au mythe personnel propre à l'auteur, ce mythe personnel est interprété comme l'expression de la personnalité inconsciente et les résultats sont, enfin, confrontés, pour confirmation, avec les données de la biographie ».[11] Ainsi en est -il de la figure de la Mère terrible chez Baudelaire qui n'est pas sans rappeler celle de Mme Aupick. Aussi l'intérêt persistant de Baudelaire pour le schème de la chute qui s'illustre pleinement dans le mythe d'Icare ne traduit-il pas l'image actuelle du poète ?

En se basant sur l'analyse de Suzanne Bernard, Michel Brix prouve que le « principe d'anarchie et de destruction »[12] est l'apanage de la prose baudelairienne. Car c'est grâce au désir de redire le mythe, de le reformuler pour qu'il illustre une pensée subjective et actuelle que la poésie de Baudelaire s'affirme dans sa nouveauté. L'emploi du récit mythique à une fin personnelle devient donc le signe d'une écriture moderne, d'une préoccupation subjective de plus en plus évidente dans l'évolution du mythe au cours du XIXe siècle.

---

9   Michel Brix, « Le poème en prose : révolution esthétique ou « sérieuse bouffonnerie » ? » in *« Un livre d'art fantasque et vagabond »*. *Gaspard de la Nuit d'Aloysius Bertrand*, sous la direction d'André Guyaux, Paris, Editions Classiques Garnier, 2010, p. 212.
10   Robert Kopp, « Mythe, mode et modernité », *Le Magazine Littéraire*, n° 273, Janvier 1990, p. 46.
11   Jean Gaudon, *Le Temps de la contemplation* cité in Charles Baudoin, *Psychanalyse de Victor Hugo*, Armand Colin, 1972, p. 11
12   Voir Michel Brix, « Le poème en prose : révolution esthétique ou « sérieuse bouffonnerie » ? », *op.cit.*, p. 219.

Bibliographie

Textes[1]

Textes de Baudelaire

1. Œuvres Poétiques

a) Editions de référence

Œuvres complètes, Paris, Gallimard, « Bibliothèque de la Pléiade », deux tomes, texte établi, présenté et annoté par Claude Pichois, 1976. **Tome I et II.**

b) Editions consultées[2]

— *Editions des Fleurs du Mal et des autres textes en vers :*

Les Fleurs du Mal ; Les Épaves ; Bribes ; Poèmes divers ; Amoenitates Belgiae, introduction, relevé de variantes et notes par Antoine Adam, Paris, édition Garnier, 1959 [Éditions de 1861].

Les Fleurs du Mal ; Les Épaves, texte de la seconde édition. Addictions de la troisième édition. Documents et bibliographies, édition critique établie par Jacques Crépet et George Blin, refondue par Georges Blin et Claude Pichois, Paris, José Corti, 1968.

---

1   Sont indiquées entre crochets les références de l'édition originale.
2   Classement effectué selon la date de publication.

Les Fleurs du Mal, édition établie par Jacques Dupont, Granier-Flammarion, 1991.

Les Fleurs du Mal, texte intégral. Postface et notes d'Antoine Compagnon. Paris, Seuil, collection « L'École des Lettres », 1993.

Les Fleurs du Mal, édition de 1861, texte présenté, établi et annoté par Claude Pichois, Paris, Gallimard, collection « Poésie », 1996.

Les Fleurs du Mal, Édition condamnée de 1857, Préface d'Yves Charnet, Paris, Éditions de la Table Ronde, 1997. Texte avec mise en page identique à celle parue en 1857.

Les Fleurs du Mal, édition établie par John E. Jackson, préface d'Yves Bonnefoy, Paris, Le Livre de Poche, 1999.

L'Atelier de Baudelaire : Les Fleurs du Mal, édition diplomatique de Claude Pichois et Jacques Dupont, introduction, commentaires et éclaircissements philologiques, avec la collaboration de Benoît de Cornulier et de W. T. Bandy, 4 volumes, Paris, Honoré Champion, « Textes de littérature moderne et contemporaine », 2005.

— Editions des *Petits Poèmes en prose*

Petits Poèmes en prose (*Le Spleen de Paris*), édition d'Henri Lemaitre, Paris, Classiques Garnier, 1958.

Petits Poèmes en prose, édition présentée, établie et annotée par Robert Kopp, Paris, Gallimard, Collection « Poésie », 2000.

2. Critiques

Salon de 1859, texte de la « Revue Française » établi avec relevé de variantes, un commentaire et une étude sur « Baudelaire critique de l'art contemporain » par Wolfgagng Drost avec la collaboration de Ulrike Riechers, Paris, Honoré Champion, 2006.

3. Correspondances

Charles Baudelaire, *Lettres inédites aux siens,* présentées et annotées par Philippe Auserve, Paris, Éditions Bernard Grasset, Collection « Les Cahiers rouges », 1966.

Correspondance tome I [Janvier 1832-Février 1860] et tome II [Mars 1860–Mars 1866]. Texte établi, présenté et annoté par Claude Pichois avec la collaboration de Jean Ziegler, Paris, Gallimard, « Bibliothèque de la Pléiade », 1973.

Correspondance, choix et commentaire de Claude Pichois et de Jérôme Thélot, Préface de Jérôme Thélot, Paris, Gallimard, Collection « Folio Classique », 2000.

Autres textes

APULÉE, *Éros et Psyché,* [150], traduit du latin par Nicoals Waquet, préface de Carlo Ossola, Paris, Éditions Payot &Rivages, 2006.

ARISTOPHANE, *Les Oiseaux,* [414 av. J.-C.], *Lysistrata,* [411 av. J.-C.] in *Comédies,* tome III, texte établi par Victor Coulon, traduit par Hilaire Van Daele, Paris, Les Belles Lettres, 2002.

ARISTOTE, *La Poétique*, [335 av. J.-C.], traduction inédite, présentation et notes de Michel Magnien, Paris, Le Livre de Poche, 1990.

BARBEY D'AUREVILLY (Jules Amédée), *Une Vieille Maîtresse*, [1851], édition établie par Philippe Berthier, Paris, Flammarion, 1996.

BARBEY D'AUREVILLY (Jules Amédée), *Du Dandysme et de George Brummell* [1845] in *Œuvres romanesques complètes*, tome II, texte présenté et annoté par Jacques Petit, Paris, Gallimard, « Bibliothèque La Pléiade », 1966.

BARBEY D'AUREVILLY (Jules Amédée), *Les Œuvres et Les Hommes, (1ère série)-III. Les Poètes*, Paris, Amyot, 1862.

BARBEY D'AUREVILLY (Jules Amédée), « *Un palais dans un labyrinthe* », *Poèmes*, Édition et essai de Pascale Auraix-Jonchière, Paris, Honoré Champion, 2000.

La Bible, L'ancien & le nouveau testament, traduction œcuménique de la Bible, Paris, Société biblique française & Éditions du Cerf, 1988.

La Sainte Bible, Paris, Éditions du Cerf, 1954.

La Bible de Jérusalem, texte intégral et photographies, Paris, Editions du Cerf 1998, Éditions de Martinière, 2003.

CHATEAUBRIAND (François-René de), *Essai sur les révolutions* [1797], *Génie du christianisme*, [1802], texte établi, présenté et annoté par Maurice Regard, Paris, Gallimard, « Bibliothèque de la Pléiade », 1978.

Le Coran, introduction, traduction et notes établies par D. Masson, préface de J.Grosjean, Gallimard, Collection « Folio Classique », 1991.

DANTE (Alighieri), *La Divine Comédie*, [1472] in *Œuvres Complètes*, traduction et commentaires par André Pezard, Paris, Gallimard, « Bibliothèque de la Pléiade », 1965.

GAUTIER (Théophile), *Œuvres Poétiques Complètes*, édition établie présentée et annotée par Michel Brix, Paris, Bartillat, 2004.

GAUTIER (Théophile), *Mademoiselle de Maupin* [1835], *La Morte amoureuse* [1836], *La Toison d'or* [1839] et *Spirite* [1866] in *Œuvres, choix de romans et de contes*, édition établie par Paolo Tortonese, Paris, Robert Laffont, 1995.

GOETHE, *Faust I et II*, traduction de Jean Malaplate, préface et notes de Bernard Lortholary, Paris, Flammarion, 1984.

HÉSIODE, *La Théogonie*, [VIIIe siècle av. J.-C] ; *Les Travaux et Les Jours*, [VIIIe siècle av. J.-C] ; *Le Bouclier*, [VIe siècle av. J.-C.], traduction du grec de Philippe Brunet, commentaire de Marie-Christine Leclerc, Paris, Le Livre de poche, 1999.

HUGO (Victor), *Poésie*, tome I, II et III, préface de Jean Gaulmier, présentation et notes de Bernard Leuillot, Paris, Éditions du seuil, 1972.

HUGO (Victor), *La Fin de Satan*, [1886], texte établi par Evelyn Blewer et Jean Gaudon, Paris, Gallimard, Collection « Poésie », 1998.

HOMERE, *L'Iliade*, tome I, II et III, [VIIIe siècle av. J.-C], texte établi et traduit par Paul Mazon, édition bilingue, Collection « Classiques en poche », Paris, Les Belles Lettres, 2002.

HOMERE, *L'Odyssée*, tome I, II et III, [VIIIe siècle av. J.-C], texte établi et traduit par Victor Bérard, édition bilingue, Collection « Classiques en poche », Paris, Les Belles Lettres, 2001.

LAMARTINE *(Alphonse de)*, *Voyage en Orient*, [1835], texte établi, présenté et annoté par Sarga Moussa, Paris, Éditions Honoré Champion, 2000.

LAMARTINE *(Alphonse de)*, *Œuvres Poétiques Complètes*, texte établi, annoté et présenté par Mauris-François Guyard, Paris, éditions Gallimard, « Bibliothèque de la Pléiade », 1963.

LECONTE DE LISLE (Charles-Marie), *Poèmes barbares*, [1862], Paris, Gallimard, Collection « Poésie », 1985.

MOLIÈRE, *Dom Juan ou le Festin de Pierre*, [1682], éditions de Georges Couton, Paris, Éditions Gallimard, Collection « Folio théâtre », 1998.

NERVAL (Gérard de), *Œuvres Complètes*, texte présenté, établi et annoté par Albert Béguin et Jean Richer, Paris, Éditions Gallimard, « Bibliothèque de la Pléiade », 1998.

OVIDE, *Les Métamorphoses*, [II–VIIIᵉ siècle a.p. J.-C.] traduction, introduction et notes par Joseph Chamonard, Paris, Éditions Flammarion, 1966.

OVIDE, *Les Héroïdes*, texte établi par Henri Bornecque, traduit par Marcel Prévost, cinquième tirage de la cinquième édition revue, corrigée et augmentée par Danielle Porte, Paris, Société d'édition Les Belles Lettres, 2005.

PASCAL (Blaise), *Pensées*, [1670], Paris, Classiques Garnier, 1999.

PLATON, *Le Banquet*, [IVᵉ siècle av. J.-C.], présentation et traduction inédite par Luc Brisson, Paris, Flammarion, 1998.

POE (Edgar Allan), *Œuvres en Prose*, traduite par Charles Baudelaire, texte établie et annoté par Y.-G. Le Dantec, Paris, Éditions Gallimard, « Bibliothèque de la Pléiade », 1991.

RIMBAUD (Arthur), *Œuvres Complètes*, édition établie, présentée et annotée par Antoine Adam, Paris, Éditions Gallimard, « Bibliothèque de la Pléiade », 1972.

ROUSSEAU (Jean-Jacques), « Les Rêveries du Promeneur solitaire », [1782], *Œuvres Complètes*, tome. I, *Les confessions et autres textes autobiographiques*, édition publiée sous la direction de Bernard Gagnebin et Marcel Raymond avec, pour ce volume, la collaboration de Robert Osmont, Paris, Éditions Gallimard, « Bibliothèque de la Pléiade », 1959.

Sappho, *Poèmes*, [VIIᵉ siècle av. J.-C.], traduit du grec et présenté par Jackie Pigeaud, Paris, Éditions Payot & Rivages, 2004.

Sapphô, *Odes et fragments*, [VIIᵉ siècle av. J.-C.], traduction et présentation d'Yves Battistini, édition bilingue, Paris, Gallimard, 2005.

Schopenhauer (Arthur), *Le Monde comme volonté et comme représentation*, [1819], traduit en français par A. Burdeau, Paris, PUF, 2004.

VALÉRY (Paul), « Situation de Baudelaire », *Variétés*, tome. I, édition établie et annotée par Jean Hytier, Paris, Éditions Gallimard, « Bibliothèque de la Pléiade », 1960, pp. 598–613.

VALÉRY (Paul), *Tel quel, Œuvres Complètes*, tome II, édition établie et annotée par Jean Hytier, Paris, Éditions Gallimard, « Bibliothèque de la Pléiade », 1960.

VERLAINE (Paul), *Œuvres Poétiques*, [1866–1891], textes établis par Jacques Robichez, Paris, Éditions Garnier, 1969.

VIRGILE, *Enéide*, [1ᵉʳ siècle av. J.-C.], texte latin, traduction rythmée de Marc Chouet, introduction de Jean Starobinski, Genève, Slatkine, 2007.

Études

Sur Baudelaire

1. Dictionnaires

Dictionnaire Baudelaire, **Claude Pichois et Jean-Paul Avice,** Tusson, Édition du Lérot, 2002.
Dictionnaire de poésie de Baudelaire à nos jours, **Michel Jarrety (dir.),** Paris, Presses universitaires de France, 2001.

2. Ouvrages Critiques

BENJAMIN, (Walter), *Paris, capitale du XIX e siècle. Le Livre des Passages,* traduit de l'allemand par Jean Lacoste d'après l'édition originale établie par Rolf Tiedemann, les éditions du Cerf, Paris, 1989, Section J « Baudelaire », pp. 247–404.

BENJAMIN, (Walter), *Baudelaire, un poète lyrique à l'apogée du capitalisme,* Paris, Payot, 1990.

BERNARD (Suzanne), *Le poème en prose : de Baudelaire jusqu'à nos jours,* Paris, Librairie A. G. Nizet, 1994.

BLIN (Georges), *Baudelaire,* Paris, Gallimard, 1939.

BLIN (Georges), *Le Sadisme de Baudelaire,* Paris, José Corti, 1948.

BONNEFOY (Yves), *Les Fleurs du Mal, L'Improbable,* Paris, Mercure de France, 1959.

BOPP (Léon), *Psychologie des Fleurs du Mal,* tome I, Le temps et la durée, l'espace concret, Genève, Droz, 1964.

BRUNEL (Pierre), *Charles Baudelaire, Les Fleurs du Mal, entre « fleurir » et « défleurir »,* Paris, Éditions du Temps, 1998.

BRUNEL (Pierre), *Baudelaire antique et moderne,* Paris, Presses de l'Université Paris-Sorbonne, 2007.

BUTOR (Michel), *Histoire extraordinaire, essai sur un rêve de Baudelaire,* Éditions Gallimard, Collection « Folio Essais », 1988.

CASSAGNE (Albert), *Versification et métrique de Charles Baudelaire,* Genève, Slaktine reprints, 1982, Réimpression de l'édition de Paris, 1906.

CELLIER (Léon), *Parcours initiatiques,* Neuchâtel, Editions de la Baconnière et les Presses Universitaires de Grenoble, 1977, chapitre III « de Baudelaire à Breton », pp. 179–300.

CHAMBERS (Ross), *Mélancolie et opposition,* Paris, José Corti, 1987, pp. 131–166.

CHÉRIX (Robert-Benoît), *Commentaire des « Fleurs du Mal »,* Genève, Pierre Cailler éditeur, 1949.

CITRON (Pierre), *La Poésie de Paris dans la littérature française de Rousseau à Baudelaire,* tome I et II, Paris, Les Éditions de Minuit, 1961.

COLLOT, (Michel), *L'Horizon fabuleux,* Paris, José Corti, 1988.

COMPAGNON (Antoine), *Baudelaire devant l'innombrable,* Paris, Presses de l'Université Paris- Sorbonne, 2003.

CREPET (Jacques), *Propos sur* Baudelaire, rassemblés et annotés par Claude Pichois, **préface de** Jean Pommier, Paris, Mercure de France, 1957.

DELCROIX (Maurice) et GEERTS (Walter) (dir.), *Les Chats de Baudelaire, une confrontation de méthode*, Namur-Paris, Presses Universitaires de Namur et de Paris, 1981.

EMMANUEL (Pierre), *Baudelaire les écrivains devant Dieu*, Paris, Desclée de Brouwer, 1967.

EMMANUEL (Pierre), *Baudelaire, La Femme et Dieu*, Paris, Éditions du Seuil, 1982.

FEUILLERAT (Albert), *L'Architecture des Fleurs du Mal*, Yale University Press, 1941.

FEUILLERAT (Albert), *Baudelaire et la Belle aux cheveux d'or*, Paris, José Corti, 1944.

FONDANE (Benjamin), *Baudelaire et l'expérience du Gouffre*, Bruxelles, Éditions complexes, 1994.

GAUTIER (Théophile), *Baudelaire*, présentation de Jean-Luc Steinmetz, Bordeaux, Le Castor astral, Collection « Les Inattendus », 1991, édition originale de 1869.

GIUSTO (Jean-Pierre), *Charles Baudelaire, « Les Fleurs du Mal »*, Paris Presses Universitaires de France, 1984.

GUEX (André), *Aspects de l'Art Baudelairien*, Genève, Slaktine Reprints, 2003.

GUYAUX (André), *Baudelaire, Un demi-siècle de lectures des Fleurs du Mal, (1855–1905)*, Paris, Presses de l'Université Paris- Sorbonne, 2007.

HUBERT (J.-D.), *L'Esthétique des Fleurs du Mal, essai sur l'ambiguïté poétique*, Genève, Cailler, 1953.

JACKSON (John, E.), *La Mort Baudelaire, Essai sur Les Fleurs du Mal*, Etudes Baudelairiennes X, Nouvelle Série-II- Neuchâtel, A La Baconnière, 1982.

JACKSON (John, E.), *Baudelaire*, Paris, Le Livre de poche, 2001.

JACKSON (John, E.), *Baudelaire sans fin*, Paris, José Corti, 2005.

JAKOBSON (Roman), *Questions de Poétique*, Ecrit en collaboration avec Claude Lévi-Strauss, Paris, Éditions du Seuil, « Collection Poétique », 1973, Chapitre « Les Chats de Charles Baudelaire », l'Homme, II (1962), pp. 5–21.

JOUVE (Pierre-Jean), Le *Tombeau de Baudelaire*, Neuchâtel, A La Baconnière, 1942, Paris, Le Seuil, 1958.

KAPLAN (Edward K.), *Baudelaire's Prose Poems, the esthetic, the ethical, and the religious in Parisian Prowler*, Georgia, The University of Georgia Press, 1990.

KEMPF (Roger), *Dandies. Baudelaire et Cie*, Paris, Éditions du Seuil, 1977.

KOPP (Robert), *Baudelaire le soleil noir de la modernité*, Paris, Gallimard, 2004.

LABARTHE (Patrick), *Baudelaire et la tradition de l'allégorie*, Genève, Droz, 1999.

LABARTHE (Patrick) *commente Les Petits Poèmes en Prose de Charles Baudelaire*, Paris, Éditions Gallimard, Collection « Folio Essais », 2000.

LAFORGUE (Pierre), *Ut Pictura Poesis, Baudelaire la peinture et le romantisme*, Collection « Littératures et Idéologies », Lyon, Presses Universitaires de Lyon, 2000.

LAFORGUE (Pierre), *Œdipe à Lesbos. Baudelaire, la femme, la poésie*, Saint-Pierre du Mont, Eurédit, 2002.

LEROY (Claude), *Le Mythe de la passante de Baudelaire à Mandiargues*, Paris, Publications Universitaires de France, 1999.

MARCHAL (Bertrand), *Salomé entre vers et prose. Baudelaire, Mallarmé, Flaubert, Huysmans.* Paris, José Corti, 2005.

MAURON (Charles), *Le Dernier Baudelaire,* Paris, José corti, 1966.

MENEMENCIOGLU (K.), Baudelaire, *Les Fleurs du Mal, concordances, Index et Relevés Statistiques,* établis d'après l'édition Crépet-Blin par le Centre d'Etude du Vocabulaire Français de la faculté des Lettres de Besançon, Paris, Librairie Larousse, 1970.

MILNER (Max), *Baudelaire enfer ou Ciel, qu'importe !* Paris, Plon, 1967.

MILNER (Max), *Le Diable dans la littérature française de Cazotte à Baudelaire,* Paris, José Corti, 1960.

MURPHY (Steve), *Logiques du dernier Baudelaire : Lectures du Spleen de Paris,* Paris, Honoré Champion, Collection « Champion Classique », 2007.

NUITEN (Henk), Bandy (William T.) et HENRY (Freeman G.), *Les Fleurs expliquées : bibliographies des exégèses des Fleurs du Mal et des Epaves de Charles Baudelaire,* Amesterdam, Rodopi, 1983.

PEYRE (Henri), *Pensées de Baudelaire,* Paris, José Corti, 1951.

PEYRE (Henri), *Connaissances de Baudelaire,* Paris, José Corti, 1951.

PICHOIS (Claude), *Baudelaire à Paris,* Paris, Hachette, 1967.

PICHOIS (Claude) et ZIEGLER (Jean), *Charles Baudelaire,* Paris, Fayard, 2005.

PICHOIS (Claude), *Retour à Baudelaire,* Genève, Slatkine, 2005.

POMMIER (Jean), *La Mystique de Baudelaire,* Paris, Les Belles Lettres, 1932.

POMMIER (Jean), *Dans les chemins de Baudelaire,* Paris, José Corti, 1945

POMMIER (Jean), *Autour de l'édition originale des « Fleurs du Mal »,* Genève, Slaktine reprints, 1968.

POULET (Georges), *Baudelaire, Études sur le temps humain,* Paris, Plon, 1950.

POULET (Georges), *la Poésie éclatée : Baudelaire, Rimbaud,* Paris, Presses Universitaires de France, 1980.

PRÉVOST (Jean), *Baudelaire, essai sur l'inspiration poétique,* Paris, Mercure de France, 1953.

RAYMOND (Marcel), *De Baudelaire au surréalisme,* Paris, José Corti, 1992.

RAYMOND (Marcel), *Romantisme et Rêverie,* Paris, José Corti, 1987.

RAYNAUD (Ernest), *Baudelaire et la religion du dandymse,* Paris, Éditions du Sandre, 2007.

RICHARD (Jean-Pierre), *Poésie et profondeur,* Paris, Éditions du Seuil, 1955, pp. 91–162.

ROBB (Graham), *La Poésie de Baudelaire et la poésie française, 1838–1852,* Paris, Aubier, 1993.

RUFF (Marcel-A.), *Baudelaire L'homme et l'œuvre,* Paris, Hatier-Boivin, 1957.

RUFF (Marcel-A.), *L'Esprit du mal et l'esthétique baudelairienne,* Paris, Armand Colin, 1955.

SARTRE (Jean-Paul), *Baudelaire,* Précédé d'une note de Michel Leiris, Éditions Gallimard, Collection « Folio Essais », (1947), 2000.

SCHNEIDER (Michel), *Baudelaire Les années Profondes,* Paris, Éditions du Seuil, 1994.

STAROBINSKI (Jean), *La Mélancolie au miroir, Trois lectures de Baudelaire* Paris, Julliard, 1989.

THÉLOT (Jérôme), *Baudelaire. Violence et poésie,* Paris, Gallimard, 1993.

ZIMMERMAN (É.M), *Poétiques de Baudelaire dans Les Fleurs du Mal* rythme, parfum, lueur, Paris, Lettres Modernes, Minard, 1998.

3. Articles

ABDELKEFI (Hadia), « L'allusion à une passante : Charles Baudelaire et Tristan Corbière » in *l'Allusion en Poésie,* Jacques Lajrrige et Christian Moncelet (dir.), Clermont-Ferrand, Presses de l'Université Blaise Pascal, 2002, pp. 229–245.

ABÉ (Yoshio), « Baudelaire et la mythologie », *French Studies,* N° XXV, 1971, pp. 281–294.

AGOSTI (Stefano) « Remarques sur la figure de la comparaison dans la poésie baudelairienne », in *Mémoire et oubli dans le lyrisme européen*, Hommage à John E. Jackson, Dagmar Wieser, Patrick Labarthe (dir.) avec la collaboration de Jean-Paul Avice, Paris, Honoré Champion, 2008, pp. 57–67.

ALTHEN (Gabrielle), « *Je suis la plaie et le couteau* ». Du bon usage de la douleur », in *1857 Baudelaire et Les Fleurs du Mal*, de Pierre Brunel et Giovanni Dotoli (dir.), Collection « Biblioteca Della Ricerca », Bari, Schena editore, 2007, pp. 39–48.

ANTOINE (Gérald), « La Nuit chez Baudelaire », *Revue d'Histoire Littéraire de la France,* 67e année, n° 2, avril-juin 1967, pp. 375–402.

AURAIX-JONCHIÈRE (Pascale), « Baudelaire et les déités de l'ombre », in *Lire Les Fleurs du Mal,* José-Luis Diaz, (dir.), Actes des journées d'étude organisées à Paris par la Société des études romantiques, du 10 au 11 octobre 2002, Université Paris VII-Denis Diderot, Cahier Textuel N 25, 2002, pp. 163–173.

AURAIX-JONCHIÈRE (Pascale), « Allusion mythologique et poésie : le sphinx dans la poésie baudelairienne », *l'Allusion en Poésie,* Jacques Lajrrige et Christian Moncelet (dir.), Clermont-Ferrand, Presses de l'Université Blaise Pascal, 2002, pp. 247–259.

AUSTIN (Lloyd James), « Baudelaire et Delacroix », in *Actes du Colloque de Nice* (25–27 mai 1967), Paris, Minard, 1968, pp. 13–23.

AVICE (Jean-Paul), « Baudelaire et le présent profond de Paris », *Europe,* n° 760–761, août–septembre 1992, pp. 31–45.

AVICE (Jean-Paul), « Histoire d'auréole ou le sacrifice de la beauté », *L'Année Baudelaire* n° 1 : « Baudelaire, Paris, l'Allégorie », sous la direction de Claude Pichois et Jean-Paul Avice, Paris, Klincksieck, 1995, pp. 17–26.

AVICE (Jean-Paul), « La voix humble de la poésie », *L'Année Baudelaire, n° 5 :* « Hommage à Claude Pichois, Nerval, Baudelaire, Colette », 2000, pp. 61–77.

AVICE (Jean-Paul), « Les Bijoux et Le Masque », *L'Année Baudelaire n° 9–10 :* « Baudelaire toujours : Hommage à Claude Pichois », 2007, pp. 32–41.

BABUTS (Nicolae), "Baudelaire in the circle of exiles : a study of « Le Cygne »" *Nineteenth century French Studies,* Vol. 22, no. 1–2, 1993–1994, pp. 123–138.

BANDY (W. T.), « Le chiffonnier de Baudelaire », *Revue d'Histoire Littéraire de la France,* n° 4, octobre–décembre 1957, pp. 580–584.

BANDY (W. T.) et PICHOIS (Claude), « Du nouveau sur la jeunesse de Baudelaire : Une lettre inédite à Banville », *Revue d'Histoire littéraire de la France,* n° 1, janvier–mars 1965, pp. 70–77.

BANDY (W. T.), « Baudelaire et Poe », *Revue d'Histoire Littéraire de la France,* n° 2, avril–juin 1967, pp. 329–334.

BANDY (W. T.), « Les morts, les pauvres morts … », *La Revue des Sciences Humaines*, n° 127, juillet–septembre, 1967, pp. 477–480.

BELLEMIN (Jean-Noël), « Deux crépuscules du soir de Baudelaire », *Interlignes, essais de textanalyse*, Lille, Presses Universitaires de Lille, 1988, pp. 89–104.

BÉNICHOU (Paul), « Le Satan de Baudelaire », in *Les Fleurs du mal : Actes du colloque de la Sorbonne*, des 10 et 11 janvier 2003, édités par André Guyaux et Bertrand Marchal, Presses de l'Université de Paris-Sorbonne, 2003, pp. 9–24.

BERCOT (Martine), « Miroirs baudelairiens » in *Dix études sur Baudelaire*, Martine Bercot et André Guyaux (dir.), 1993, pp. 113–136.

BERCOT (Martine), « Baudelaire, le diable et le fou », *Travaux de littérature*, n° 8, 1995, pp. 269–285.

BERCOT (Martine), « Des Fleurs du Mal au Spleen de Paris », *Le Magazine littéraire*, n° 418, mars 2003, pp. 21–23.

BIERMEZ (Jean), « Baudelaire et les sentiments contrariés », *La Nouvelle Revue Française*, n° 481, 1993, pp. 74–83.

BOLLON (Patrice), « La figure du dandy », *Le Magazine Littéraire*, n° 273, Janvier 1990, pp. 42–44.

BONEU, Violaine, « Une lecture des Bons chiens », *L'Année Baudelaire n° 11–12* :« *Réflexions sur le dernier Baudelaire* », 2009, pp. 49–68.

BONNEFOY (Yves), « Baudelaire contre Rubens », *Le Nuage Rouge*, Paris, Mercure de France, 1977, pp. 9–80.

BONNEFOY (Yves), « La Belle Dorothée ou poésie et peinture », *L'Année Baudelaire n° 6* : « De la belle Dorothée aux bons chiens », 2002, pp. 11–25.

BONNEFOY (Yves), « Que signifie J.G.F. ? », *L'Année Baudelaire n° 9–10 :* « Baudelaire toujours : Hommage à Claude Pichois », 2007, pp. 65–71.

BORDAS (Eric), « L'expression métaphorique dans Les Fleurs du Mal » in *Lectures des Fleurs du Mal*, Steve Murphy (dir.), Rennes, Presses Universitaires de Rennes, 2002, pp. 143–159.

BRIX (Michel), « "Les Aveugles" et le romantisme », *Bulletin baudelairien*, volume XXIX, issue 2, 1994, pp. 59–66.

BRIX (Michel), « Laisse du vieux Platon se froncer l'œil austère : Baudelaire, le romantisme français et la thématique du mal » in *Le Mal dans l'imaginaire littéraire français (1850–1950)*, Myriam Watthée-Delmotte et Metka Zupancic (dir.), Paris- Montréal, L'Harmattan et Editions David, 1998, pp. 27–36.

BRIX (Michel), « Autour de Nerval et Baudelaire. Littérature et vérité », *L'Année Baudelaire*, n° 5 : « Hommage à Claude Pichois, Nerval, Baudelaire, Colette, 2000, pp. 31–45.

BRIX (Michel), « Modern Beauty versus Platonist Beauty » in *Baudelaire and the Poetics of Modernity*, Patricia A. Ward (dir.), Nashville, Vanderbilt University Press, 2001, pp. 1–14.

BRIX (Michel), « Calude Pichois et l'interprétation de Baudelaire » in *L'Année Baudelaire* n° 9–10 : « Baudelaire toujours : Hommage à Claude Pichois », 2007, pp. 71–77.

BRIX (Michel), « Baudelaire et l'énigme de "J.G.F." », *Verbum*, volume IX, n° 2, 2008, pp. 181–186.

BROMBERT (Victor), « Le Cygne de Baudelaire : douleur, souvenir, travail », *Etudes baude-lairiennes*, III, Neuchatel, A La Baconnière, 1973, pp. 254–261.

BROMBERT (Victor), « Claustration et infini chez Baudelaire » in *Baudelaire, Actes du Colloque de Nice* (25–27 mai 1967), Paris, Minard, 1968, pp. 49–59.

BROMBERT (Victor), « Lyrisme et dépersonnalisation : l'exemple de Baudelaire, *Romantisme*, n° 6, 1973, pp. 29–37.

BROMBERT (Victor), « La chevelure ou la volonté de l'extase » in *Dix études sur Baudelaire, Martine Bercot et André Guyaux (dir.)*, ouvrage publié avec le concours du Centre National des Lettres, Paris, Honoré Champion, 1993, pp. 61–69.

BRUNEL (Pierre), « Baudelaire et "l'homme d'Ovide" in *Lire Les Fleurs du Mal*, José-Luis Diaz, (dir.), Actes des journées d'étude organisées à Paris par la Société des études romantiques, du 10 au 11 octobre 2002, Université Paris VII-Denis Diderot, Cahier Textuel N 25, 2002, pp. 189–209.

BRUNEL (Pierre), « Le chant du côté gauche. Fleurs du Mal et fleurs de l'Enfer » in *Baudelaire. Une Alchimie de la Douleur, études sur Les Fleurs du Mal, Patrick Labarthe (dir.)*, Paris, Eurédit, 2003, pp. 9–23.

BRUNEL (Pierre), « La Circé tyrannique aux dangereux parfums » in *Mémoire et oubli dans le lyrisme européen*, Hommage à John E. Jackson, Dagmar Wieser, Patrick Labarthe (dir.) avec la collaboration de Jean-Paul Avice, Paris, Honoré Champion, 2008, pp. 67–87.

BURTON (Richard D.E.), « La douleur est donc un bien … »: Baudelaire et Blanc de Saint-Bonnet. Contribution à l'étude du politique et du religieux chez Baudelaire », *Lettres Romanes*, Vol. 47, no.4., 1993, pp. 243–255.

CELIER (Léon), « D'une rhétorique profonde : Baudelaire et l'oxymoron », *Cahiers internationaux de symbolisme*, n° 8, Presses du Centre interdisciplinaire d'études philosophiques de l'Université de Mons, Mons, Belgique, 1965, pp. 3–14.

CHAMBERS (Ross), "Baudelaire's Paris" in *The Cambridge Companion to Baudelaire*, Rosemary Lloyd (dir.), Cambridge University Press, 2005, pp. 101–116.

CHAPELAN (Maurice), « Baudelaire et Pascal », *La Revue de France*, treizième année, tome sixième, Novembre- décembre 1933, Paris, Éditions de France, pp. 71–100.

CHARNETY (Yves), « Baudelaire/ Paris : une impossible intimité », *l'Année Baudelaire n° 1* : « Baudelaire, Paris, l'Allégorie », 1995, pp. 71–80.

CLOËT (Jean-Louis), « Le spectre de la rose ou Baudelaire et son "Fantôme" … », *Revue des Sciences Humaines*, n° 264, Lille, Université Charles de Gaulle, 2001, pp. 67–98.

COLLIER (P.), « Baudelaire and Dante », *Studi Francesi*, Vol. 34, n° 102, Torino, Rosenberg & Sellier Editor, 1990.

COLLOT (Michel), « Horizon et esthétique », in *Baudelaire : Nouveaux Chantiers*, Jean Delabroy et Yves Charnet (dir.), Actes du colloque « Nouveaux chantiers Baudelaire » organisé à l'Université Charles de Gaulle, Lille III, du 13–15 mai 1993, Presses Universitaires du Septentrion, 1995, pp. 267–277.

COMBE (Dominique), « Le poème épique moderne » in *Baudelaire. Une Alchimie de la Douleur, études sur Les Fleurs du Mal, Patrick Labarthe (dir.)*, Paris, Eurédit, 2003, pp. 25–45.

COMPAGNON (Antoine), « Le rire énorme de la mer » in *L'Année Baudelaire* n° 2 « Baudelaire : figures de la mort, figures de l'éternité », 1996, pp. 36–74.

COMPAGNON (Antoine), « Baudelaire et les deux infinis » in *Le Genre Humain « Fini et infini »*, Maurice Olender (dir.), Paris, Editions du Seuil, Fév. 1992, pp. 115–143.

COMPAGNON (Antoine), « Baudelaire antimoderne », *Le Magazine Littéraire, Baudelaire. Nouvelles lectures des Fleurs du Mal »*, n° 418, mars 2003, pp. 57–58.

COMPAGNON (Antoine), « Notes sur notes », in *L'Année Baudelaire* n° 9–10 : « Baudelaire toujours : Hommage à Claude Pichois », 2007, pp. 105–113.

COMPAGNON (Antoine), « La théorie baudelairienne des nombres », in *Baudelaire et les formes poétiques*, Yoshikazu Nakaji (dir.), La licorne, Presses Universitaires de Rennes, 2008, pp. 41–52.

COQUIO (Catherine), « La "Baudelairité" décadente, un modèle spectral », *Romantisme*, n° 82, 1993, pp. 91–107.

COULET (Henri), « Une réminiscence d'Aristophane dans "le Cygne" », *Revue d'Histoire Littéraire de la France*, n° 4, Octobre-Décembre 1957, pp. 585–587.

CREPET (Jacques), « Du Baudelaire inconnu », *La Nouvelle Revue Française*, Tome XLIII, Janvier 1935, pp. 5–11.

CULLER (Jonathan), « C'est le diable qui tient les fils », in *Baudelaire. Une Alchimie de la Douleur, études sur Les Fleurs du Mal*, Patrick Labarthe (dir.), Paris, Eurédit, 2003, pp. 45–59.

DELESALLE (Simone), « Je, l'autre, les autres », *Europe*, n° 456–457, avril-mai 1967, pp. 125–138.

DELON (Michel), « Claude Pichois, prince des baudelairiens », *Le Magazine Littéraire*, n° 418, mars 2003, pp. 61–63.

DELVAILE (Bernard), « Baudelaire. La passion de Paris », *Le Magazine Littéraire*, n° 273, Janvier 1990, pp. 46–48.

DETALLE (Anny), « La dialectique des contraires dans le mythe baudelairien », in *Mythes, merveilleux et légendes dans la poésie française de 1840 à 1860*, Paris, Klinsckiek, 1976, Chapitre III, pp. 185–198.

DUFOUR (Pierre), « Formes et fonctions de l'allégorie dans la modernité des Fleurs du Mal » in *Baudelaire Les Fleurs du Mal, l'Intériorité de la Forme*, Actes du colloque du 7 Janvier 1989 de la Société des études romantiques, Paris, SEDES, 1989, pp. 135–147.

DUPONT (Jacques), « Baudelaire et Colette. Du côté de Lesbos », *L'Année Baudelaire*, n° 5 : « Hommage à Claude Pichois, Nerval, Baudelaire, Colette », 2000, pp. 155–167.

DUPONT (Jacques), « Le terreau des Fleurs : sur quelques réécritures baudelairiennes », *Baudelaire. Une Alchimie de la Douleur, études sur Les Fleurs du Mal*, Patrick Labarthe (dir.), Paris, Eurédit, 2003, pp. 61–83.

DROST (Wolfgang), « Claude Pichois et le texte de la Revue Française », *L'Année Baudelaire* n° 9–10 : « Baudelaire toujours : Hommage à Claude Pichois », 2007, pp. 119–122.

ENCKELL (Pierre), « La vie de bohème », *Le Magazine Littéraire*, n° 418, mars 2003, pp. 33–34.

FINKENTHAL (Michael), « Ennui et gouffre de Baudelaire à Cioran » in *Une poétique du gouffre : Sur Baudelaire et l'expérience du gouffre de Benjamin Fondane*, Monique Jutrin et Gisèle Vanhese (dir.), Actes du colloque de Cosenza (30 septembre–1 et 2 Octobre 1999), Soveria Mannelli, Éditions Rubettino, 2003, pp. 23–29.

FRÖHLICHER (Peter), « Le désir de peindre. Une poétique en acte », *L'Année Baudelaire* n° 11–12 :« Réflexions sur le dernier Baudelaire », 2009, pp. 31–48.

FROIDEVAUX (Gérald), « Modernisme et modernité : Baudelaire face à son époque », *Litté-ratures* n° 63, octobre 1986, pp. 90–103.

GASARIAN (Gérard), « Révolutions du récit chez Baudelaire », *Poétique,* n° 110, 1997, pp. 203–224.

GASARIAN (Gérard), « De quelques allégories baudelairiennes », in *Baudelaire. Une Alchimie de la Douleur, études sur Les Fleurs du Mal,* Patrick Labarthe (dir.), Paris, Eurédit, 2003, pp. 85–104.

GASARIAN (Gérard), « Les petits nuages en prose », *L'Année Baudelaire n° 11–12* :« *Réflexions sur le dernier Baudelaire »,* 2009, pp. 69–86.

GOCHBERG (Herbert S.), « Baudelaire's reference to Pascal in "Le Gouffre" », *Romance Notes,* University of North Carolina, Chapel Hill, NC, Autumn 1960, pp. 9–11.

GUYAUX (André), « Les Fleurs du Mal et Les Vieilles Plaies » in *Baudelaire Les Fleurs du Mal, l'Intériorité de la Forme,* Actes du colloque du 7 Janvier 1989 de la Société des études romantiques, Paris, SEDES, 1989, pp. 197–212.

GUYAUX (André), « Une lettre de Baudelaire à Poulet-Malassis », *L'Année Baudelaire,* n° 5 : « Hommage à Claude Pichois, Nerval, Baudelaire, Colette, 2000, pp. 91–98.

HAZAN (Eric), « Le sombre Paris », *Le Magazine Littéraire,* n° 418, mars 2003, pp. 30–32.

HEMMINGS (F.W.J.), « Baudelaire, Stendhal, Michel-Ange et Lady Macbeth », *Stendhal Club,* Avril 1961, pp. 85–98.

HERRISON (Charles D.), « L'imagerie antique dans Les Fleurs du Mal » in Actes du Col-loque de Nice (25–27 mai 1967), Paris, Minard, 1968, pp. 99–112.

HIDDELSTON (James. A.), « Les poèmes en prose de Baudelaire et la caricature », *Roman-tisme,* n° 74, 191, pp. 57–64.

HIDDELSTON (James. A.), « Baudelaire au miroir » *Lire Les Fleurs du Mal,* José-Luis Diaz, (dir.), Actes des journées d'étude organisées à Paris par la Société des études romantiques, du 10 au 11 octobre 2002, Université Paris VII-Denis Diderot, Cahier Textuel N 25, 2002, pp. 175–186.

IAZZOLINO (Mario), « Fondane e Baudelaire » in *Une poétique du gouffre : Sur Baudelaire et l'expérience du gouffre de Benjamin Fondane,* Monique Jutrin et Gisèle Vanhese (dir.), Actes du colloque de Cosenza (30 septembre–1 et 2 Octobre 1999), Soveria Mannelli, Éditions Rubettino, 2003, pp. 267–283.

JACKSON (JOHN E.), « Baudelaire, lecteur de Théophile Gautier », *Revue d'Histoire Litté-raire de la France,* n° 3, 1984, pp. 439–449.

JACKSON (JOHN E.), « Le poème sur le tableau et le poème comme tableau, l'exemple de Baudelaire », *la Revue de Belles—Lettres,* n° 1, 1983, pp. 63–77.

JACKSON (JOHN E.), « L'économie de la haine » in *Baudelaire Les Fleurs du Mal, l'Intériorité de la Forme,* Actes du colloque du 7 Janvier 1989 de la Société des études romantiques, Paris, SEDES, 1989, pp. 149–159.

JACKSON (JOHN E.), « Vers un nouveau berceau ? Le rêve de palingénésie chez Baude-laire », *L'Année Baudelaire* n° 2 « Baudelaire : figures de la mort, figures de l'éternité », 1996, pp. 45–61.

JACKSON (JOHN E.), « La poésie et les Dieux », *L'Année Baudelaire,* n° 5 : « Hommage à Claude Pichois, Nerval, Baudelaire, Colette », 2000, pp. 45–60.

JACKSON (JOHN E.), « Le Jeu des voix : de l'interpellation et de quelques autres formes énonciatives dans Les Fleurs du Mal », *L'Année Baudelaire*, n° 6 : « De la belle Dorothée aux bons chiens », 2002, pp. 69–88.

JACKSON (JOHN E.), "Les soldats de Baudelaire" in *Baudelaire. Une Alchimie de la Douleur, études sur Les Fleurs du Mal, Patrick Labarthe (dir.)*, Paris, Eurédit, 2003, pp. 105–120.

JACKSON (JOHN E.), « La question de Lesbos », *L'Année Baudelaire, n° 7 :* « Du dandysme à la caricature », 2003, pp. 101–108.

KLEIN (Raoul), « La fabrique de l'or triste (lecture du "Guignon") » in *Baudelaire. Une Alchimie de la Douleur, études sur Les Fleurs du Mal, Patrick Labarthe (dir.)*, Paris, Eurédit, 2003, pp. 121–142.

KOPP (Robert), « Baudelaire et l'opium », *Europe*, n° 456–457, avril-mai 1967, pp. 61–78.

KOPP (Robert), « Le "Baudelaire" de Walter Benjamin », *Travaux de Littérature* n° 2, 1989, pp. 243–266.

KOPP (Robert), « Mythe, mode et modernité », *Le Magazine Littéraire*, n° 273, Janvier 1990, pp. 44–46.

KOPP (Robert), « Les voix de Baudelaire », in *La Voix* ; Hommage à Pierre Brunel, Danièle Chauvin (dir.) Paris, Pubications Universitaires de la Sorbonne, 2009, pp. 117–127.

LABARTHE (Patrick), « Paris comme décor allégorique », *L'Année Baudelaire* n° 1 : « Baudelaire, Paris, l'Allégorie », sous la direction de Claude Pichois et Jean-Paul Avice, Paris, Klincksieck, 1995, pp. 41–55.

LABARTHE (Patrick), « La dialectique de l'ancien et du moderne dans l'œuvre de Baudelaire », *Bulletin de l'association Guillaume Bude*, n° 1, 1997, pp. 67–80.

LABARTHE (Patrick), « Le Spleen de Paris ou le livre des pauvres », *L'Année Baudelaire*, n° 5 : « Hommage à Claude Pichois, Nerval, Baudelaire, Colette », 2000, pp. 99–118.

LABARTHE (Patrick), « Les couples féminins allégoriques chez Baudelaire : *La quelle est la vraie ?* » in *Masculin/Féminin dans la poésie et les poétiques du XIXᵉ siècle*, Christine Planté (dir.), Lyon, Presses Universitaires de Lyon, Collection « Littérature et idéologie », 2002, pp. 279–290.

LABARTHE (Patrick), « De l'usage des archaïsmes dans Les Fleurs du Mal » in *Relais, Dix études réunies en hommage à Georges Blin*, Paris, Editions, José Corti, Collection « Les Essais », 2002, pp. 119–148.

LABARTHE (Patrick), « La douleur du Cygne » in *Baudelaire. Une Alchimie de la Douleur, études sur Les Fleurs du Mal*, Patrick Labarthe (dir.), Paris, Eurédit, 2003, pp. 143–162.

LABARTHE (Patrick), « Une poétique ambiguë ; Les "Correspondances" » *Baudelaire, Les Fleurs du Mal*, André Guyaux et Bertrand Marchal (dir.), Actes du colloque de la Sorbonne des 10 et 11 janvier 2003, Paris Presses de l'Université de Paris- Sorbonne 2003, pp. 121–142.

LABARTHE (Patrick), « Une métaphysique en action », *L'Année Baudelaire* n° 9–10 : « Baudelaire toujours : Hommage à Claude Pichois », 2007, pp. 161–176.

LABARTHE (Patrick), « Le "Tombeau" de Jeanne : lecture d'un "fantôme" » *Baudelaire et les formes poétiques*, Yoshikazu Nakaji (dir.), La Licorne, Presses Universitaires de Rennes, 2008, pp. 79–96.

LAFORGUE (Pierre), « Notes sur les Tableaux parisiens », *L'Année Baudelaire* n° 1 : « Baudelaire, Paris, l'Allégorie », sous la direction de Claude Pichois et Jean-Paul Avice, Paris, Klincksieck, 1995, pp. 81–87.

LAFORGUE (Pierre), « La quadrature de l'Infini. Sur L'ésthétique et la poétique de Baudelaire entre 1859 et 1863. » in *Poétiques d'écriture*. Mélange de littérature et d'histoire littéraire offerts à Jean Gaudon, Pierre Laforgue (dir.), Paris, Klincksieck, 1996.

LAFORGUE (Pierre), « Baudelaire, Hugo et la royauté du poète : le romantisme en 1860 », *Revue d'Histoire Littéraire de la France* no.5, 1996, pp. 966–982

LAFORGUE (Pierre), « Baudelaire. Un mangeur d'opium ou l'autobiographie d'un autre » in *Ecritures de soi : secrets et réticences*, Actes du Colloque international de Besançon (22–24 novembre 2000), Bertrand Degot et Marie Miguet- Ollagnier (dir.), Paris, L'Harmattan 2001, pp. 279–289.

LAFORGUE (Pierre), « Sur la rhétorique du lyrisme dans les années 1850 : Le flacon de Baudelaire », *Poétique* n° 26, 2001, pp. 245–252.

LAFORGUE (Pierre), « Delphine et Hippolyte, ou érotique et poétique chez Baudelaire » in *Masculin/Féminin dans la poésie et les poétiques du XIXᵉ siècle*, Christine Planté (dir.), Lyon, Presses Universitaires de Lyon, Collection « Littérature et idéologie », 2002, pp. 269–278.

LAPORTE (Nadine), « Espaces baudelairiens », *Méthode* n° 3, 2002, pp. 171–184.

LARROUTIS (M.), « Une source de "L'Invitation au voyage", *Revue d'Histoire Littéraire de la France* n° 4, Octobre-Décembre 1957, pp. 585–586.

LEBOULAY (Jean -Claude), « Je n'ai pas oublié … de Baudelaire : intérieur et extérieur », *Littérales* no. 28, 1993. pp. 83–93.

LEROY (Claude), « Le mythe de la passante de Baudelaire à Breton », *Littérales* n° 12, 1993, pp. 33–46.

LOISELEUR (Aurélie), « Le temple du dégoût », *L'Année Baudelaire n° 11–12* :« *Réflexions sur le dernier Baudelaire* », 2009, pp. 199–218.

LOUBIER (Pierre), « Le Spleen de Babel : Baudelaire et la tour-labyrinthe » in *Le défi de Babel, un mythe littéraire pour le XXIᵉ siècle*, textes réunis par Sylvie Parizet, Actes du colloque organisé à l'Université de Paris X Nanterre (24 et 25 mars 2000), collection littérature & idée dirigée par Camille Dumoulié, Paris, éditions Desjonquères, 2001, pp. 75–87.

MAILLARD (Pascal) « L'allégorie Baudelaire. Poétique d'une métafigure du discours », *Romantisme* n° 107, 2000, pp. 37–48.

MANDET (E.), « Les voix du silence. Adolescence et poésie chez Baudelaire et Rimbaud », *Adolescence* n° 17, Paris, Editions Greupp, 1999, pp. 249–269.

MARCHAL (Bertrand), « De la fleur du mal à la danseuse oriental » in *Baudelaire. Une Alchimie de la Douleur, études sur Les Fleurs du Mal, Patrick Labarthe (dir.)*, Paris, Eurédit, 2003, pp. 175–188.

MARCHAL (Bertrand), « De quelques comparaisons baudelairiennes », *L'Année Baudelaire* n° 9–10 : « Baudelaire toujours : Hommage à Claude Pichois », 2007, pp. 189–202.

MAULPOIX (Jean -Michel), « J'aime les nuages » in *Baudelaire : Nouveaux Chantiers*, Jean Delabroy et Yves Charnet (dir.), Actes du colloque « Nouveaux chantiers Baudelaire » organisé à l'Université Charles de Gaulle, Lille III, du 1 » –15 mai 1993, Presses Universitaires du Septentrion, « Travaux et recherches », 1995, pp. 187–190.

MIGUET-OLLAGNIER (Marie), « Barbey d'Aurevilly et Baudelaire : dandysme et hermaphrodisme » in *L'Image de l'Anglo-saxon : types et stéréotypes, conformisme et subversion*, Actes du colloque de mars 1991, J.P. Forster, A. Rault et Marie-Claire Hamard (dir.), Centre de Recherches ALSO, Besançon, 1992, pp. 73–86.

MILNER (Max), « La poétique de la chute » in *Regards sur Baudelaire, Williman Bush (dir.)*, Actes du Colloque de London (Canada) 1970, the University of Westren Ontario, Paris, Minard, 1974, pp. 85–107.

MOREAU (Pierre), « En marge du "Spleen de Paris", *Revue d'Histoire Littéraire de la France* n° 4, Octobre-Décembre 1959, pp. 539–543.

MORISI (Eve Célia), « Le sens d'un "plagiat" baudelairien. "Le Flambeau Vivant" et "to Helen" (1848) d'Edgar Allan Poe » in *Les Cinq sens et les sensations, lexicographie contrastive*, Anne-marie Laurian (dir.) Berne, Peter Lang, 2007, pp. 183–198.

MURPHY (Steve), « Le complexe de supériorité et la contagion du rire : Un plaisant de Baudelaire », *Travaux de Littérature*, n° 7, 1994, pp. 257–285.

MURPHY (Steve), « Sur une strophe d' "Au lecteur" de Baudelaire. Objets répugnants et comparaisons dérapantes », *Littératures*, no. 32, 1995, pp. 69–82.

MURPHY (Steve), « Effets et motivations. Quelques excentricités de la versifications baudelairiennes », in *Baudelaire. Une Alchimie de la Douleur, études sur Les Fleurs du Mal, Patrick Labarthe (dir.)*, Paris, Eurédit, 2003, pp. 265–297.

MURPHY (Steve), « A propos de quelques rimes et vents », *L'Année Baudelaire* n° 9–10 : « Baudelaire toujours : Hommage à Claude Pichois », 2007, pp. 231–252.

MURPHY (Steve), « Personnalité et impersonnalité du Cygne » in *1857 Baudelaire et Les Fleurs du Mal*, de Pierre Brunel et Giovanni Dotoli (dir.), Collection « Biblioteca Della Ricerca », Bari, Schena editore, 2007, pp. 111–126.

MURPHY (Steve), « Dans le "désert de l'histoire" : la dimension politique du "Cygne" » in *Mémoire et oubli dans le lyrisme européen*, Hommage à John E. Jackson, Dagmar Wieser, Patrick Labarthe (dir.) avec la collaboration de Jean-Paul Avice, Paris, Honoré Champion, 2008, pp. 87–113.

NAKAJI (Yoshikazu), « Le "Tombeau" dans *Les Fleurs du Mal* » in *Baudelaire et les formes poétiques*, Yoshikazu Nakaji (dir.), La licorne, Presses Universitaires de Rennes, 2008, pp. 25–40.

NELSON (Lowry JR.), « Baudelaire and Virgil : A reading of "Le Cygne" » in *Comparative Literature*, Vol. 13, N°. 4, Autumn 1961, (http://www.jstor.org/stable/1768663), pp. 332–345.

NERY (Alain), « Le dandysme dans les lettres selon Baudelaire : du dandy au paria », *Recherches sur l'Imaginaire*, n° 29, 2003, pp. 51–63.

NOIRAY (Jacques), « Le Joujou du pauvre : une pédagogie de la cruauté », *L'Année Baudelaire* n° 11–12 :« Réflexions sur le dernier Baudelaire », 2009, pp. 13–30.

OEHLER (Dolf), « Heine et Baudelaire : de l'usage moderne de la Bible en poésie », *Revue Iris*, n° 11, « Bible et Imaginaire », 1991, pp. 107–120.

OEHLER (Dolf), « L'explosion baudelairienne », *Europe*, n° 760–761, août–septembre 1992, pp. 46–68.

OEHLER (Dolf), « Carrousel de cygnes. Baudelaire, Nerval, Heine », *L'Année Baudelaire*, n° 5 : « Hommage à Claude Pichois, Nerval, Baudelaire, Colette », 2000, pp. 77–90.

OEHLER (Dolf), « Les ressources de l'allégorie : « A une passante », *Lectures des Fleurs du Mal*, Steve Murphy (dir.), Rennes, Presses Universitaires de Rennes, 2002, pp. 57–70.

OEHLER (Dolf), « Le poids de l'Histoire chez Baudelaire et Flaubert. Modernités et massacre » in *Baudelaire. Une Alchimie de la Douleur, études sur Les Fleurs du Mal*, Patrick Labarthe (dir.), Paris, Eurédit, 2003, pp. 299–326.

OEHLER (Dolf), "Baudelaire's politics" in *The Cambridge Companion to Baudelaire*, Rosemary Lloyd (dir.), Cambridge University Press, 2005, pp. 14–30.

ORLANDO (Francesco), « Baudelaire et le soir », *L'Année Baudelaire n° 11–12* : « *Réflexions sur le dernier Baudelaire* », 2009, pp. 147–180.

PATTY (James S.), « The presence of Baudelaire in Pierre Larousse's Grand Dictionnaire Universel », *Bulletin baudelairien* Vol. 38, no 1–2, 2003, pp. 35–47.

PETIT (Jacques), « Baudelaire et Barbey d'Aurevilly », *Revue d'Histoire Littéraire de la France*, n° 2 avril–juin 1967, pp. 286–295.

PHILIPPOT (Didier), « Baudelaire, Delacroix et les femmes d'intimité », *L'Année Baudelaire n° 11–12* :« *Réflexions sur le dernier Baudelaire* », 2009, pp. 105–146.

PICHOIS (Claude), « L'ivresse du chiffonnier », *Revue d'Histoire Littéraire de la France* n° 4, Octobre–Décembre 1957, pp. 584–585.

PICHOIS (Claude), « Sur Baudelaire et Nadar », *Nineteenth Century French Studies*, Vol.23, no.3–4, 1995, pp. 416–420.

PICHOIS (Claude), « Baudelaire et ses manuscrits », *Travaux de Littérature* n° 11, 1998, pp. 285–291.

PICKERING (Robert), « Baudelaire, Les Salons, exégèse artistique et transfert poétique » in *Ecrire la peinture entre XVIII et XIX siècles*, Actes du colloque du Centre de Recherches Révolutionnaires et Romantiques, Pascale Auraix-Jonchière (dir.), Clermont-Ferrand, Presses Universitaires Blaise Pascal, 2003, pp. 215–229.

PELLEGRIN (J.), « Réversibilité de Baudelaire », *Courrier du Centre international d'études poétiques*, n° 222, Bruxelles, 1999, pp. 5–23.

PENSOM (Roger), « Le poème en prose : De Baudelaire à Rimbaud », *French Studies*, Vol. 56, n 1, Nottingham, 2002 pp. 15–28.

POMMIER (Jean), « Baudelaire devant la critique théologique », *Revue d'Histoire Littéraire de la France*, n° 1, janvier–mars, 1957–1958, pp. 35–47.

POMMIER (Jean), « Le Tombeau de Baudelaire par Stéphane Mallarmé » in Actes du Colloque de Nice (25–27 mai 1967), Paris, Minard, 1968, pp. 173–182.

POP-CURSEU (Ioan), « L'esthétique de l'hyperbole chez Baudelaire », *L'Année Baudelaire n° 11–12* :« *Réflexions sur le dernier Baudelaire* », 2009, pp. 181–198.

RICHARD (Jean-Pierre), « Le vertige de Baudelaire », *Critique* n° 101–102, septembre–octobre 1955, pp. 771–792.

RICHTER (Mario), « Chez Baudelaire, la pitié ricane : lecture de « La Servante au grand cœur », *Rivista di letterature moderne e comparate*, Vol. 53, n° 3, Pisa, 2000, pp. 295–306.

ROBB (Graham), « Erotisme et obscénité des *Fleurs du Mal* », *Europe*, n° 760–761, août–septembre, 1992, pp. 96–78.

ROBB (Graham), « Révolutions et contre-révolution », *L'Année Baudelaire* n° 9–10 : « Baudelaire toujours : Hommage à Claude Pichois », 2007, pp. 253–264.

RUFF (Marcel A.), « La filiation de Baudelaire à Rimbaud », in *Actes du Colloque de Nice* (25–27 mai 1967), Paris, Minard, 1968. pp. 193–199.

SAINT GIRONS (Baldine), « Acte pictural et acte poétique ; la nuit entre Delacroix et Baudelaire » in Alain Montandon, *Promenades Nocturnes,* Paris, L'Harmattan, 2009, pp. 109–122.

SALAZAR- FERRER (Olivier), « D'un Baudelaire l'autre », *Une poétique du gouffre : Sur Baudelaire et l'expérience du gouffre de Benjamin Fondane,* Monique Jutrin et Gisèle Vanhese (dir.), Actes du colloque de Cosenza (30 septembre–1et 2 Octobre 1999), Soveria Mannelli, Éditions Rubettino, 2003, pp. 285–320.

SCHNEIDER (Pierre), « Baudelaire, poète de la fragmentation », *Critique* n° 51–52, août–septembre 1951, pp. 675–685.

SELLIER (Philippe), « Pour un Baudelaire et Pascal » in *Baudelaire, Les Fleurs du Mal : l'intériorité de la forme,* Paris, SEDES, 1989, pp. 5–16.

SLAMA, (Marie-Gabrielle), « Baudelaire classique. Petite généalogie d'une image », *L'Année Baudelaire n° 11–12* :« *Réflexions sur le dernier Baudelaire* », 2009, pp. 227–240.

STAROBINSKI (Jean), « Les rimes du vide », Nouvelle Revue de Psychanalyse n° 11, Printemps 1975, pp. 133–143.

STAROBINSKI (Jean), « Le rêve, la création, la destruction dans l'expérience de Baudelaire », *Confrontations psychiatriques,* no. 34, Paris, 1992, pp. 75–81.

STAROBINSKI (Jean), « Notes de lecture », *L'Année Baudelaire,* n° 6 : « De la belle Dorothée aux bons chiens », 2002, pp. 143–154.

STAROBINSKI (Jean), « Je n'ai pas oublié … », in *Baudelaire. Une Alchimie de la Douleur, études sur Les Fleurs du Mal, Patrick Labarthe (dir.),* Paris, Eurédit, 2003, pp. 327–342.

STAROBINSKI (Jean), « Le capitole et l'idole », *L'Année Baudelaire* n° 9–10 : « Baudelaire toujours : Hommage à Claude Pichois », 2007, pp. 265–288.

STEINMETZ (Jean-Luc), « Essai de tératologie baudelairienne » in *Baudelaire Les Fleurs du Mal, l'Intériorité de la Forme,* Actes du colloque du 7 Janvier 1989 de la Société des études romantiques, Paris, SEDES, 1989, pp. 162–173.

STEPHENS (Sonya), « The prose poems » in *The Cambridge Companion to Baudelaire,* Rosemary Lloyd (dir.), Cambridge University Press, 2005, p. 69–86.

STIERLE (Karlheinze), « Aliénation et poésie : "L'Héautontimoroumenos" de Baudelaire » in *Mémoire et oubli dans le lyrisme européen,* Hommage à John E. Jackson, Dagmar Wieser, Patrick Labarthe (dir.) avec la collaboration de Jean-Paul Avice, Paris, Honoré Champion, 2008, pp. 183–191.

SUSINI (Jean-Claude), « Les dispositifs de concentration chez Baudelaire : géométrie de "La Vie antérieure" » in *Nineteenth-Century French Studies,* Vol ; 24, n° 1 & 2, Fall–Winter, 1995–1996, Fredonia NY, Editor T.H. Goetz, State University of New York College at Fredonia, 1995, p. 111–121.

SUSINI (Jean-Claude), « De la rhétorique romantique au captage de la physis : les avatars d'une larme dans *Tristesses de la lune* de Baudelaire », *L'Information Littéraire* n° 3, mai–juin, 1996, pp. 29–36.

SUSINI (Jean-Claude), « Rêve Parisien de Baudelaire : vaporisation, concentration et règlements de comptes », *Nineteenth Century French Studies,* Vol. 26, n° 3–4, 1998, pp. 346–367.

THÉLOT (Jérôme), « La prière selon Baudelaire » in *Baudelaire : Nouveaux Chantiers,* Jean Delabroy et Yves Charnet (dir.), Actes du colloque « Nouveaux chantiers Baudelaire » organisé à l'Université Charles de Gaulle, Lille III, du 13–15 mai 1993, Presses Universitaires du Septentrion, « Travaux et recherches », 1995 pp. 85–96.

THÉLOT (Jérôme), « La conversion baudelairienne », *L'Année Baudelaire,* n° 5 : « Hommage à Claude Pichois, Nerval, Baudelaire, Colette », 2000, pp. 119–142.

THÉLOT (Jérôme), « La poésie de la faim », *Le Magazine Littéraire,* n° 418, mars 2003, pp. 38–40.

THÉLOT (Jérôme), « Abel et Caïn. La faim originaire » in *Baudelaire. Une Alchimie de la Douleur, études sur Les Fleurs du Mal, Patrick Labarthe (dir.),* Paris, Eurédit, 2003, pp. 353–365.

THÉLOT (Jérôme), « Pour critiquer Mallarmé », *L'Année Baudelaire* n° 9–10 : « Baudelaire toujours : Hommage à Claude Pichois », 2007, pp. 309–318.

TREILHOU-BALAUDÉ (Catherine), « Baudelaire et Hamlet : la fusion du drame et de la rêverie » in *Baudelaire : Nouveaux Chantiers,* Jean Delabroy et Yves Charnet (dir.), Actes du colloque « Nouveaux chantiers Baudelaire » organisé à l'Université Charles de Gaulle, Lille III, du 1 »–15 mai 1993, Presses Universitaires du Septentrion, « Travaux et recherches », 1995, pp. 45–57.

VAILLANT (Alain), « Le lyrisme de l'obscène chez Baudelaire : analyse d'une révolution poétique » in *Masculin/Féminin dans la poésie et les poétiques du XIXe siècle,* Christine Planté (dir.), Lyon, Presses Universitaires de Lyon, Collection « Littérature et idéologie », 2002, pp. 259–268.

VAN ZUYLEN (Marina), « Monomanie à deux : "Mademoiselle Bistouri" et le dialogue de Baudelaire avec l'insensé », Etudes Françaises Vol. 40 n° 2, Montréal, 2004, pp. 115–130.

VIOLATO (Gabriella), « Lecture de la Chambre double » in *Dix études sur Baudelaire, Martine Bercot et André Guyaux (dir.),* ouvrage publié avec le concours du Centre National des Lettres, Paris, Honoré Champion, 1993, pp. 157–170.

VIVES (Luc), « Les poèmes de la Momie : influences de l'imaginaire orientaliste et égyptisant de Théophile Gautier dans l'œuvre de Charles Baudelaire », *Bulletin de la société Théophile Gautier* n° 21, 1999, pp. 53–69.

WILCOCKS (Robert), « Towards a re-examination of L'Héautontimorouménos », *The French Review,* Vol. 48, n° 3, Feb.1975, pp. 566–579.

Autres études

1. Dictionnaires et encyclopédies

BATTISTINI (Olivier), *Dictionnaire des lieux et des pays mythiques,* Paris, Robert Laffont, 2011.

BELFIORE (Jean-Claude), *Dictionnaire de mythologie grecque et romaine,* Paris, Larousse 2003.

BONNEFOY (Yves), *Dictionnaire des mythologies,* Paris, Flammarion, 1981.

BRUNEL (Pierre) *Dictionnaire des mythes littéraires,* Monaco, Éditions du Rocher, 1988.

BRUNEL (Pierre) *Dictionnaire de Don Juan,* Paris, Laffont, Collection « Bouquins », 1999.

BRUNEL (Pierre) *Dictionnaire des mythes féminins*, Monaco, Éditions du Rocher, 2002.

CHAUVIN (Danièle), SIGANOS (André) et WALTER (Philippe) (dir.), *Questions de Mythocritique*, Paris, éditions Imago, 2005.

CHEVALIER (Jean) et GHEERBRANT (Alain), *Dictionnaire des Symboles, Mythes, Rêves, Coutumes, Gestes, Formes, Figures, Couleurs, Nombres*, Paris, Éditions Robert Laffont et Editions Jupiter, collections « Bouquins » (1969), 1982.

CORTEGGIANI (Jean-Pierre), *L'Égypte ancienne et ses dieux*, Dictionnaire illustré, dessins de Laïla Menassa, Paris, librairie Arthème Fayard, 2007.

GÉRARD (André-Marie) et NORDON-GERARD (Andrée) (dir.) *Dictionnaire de la Bible* avec la collaboration du P. Tollu, Paris, Laffont, 1989.

GRIMAL (Pierre), *Dictionnaire de la Mythologie grecque et romaine*, (1951), Paris, Presses Universitaires de France, 15 ème édition, 2002.

LAROUSSE (Pierre), *Grand Dictionnaire Universel du XIXe siècle*, Genève-paris, Editions Slatkine, 1982.

2. Critiques sur les sujets suivants :

Mythologie, imaginaire et symbolisme

1. Ouvrages

a) Ouvrages monographiques

ALBOUY (Pierre), *Mythes et mythologies dans la littérature française*, Paris, Armand Colin, Collection « U2 » 1969.

ALBOUY (Pierre), *La Création mythologique chez Victor Hugo*, José Corti, 1985.

ARCHIMANDRITIS (Georgios), *Le Mythe d'Orphée dans le théâtre et le cinéma du XXe siècle*, Paris I, 2000, thèse.

AURAIX-JONCHIÈRE (Pascale), *L'Unité impossible. Essai sur la Mythologie de Barbey d'Aurevilly*, Saint-Genouph, A.G.-Nizet, 1997.

BACHELARD (Gaston) *L'Air et les songes, essai sur l'imagination du mouvement*, (1943), Paris, Le Livre de poche, 2004.

BACHELARD (Gaston) *L'Eau et les rêves, essai sur l'imagination de la matière*, (1942), Paris, Le Livre de poche, 1993.

BACHELARD (Gaston) *La Poétique de l'espace*, (1957), Paris, Publications Universitaires de France, 1998.

BACHELARD (Gaston), *La Poétique de la rêverie*, (1960), Paris, Publications Universitaires de France, 1999.

BACHELARD (Gaston) *La Psychanalyse du feu*, (1949), Paris, Gallimard 2004.

BACHELARD (Gaston), *La Terre et les rêveries du repos, essai sur les images de l'intimité* (1948), Paris, José Corti, 2004.

BACHELARD (Gaston), *La Terre et les rêveries de la volonté, essai sur l'imagination des forces*, (1948), Paris, José Corti, 2004.

BACKÈS (Jean-Louis), *Le Mythe d'Hélène*, Clermont-Ferrand, Adosa, 1984.

BACKÈS (Jean-Louis), *Le Mythe dans les littératures d'Europe*, Paris, Editions du Cerf, Collection « Littérature », 2010.

BALLESTRA-PUECH (Sylvie), *Les Parques, Essai sur les figures féminines du destin dans la littérature occidentale*, Toulouse, Editions Universitaires du Sud, 1999.

BARTHES (Roland), *Mythologies*, Paris, Éditions du Seuil, 1970.

BARTHES (Roland), *La Chambre claire*, Paris, Gallimard, Collection « Le Seuil », Cahiers du cinéma, 1980.

BARTHOLOMOT-BESSOU (Marie-Ange), *L'Imaginaire du féminin dans l'œuvre de Renée Vivien. De mémoire en mémoire*, Clermont-Ferrand, Presses Universitaires Blaise Pascal, Cahier Romantique n° 10, 2004.

BAUDOIN (Charles, *La Psychanalyse de Victor Hugo*, Paris, Armand Colin, 1972.

BÉGUIN (Albert), *L'Âme romantique et le rêve*, Paris, José Corti (1939), 1991.

BRIX (Michel), *Eros et littérature : le discours amoureux en France au XIXᵉ siècle*, Louvain, Peeters, 2001.

BRUNEL (Pierre), *L'Évocation des morts et la descente aux enfers*, Paris, CDU et SEDES réunis, 1974.

BRUNEL (Pierre), *Mythocritique : théorie et parcours*, Paris, Presses Universitaires de France, 1992.

BRUNEL (Pierre), (dir.), *Mythes et littérature*, Presses de l'université de Paris-Sorbonne, 1994.

BRUNEL (Pierre), *Le Mythe d'Electre*, Paris, Honoré Champion, 1995.

BRUNEL (Pierre), *Mythe et Utopie. Leçons de Diamante*, Napoli, Vivarium, 1999.

BRUNEL (Pierre), *Dix mythes au féminin*, Paris, J Maisonneuve, 1999.

BRUNEL (Pierre), *Mythopoétique des genres*, Paris, Presses Universitaires de France, Collection « Ecriture », 2003.

BRUNEL (Pierre) et BASTIAN (Aeneas), *Sisyphe et son rocher*, Monaco, Éditions du Rocher, collection « Figures et mythes », 2004.

BRUNEL (Pierre), *Le Mythe de la métamorphose*, Paris, José Corti, 2004.

CAILLOIS (Roger), *Le Mythe et l'homme*,(1938) Paris, Gallimard, 1989.

CAILLOIS (Roger), *L'Homme et le sacré*, (1950), Paris, Gallimard, 2006.

CANOVAS (Frédéric), *L'Ecriture rêvée*, Paris, L'Harmattan, 2000. pp. 75–112.

CARASSUS (Emilien), *Le Mythe du dandy*, Paris, Armand Colin, Paris, 1971.

CASSIRER (Ernst), *La Philosophie des formes symboliques, tome II, la pensée mythique*, traduction de l'Allemand et index par Jean Lacoste, Paris, Éditions de minuit, 1972.

CHAUVIN (Danièle), *Champs de l'imaginaire, Gilbert Durand*, Grenoble, ELLUG, 1996.

DANCOURT (Michèle), *Dédale et Icare : métamorphoses d'un mythe*, Paris, CNRS, 2002.

DABEZIES (André), *Le Mythe de Faust*, Paris, Armand Colin, Collection « U Prisme », 1990.

DUMÉZIL (Georges), *Mythe et épopée*, Paris, Gallimard, 1995.

DUMOULIÉ (Camille), *Don Juan ou l'héroïsme du désir*, Paris, Presses Universitaires de France, 1993.

DURAND (Gilbert), *Le Décor mythique de « La Chartreuse de Parme ». Contribution à l'esthétique du romanesque*, Paris, José Corti, (1961), 1983.

DURAND (Gilbert), *L'Imagination symbolique,* Paris, Presses Universitaires de France, (1964), 1984.

DURAND (Gilbert), *Figures mythiques et visages de l'œuvre, de la mythocritique à la mythanalyse,* (1979), Paris, Dunod, 1992.

DURAND (Gilbert), *Introduction à la Mythodologie, Mythes et Sociétés,* Paris, Albin Michel, 1996.

DURAND (Gilbert), *Les Structures anthropologiques de l'imaginaire,* (1969), Paris, Dunod, 1992.

DURAND (Gilbert) et SUN (Chaoying), *Mythe, Thèmes et Variations,* Paris, Desclée de Brouwer, 2000.

EIGELDINGER (Marc), *Jean-Jacques Rousseau, Univers mythique et Cohérence,* Neuchatel, A la Baconnière, 1978.

EIGELDINGER (Marc), *Lumières du Mythe,* Paris, Presses Universitaires de France, 1983.

EIGELDINGER (Marc), *Mythologie et intertextualité,* Genève, Éditions Slaktine, 1987.

ELIADE (Mircea), *Traité d'histoire des religions,* (1949), Paris, Payot, 2004.

ELIADE (Mircea), *Aspects du Mythe,* (1963), Paris, Gallimard, 1988.

ELIADE (Mircea), *Méphistophélès et l'androgyne,* (1962), Paris, Gallimard, 1995.

ELIADE (Mircea), **La Nostalgie des origines,** (1971), Paris, Gallimard, 1999.

ELIADE (Mircea), *Le Mythe de l'éternel retour,* (1969), Paris, Gallimard, 2002.

ELIADE (Mircea), *Images et Symboles,* (1952), Paris, Gallimard, 2004.

ELIADE (Mircea), *Le Sacré et le profane,* (1965), Paris, Gallimard, 2004.

ELIADE (Mircea), *Forgerons et Alchimistes,* (1977), Paris, Flammarion, 2004.

ELIADE (Mircea), *Mythes, rêves et mystères,* (1957), Paris, Gallimard, 2005.

FRAPPIER (Jean), *Histoires, mythes et symboles,* Genève, Droz, 1976.

GEISLER-SZMULEWICZ (Anne), *Le Mythe de Pygmalion au XIXᵉ Siècle : Pour une approche de la coalescence des mythes,* Paris, Honoré Champion 1999.

GÉLY (Véronique), *La Nostalgie du moi, Écho dans la littérature européenne,* Paris, Presses Universitaires de France, Collection « Littérature Européenne », 2000.

GÉLY (Véronique), *L'Invention d'un mythe : Psyché. Allégorie et fiction, du siècle de Platon au temps de la Fontaine,* Paris, Honoré Champion, Collection « Lumière classique », 2006.

GIBERT (Pierre), *Bible, mythe et récits des commencements,* Paris, Éditions du Seuil, 1986.

GILLET (Jean), *Le Paradis perdu dans la littérature française, de Voltaire à Chateaubriand,* Paris, Klincksieck, 1975.

GREENE (Ellen), *Reading Sappho, contemporary approaches,* University of California Press, 1996.

GUIOMAR (Michel), *Principes d'une esthétique de la Mort,* Paris, José Corti, 1967.

GUSDORF (Georges), *Mythe et métaphysique. Introduction à la Philosophie,* Paris, Flammarion, 1953.

HASSOUN (Jacques), *Caïn, Figures mythiques,* Paris, Editions autrement, 1997.

HERMANN, (Paul), *La Mythologie allemande,* traduction, notes et bibliographie de Michel-François Demet, Paris, Plon, 2001 pour la traduction française.

HUET-BICHARD, (Marie-Catherine), *Littérature et mythe,* Paris, Hachette, 2001.

ILLOUZ (Jean-Nicolas), *Le Symbolisme*, Paris, Le Livre de poche, 2004.

JANKELEVITCH (Vladimir), *Le Nocturne : Fauré, Chopin et la nuit, Satie et le matin*, Paris, Albin Michel, 1957.

JOLLES (André), *Formes simples*, Paris, Éditions du Seuil, 1972, pp. 77–102.

JUNG (Carl Gustav), *La Guérison Psychologique*, Genève, Georg Editeur S.A., 1987.

JUNG (Carl Gustav) et KERENYI (Charles), *Introduction à l'essence de la mythologie*, Paris, Payot, 2001.

KNECHT (Edgar), *Le Mythe du Juif Errant, Essai de mythologie littéraire et de sociologie religieuse*, Presses Universitaires de Grenoble, 1977.

LÉONARD-ROQUES (Véronique), *Caïn, figure de la modernité (Conrad, Unamuno, Hesse, Steinbeck, Butor, Tournier)*, Paris, Honoré Champion, 2003.

LEVI-STRAUSS (Claude), *Anthropologie structurale*, Paris, Plon, Collection. « Agora », 1957 chapitre XI : « La structure des mythes ».

LOUBIER (Pierre), *Le poète au labyrinthe, Ville, errance, écriture*, Saint-Cloud, ENS, 1998.

MARIGNY (Jean), *Le Vampire dans la littérature du XXᵉ siècle*, Paris, Honoré Champion, 2003.

MARKALE (Jean), *L'Enigme des vampires*, Paris, Éditions Pygmalion, 1991.

MATHIEU-CASTELLANI (Gisèle), *Mythes de l'Eros baroque*, Paris, Publications Universitaires de France, 1981.

MIGUET-OLLAGNIER, (Marie), *La Mythologie de Marcel Proust*, Paris, Les Belles Lettres, 1982.

MIGUET-OLLAGNIER, (Marie), *Mythanalyses*, Paris, Les Belles Lettres, 1992.

MAURON (Charles), *Des métaphores obsédantes au mythe personnel : introduction à la psychocritique*, Paris, José Corti, 1988.

MERLEAU-PONTY (Maurice), *Phénoménologie de la perception*, Paris, Gallimard, 2005.

MONNEYRON (Frédéric), *L'Androgyne romantique. Du mythe au mythe littéraire*, Grenoble, ELLUG, 1994.

MONNEYRON (Frédéric), *Mythes et littérature*, Collection « Que sais-je », Presses Universitaires de France, 2002.

POULET (George), *Trois essais de mythologie romantique*, Paris, José Corti, 1985.

PRAZ (Mario), *La Chair, la mort et le diable dans la littérature du XIXᵉ siècle. Le romantisme noir*, Paris, Denoël, 1977 pour la traduction française.

REINACH (Salomon), *Cultes, mythes et religions*, édition établie, présentée et annotée par Hervé Duchêne, Paris, Robert Laffont, 1996.

REVOL-MARZOUK (Lise), *Sphinx et l'Abime : Sphinx maritimes et énigmes romanesques dans Moby Dick et Les Travailleurs de la mer*, Grenoble, ELLUG, 2008.

RICŒUR Paul, *Philosophie de la volonté tome II. Finitude et culpabilité*, Paris, Aubier, 1993,

ROUART (Marie-France), *Le Mythe du Juif Errant dans l'Europe du XIXᵉ siècle*, Paris, José Corti, 1988.

SIGANOS (André), *Le Minotaure et son mythe*, Paris Presses universitaires de France, 1993.

STEAD (Evanghélia), *Le Monstre, le singe et le fœtus : tératogonie et décadence dans l'Europe fin de siècle*, Genève, Droz 2004.

TADIÉ (Jean-Yves), *Le Récit poétique*, Paris, Gallimard, 1994, pp. 145–179.

TODOROV (Tzvetan), *Théories du symbole*, Paris, Éditions du Seuil, 1977.

TODOROV (Tzvetan), *Symbolisme et interprétation*, Paris, Éditions du Seuil, 1978.

2. Articles

ALBERT (Nicole), « Lesbos fin de siècle : Splendeur et Décadence d'un mythe » in *Le Rivage des mythes. Une géocritique méditerranéenne, vol. 1. Le lieu et son mythe*, Actes du colloque des 28–29-30 septembre 2000, sous la direction de Bertrand Westphal, Collection « Espaces Humains » Limoges, Presses universitaires de Limoges, 2001, pp. 49–66.

ALBERT (Nicole), « Sappho décadente : réécriture d'un mythe ou réécriture d'une œuvre ? » in *Mythes de la décadence*, Alain Montandon (dir.), Clermont-Ferrand, Presses Universitaires Blaise Pascal, 2001, pp. 87–106.

AURAIX-JONCHIÈRE (Pascale), « L'imaginaire vignien de l'éternité ou la dialectique de l'ancien et du nouveau dans la « maison du Berger » et « La Bouteille à la Mer » » in *Les Styles de l'Esprit* : Mélanges offerts à Michel Lioure textes réunis par Simone Bernard-Griffiths, Sylviane Coyault, Robert Pickering, Jacques Wagner ; prologue de Simone Bernard-Griffiths, Clermont-Ferrand : Association des Publications de la Faculté des Lettres et Sciences Humaines, 1997, pp. 39–48.

AURAIX-JONCHIÈRE (Pascale), « Epiphanie du poète, émergence du mythe : rêverie dur l'Androgyne dans *Une page d'Histoire* de Barbey d'Aurevilly » in *Mythe et récit poétique*, Véronique Gély (dir.), Clermont-Ferrand, Association des Publications de la Faculté des Lettres et Sciences Humaines, Collection « Littératures », 1998, pp. 183–196.

AURAIX-JONCHIÈRE (Pascale), « Médée, la sorcière, l'histoire et la mort : Stendhal, Barbey d'Aurevilly », in *Mythologie de la Mort*, Pascale Auraix-Jonchière (dir.), Clermont-Ferrand, Presses Universitaires Blaise Pascal, Cahier Romantique n° 5, 2002, pp. 131–148.

AURAIX-JONCHIÈRE (Pascale), « Les espaces de l'intimité dans *Indiana* et *Valentine* de George Sand » in *Ecriture de la personne*, Mélanges offerts à Daniel Madelénat, études réunies et présentées par Simone Bernard Griffiths, Véronique Gély et Anne Tomiche, Clermont-Ferrand, Presses Universitaires Blaise Pascal, 2003, pp. 73–68.

BACKÈS (Catherine), « La séduction du diable » in *Entretien sur l'homme et le diable*. Max Milner (dir.), Centre culturel Cerisy (23 Juillet- 3 Août 1964), Paris-La Haye, Mouton & Co, 1965.

BACKÈS (Jean-Louis), « Quelles réécritures pour les mythes antiques » in *Métamorphoses du mythe : réécritures anciennes et modernes des mythes antiques* Actes du colloque international, 20–23 mars 2007, Université de Haute-Alsace organisé par l'Institut de recherche en langues et littératures européennes direction Peter Schnyder (dir.), avant-propos de Jean Bollack, Paris, Orizons : Daniel Cohen éditeur, 2008, pp. 41–51.

BALLESTRA-PUECH (Sylvie), « Des Parques des Lumières aux Parques romantiques : le mythe à l'épreuve de l'histoire » in *Mythologie de la Mort*, Pascale Auraix-Jonchière (dir.), Clermont-Ferrand, Presses Universitaires Blaise Pascal, Cahier Romantique n° 5, 2002, pp. 75–94.

BALLESTRA-PUECH (Sylvie), « Mythe et métaphore » in *Mythe et littérature,* Sylvie Parizet (dir.), Paris, SFLGC, Collection « Poétiques comparatistes », Lucie Editions, 2008, pp. 49–68.

BOYER (Régis), « Existe-t-il un mythe qui ne soit pas littéraire ? », in *Mythes et Littérature,* textes réunis par Pierre Brunel, Presses de l'Université de Paris-Sorbonne, 1994, pp. 153–164.

BRUNEL (Pierre), « Récit poétique et récit mythique, la question des *incipit.* » in *Mythe et récit poétique,* Véronique Gély (dir.), Clermont-Ferrand, Association des Publications de la Faculté des Lettres et Sciences Humaines, Collection « Littératures », 1998, pp. 21–34.

BRUNEL (Pierre), « Mythe et création » in *Mythe et littérature, Sylvie Parizet (dir.),* Paris, SFLGC, Collection « Poétiques comparatistes », Lucie Editions, 2008, pp. 21–30.

CHAUVIN (Danièle), « les Tragiques » et « L'Apocalypse » : le mythe et le texte in *Mythe et Création,* Pierre Cazier (dir.), Lille, Presses Universitaires de Lille, 1994, pp. 159–172.

CHAUVIN (Danièle), « Figures ... vous avez dit figures ? Mythocritique et typologie. L'exemple de William Blake » in *Figures Mythiques, Fabriques et métamorphoses,* Véronique Léonard-Roques (dir.), Clermont-Ferrand, Presses Universitaires Blaise-Pascal, 2008, pp. 169–190.

COBLENCE (Françoise), « Le dandy est-il vraiment un homme d'exception ? » Critique XLII, N° 467, Avril 1986, pp. 341–354.

DABEZIES (André), « Figures bibliques et figures mythiques » in *Figures bibliques, figures mythiques, ambiguïtés et réécritures,* Cécile HUSSHERR et Emmanuel REIBEL (dir.), Paris, Éditions ENS Rue d'Ulm, octobre 2002, pp. 1–12.

DE GREVE (Claude) « Le mythe de Satan dans le récit contemporain » in *Le mythe en littérature,* Essais en hommage à Pierre Brunel, Yves Chevrel et Camille Dumoulié (dir.), Presses universitaires de France, Paris, 2000, pp. 233–246.

DE PALACIO (Jean) « Décadence de Faust » in *Mythes de la décadence,* Alain Montandon (dir.), Clermont-Ferrand, Presses Universitaires Blaise Pascal, 2001, pp. 37–45.

DIAZ (José-Luis), « Avatars de la muse à l'époque romantique » in *Masculin/Féminin dans la poésie et les poétiques du XIXe siècle,* sous la direction de Christine Planté, Lyon, Presses Universitaires de Lyon, Collection « Littérature et idéologie », 2002, pp. 121–136.

DUMORA-MABILLE (Florence), « Endymion 1624, figure mythique et Roman mythologique », *Textuel, N° 33, Thèmes et Figures mythiques, l'héritage classique,* Textes réunis par Maurice Laugaa et Simone Perrier, Revue de l'UFR « Science de textes et documents », Paris, Publications de l'Université Paris 7- Denis-Diderot, pp. 97–111.

DUMOULIÉ (Camille), « La jouissance de l'autre sexe, du mythe à l'écriture » in *L'Androgyne en littérature,* Hela Ouardi (dir.), préface de Frédéric Monneyron, Dijon, Éditions Simpact & Éditions Universitaires de Dijon, 2009, pp. 15–28.

DURAND (Gilbert), « Permanences du mythe et changement de l'histoire » in *Le Mythe et Le Mythique,* colloque de Cerisy, cahiers de l'Hermétisme, collection sous la direction d'Antoine Faivre et Frédérick Tristan, Paris, Albin Michel, 1987, pp. 17–28.

EIGELDINGER (Marc), « La symbolique solaire », *Revue de la France d'histoire littéraire,* 67e année, n° 2, avril–juin 1967, pp. 357–375.

EIGELDINGER (Marc), « L'intertextualité mythique dans les "Illuminations", *Cahiers de l'Association internationale des études françaises*, Vol.36, n° 1, 1984, pp. 253–272.

GÉLY (Véronique), « Mythes et genres littéraires : de la poétique à l'esthétique des mythes », *Le Comparatisme aujourd'hui*, Sylvie Ballestra-Puech et Jean-Marc Moura (dir.), Lille, Édition du Conseil Scientifique de l'Université Charles-de-Gaulle-Lille 3, 1999, p. 35–47.

GÉLY (Véronique), « Mythes et littérature : perspectives actuelles », *Revue de Littérature Comparée*, n° 311, Juillet–Septembre 2000, pp. 329–347.

GÉLY (Véronique), « La chambre de Psyché : pour une mythologie de l'intimité » in *Ecriture de la personne*, Mélanges offerts à Daniel Madelénat, études réunies et présentées par Simone Bernard Griffiths, Véronique Gély et Anne Tomiche, Clermont-Ferrand, Presses Universitaires Blaise Pascal, 2003, pp. 87–100.

GÉLY (Véronique), « Les sexes de la mythologie : mythes, littérature et gender », *Poétiques Comparatistes*, (Littérature et identités sexuelles, éd. Anne Tomiche et Pierre Zobermann), 2007, p. 47–90

GÉLY (Véronique), « Phèdre, figure mythique ? » in *Figures Mythiques, Fabriques et métamorphoses*, Véronique Léonard-Roques (dir.), Clermont-Ferrand, Presses Universitaires Blaise-Pascal, 2008, pp. 51–68.

GÉLY (Véronique), « Le devenir-mythe des œuvres de fiction » et « Bilan critique » in *Mythe et littérature, Sylvie Parizet (dir.)*, Paris, SFLGC, Collection « Poétiques comparatistes », Lucie Éditions, 2008, pp. 69–98 et pp. 179–195.

GOETZ (Benoît), « Le désert désacralisé : la pensée de l'habitation chez Lévinas » in *Le désert, un espace paradoxal*, Actes du Colloque de l'Université de Metz (13–15 septembre 2001), édité par Gérard Nauroy, Pierre Halem, Anne Spica, Berlin, Éditions Peter Lang, 2003, pp. 51–58.

HUSSHERR (Cécile), « La folie de Caïn, ou Satan vaincu » in *Figures bibliques, figures mythiques, ambiguïtés et réécritures*, Cécile Hussherr et Emmanuel Reibel (dir.), Paris, Éditions ENS Rue d'Ulm, octobre 2002, pp. 81–94.

JOURDE (Pierre), « Cythères mornes » in *Île des merveilles, mirage, miroir, mythe*, Colloque de Cerisy, textes réunis et présentés par Daniel Reig, Paris, l'Harmattan, 1997, pp. 193–208.

KOPP (Robert), « Mythe et modernité » in *Métamorphoses du mythe : réécritures anciennes et modernes des mythes antiques*. Actes du colloque international, 20–23 mars 2007, Université de Haute-Alsace organisé par l'Institut de recherche en langues et littératures européennes, Peter Schnyder (dir.), Paris, Orizons, Daniel Cohen éditeur, 2008, pp. 853–861.

LELOIR (Louis), « L'image spirituelle du désert dans le Proche -Orient » in *Le Désert image et réalité*, actes du colloque de Cartigny 1983, centre d'études du Proche-Orient Ancien (CEPOA) & Université de Genève, rédacteurs responsables : Yves Christe, Maurice Sartre, Bruno Urio et Ivanka Urio, Leuven, éditions Peeters, 1989, pp. 89–98.

LÉONARD–ROQUES (Véronique), « Figures mythiques, mythes, personnages, quelques éléments de démarcation » in *Figures Mythiques, Fabriques et métamorphoses*, Véronique Léonard-Roques (dir.), Clermont-Ferrand, Presses Universitaires Blaise-Pascal, 2008, pp. 25–50.

LESTRINGANT (Frank), « L'errance de Caïn : D'Aubigné, Du Bartas, Hugo, Baudelaire », *Revues des Sciences Humaines*, n° 245, janvier-mars 1997, pp. 13–32.

LÉVY (Clément), « Le plongeon de Sappho ou le saut de Leucade : érotique du plongeon » in *Le Rivage des mythes. Une géocritique méditerranéenne, vol. 1. : Le lieu et son mythe*, pp. 37–48.

MADELÉNAT (Daniel), « Mythe, poésie et biographie » in *Mythe et récit poétique*, Véronique Gély (dir.), Clermont-Ferrand, Association des Publications de la Faculté des Lettres et Sciences Humaines, Collection « Littératures », 1998, pp. 119–130.

MATTIUSSI (Laurent), « Schème, type, archétype » in *Questions de Mythocritique*, sous la direction de Danièle Chauvin, André Siganos et Philippe Walter, Paris, éditions Imago, 2005, p. 311.

MILNER (Max), « Le dialogue avec le diable d'après quelques œuvres de la littérature moderne » in *Entretien sur l'homme et le diable*. Max Milner (dir.), Centre culturel Cerisy (23 Juillet– 3 Août 1964), Paris-La Haye, Mouton & Co, 1965. pp. 235–265.

SIGANOS (André), « Le mythe du Minotaure dans la littérature contemporaine », *Littératures*, n° 28 Printemps 1993, Presses Universitaire du Mirail-Toulouse, pp. 7–30.

SEILLIER (Philippe), « Qu'est-ce qu'un mythe littéraire ? », *Littérature* n° 55, octobre 1984, pp. 112–126.

VADÉ (Yves), « Le Sphinx et la chimère », *Romantisme* n° 15–16, 1977.

VAILLANT (Alain), « L'idéal romantique de l'androgynie littéraire : retour sur une illusion perdue » in *L'Androgyne en littérature*, Hela Ouardi (dir.), Editions Universitaires de Dijon, 2009, pp. 97–112.

ZENKINE (Serge), « La Muse romantique et son corps » in *Masculin/Féminin dans la poésie et les poétiques du XIXᵉ siècle*, Christine Planté (dir.), Lyon, Presses Universitaires de Lyon, Collection « Littérature et idéologie », 2002, pp. 151–162.

Poésie et genres littéraires

1. Ouvrages

a) Ouvrages monographiques

AUSTIN (Lloyd James), *Études sur les poètes symbolistes français*, Paris, Mercure de France, 1956.

BLIN-PINEL (Marie), *La Mer, miroir d'infini : la métaphore marine dans la poésie romantique*, Rennes, Presses Universitaires de Rennes, 2003.

BRIX (Michel), *Le Romantisme français. Esthétique platonicienne et modernité littéraire*, Louvain-Namur, Editions Peeters, 1999.

MAULPOIX (Jean-Michel), *La voix d'Orphée*, Paris, José Corti, 1989.

MAULPOIX (Jean-Michel), *Du Lyrisme*, Paris, José Corti, 2000.

VINCENT-MUNNIA (Nathalie), *Les Premiers poèmes en prose : généalogie d'un genre dans la première moitié du dix-neuvième siècle français*, Paris, Honoré Champion 1996.

POULET (Goerges), *Les Métamorphoses du cercle*, Paris, Plon, 1961.

KRISTEVA (Julia), *Soleil noir. Dépression et mélancolie*, Paris, Gallimard, 1989.

RAYMOND (Marcel), *Romantisme et rêverie*, Paris, José Corti, 1978.

RICHARD (Jean-Paul), *Études sur le romantisme*, Paris, Éditions du Seuil, 1999.

2. Articles

BACKÈS (Jean-Louis), « L'absolu de la voix » in *La Voix*, Hommage à Pierre Brunel, Danièle Chauvin (dir.) Paris, Publications Universitaires de la Sorbonne, 2009, pp. 73–82.

BRIX (Michel), « Le poème en prose : révolution esthétique ou "sérieuse bouffonnerie" ? » in *« Un livre d'art fantasque et vagabond »*, *Gaspard de la Nuit d'Aloysius Bertrand*, collection *Rencontres*, volume 12, André Guyaux (dir.), Paris, Editions Garnier, 2010, pp. 203–219.

DELESALLE, Simone « Je, l'autre, les autres », *Europe*, n° 456–457, avril–mai 1967, pp. 125–138.

MARAUD (André), « Litanies, Rimes, Refrain » in *La Répétition*, Alain Montandon, Salaheddine Chaouachi, Clermont-Ferrand, Association des Publications de la Faculté des Lettres et Sciences Humaines de Clermont-Ferrand, 1994, pp. 181–190.

STIERLE (Karlheinz), « Identité du discours et transgression lyrique », *Poétique* n° 32, 1977, pp. 422–441.

Stylistique, linguistique et versification

BUFFARD-MORET (Brigitte), *Introduction à la versification*, Paris, Dunod, 1997.

BUFFARD-MORET (Brigitte), *Précis de versification*, Paris, Armand Colin, 2004.

FONTANIER (Pierre), *Les Figures du Discours*, Paris, Flammarion, 1977.

GENETTE (Gérard), *Figures III*, Paris, Éditions du Seuil, 1972.

GENETTE (Gérard), *Palimpsestes : la littérature au second degré*, Paris, Éditions du Seuil, 1988.

JAKOBSON (Roman), *Questions de poétique*, Paris, Editions du Seuil, Collection « Poétique », 1973.

Histoire

BRIANT (Pierre), *Histoire de l'empire perse, de Cyrus à Alexandre*, Paris, Éditions Fayard, 1996.

HEURGON (Jacques), *Recherches sur l'Histoire, La religion et la civilisation de Capoue Préromaine des origines à la deuxième guerre punique*, Paris, Éditions E. DE Boccard, 1970.

SALVINI (Béatrice-André), *Babylone*, Paris, PUF, collection « Que sais-je ? » 2001.

Index des lieux et figures mythiques

Christ (le), 1, 3, 15, 223, 226–227, 231, 241–243
Chronos, 78, 95
Circé, 244–245
Clio, 143
Clyméné, 211
Clytemnestre, 58
Cocagne (pays de), 19, 253
Corè, 119
Corinthe, 215, 219–220
Cupidon, 17, 243
Cybèle, 41, 127
Cyclope, (Cyclopes), 179, 188
Cynthia, 105–106
Cythère, 14, 37–39, 212

D

Dédale, 211–214
Diable, 23, 41–42, 60, 119, 229–231, 238, 248
Diane, 107–109, 128. *Voir* Artémis
Dionysos, 100–101. *Voir* Bacchus
Don Juan, 3, 58–59

E

Eaque, 252
Echidna, 180–181
Eden, 122–123, 126, 224, 233
Eldorado, 37
Endymion, 105–106
Enée, 19, 157
Enfer, (Enfers), 7, 11–12, 45–46, 57–62, 64, 69–74, 90, 127–128, 135, 149–150, 181, 188, 211, 219, 232–233, 246, 248, 252
Eole, 217, 220
Eos, 211
Epire, 155
Erato, 143
Erèbe, 58, 62
Éros, 193, 203, 234–236

Euménides, 58
Euterpe, 143
Eve, 176

F

Fées, 119–120

G

Gaïa, 88, 188–189
Géante, 88, 188–189, 192
Géhenne, 57–58, 241. *Voir* Enfers
Gnomes, 120
Gorgone, 181

H

Hadès, 60–61, 216–217
Harmakhis, 182
Hécate, 53, 104, 107, 128, 244
Hector, 154–157, 160–161
Hélénus, 160–161
Hélios, 211–214
Hénoch, 223–224
Héra, 101, 209–210, 214
Hercule, 1
Hermaphrodite, 169–170
Hermès, 232
Héro, 106
Hippogriffe, 25
Hypéride, 244

I

Icare, 27, 37, 209–215, 254
Icarie, 11, 37, 213
Ino, 216
Ixion, 209–210, 214

Currents in Comparative
Romance Languages and Literatures

This series was founded in 1987, and actively solicits book-length manuscripts (approximately 200–400 pages) that treat aspects of Romance languages and literatures. Originally established for works dealing with two or more Romance literatures, the series has broadened its horizons and now includes studies on themes within a single literature or between different literatures, civilizations, art, music, film and social movements, as well as comparative linguistics. Studies on individual writers with an influence on other literatures/civilizations are also welcome. We entertain a variety of approaches and formats, provided the scholarship and methodology are appropriate.

For additional information about the series or for the submission of manuscripts, please contact:

Acquisitions Department
c/o Peter Lang Publishing, Inc.
29 Broadway, 18th floor
New York, NY 10006

To order other books in this series, please contact our Customer Service Department:

800-770-LANG (within the U.S.)
212-647-7706 (outside the U.S.)
212-647-7707 FAX

or browse online by series at:

www.peterlang.com